本书为广东外语外贸大学外国文学文化研究中心研究成果，获广东省“211工程”三期重点学科建设项目“人文学中心建设——比较文化视野的文学通化研究”经费资助

本书为广东高校人文社会科学重大攻关项目“中日哀感文学比较研究”（编号：11ZGXM75001）的研究成果

人文学丛书

人文学丛书 第三辑

主编 栾栋

东亚近世历史与思想的地平线

差异·冲突·融合诸相

张宪生 主编

暨南大學出版社
JINAN UNIVERSITY PRESS

中国·广州

图书在版编目（CIP）数据

东亚近世历史与思想的地平线：差异·冲突·融合诸相/张宪生主编. —广州：暨南大学出版社，2014.7
（人文学丛书·第三辑）
ISBN 978-7-5668-0981-0

Ⅰ.①东…　Ⅱ.①张…　Ⅲ.①思想史—东亚—文集　Ⅳ.①B31-53

中国版本图书馆 CIP 数据核字（2014）第 060042 号

……………………………………………………………………………………

东亚近世历史与思想的地平线：差异·冲突·融合诸相
主　　编：张宪生

丛书策划：史小军
责任编辑：黄少君
责任校对：姚晓莉　周玉宏　林淑婉

地　址：中国广州暨南大学
电　话：总编室（8620）85221601
　　　　营销部（8620）85225284　85228291　85228292（邮购）
传　真：（8620）85221583（办公室）　85223774（营销部）
邮　编：510630
网　址：http://www.jnupress.com　http://press.jnu.edu.cn
排　版：广州市天河星辰文化发展部照排中心
印　刷：佛山市浩文彩色印刷有限公司
开　本：787mm×960mm　1/16
印　张：23
字　数：376 千
版　次：2014 年 7 月第 1 版
印　次：2014 年 7 月第 1 次
定　价：48.00 元

总　序

栾　栋

克服“单面人”生产和突破“块垒式”教学，探索宽基础、大口径、深层次培养通识通才的途径，是世界所有高校的重大难题，也是广东省建设文教大省不可回避的关隘之一。从2003年12月起，我们以省普通高校人文社会科学重点研究基地外国文学文化研究中心为依托，进行了集约性融通的尝试，一系列成果聚焦于“人文学中心建设——比较文化视野的文学通化研究”。2008年底，我们以此为题，获省“211工程”三期重点学科建设项目立项，一个融通人文学科的核心实践在广东外语外贸大学拉开序幕。2012年底，该工程经省发改委、教育厅、财政厅组织专家审核，顺利通过验收，这一项“从无到有的创制”首战告捷。

何谓人文学？从学科脉络上讲，她是研究文史哲互根的学问；从学术本质上看，她是求索中西学融会的艺术；从学理辐射而论，她是探讨教科文贯通的方略；从学丛变数展望，她是文科大类场域趋通的津渡。我们将之作为文学化感通变的“核心加速器”，从“比较文化视野”多向度运作，以推动中外语言文学的通化性研究。这是我们创新团队数十年的精心设计，是我校长期师资建设和学术积累的集成绽放，是我校的比较文学在本科、硕士、博士学位授权点和博士后流动站配套后的新拓展，尤其是我校作为省属涉外型重点大学对“明德尚行，学贯中西”校训的认真践履。

“人文学中心”是广东省文科基地（外国文学文化研究中心）重点项目建设的一个工作站。本中心面向海内外招聘学术带头人和教研骨干，大力推动国内外同行间的多向交流，旨在打破近代以来人文领域分科治学人为分界的局限，同时坚守合理的规则，以具有长远规划、长期积累和趋向性影响的重大项目实施，带动人文主干学科的多面建设。

从省文科基地已经完成的“人文学研究”成果和全校人文力量的整合情况来看，以“人文学中心建设——比较文化视野的文学通化研究”为题，全面推进省“211工程”三期重点学科建设项目的效率日益加强。广东外语外贸大学的人文人为学校、全省和全国高教界践履这一历史使命作出了突出的成绩。这个工程已经如期结项，然而其积极的成果还在源源不断地涌现，科研成果的实践性转化也在与时俱进地展开。

本团队积极进行中外语言文学的教研改革，力求在人文学探索上有较大的突破，把中心建成教学科研、学术交流和资料信息的综合平台，努力实现省内领先、国内出色的目标，扩大在国际学术界的知名度。增强实力，协调运作，承担对本学科发展具有中长期导向作用的重大课题，使本中心成为国内外有一定影响力的人文学高层次人才培养基地和文史哲通化研究的资料中心。

“人文学丛书”是“人文学中心”建设的一个信息窗口，她将本项目的水平标高展现给社会。“人文学丛书”也是“文学通化研究”的一个交流平台，她把本团队融贯文史哲和匀兑中西学的成败利钝呈现出来，与学界同仁品鉴。这套丛书包含三个方面的内容，其一是人文学原理与方法探要，其二是中外文史通义问题求索，其三是中外文学通化现象研究。毋庸讳言，这样一套丛书的编著，连同上述“人文学中心”建设的重大任务，都属于既“吃螃蟹”又“尝蜘蛛”的艰险行动。但是全球化的历史潮流迫使我们斗胆进取，面对国际教科文演变的一道难题，中国的人文学者总得交出自己的答卷。

“人文学丛书”第一辑的10部著作已于2011年问世，第二辑10部著作在2012年出版发行。第三辑即本系列15部著作整装待发。本辑的第一本是张进教授的《历史诗学通论》。“历史诗学”问题是一个跨越学科语际和时代国别界线的理论和实践问题，关系到当前文艺发展的命脉和全局，但目前尚没有一部打通如上界线的“通论”性质的专题著述。《历史诗学通论》旨在打通学科界线、时代界线和国别界线，对古今中外的“历史诗学”思想资源进行综合比较和通化研究。在文学与史学相贯通的基础上，打通人学与史学、文本学和审美学之间的学科壁垒，对论题展开科际整合研究；在综合古今相关思想资料的基础上，通过历史诗学形态的历史比较研究，揭示其历史演替和范式转换的过程；在跨越国别语际界线的意义上，对中国、英美和俄苏的历史诗学作宏观统照，通过对相关思想的文化比较研究，阐发历史诗学的思想内涵和多重取向，进而实现对历史诗学问题向心式挖掘与横向性贯通相统一的研究目标。在综合比较基础上的通论研究和通化研究是本书的基本特色。

第二本是张进教授的《新历史主义文艺思潮通论》。新历史主义是20世纪70年代末期以来崛起于英美等国的一种跨学科、超国界、多流派的文艺文化批评运动。80年代末，这一“外生”批评运动与中国文艺文化领域“内生原发”的历史文学书写活动策应互动，渐次演变成一种声势浩大的新历史主义文艺思潮，至今仍方兴未艾。它所提出的问题涉及历史哲学观念和历史理性精神的价值取向，关乎文艺文化发展的命脉和全局。本书在当代世界文论和国内文艺的实践背景上，通过对历史文学、历史转向和新历史主义及其间复杂关系的具体研究，以及历史哲学、批评流派与创作实践之间的对勘互证，全方位、立体式地考察这一思潮的精神风貌、思想谱系、文学观念、创作实践、批评探索和价值效应等问题，探索历史理性与人文精神、诗性智慧与历史逻辑的深层对话和整合会通的可能途径，规范和引导历史文学的理论与实践，推动新历史主义文艺思潮在中国文化传承创新过程中发挥出更大的正能量。全方位的会通研究是本书在内容和方法上的主要特色。

第三本是冯晓莉老师的《人文通识教育新论》。人文通识早先被理解为对一般人文知识的撷取。20世纪末叶，人文精神的讨论将之推进到人文思想的层面，近十多年渐次成为国内外高校教育改革和教学研究的重要内容。本书以“人文学”研究为主脉，以当前中国高校的通识教育改革为切入点，全面而深入地探讨了人文通识教育的关键问题，包括人文通识教育的人文学内涵、中西方人文通识教育的历史渊源、外语类大学人文通识教育的实践经验、全球化背景下加强人文通识教育的现实意义等方面。本书内容分为三大部分，共十二章。三大板块分别聚焦于人文通识教育的历史演变、人文通识教育的案例分析、人文通识教育的多向突围。其中关于广东外语外贸大学人文学建设的跟踪研究，可谓人文学前沿的实录和通识教育创新的亮点。

第四本是李安博士的《乔叟文学思想研究》。杰弗里·乔叟（Geoffrey

Chaucer，约1343—1400）是中世纪向文艺复兴转变时期的文学翘楚，是英国文学史上里程碑式的人物。他在英语文学中的历史地位，一如但丁之于意大利文学。面对法、意文化的碰撞和思想新潮的冲击，乔叟可谓第一个自觉用本民族语言进行创作的英国作家。乔叟在西方世界很受关注，相关研究颇为活跃。国内的兴趣点主要集中于《坎特伯雷故事集》和《特罗勒斯与克丽西德》两部作品。再早一点的作品几乎被学界忽略。本书作者力求全面观照乔叟的文学思想，将其早期诗歌和后来的作品作整体理解，不仅深入释读《公爵夫人之书》、《声誉之宫》、《百鸟议会》，而且细致剖析作家同期短诗和法语文本《玫瑰传奇》的翻译活动。从意气风发的王室家臣到沉郁顿挫的海关税收官，乔叟经历了始而高举理想、继则怀疑迷惘、最终重立信念的过程。《乔叟文学思想研究》生动地再现了诗人在基督教传统和人文主义过渡中的矛盾性格，扼要地勾勒出了他在贵族阶层理想与历史批判眼光之间的取舍过程。乔叟的诗作曾借女神立言："因此我——自然女神——宣判，我不会撒谎；/我不会对任何阶层有所偏袒。"李安博士赞赏诗人博大的胸怀和对新世界的憧憬，其知人论世的严谨治学和以意逆志的诗学情采，都为本书增色不少。

第五本是陈穗湘教授的《莫里哀戏剧话轮研究》。作者从莫里哀戏剧的对话话语层面，尤其是话轮交替层面突显实现人际意义的语言手段，揭示语言手段所折射出来的社会层面的人际意义。本书的核心是人物的社会身份决定人物采用的语言手段以及非语言手段，譬如：手势语、肢体语言（非语言手段由剧作家对演员的演出指示。反之，语言手段的选择反映人物身份以及社会地位，换言之，人物语言特征取决于人物的社会地位）。本书着重分析了权势者和弱势者人物的语言特征，聚焦于两组人物的对话：主人与仆人、父亲与孩子。莫氏戏剧中的主人和父亲代表权势者，而仆人和孩子象征弱势群体。主仆呈对立关系，主人主宰仆人，仆人唯有服从主人。观察这两组人物采用的语言策略，人物的性格特征也可见一斑。

第六本是袁兆文博士的研究成果——《〈恶之花〉及其现代性研究》。自《恶之花》问世以来，层出不穷的研究大都集中在诗学角度，本书作者重点关注"诗"与"思"融通视域下的思想文化特征。循《恶之花》由诗向思的推进，本研究揭示了波德莱尔精神世界的纠结，揭示了诗人所展现的悖谬的现代性样态，揭示了启蒙现代性与审美现代性的矛盾冲突。作者给我们勾勒出了波德莱尔症结的历史看点，即现代社会深层的现代性焦虑。正如栾栋所言："波氏诗作和波氏焦虑是互为表里的同一个文化现象，其中隐含着现代性张力，昭显出现代性历史阵痛在'这一个'作者身上的种种表现。美与丑交织，美与恶同源，美与资本勾结，美与进步错位。《恶之花》的发表象征了审丑的崛起，同时提出了审恶的话题。这本书是思想文化演变的重要节点。而且，《恶之花》引出的审丑论为矫治审美贵族化倾向作出了深一层的解说；《恶之花》体现的应和论为万物相似性作出了神秘性的诠释。"概言之，《恶之花》是人类文明史上的奇葩，在意识上是审丑文艺的生发和扬厉，在创作上是象征方法的凝练和凸显，在思想上是现代主义的溃疡和痼疾，在文化上是自由情感的红杏出墙，在心理上是欲念根底的沉渣泛起，在人性上是精神提升的反面推力。袁兆文的《〈恶之花〉及其现代性研究》在这些方面有明显的突破，其深度和创新程度值得学界关注。

第七本是杨劼博士的《白璧德人文思想研究》。这本著作借鉴栾栋先生人文学思想中的"檃栝理论"，从"文史哲互根"和多元文化涵养通和的思路，深入地论述了白璧德学说的核心思想。白璧德非常关注现代社会分裂人格的问题，提倡内在超越的生命哲学，主张以"人之法则"克制"物之法则"的僭越，并且殚精竭虑地推进二者的调和。他借鉴东方体验、省思的方法，洞察内在超越的生命根源。其"更高意志"是"知性直觉"所感悟到的始源事实，也是一种超越庸常的"道德想象"。在美国崛起的时代背景下，白璧德的人文构设有引领美国和世界文化的理论诉求，其思想有着和平的人文旨归。万物相檃栝，宇宙本超然。作者把工具理性纳入人文理性之中观照，对白璧德学说的研究，多了几分多元文化生态的意味，增加了许多现实性的考量。从这个角度重新审视"五四"学人和"五四"文化，对当今中国梦的构建无疑具有积极的作用。

第八本是雷晓敏博士的《苦闷文学反思——以厨川白村与鲁迅为枢纽》。厨川白村与鲁迅都是各自民族的脊梁，也都是人类文学文化的翘楚。他们在文学本质及其功能问题上有着惊人的吻合。本书从两位思想家的内在联系和时代背景等方面爬梳剔抉，深层次地解读了中日文化交流中这一奇特的"共鸣"现象。作者从《苦闷的象征》中挖掘出了厨川白村隐性的思想源头，即他对马克思主义部分元素的吸收。将苦闷问题与命运问题、人文精神问题统合圆观，特别是把这些问题与厨川白村和鲁迅的多舛人生以及艰难的奋斗经历交叉互证，新见迭出，妙趣横生。值得称道的还有文学理论方面的多元探索。从模仿说、实证说、象征说一直到檃栝思想，作者对文艺理论的钻研可谓锲而不舍，如剥笋，似观澜，又像登山，给读者展现的是丰富多彩的学术进路。读者或可从中领悟到这样的看点："文学是'为人生'活动的写照，文学也是'非人生'事物的提炼，在出生入死和钩深致远的意义上，文学是多面神，是九头怪，是星云曲。人类不可无文学，因为她是想象的摇篮；文学不能弃人类，因为人类是文学的真正的载体。"（栾栋语）本书或可为一记佐证。

第九本是张平功教授主编的《全球化与文化身份认同》。国内外学术界对全球化与身份的研究方兴未艾。本书旨在介绍全球化与文化身份的基本理论，呈现该理论在中国语境下的接受和发展趋势，内容包括全球化的形成及其后果，针对全球化与文化传播、多元文化主义、大众文化研究、海外流散文学、文化形象建构、中国影视、传统医学、休闲方式以及"迪斯尼化"等方面的问题展开了细致分析。与此同时，在充分吸收国内外现有分割式研究成果的基础上，也对全球化与文化身份认同的理论和实践进行了综合探讨。本书深入浅出、言简意赅地揭示了全球化与身份研究的超领域和跨学科性质。一方面可以适应专业课及通识课的教学参考之需，另一方面也希望为那些对全球化和身份研究感兴趣的读者提供具有一定纵深性和广延性的著作，为全球化多角度的文化释读提供新的可能。

第十本是裴云博士的《波德里亚理论及其在中国的传播》。波德里亚是西方后现代主义的代表人物之一。他的学说在欧美广为传播，进入21世纪之后，其文化生产与消费的思想引起了更多领域的关注，诸如文化的符号特征、爆裂方式、虚拟生成、替代关系等方面的见解，在国际学术界内外都有所反响。波德里亚理论在20世纪末叶逐渐传入中国。国内学者对他的思想有研究，但是深度和广度都有待发展。作者认为，我国正处于大力发展文化创意产业的起步阶段，波德里亚对符号政治经济学的批判、拟像与拟真学说、象征性交换理论，对我国发展文化产业具有重要的启示作用和借鉴价值。该书系统地梳理了波德里亚理论在中国传播的过程和本土化情况，对其思想内涵和学术特点有深入的发掘，为学界深入研究提供了很好的基点。借他山之石以攻玉，研究波德里亚可为中国如何实现现代化寻找更多的参考点。就思想文化的互动性而言，本书也是一个有意义的个案研究，读者或可从中披阅出20世纪中西方文化交流的新特点。

第十一本是张向荣博士的《跨越空间的对话——波伏娃与张爱玲文学的女性意识之比较研究》。本文主要对法国的西蒙娜·德·波伏娃和中国作家张爱玲进行比较研究。波伏娃与张爱玲作为不同文化背景下的女性文学典范，让人看到“作家即文化演变的产儿”这一历史真言。阐释二者独特的文学思想是本书的思想进路。作者对波伏娃和张爱玲文学中的女性意识进行了系统的分析，揭示了波伏娃概念化的、超越性的女性意识，比对了张爱玲作品作为女性命运的“苍凉”注脚的意蕴。在整个文明发展史上，女性是弱性，波伏娃称之为“第二性”。社会实际往往把女性当异类，对于这一点，波伏娃的理论解析颇为深刻，其小说创作则比较概念化。张爱玲与之相反，她的理论思考很少，但是文学作品却入骨三分，对女性的不幸遭遇有许多穿透历史谎言的真切描述。张氏作品不啻女性悲惨命运史和女性被歪曲历史的矫正史。可以再补一句，张爱玲一生的经历和结局，本身就是女性特别是中国女性命运的一个缩影。张向荣博士对波伏娃和张爱玲均有深切的理解，对女性的生存和尊严有多方面的探讨，对当今世界的拜物倾向和精神空虚问题有认真的思考，这些研究都是很有现实意义的文学观照。

第十二本是马利红的译著《副文学导论》。这本书的法文作者是达尼埃尔·库埃尼亚斯（Daniel Couégnas）。作者以质疑副文学既定的身份属性为出发点，分别从副文学作品中的重复形式、参照错觉、意义解读、主导性叙述和人物分类五大方面对副文学作品进行了详细的诗学分析，通过“副文学模式”和“副文学标准”的建构，深层探讨了副文学性和副文学话语存在的逻辑前提，论证了副文学品种及其样态的必然性与合理性。就其学术特色而言，《副文学导论》是第一部从诗学的角度观照副文学现象及其作品的法文著作。这部著作首次提出了诸如“副文学模式”和“副文学标准”等比较新颖的原创性文学批评观点。该书的翻译旨在向广大的汉语读者提供完整的译本，推动国内学界对法国副文学理论的研究。翻译者马利红是广东外语外贸大学培养的文学博士，研究方向为法国文学与比较文学。她目前是暨南大学外国语学院副教授、广东外语外贸大学外国文学文化研究中心兼职研究员，在“人文学丛书”第一辑出版有专著《法国副文学学派研究》。这本《副文学导论》译著和马利红研究法国副文学思想的专著，是目前国内外国文学思潮研究的一个新动态，即栾栋所说的“文学他化于烈为今”，“文学非文学于今为烈”。马利红的译介和研究印证了这一文学变数。这些成果对我国的外国文学研究和广义的文学批评都将产生积极的影响。

第十三、十四两本书是马歌东教授编选、校点的《日本诗话二十种》（上、下卷）。日本大正九至十一年（1920—1922）相继出版了日本唯一的诗话总集《日本诗话丛书》全十卷，共收载日本诗话59种，其中和文诗话29种，汉文诗话30种，本书从其汉文诗话中精选出20种，加以校点，以飨读者。日本诗话伴随着日本汉诗千余年发展史，其作者为日本古代著名汉诗人、汉学者。日本诗话奉中国诗话为圭臬，其内容既品评我国古代诗歌，亦品评日本汉诗，并探究二者的渊源关系。本书的出版对于我国古代诗歌与诗话域外繁衍史研究、国际汉学研究、中日文化交流史研究等多项基础研究及理论研究，都将提供珍贵的文本资料。而诗话这种形式本来就因富于知识性、趣味性与可读性在我国拥有永久的读者，本书所选日本诗话置我国古代诗话中几可乱真，熟悉的格调语言，新颖的内容趣味，加之首次被引入国内，一新耳目，故其读者几可涵盖我国古代诗话读者群。

第十五本是张宪生教授主编的《东亚近世历史与思想的地平线——差异·冲突·融合诸相》。这是中日韩三国学者合力完成的学术成果。中方主要撰写者还有日本文史专家韦立新教授及赵晓靓、姚奇志等中青年学者。日本作者是立命馆大学桂岛宣弘教授、神户女学院滨下昌宏教授。韩国作者有东西大学李元范教授。这三位日韩专家均为日本历史与思想史研究领域的著名学者，其中桂岛宣弘曾任日本思想史学会副会长。他们都有丰硕的学术成果，受到学界广泛关注。更为难能可贵的是，桂岛宣弘教授与滨下昌宏教授均对近代以来日本国家的路线持质疑态度与批判立场，在研究近世历史与思想时，也表现出强烈的批判精神。进入17世纪，日本民间知识界习儒风气日益浓厚，与此同时，日本知识分子的主体意识也在觉醒。国学派等日本本土思想与作为外来思想的儒学之间产生了明显的冲突，这个变化构成了日本近世思想史的重要内容，并影响了日本历史的走向。作者选取了其中一些重要事例作为切入点，既注意微观层面的实证研究，又重视宏观方面的理论概括，以日本为聚焦点，描绘出一幅近世东亚思想空间中多种观点冲突交错与融合的复杂图景。本书选题新颖，资料翔实，论证深刻，许多章节都有所创见。作为国际合作的学术著作，本书的出版为我国日本文史研究领域贡献了一项重要成果，展示出中、日、韩学术界同行交流的最新动向，为国内外读者提供了了解日本近世社会历史和思想文化的前沿成果。

上述十五种论著从不同角度阐发了人文学的一些大的方面。表面上看，这些著作云行雨施，各有所专，与建设“人文学中心”的主旨若即若离，实际上都很切近人文学思想的大主题，每部书都从治学理路上体现“文史哲互根”的命题，从学术格局上注重“中西学融会”的方略，在学科交叉上追求“教科文通化”的目标。细心的读者可以从每本书的字里行间看到文史与哲理的磨合，看到思想与逻辑的链接，看到学问与学科的切磋。人文学在茁壮成长。

这套丛书的主编是广东外语外贸大学外国文学文化研究中心主任栾栋教授。他是广东省“211 工程”三期重点学科建设项目“人文学中心建设——比较文化视野的文学通化研究”的首席学者。该丛书的总策划是暨南大学出版社总编辑史小军教授。

“人文学丛书”的出版渐入佳境。外国文学文化研究中心的工作焕然一新。仅从这套丛书的出版情况即可看出，不仅人文学研究循序渐进，外国文学文化研究中心的三大主攻方向也有新的成色。国别研究又有收获，比较研究进入熔铸研究的阶段；人文学研究上了一个新的台阶，原理研究与专题研究均有突破；跨文化语言研究有了新的拓展，从戏剧到诗话，由文学而文化，东亚协奏，中西共鸣。在本辑的15部著作付梓之时，另一个系列著作的撰写也在有条不紊地进行。诸如栾栋教授的《人文学举要》、《文学通化论》等书稿业已竣工。此外，人文学研究“走出去”的思路也在酝酿中。

我们不难看出，外国文学文化研究中心为人文学研究奠定了在全球化大潮中拼搏的平台，人文学研究为外国文学文化研究中心带来了脱胎换骨的改造。人文学的创制，从学术凝练、学科变革和学人培植等方面为外国文学文化研究中心开创了走向未来的新格局。对于广东外语外贸大学的人文学者而言，外国文学文化研究中心是他们实现良性全球化的工作站，人文学中心建设是打造这个工作站的核心工程。它们是合二为一的学术擘画，也是持之以恒的学术追求。这套丛书的研发是外国文学文化研究中心发展的标志性成果，凸显了省文科基地的一个里程碑路段。人文学研究未有穷期。

2013 年 5 月 27 日于广州白云山麓

序　言

《东亚近世历史与思想的地平线：差异·冲突·融合诸相》一书是由国内与日本、韩国从事日本历史与近世思想史研究的多名资深学者，以及中日几位中青年学者合作完成的一部研究论文集。本书的研究领域涉及17世纪至20世纪的东亚地区，尤其是日本近世历史与近世思想方面的一些重要问题。17世纪中期，东亚地区各国的政治体制与社会经过一轮剧烈变动后逐渐趋于稳定。在德川将军武士政权统治下的近世日本社会，随着日本民间知识界学习研究中国古代儒学的风气日益浓厚，围绕如何解释与接受儒学思想这一问题出现了多种学派，产生了一些对儒学思想进行重新解释与建构的学说。同时，随着日本知识阶层的主体意识的觉醒，国学派等日本本土思想与外来儒学思想之间的冲突也日益突出。这一起源于东亚内部政治体制的差异，以及各个文化内涵之间差异的碰撞与冲突构成了日本近世思想史乃至东亚近世思想史的重要内容，影响着东亚后来的历史走向。从宏观层次上看，以儒学思想为代表的古代中国思想与国学等日本本土思想之间存在明显差异，近世以后中日两国政治体制、社会组织之间的差异更不待言。于是，当中日思想在17世纪以后直至近代以前的东亚思想空间中再次相遇时，作为一个十分自然的结果，这些差异之间的碰撞、冲突以及彼此之间交汇融合的过程便开始了。这一过程最终产生出形态各异的思想成果，并影响了日本历史的走向，也对东亚近世以及近代历史产生了复杂多样的作用。本书作者各自选取了这一历史阶段中不同时期的不同重要事例作为考察分析对象，从微观层次上运用实证研究与文本研究的手法，深入细致地分析研究史实史料，同时也尝试在宏观层次上进行理论探索与新学说的建构。全书以近世日本的历史与思想为主要聚焦点，描绘出一幅近世东亚思想空间中多种思想交错、冲突以及融合的体现历史事实的复杂图景。全书各篇作品选题新颖，作者在写作过程中力戒空泛议论，依据翔实史料展开透彻细致的分析论证，结论多有创建。本书的出版将为我国日本历史与思想研究领域贡献一项重要成果，也将帮助我国学术界了解我国从事日本近世史研究的学者与日本、韩国学术界同行进行交流合作的一些动向。

参与本书写作的有中日韩多名从事日本近世与近代思想史研究的学者，以及中日两国的部分中青年学者。中方作者中，广东外语外贸大学张宪生教授、韦立新教授均长年在日本历史与思想史领域坚持探索与耕耘，积累了一批成果，各自都在国内外出版过日本历史与思想史方面的研究专著，在国内外日本历史以及思想史学界有一定影响力。日方作者中，日本立命馆大学文学部桂岛宣弘教授为日本近世历史与近世思想史研究领域的著名学者，学术成果斐然，受到日本国内外学术界的瞩目。更为难能可贵的是，桂岛宣弘教授对近代以来日本国家所采取的路线持质疑与批判立场，在研究近世、近代日本历史与思想时，表现出强烈的批判精神。日本神户女学院滨下昌宏教授长期从事日本近代美学史与美学理论研究工作，他对日本近代以来一味模仿学习西洋近代美学理论的做法提出质疑，主张应当注意从亚洲各国的本土文化中发现、挖掘素材，由此建构植根于亚洲各国自身文化的美学理论与美学史。韩国东西大学李元范教授长期从事宗教学、现代韩日宗教的比较研究工作，著作颇丰，他还积极参与推进东亚各国之间的学术和教育交流与合作。参与本书写作的中日韩三方资深学者在多年来的学术交流与国际教育合作过程中切磋琢磨，既互相学习、紧密合作，又有思想碰撞、互相借鉴，本书就是多年交流的成果之一。此外，参与本书写作的中日中青年学术俊秀均接受过历史学与思想史研究的专门学术训练，他们长期刻苦钻研，厚积薄发，敢于思考，锐意创新，他们的成果反映了日本思想史研究领域新生代学者的学术水平，也预示着中日韩三国年青一代学者之间学术交流与合作研究的未来前景。本书各篇作品在写作过程中都力图避免简单重复现今有关日本近世历史与思想的流行学说，每一篇作品从选题、论证到结论均力求有所创新有所突破。各篇作品选题新颖，依据翔实史料深入分析、探究近世东亚历史上各种思想冲突、交错、融合的复杂多样的史实。本书既注重追求学术性，同时也兼顾文章的可读性，力求为我国社会各界提供有关东亚历史与思想史的崭新知识，以供对东亚历史与思想、日本近世历史与思想文化感兴趣的各界人士以及学术界人士阅读与参考。

本书为广东外语外贸大学外国语言文学研究中心主任栾栋教授主持的广东高校人文社会科学重大攻关项目“中日哀感文学比教研究”研究课题的成果之一。本书的写作与出版过程自始至终得到了广东外语外贸大学外国语言文学研究中心主任栾栋教授的关怀与热心指导，尤其是在本书的研究与编辑工作遇到困难而进展缓慢时，栾栋教授以极大的耐心等待，并及时给予指导帮助。借此机会谨向栾栋教授致谢！本书初稿的整理编辑工作得到了广东外语外贸大学东方语言文化学院日语语言文化专业博士生陈斌、董丽仙，硕士生柴莹、黄薇姗、席芬等几位同学的帮助，谨致谢意！

张宪生
于广州岭南新世界家园

前　言

中日人文学科学术交流的历史迄今已三十年有余，但在历史学、思想史学领域，双方较高水平的交流活动则始于20世纪90年代之后。本书编者广东外语外贸大学东方语言文化学院张宪生教授就是认真推进当代中日学术交流的中国学者之一。

本书的出版体现了日益成长的中日人文学科交流的现阶段成果。本书内容虽以日本德川思想史为中心，但始终有一个问题意识贯穿其中，即聚焦德川思想，以期从思想史的角度阐明近代日本帝国主义及其对中国发动暴力侵略的背景。日本帝国主义是日本民族主义呈现出的最为丑恶的形态，通过对德川思想史的回溯而究其渊源，定能更加鲜明地揭示日本帝国主义的思想史背景。另外，德川时代正值以清王朝为中心的东亚文明圈、思想圈这一强力磁场的定型时期，帝国主义如何对这一磁场进行解体，也是一个重要的课题。本书以这样一个越境的磁场为着眼点，体现了对日本帝国主义生成过程这一问题的关心。

今天，关于日本帝国主义侵略的诸多课题仍然横亘在中日之间，正视这些问题并寻求解决之道，不仅需要政治上的交涉，而且需要中日之间的学术交流，尤其是人文学科的交流，这也正是本书作者们的共识。本书作者们通过学术探讨加深了对彼此的理解，建立了真挚的友情。本书如能对促进中日间学术交流有所贡献，笔者将不胜荣幸。

桂岛宣弘

2013年11月13日

目录

现代日本国民主义与“教科书问题”*

引　言

本文以“现代日本国民主义（nationalism）与‘教科书问题’”为题发表我的粗浅意见。正如各位所知，2006 年安倍晋三内阁成立后，其一贯的“右翼”发言使得日本的右倾化或者说国民主义愈发强化，令人倍感忧心。事实上，诸如所谓“美丽的日本”这种极具美感又略带感伤的口号的登场、重视“道德”的教育改革，以及针对旨在承认自卫队及天皇元首化的宪法“修正”而采取的国民投票表决等，这些举措都使我们无法否认右倾化已经全面展开。同时，我们正处于一个这样的社会背景——前首相小泉的“结构改革”政策促使贫富差距急剧扩大，为了抑制和掩盖社会分裂的事实，亟须一种统一日本社会意见的社会思想。而在与亚洲各国的关系上，安倍政府提倡所谓的“清算战后”，针对“从军慰安妇”问题，反复发表几乎颠覆了迄今为止包含“反省”态度的讲话。这些都可视为右倾化

---

* 本文基于以下演讲及报告，经数度改稿及补注写成：

2001 年，立命館大学人文科学研究所主办“立命馆周六讲座”演讲；

2003 年，大韩民国东西大学研究生院主办讲座演讲；

2005 年，中华人民共和国广东外语外贸大学主办演讲会；

2007 年，大韩民国暻园大学亚洲文化研究所主办国际学术研讨会演讲；

2008 年，大韩民国高丽大学文科学院主办讲座演讲。

其中，2001 年于“立命馆周六讲座”所作的演讲讲稿载于《立命館大学土曜講座シリーズ 11 いま教育の現場で》（立命館大学人文科学研究所，2001 年）。全文主要针对“新历史教科书”的初版（2000 年）进行了批判。2005 年及之后的演讲，则针对该教科书的改订本（2005 年），添加了相应批判。此外，在暻园大学所作的报告刊载于《アジア文化研究》第 13 辑（2007 年）。

在韩国和中国进行有关教科书问题的演讲令我倍感紧张。在此，谨向在会场给予我批评指正的中韩学者、教师、研究生以及大学生们表示衷心的感谢。

的象征，令人忧虑。此外，众所周知，与政教分离问题、战争责任问题息息相关的靖国神社参拜问题，也已经演变成了一触即发的严重事态。

针对上述右倾化的展开，我并不打算从正面进行批判。事实上，作为一名在大学任教的教育工作者，我已经深深认识到，这样的倾向已经蔓延至年轻人当中。然而，另一方面，我也意识到，这一倾向并不会如此简单地发展下去。其理由大致可以归纳为以下两点：

第一，不管什么样的国家主权，都无法与当今的全球化（globalism）趋势对抗，而是以一种单一的政治体系、经济体系存在。借用内格里和哈特①的话来说就是，不得不说，全球化作为一个"帝国"正凌驾于全世界国民国家之上，极大地制约了19世纪以来国民国家所保有的权力和权限。因此，我们很难想象日本政府，或者说日本国家能够无视这一"帝国"的政治意志、经济意志而鲁莽行事。当然，现在我们还不能乐观地认为当今的全球化已经完成了对国民主义原理的解体，可以说事实恰好相反，全球化的发展，正确地说是"帝国"化的发展，正推动着以自由竞争为名的全世界国民国家的序列化进程，并最终严重激化了世界范围的纷争。正如我们所看到的那样，国民国家之间原本就存在的不平等差距与榨取愈加扩大，与国家命运攸关的竞争愈演愈烈，最终，这样的全球化会以国民主义或者"宗教国民主义"的形式爆发。日本当下的右倾化也与此动向相关，也正因为如此，19—20世纪前期的国民主义并不可能简单地复活。如此，作为以全球化为媒介的国民主义与右倾化，借姜尚中的话来说，② 就是被"国际化"了，即"作为内外相互渗透的国际化了的日本国民主义"受制于所谓的国际架构。我们有必要注意到，当下的右倾化正是为了能够在这样的国际架构中取胜而被制造出来的一个对策。不用说，国民主义只要依旧是国民主义，就必然以其古典的形式，即披着所谓"传统"、"美学"等外衣而产生作用。而这精心制作的"自然"伪装，在安倍政权的路线中也有所表现。然而，无论多么"自然"的伪装，现在因受制于国际架构，比起20世纪前期，其人为的痕迹更为显而易见，并且会表现在我们之后将要

① 安东尼奥·内格里（Antonio Negri）、迈克尔·哈特（Micheal Hardt）著，水岛一宪訳：《帝国》，东京：以文社2003年版。

② 姜尚中：《ナショナリズム》，东京：岩波書店2001年版。本文参照了该书的"前言"部分。

谈到的“教科书问题”上，希望能够引起各位的注意。

第二，我想把目光转向与全球化相关却又界限分明的“国际主义”(inter-nationalism）上。经过长期努力，国际主义终于有了一定的发展。对于所谓的“韩流”，人们有着各种各样的看法，但我们必须知道，决不能将此当作扭转日韩关系的“特效药”。[①] 当下，日本有关朝鲜的舆论主要集中在“诱拐问题”上。我认为这已经成为目前日本社会右倾化的一大诱因。至20世纪90年代，针对“朝鲜半岛 = 韩半岛”的历史认识问题以及“战争 = 战后责任”问题的认识正逐步迈向成熟，而“诱拐问题”无疑狠狠地给这一舆论泼了一盆冷水。不过，我们也必须注意到这一情况与“韩流”共同存在，也正是因为如此，我们认为仅靠“韩流”是无法使日韩关系好转的。不过，就如我个人来到韩国之后所切身体会到的那样，与“韩流”相关的多种多样的交流的确正在“草根”阶层中逐步实现。为学习韩语而赴韩国的日本留学生和语言学习交换生的人数之多远远超过了我的想象。以我前些日子造访釜山虚心厅的经历为例，我看到从日本九州的柳川市来访的许多日本中学生与韩国中学生们坦诚交流，欢声笑语，非常热闹。听说每年以到市民家庭寄宿的方式进行的交流活动已经成为惯例。在我看来，这实在是令人欣慰的情景。我不由得乐观地预想，相互间这样的语言学习和交流既然已经切实地成为惯例，那么促使近代以来日韩关系发生划时代转变的“国际主义”也必将会发展起来。另外，我们应该预想到一部分人不会乐于看到这一动向，相反，这种刺激也许会催生出诸如“厌韩流”这样的意识。但如果我们仅因为如此就反应过度，反而会高估了如今仅存在于少数派中的“厌韩流”思潮。同样的道理也适用于“教科书问题”。毫无疑问，日本文部科学省与日本政府应当对这样的教科书得以通过审核这一事件本身承担责任。但我们也应看到，这一教科书的采用率仅为历史学科的0.3%与公民学科的0.19%（2006年）[②]，如果我们将其扩大为一个社会整体热点问题，反而正中了“新历史教科书编纂会”之下怀。

---

① 高吉嬉：《“韓流ブーム”と朝鮮半島イメージの二極分化現象》，釜山：韩国近代学会特别研讨会报告，2006年于韩国釜山放送广告公社讲堂。

② 参见《俵義文のホームページ》，http://www.linkclub.or.jp/~teppei-y/tawara%20HP/；《子どもと教科書全国ネット21》，http://www.ne.jp/asahi/kyokasho/net21/，等等。

编纂会成员们所期待的，正是要在日本社会或者说在日本与东亚社会中制造一种分裂，从而扩大日本的国民主义影响。毫无疑问，我们必须对他们进行严肃的批判。同时，为了有效地向世人说明这仅仅只是极少数人的意见，多种多样的“草根”交流变得更为重要。并且，虽说这只是少数人的意见，但我们必须充分理解韩国和中国的感受。但是在此，我首先表明我的主张——日本社会的右倾化绝不可能单方面畅行无阻地发展下去。

一、一个“人”有怎样的历史？

“新历史教科书编纂会”编纂的教科书问题极多，并且明显地反映了当下日本社会的右倾化倾向。不过，我在此斗胆提出，我们更需要这样一种视点——这些问题不仅仅只存在于这一本教科书之中。接下来，我想就此展开讨论。首先，我想探讨的问题是“一个‘人’有怎样的历史”。“人”是一个含混模糊的概念，我们先从自己开始说起。站在这里做演讲的，是叫作桂岛的“我”。同时，这是一个作为男性的“我”——当然，在座的也有作为女性的“我”。更可以说——在这里并不是要夸大什么——是作为桂岛家族一员的“我”。事实上，“桂岛”这个姓在日本相当少见，据说这个家族曾经是宫城县的没落地主，不管怎么说，这当中都包含着一个家族的历史。在此之上，还可以考虑我成长的地方，也就是能让我称为故乡的市町村、都道府县（韩国叫作市或郡、道）。我想在座各位中一定有人对故乡有着深深的眷恋。事实上，战后日本历史学的一大成果就是“乡土史＝地方史”，出现了大量的市町村史、都道府县史。再进一步说，我是一名日本国民，持有日本国籍，简单地说就是一个日本人。当我们思考作为日本人的“我”时，就会想到这个“我”之中存在着日本的历史。我们再扩大一些，迈向日本之外的话，就会看到世界，甚至地球。说到地球，那么不光是人，所有生命的历史都在其中。从地球到宇宙，有太阳系、银河系，至此，我们已经到了宇宙的历史范畴，也就涉及从大爆炸开始的宇宙膨胀等话题。

一个“人”有怎样的历史？按照上述的想法，“我”是作为一个多样存在的统一体的“人”而存在的。宇宙中的“我”，地球、世界中的“我”，都道府县、市町村、故乡中的“我”，家族中的“我”，处于男、女层面的“我”，由此，好不容易才走到了“我”这一概念。

为什么我们要以这样的话题开场呢？我想，当我们探讨一个“人”有怎样的历史这一问题时，这样的分类法有着极为重要的意义。现在，日本学校教育的情况是从小学开始就向学生讲授故乡（即市町村、都道府县）的历史、日本的历史、世界的历史（听说韩国也是这样）。作为研究“德川时代=江户时代”的人，我注意到事实上直到江户时代为止，没有一本书籍记载了任何形式的有关“国家的历史”的叙述。我想，也许有些人会对此感到意外。他们也许会反驳我说：从《古事记》、《日本书纪》开始，到幕末颇有人气的赖山阳的《日本外史》（文政十年，公元1827年自序），等等，许多的书名不都附上了“日本”二字吗？这不就是“国家的历史”吗？《日本外史》[①] 大约完成于180年前，这本书究竟讲了什么呢？这本书以故事形式叙述了从源平到德川的武家的兴亡，从这一意义上来看，《日本外史》具有武家兴亡史的特色。当然，这里指的是存在于日本列岛上的武家，从头到尾都是以武家的人为中心的。也就是说，这是一本叙述武家这一“家的历史”的书籍。

同样，在日本颇有名气的还有《大日本史》。由水户光国开始编纂（明历三年，公元1657年），直到明治时期才告完成（明治三十九年，公元1906年）的《大日本史》，充分借鉴了中国正史，采用纪传体，每一位天皇都以某某传为名书写，这和现在我们所熟悉的历史书相比具有相当不同的色彩。因为中国的正史如此，所以采用了天皇逐代叙述的形式。这本书记录了从神武天皇开始到南朝灭亡时期的后小松天皇为止的每一代天皇。因此，《大日本史》从某种意义上来说可以理解为“天皇一族的历史”。

我们还可以看看史家名人新井白石所写的《读史余论》（正德二年，公元1712年完稿）。在这一本历史书中，可以看到他对朱子学的见地。新井白石在著作中参考了中国儒学家司马光的《资治通鉴》（元丰七年，应

---

① 以下所举有关德川时代的历史书籍主要参照丸山真男编：《日本の思想⑥ 歴史思想集》，东京：筑摩書房1972年版；松本三之介、小倉芳彦校注：《日本思想大系48 近世史論集》，东京：岩波書店1974年版；小沢栄一：《近世史学思想史研究》，东京：吉川弘文館1974年版；玉懸博之：《近世日本の歴史思想》，东京：ぺりかん社2007年版。

德元年，公元1084年成稿）及朱熹的《资治通鉴纲目》（其大纲约完成于乾道九年，承安三年，公元1173年），书中记录了武士政权与天皇家以及公卿的兴亡，也许可以称作武士政权与天皇公卿一族的兴亡史。又或者如南北朝时期北畠亲房的《神皇正统记》（约成书于历应二年，延元四年，公元1339年），则是以从神代[①]直至后村上天皇的皇位继承为中心叙述的，而慈円的《愚管抄》（约成书于承久二年，公元1220年）也是从调和天皇与武士间关系的视点出发叙述的政权兴亡史。就连《古事记》、《日本书纪》，也如战前的历史学家津田左右吉所说的那样，是叙述天皇王权的正统性由来的历史书。

这些书籍，可以说都只是关于某一家族的历史，无法称其为日本的历史。为了更加清楚地说明这一点，我想引用福泽谕吉的话。福泽是明治时代极具代表性的著名启蒙思想家，他在著作《文明论之概略》（明治八年，公元1875年）中曾这样感叹道："日本没有日本国的历史，唯有日本政府的历史。"[②] 那么福泽又是从何处得知"国家的历史"的呢？事实上，他是从欧洲的历史书上学到的。他感慨道："欧洲有着详述国民国家的书籍，而在日本，只存在政权更迭史，最多不过是记录某一家族兴亡的历史书。"他认为这样的情况是"国家的一大缺点"。在福泽书写《文明论之概略》的明治八年、九年，即公元1875年至1876年的这一阶段，基本上还没有任何书籍可以称作日本国的历史书。也就是说，对于现在的我们而言几乎已经成为常识的"日本史＝日本国"的历史，其实是一种全新的历史书写方法，或者说是全新的历史书，更准确地说，是"近代以后成立的历史叙述方式"。在此希望引起大家的注意。

二、前近代历史叙述的特质

那么，近代以前的历史书又是什么样子的呢？它们以何种形式叙述历史呢？在此我想通过与近代以后的历史叙述的比较来对这一问题进行探讨。在现代日本，江户时代的历史书如《大日本史》、《读史余论》、《日

---

① "神代"一般指神武天皇即位以前的神话时代。——译者注。

② 福沢諭吉：《文明論之概略》，东京：岩波書店1931年版，第189页。

本外史》等都非常有名，有些甚至被选入高中的教科书。然而，它们可以说都是站在“儒学的立场＝朱子学的立场”上写成的。总的来说有三大特色。① 我认为这一点在我们讨论“编纂会”的教科书时非常重要，因此在这再做一些比较详细的说明。

第一是“治乱兴亡史观”，也就是认为历史是时而治世、时而乱世的连绵不断的重复的观点。因为这种重复性，我们也可以称之为“循环史观”。这是我们业已失去的对历史的一种看法，现在的我们虽然也说历史是重复的，但只是作为一种比喻。然而对于江户时代的儒者而言，这却绝不只是一个比喻。历史会重复，而且会超越国境地重复。他们为什么拼命地阅读中国的历史书？与我们阅读别国的历史书不一样，他们认为历史既然会重复，那么别国的历史书就一定会有参考的价值。也就是说，中国史书在作为中国史书的同时，也是具有普遍意义的史书。近世的儒者是以中国史书为样本来撰写历史的，这从《日本书纪》开始就如此。到了江户时代，史书仍以同样的形式写成，如新井白石就是参照朱熹的《资治通鉴纲目》写成了《读史余论》。总之，希望各位注意，“循环史观”是一种超越国境的历史思维。

第二是“鉴戒主义”，这是一种“以史为鉴＝镜”的观点，即从过去的错误中学习，严肃地看清过去的错误，认真学习治乱兴亡的叙述，反省为什么会有乱世出现。因为他们相信历史会重复，所以比起现在的我们，他们更加紧张地通过读史来学习。因为历史是真正的镜子，他们便全力将其作为“鉴＝镜”，并从中吸取教训和找到警戒。这样的观点在日本各种著名的历史书中都能看到，像《大镜》、《今镜》、《水镜》、《增镜》这样的古代、中世的著名历史书，光从名字便可看出这样的观点。所谓“以古为鉴，可知兴替；以人为镜，可明得失”（《贞观政要》，约成书于开元八年，养老四年，公元720年）便是如此，它要求我们认真地看待失败。

第三是“直书主义”。朱熹说：“据实而书，理自现。”（《朱子语类》第八十三卷，咸淳元年，文永二年，公元1265年刊行）意如能“直书”“事实”，便能避免书写多余的事情，“理”自然就显现出来了。因此，正式历史书中的“纪”，解释的部分往往另记，只是直白地记录下“某年某

① 参见小沢栄一：《近世史学思想史の研究》，东京：吉川弘文館1974年版。

月某日发生了这样的事情”，因此“善恶自著”。在此顺便做一下申明，我认为“事实”与解释是不可分的。在现代的我们看来，即使这样，这些儒学家、朱子学者的历史书也没有脱离解释。他们主张不加修饰地记录“事实”，让“理”自然地显露出来，但其实在他们选择某一“事实”加以记录的过程中就已经存在着某种解释了。因此，严格说来，“直书主义”并不如他们所说的那样和解释毫无关系，只是在他们的主观层面上是“直书”的。他们只求以判断句的形式淡然地留下记录，之后不加一句解释，由此使得“理自现”。

综上所述，我认为儒家历史书几乎都有这样的三大特色。江户时代，这样的儒学系统的历史书非常盛行。通览全局，我们立刻就能注意到这三大特色——“治乱兴亡史观”（即“循环史观”）、“鉴戒主义”、“直书主义”。这样的历史观曾经是理所当然的，但在近代之后大多被抛弃了。

事实上，当我们思考“教科书问题”时，对照这样的儒学史观就会有许多想法浮现。在下文我们还会谈到这一点。

在此，我还想提醒各位注意一下“史”这个汉字。已故立命馆大学原名誉教授白川静在他的名作《字统》[①] 中详细探讨了各种汉字的构成。“史”是什么？在几乎所有的汉和辞典中都讲到，“史”是由汉字“中”和表示“手”这一意象的“又”字组成的，其中对于“中”字又有许多说法。白川先生认为，“中”字是表示祈祷器具的“ㅂ”（读作 sai）插着树枝的形象。人们手持这一祭器奉献给神明的祭祀仪式就是“史”的原意。之后，祭祀的祝词保存下来，这一传统也得以保持和记录下来，而担负各个王权祭祀仪式的记录职责的人，也就成了“史”。

在调查“史”这个汉字时，让我最感兴趣的是后汉时期成书的中国最古老的汉字辞典《说文解字》。《说文解字》又是怎么解释的呢？“中”被解为“正”，中即是“正”“记事者也。从又持中。中，正也”[②]。这一说法虽和白川先生的说法不同，但很令人深思。我们很难说究竟什么是“中”与“正”，但至少要做到“中”与“正”、“中庸”地记录，就是没有偏见地严格记录，儒者们就是这样认为的。在今天，探讨何为“中”与“正”是

① 白川静：《字統》，东京：平凡社 1994 年版，第 361 页。

② 参见电子版《说文解字》的 1923，http：//chinese. dsturgeon. net/；《康熙字典》子集下“又部”。

个大问题，儒学家们的依据是“经书”，他们以此为基础明晰了“中”与“正”的含义。而现代的我们却没有这样的依据，所以我们要想记录“中”与“正”是相当困难的。《说文解字》所说的“记事者也。从又持中。中，正也”，对我们思考“历史教科书”问题可谓意义深远。

上述“史”字的语义及其相关的对“史”的看法，对日本前近代为止的历史叙述、历史书有着很大影响。江户时代历史书的著者们虽然无一例外地都有偏颇之处，但至少在他们心中，是为尽可能“中正”地记录而努力着的。林罗山、林鹅峰的《本朝通鉴》都是倾注心血之作，《大日本史》的编纂者们也有过激烈的讨论。下面介绍一个有趣的争论。《大日本史》的编纂从德川光圀时代开始一直贯穿于整个近世，直到明治时期才得以完成。按照现在的学说，一般可以分为前期和后期。① 后期的编纂工作与所谓“后期水户学”密切关联，大体上可以说是从立原翠轩开始的，其中有著名的德川齐昭（史称“烈公”）、藤田幽谷、东湖父子、会泽安等人。因为之后与尊王攘夷运动相关联，后期的编纂工作也可谓是水户学、天保学的母体形成时期。而编纂前期的情况却大相径庭。前期《大日本史》因为追求“中正”，所以记载了天皇的“得失”，记下“这个天皇做了这样的坏事”，书写了天皇的“失政”。然而，后期水户学认为这是对天皇的不恭，删除了这些部分。这样的做法让人感到，后期水户学一下子向近代以来的历史观靠近了，但必须看到，这种连天皇的“失政”也全盘记录，为了能够作为鉴戒而正确书写历史的方法存在于《大日本史》编纂的根本之处。新井白石在《读史余论》中也写道：“后醍醐，中兴之政不确也。”“后醍醐不德”“南朝既亡”，由此王朝更替，“天下全然武家之世代”。新井白石对于“王朝更替”似乎并没有什么不协调感，因为他站在“天命已去，异姓革命自当起”的儒家立场，所以才有这样的见解。可见到江户时代为止，历史学家们仍会作出诸如“后醍醐不德”这样的超出我们想象的极为辛辣的批判。②

根据以上所述，当我们考察近代以后的历史书与历史叙述时，以江户

---

① 有关水户学参见日本学协会编：《大日本史の研究》，东京：立花書房 1957 年版；瀬谷義彦、今井三郎、尾藤正英校注：《日本思想大系 53 水戸学》，东京：岩波書店 1973 年版；《日本の名著 藤田東湖》，东京：中央公論社 1947 年版；《水戸市史(中)》(第 1 ~4 卷)，水戸：水戸市史編撰近現代専門部会 1976 年版。

② 参见新井白石：《読史余論》，东京：岩波書店 1936 年版，第 105 页。

时代的历史书作为参考是有一定意义的。我们生活在近现代，就认为近现代的观念是理所当然的。为了把这些被认为理所当然的观念相对化，对江户时代的同一事物进行检讨将会非常有效。当我们以前近代的历史书作为参照时，就不得不承认近代以后出现的历史书与前近代的历史书有着多么明显的不同了。

三、近代以后的历史叙述

近代以后历史叙述的一大特质是致力于“一国史”、国民历史的叙述。福泽所谓“日本没有日本国之历史”，“必须尽早书写”的想法被明治政府雷厉风行地付诸实施。明治时期，历史叙述工作大致在以下两个部门展开:[①] 其一是大学，即东京帝国大学；其二是民间史学界。民间史学界比较注重平民层面的历史，而东京帝国大学的学者们由于受到儒教思想的影响，无论如何都难以摆脱王朝兴亡史观。与此相比，山路爱山、德富苏峰、竹越与三郎等人则致力于对平民历史的叙述。可以认为，战后历史的叙述也受到了爱山、苏峰、竹越之流的关注。战前的教科书虽然试图书写国民的历史，但仍不自觉地写成了王朝兴亡史观式的东西。我虽然认为帝大史学会编纂的《校本国史眼》算得上是近代最早的日本通史，但同时也认为它带有一种过渡性质，是以天皇家和武家为中心进行叙述的。总的来说，民间史学方面更早地着手叙述普通民众、国民曾经是怎样生活的。

我们在与近代以来的这样的历史叙述作比较时就可以发现，事实上近代以前的历史书籍都强烈地关注共同性的叙述，中国、东亚等整体也在同样的历史中运转。这样的观点占据了主流地位，我们站在儒教的立场上来

---

① 有关近代史问题参见伊豆公夫：《新版日本史学史》，东京：校倉書房 1972 年版；《本邦史学史論叢》（下卷），东京：冨山 1939 年版；大久保利谦：《明治初年の史学界と近代歴史学の成立》，《明治史論集（1）》，东京：筑摩書房 1965 年版，初载于《日本近代史学史》，东京：白洋舎 1940 年版；《日本歴史講座第八巻日本史学史》，东京：東京大学出版会 1957 年版；《日本における歴史思想の展開》，东京：吉川弘文館 1965 年版；小沢栄一：《近代日本史学史の研究》，东京：吉川弘文館 1968 年版；大久保利謙：《大久保利謙歴史著作集⑦　日本近代史学の成立》，东京：吉川弘文館 1988 年版；田中彰、宮路正人校注：《日本近代思想大系⑬　歴史認識》，东京：岩波書店 1991 年版等。

看也是如此。“道理”、“正理”是前近代历史书、儒教系历史书的关键词，《愚管抄》等书也是如此。虽然对《愚管抄》究竟属于佛教系统还是儒教性质仍有争议，但不可否认《愚管抄》的关键词是“道理”①。这一关键词不仅仅支配了日本列岛、日本王权，对于这些史学家而言，更是支配了世界的全部——在当时世界是以中国为中心的。虽然这在我们看来只是一个空间狭窄的世界，但当时的学者们却认为这个“道理”并不仅局限于日本，而是世界的“道理”，“道理”与历史融会贯通的看法贯穿全体。因此，历史叙述没有国境，都依据同样的“道理”相关联。我们经常可以看到这样的现象：明明写的是日本的事情，却突然跳出有关中国的叙述，写到日本的事件时，极其自然地出现“中国也与此相当”的字眼。为什么会有这种现象？正是因为他们明确地认为“道理”二字放之四海皆准。

我们以此作为参照，再来看近代以后的历史叙述就会发现，近代以后的历史叙述极其鲜明地将重点放在了日本的“固有性”上。明治时代的学者中有不少是去欧洲留学后回国的，比如井上哲次郎，他就是在德国留学时学习的历史书写方法。他们都是带着惊讶回国的。惊讶什么？惊讶于一种构想的逆转即“我们必须记录的是只有我国才有的东西。否则我们自己国家的历史就无法成立”②。那里也有，这里也有，那些到处都有的东西不能算是我国的历史、我国固有的文化、我国固有的特色。不记录这些，自己的历史是无法成立的，这正是明治时代的学者们游历欧洲之后的深切体会。如今的我们，大概因为所读、所见都是这样的东西，所以已经习惯，变得迟钝了。“我国固有”这一说法，如今是理所当然的，所以大家也不觉得有什么不妥，我们已经完全习惯于“日本文化的特色”、“日本历史的一大特色”、“日本式的美”之类的说法。但明治时代的学者们却是带着一种震惊回国的，他们的思想可以说是发生了180度的转变，他们认为自己非去发现一些我国固有的东西不可。

我们再举一个例子。有人认为冈仓天心这个人“发现”了日本的美，而我认为如果不把欧洲美术作为媒介，他是无法看到日本的美的③。正因

① 全卷共出现“道理”一词139次。这里参照了前注丸山真男编的《日本の思想⑥ 歴史思想集》所收石田雄《〈愚管抄〉と〈神皇正統記〉の歴史思想》一文。

② 参见井上哲次郎：《東洋史学の価値》，《史学会雑誌》1891年第24号。

③ 宫川寅雄：《日本美術史叢書　岡倉天心》，东京：東京大学出版会1965年版。

为费诺罗萨说出了“日本的固有之美”，冈仓天心才明白“原来这种东西就叫作固有之美啊”，由此，他才“发现”了日本的美。顺便说一下，所谓美术书、美术史在江户时代并无大量存在。我们大致地浏览一下就可以看到，江户时代的美术书中，有关禅和佛教的论述比较多；到了江户时代后期，出现了一些与西洋作比较的看法；到明治时期，原本作为东亚共通的美，一下子就变成了日本固有的美。我想这一点也是我们在考察近代与前近代的历史时必须注意的。

近代之后的历史书无论如何都会带有本国中心史观的倾向，也就是记述本国的固有文化与特质。这样的历史记述方法是近代以前的时代所没有的，它作为国民主义的重要意识形态的方法论体系而存在，为近代所特有。必须注意的是，这并非仅为日本独有。德国、法国的历史书，其书写方式各有特色，但其对自己固有历史的书写方法都以欧洲创出的某种方法为典范。而在近代以后，我们学习并习惯于自己国家的历史，读着浸染了自己的固有特色的历史书，并认为这一切都是理所当然的。比如我们浏览日、韩的教科书时可以发现一个有趣的现象：目录是完全不一样的。[①] 因为这些本国史是为本国国民制作的，并未想到会为他国国民所读，所以他国的国民即便读了也几乎不懂，或者单纯地觉得“这种事情我们国家的小学生都知道”，又或者“不知道”，两者之间没有共通之处。这让我再次深深地感到，所谓本国史原来就是如此。在对此作解释之前还有一个问题：各国在事件的选择上存在差异。我们用日本史的说法来讲，元寇、丰臣秀吉的朝鲜侵略、近代以后的历史，等等，到底还是有些共通的事件出现，但即使如此，我们还是惊讶于两国教科书中内容差异之多。因此，我的认识的出发点就在于：当我们探讨“教科书问题”的本质时，“同时性”、“共时性”的视点是极其重要的。也就是说，迄今为止的一国史过于重视固有性的议论，我们在此则要选择相反的共通性视点。因此，我们要超越国境去书写历史，就不得不从已经达成共识的原理开始展开讨论。我们必须尊重相互的国民，必须互相充分认识人权、和平等问题。“究竟什么能作为共通性的存在？”从这一问题开始可以展开一场有趣的讨论。不管哪

---

① 参见《新版韓国の歴史　国定韓国高等学校歴史教科書》，东京：明石書店 2000 年版。

一方的教科书都说着“我们大韩民族的特色正是如此”、“日本人的历史的固有性正是如此”的话，其实都是在书写各自的异质性。而我们要做的与此不同，探寻共通性，以共通的价值为相互的基础，以共通价值中的历史叙述为目标，这才是我们最重要的课题。

四、对“编纂会版教科书”近代以前历史叙述的批判——对初版本的剖析

接下来我想探讨一下“新历史教科书编纂会”版教科书的特色。[①]“新历史教科书编纂会”成立于1997年，会员中包括日本电气通信大学的西尾干二、漫画家小林善纪，甚至“生长之家”、神道政治联盟会等宗教团体，以及日本会议、日本青年协议会等，他们认为至今为止的历史书体现的都是“自虐史观”，主张应当编写能让人更为国家自豪、更具自信的教科书。西尾执笔了作为该教科书雏形的《国民的历史》一书，并发行了与藤冈信胜共著的《国民的麻痹》。

战后，围绕着教科书问题已有过多次讨论，因此也有人称这次事件为“战后第四次教科书问题”。可以说，这次事件与20世纪90年代之后的全球化的发展、日本的结构性萧条，甚至1991年后的所谓“从军慰安妇”问题等相关的日本右倾化动向密不可分。有关右倾化的问题我们已在开头作了阐述。“从军慰安妇”问题早在三一新书之前就已经出现在千田夏光的著作中，[②]绝不是什么新鲜事物了，而它突然成为焦点，则是由审判与

---

① 以下有关“新历史教科书编纂会”版教科书初版部分参照了下列书籍：歴史学研究会編：《歴史家が読む「つくる会」教科書》，东京：青木書房2001年版；和仁廉夫：《歴史教科書とナショナリズム》，东京：社会評論社2001年版；上杉聡、君道和彦、越田稜、高島伸欣：《いらない！「神の国」歴史・公民教科書》，东京：明石書店2001年版；新人物往来社編：《歴史教科書大論争》，东京：新人物往来社2007年版。改订版主要参照歴史教科书之会編：《「新しい歴史教科書」の〈正しい〉読み方》，东京：青木書店2007年版。此外，有关“新歴史教科书編纂会”本身，除了参照《俵義文のホームページ》（http：//www. linkclub. or. jp/ ~ teppei – y/tawara%20HP/）、《子どもと教科書全国ネット21》（http：//www. ne. jp/asahi/kyokasho/net21/）等之外，还参照了《季刊戦争責任研究》第15 ~ 17、29、35号（1997年、2000年、2002年）等。

② 千田光夏：《従軍慰安婦》，东京：三一書房1973年版。

战后补偿的一系列问题所引发的。“从军慰安妇”问题甚至被记载在教科书上。我自己认为这是理所当然的，但在“编纂会”看来，将这些内容写进教科书则是个大问题。1991 年，原“从军慰安妇”金学顺以真实姓名向日本政府提出诉讼，要求赔偿，1993 年，各教科书一起开始记述这一问题。然而，“编纂会”的会员们认为在日本的教科书记述这样的问题是不合适的。而且，他们的活动取得了一定的成功，事实上，现在大多数的教科书已经删去了这样的记述。而最近政府将错就错的发言也处在这一动向的延长线上。由此看来，“编纂会”的活动——虽然正如之后我们会谈到的那样，在其教科书的采用率等层面来看，只存在于少数派之中——还是有一定成效的，对此我们绝不能掉以轻心。

关于教科书的内容，前近代史部分在改订版中没有太大变化，因此我们以初版（2000 年版）为中心进行考察。我比较了白皮本、修正本和市面上销售的普通本，详细地研究了它们在什么地方做了修改，什么地方没做修改，在此只对其特色部分做简单说明。首先，在普通本中，对美术作品的图片加上了“可与米开朗琪罗媲美”的解说，这是最后定稿的句子。初稿中甚至写上了“远远早于意大利”，这样的句子让人感到滑稽。在这里，一种“足以与欧美对抗的日本之美”的看法露骨地表现出来，从某种意义上来讲，这也算是西尾干二、西部迈等人的特色吧，他们不正是深受欧美中心史观的影响吗？在此意义上，明治以后，日本对事物的近代史看法总是与欧洲进行着对比性的叙述，一种异样的、浓厚的欧美中心史观色彩呼之欲出，让人诧异难道人们只能写出诸如“在世界的肖像画中也堪称精湛”、“在世界美术中没有什么可以出其左右”、“在世界上引以为豪的日本之美”这样的句子吗？然而反过来说，这样的表述恰恰深刻地表现出所谓一国史真的“可能就是如此”。这样的表述，也许与西部迈之后退出编纂会有关（对这一点后面再论述），在 2005 年的改订版中被删除了。安倍政权上台后，基于“美丽的日本”的思考，推出了“有着能够感受美的丰富心灵的日本人”的说法。

该书在原始、古代部分对“绳文”时代进行了详细的描述，这一点在改订版中也没有改变。市面上的普通本中写作“绳文文化”，白皮本则写作“绳文文明”，这几乎要自称“远早于世界四大文明”的神气与态度实在是滑稽。而对于“上高森遗迹”则有这样的说明：“日本的旧石器文化可以追溯至50万年、60万年以前。”这被确认为捏造，已经在普通本中删除了，但在初稿中却是存在的，还附上了照片。在白皮本中就曾出现过篡改捏造的情况，然而，为了支持自己的主张即使是篡改史实事例也要引用的行为，充分反映了他们对“事实”的迟钝。

如此高度赞赏绳文文化而对弥生文化、大陆文化等的记述却极少，这充分体现了一国史的书写方法——自己独有的文化、文明必须被放在一个重要的位置。在“编纂会”看来，所谓日本独有的文化、文明正是绳文文化。弥生文化因被认为是从大陆传来的，所以这样的文化要尽可能少写，而为了突出独有性、固有性，又不得不对绳文文化进行特写。虽然“森林与岩石清水的文明”的说法之后被改作“森林与岩石清水的文化”，但在一开始是写作“文明”的。而对于弥生文化，虽然之后做了删除，但最初则是被称为“外来的少数人传播的新文化”——“少数”的说法之后被删除。谈到大陆文化，则必须提到《魏志倭人传》。普通的教科书都是由《魏志倭人传》开始叙述邪马台国的，日本的历史在这一部分参照中国古代史书已经是惯例，至少在现阶段没有更有力的史料的情况下必须参照中国的古代史书。作为一名历史学家，我也是这样认为的。但在这一教科书中却写道：“书写《魏志倭人传》的历史家并未来过日本列岛。”他到底想说什么呢？也许是想传达“《魏志倭人传》是多么的不足为信啊”这样的印象。但事实不只如此，他其实是希望尽可能少地书写中国文化的影响、大陆文化的影响。在改订版中这一点也没有改变，认为《魏志倭人传》“有许多内容不正确”。

此外，这一教科书竟然写道：“日本从中国独立出来，朝鲜半岛诸国向日本朝贡。”所谓“从中国独立出来”的说法，因为有圣德太子“日出之处的天子”等史料，在古代史学中也有“东夷小帝国论”存在，从这个意义上来说，现在基本可以认为日本作为岛国游离于大陆之外，在这一程度上是保持了一定的独立性的，但现在古代史学的一般说法并不认为日本“从中国完全地独立出来”。而“朝鲜半岛诸国向日本朝贡”的说法则更是有大问题。战后的日本史研究经过精密的考证，广泛涉猎古代史料，探讨了诸如“任那日本府”、“高句丽好大王碑”等问题。当下一般的看法是大和朝廷统治古代朝鲜的说法基本不属史实，[①] 在其他的教科书中这一点应该是有所反映的，而这一被大多数人所怀疑的事件在这本教科书中却作了肯定的叙述。在学校学习古代史时一定会谈到“大化改新”，战后教科书认为“大化改新”之诏书是在《日本书纪》编纂的阶段被夸大的，因此对于其是否能被认为是律令制确立的转机这一问题尚有争论，因此一般的教科书也未过分地将其与律令制联系起来进行详细描述。但是，《新历史教科书》却将其作为“明确规定了君臣名分”的史料而大书特书，可以说这些部分带有战前皇国史观的色彩。这一问题在改订版中也没有太大变化。

在今天，神话不等于“史实”已经是明白无疑的道理。在这里需要声明的是，我个人并不反对收录神话。因为无可否认，古代神话反映着古代朝廷的思考方法与豪族的世界观等问题。但是，这本教科书在白皮本阶段明确地写着“可以认为其反映史实的可能性”，这里谈到的是“神武天皇东征”的部分，在学术界是没有人会堂而皇之地谈论这样的事情的，因此，这是显而易见的歪曲说法，明确地反映出“想把神话作为史实写入书中”的意图，而这并不是收录神话时的恰当记述方法。本书改订版由原来的 A5 改为 B5，削减了 100 页左右，与此同时，神话的部分也由原来的 9 页减少至 3 页。但是，与初版相同，本书仍旧沿用了将“神武天皇东征”作为大和朝廷成立象征的说法，把以实际上并不存在的神武作为初代天皇的神话说得仿佛史实一般。

我们注意到，在教科书中中世、近世部分所占分量很少，但这并不只是这本教科书的问题。“本国史 = 一国史”一般都会为古代部分腾出很多页面。在这一意义上，这本教科书算是完美地体现了这一结构特点。中世、近世部分分量少，这一倾向是世界性的。但这本教科书的这种倾向为什么又特别明显呢？我想有两个原因。第一是室町时代幕府向明王朝朝贡这一事实非常明确。有关记述在本书中只有一行，而且还写上了“因为反感曾有交往中断的时期”，这其实是想要掩盖室町幕府向中国朝贡这一事实。第二是这本教科书明显是站在“天皇中心史观”的立场上书写而成的，这也是贯穿全书的一大特点。全书以天皇为中心逐步推进，最后写到

---

① 参见歴史学研究会編：《歴史家が読む「つくる会」教科書》，东京：青木書房 2001 年版。

昭和天皇，以“热爱和平的昭和天皇”为题的专栏作结尾，从头至尾都以天皇为中心。这也令人不禁苦笑，因为这样一来中世、近世的篇幅自然就少了。中世、近世是很难以天皇王权为中心书写的，但即便如此他们也能围绕其写下去。中世、近世部分的最后写道：“尽管幕府的实力不断增强，但为了保持其国家统治的正统性，幕府也不能无视朝廷。”他们保留了幕府对朝廷无比崇敬的叙述，在改订版中也保留了“幕府尊重朝廷”的字眼。“江户幕府尊重朝廷，同时也努力牵制朝廷。”这可真是煞费苦心的写法。从史料中只能得出幕府“牵制”朝廷的部分，而他们却更想写成幕府对朝廷的“尊重”。这些可以作为本书中世、近世部分的特色，也是其分量较少的原因。

五、对“编纂会版教科书”近现代历史叙述的批判——对初版本的剖析

接下来看看问题最多的近现代史部分。我们以改订版为中心，通过和初版的比较作考察。

改订版和初版一样，对日清、日俄战争以后日本参与的战争进行了美化、正当化，将亚洲太平洋战争称作“大东亚战争”，不承认其侵略战争的性质，全篇贯穿了将其作为日本的防卫战、为亚洲解放而作的斗争等美化言辞与肯定立场，甚至特别设立了“给殖民地民族以独立的希望”、“日俄战争——以独立为目标”这样的专栏。对于并合韩国、实行殖民统治等行为毫无反省，反而对其进行正当化等内容和初版一样毫无改变。“欧美列强……对日本将韩国纳入势力范围内并无异议”，认为这种行为有欧美的“承认”便是正当的。对于“创氏改名”问题，在改订版的申请本中认为这是韩国人人心所望，所以是得到了认可的，通过审查后最终修改为和初版相同的说法，即“开展了使用日本式姓名的创氏改名运动”。“编纂会”的会报《史》主张“对于为声讨日本而捏造的‘南京大屠杀’、‘朝鲜人强制征用’、‘从军慰安妇强制征用’等谎言一律不写，作者应不为这些旧敌对国的宣传和鼓吹所限制进行自由的创作”①，等等。由此可见，提

① 参见《史》2004 年第 45 号。

交文部省的申请版本才最能体现他们的本意。同时，教科书无视日本军“慰安妇”的事实，对南京大屠杀则特意作了“死亡人数等实际情况在资料上尚存疑点，对此见解各异，至今仍存争论”的叙述。更有甚者，近现代史部分中对韩国、中国等亚洲诸国的历史进行的污蔑性描写尤为显眼。在初版中被删除的“朝鲜半岛长期威胁日本，与日本处于一触即发的紧张关系”的说法，在改订版中以“朝鲜半岛仿佛如大陆伸出的手臂般对准日本”，“保证朝鲜不为别国所控制是日本安全保障上的重要一环”的说法实质性复活，这样的叙述旨在将侵略从地理的角度进行正当化表述。书中断言“日本比起中国，受到鸦片战争的冲击更大”，认为中国、朝鲜与日本不同，中国和朝鲜没能应对世界形势，这一看法从初版以来便被继承下来。此外，认为战争不可避免、普通平民也积极参战等记述也从初版开始就没有改变。

另一方面，改订版的一大特色则是一扫初版的反美色调，带上了“脱亚入美”的色彩。比如，初版开头所写的“对欧美列强的恐惧”、“日本军守备队对美军一步不让”等表述都消失得干干净净。与此相伴的是，在初版中将亚洲太平洋战争归咎于美国方面的表述也消失了。我想这样的变化与“编纂会”的内讧有关。[①] 事实上，“编纂会”内部分歧不断，绝对称不上团结一致。其中影响特别大的是2002年小林善纪、西部迈与西尾干二、藤冈信胜、八木秀次之间发生对立，最终退会的事件。这一事件也可视为亲美派和反美派的分裂，并最终以反美右派与“编纂会”的决裂为结局而广为人知。最终事态演变为小林放弃历史教科书的执笔工作，而西部也辞去了公民教科书的作者代表一职。此外，2006年1月，名誉会长西尾辞职并退会，远藤浩一、工藤美代子、福田逸副会长辞职转任理事；2月，八木会长、藤冈副会长、宫崎政治事务局长遭解任，宫崎退职（解雇）。这本教科书的采用率在2005年据说可以达到10%以上，但实际采用率却只占中学历史课程的0.39%、公民课程的0.19%。相互推诿应对这一“惨败”结果负责任，也被认为是此次内讧的最大原因。[②] 直到现在，围绕着

---

① 参见《子どもと教科書全国ネット21》的《【資料】つくる会内部抗争の歴史》，http：//www.ne.jp/asahi/kyokasho/net21/。

② 俵义文的解说，参见《俵義文のホームページ》，http：//www.linkclub.or.jp/~teppei-y/tawara%20HP/。

对宫崎的解任，日本会议派的理事（内田智、胜冈宽次、新田均、松浦光修）与西尾、藤冈集团之间仍然在互相揭短。根据西尾的说法，日本会议派四位理事中的三人与宫崎的方针是“修改”宪法，回归大日本帝国宪法体制原点，将以天皇为中心的“神国”作为目标。他们与试图渗透至青年教员和教育系学生的日本青年协议会是伙伴关系。这一事态，一言以蔽之就是国民主义，但就其方向性而言，则代表各种不同的路线。而且我们还可以认为，这一事态也正说明了之前我们所谈到的在当今全球化大环境中国民主义的重组、筛选越发激烈的现象。“编纂会”内讧事件最终以亲美国民主义派夺得主导权而告终，这正明确地体现了“编纂会”实际存在于全球化和帝国化这一作用之下。

初版教科书的战后史部分以初版白皮本的“战后战争”这一标题开始。这一标题反映出一种重要的战后观。“日本没有输掉战争，而是输在战后的战争中，而后者更为严重。”这样的说法是想对战争进行全盘否定。我感到这一主张非常强烈。以美军的占领开始的一系列日本的民主化时代、制定和平宪法的时代，被说成是在战后战争中败北的结果。“比起战败，日本在战后的战争中的败北更为严重”这一说法是初版最后部分的一大基调。改订版也表现出认为东京审判、占领政策扩大了“对战争的罪恶感”的观点。亲美的问题在这里被别扭地反映出来。他们无法否定美国的战后政策，但尽管如此，为了唤起日本的国民主义却又不得不采取这样的表述，让人感觉到一种“苦涩”与“扭曲”。

“过去的日本不曾在外国的历史中寻求理想，对本国历史不曾丢失自信，从而拥有着坚定的独立心。但是在战败后，日本突然对自己的脚步变得不安，在不知不觉中逐渐丧失了自信。”这是这本教科书最后的话语，与初版相同，这种明确的战后观清楚地表明了这一教科书现在所处的立场。

这一教科书的另一特点是低级错误非常多。作为一本教科书，却有许多不值一提的错误，真是令人难以置信。先不说其历史观的问题，基础性的错误已让人感到其写作极其粗糙。改订版中收录了《多武峰缘起绘卷》（见该书第 39 页），大化改新（7 世纪）的插图却出现了平安时代（9—12 世纪）十二单衣、衣冠束带的形象。《楠公一代绘卷》（见该书第 76 页）明明是南北朝时期（14 世纪）的插图，却出现了有火枪射击口的近世城郭建筑（16—17 世纪）。插入这种当时根本不存在的插画，实在是令人忍俊不禁。初版中低级错误之多早已广为人知，比如，历史上并非按天皇指示"御撰"的《万叶集》被写成"奉朝廷之命编集而成"，说"《万叶集》在之后长期被当作典范"（实际上，《万叶集》直到江户时代为止还不为人所知）。专栏中说"源赖朝被任命为武士政权的第一位征夷大将军"，而事实上木曾义仲才是武士政权的第一位征夷大将军。此外，还出现了"富冈制丝厂等棉纺业"这样的说法，连制丝业和棉纺业的区别都没有搞清楚。这些错误充分反映了该教科书的粗制滥造，而其能通过审查也足见审查本身的草率。

如果非要肯定某种已经被广泛否定了的说法，至少也该拿出一些证据来。事实上，暂且不提西尾干二是否正确地把握了原文的主旨，我们却可从中感觉到他读了不少专业书，看看其著作《国民的历史》，就能发现许多断章取义的地方，而那些被他随意引用的原文作者们大概都很无奈。其引用的内容有纲野善彦的研究；近世史方面则有外交史研究者荒野泰典的论说；有关自由民权运动部分，也能看到许多新研究成果。如果要以引用来作证据，为什么在古代史中却看不到像这样的引用呢？这真是令人疑惑，也只能称作断章取义。

再来谈谈历史观的问题。这本教科书的历史观非常清晰易懂。我们很容易就能看出其"本国史＝一国史"的主张和写法、记叙方法，这已是明白无疑的了。首先，正如前文所说的，本书采用了从原始古代开始、以天皇为中心贯穿整体的记述方法。我们虽然感到天皇中心是个大问题，但这种主张在日本世代相传连绵不绝的论调之上抬出天皇的论法，自本居宣长以来便是如此。因此，与其说这是这本教科书的问题，不如说是这本教科书极致地表现了近代的历史叙述、本国史叙事所持有的倾向，尤其是有关天皇中心的部分，这种叙述方法在当今的教科书中已经不怎么被采用了。从总体来看，该书侧重于叙述古代史和近代史，这也是该书所表现出的近代以后的历史叙述的特点之一。

本国中心史观并非只是这本教科书所持的态度，刚才我们已经说过，近代以后的历史叙述大多抱有本国中心的倾向。与此相对，这本教科书特别引人注目的是其关于对外关系的叙述。该书的对外关系全部是以力量对抗——简单来说就是以权力平衡的观点进行叙述的。一般而言，现在的教科书都会以海外交流、文化交流为重心，而这本教科书则注重力量对抗、国家对抗如何分布、如何突然增长等问题，简直像电玩游戏《三国志》中的城池争夺大战一样。这样的叙述贯穿全书实在让人感到不可思议。

此外，有关国家范畴之外的世界动向、亚洲民众等问题则基本没有提及。一开始，我以为这本教科书是“日本史”教科书，但冷静地想想，中学里似乎没有“日本史”这一科目。中学里所设的是“历史”，中学的历史教科书是在叙述世界历史的整体之中记述日本历史的，而这本教科书明显以日本为中心，对世界的动向、亚洲的民众、琉球、日本的不同地域等则不作叙述。他们要求学生做“地域学习”，但这本教科书中却几乎看不到地域的影子，普通平民也不存在，女性几乎不见踪迹。对受歧视群体的论述之少也算是该书的特色之一。

结　语

虽然这本教科书无论是初版还是改订版问题都颇多，但我想强调的是，（我没有一丝一毫想要为这本教科书辩解的意思）在思考教科书问题的同时，也必须思考“一国史＝本国史”所固有的特质。这一特质并不仅限于这本教科书，自明治以来至“二战”结束，各种各样的历史叙述都带有这样的特质：只记录本国的光荣史，以期激发对本国的自豪感。这不仅仅是“新历史教科书编纂会”版教科书的问题，其他日本史教科书也存在同样的问题。所以，为了遏制这种记述方法的发展，我们必须重新审视本国史这一整体以及一国史记述的实际形态。如果我们只是集中抨击这一本教科书，将无法完成上述使命，更重要的是要以对这本教科书的批判为起点，阻止互相之间所存在的单纯的自吹自擂和只记录异质性、固有性的历史叙述。

但是，一定会有人十分认真地提出这样的问题：历史记述不正是该反映各种不同的历史观吗？对此我想说两点。首先，我们应该编写能够承载多样历史观的相互讨论的教科书。所谓历史教育，并不是要将某种历史观判定为正确并强加于人，对各种历史见解进行讨论才是最重要的。在这一点上，这本教科书与我们的目标完全相反。

另一个问题：因为历史观是自由的，所以就什么都能写吗？这已不仅是历史叙述的问题，我们必须将其作为社会意识、舆论形成的问题进行思考，比如“我喜欢战争”、“让我们踊跃地发动战争吧”，这样的写法就是一个例子。在这本教科书中虽然还不至于写成这样，但有些地方的确让人感觉到作者是有此念头的。此外还有对他国国民的亵渎性记述。在美国，有关人种歧视的叙述总会引发问题，这样的叙述在美国社会是不被允许的；在欧洲，美化纳粹的教科书也为舆论所不容。这一层面的问题也是非常重要的。如果我们仅仅把这作为教科书的问题来看待，那就只是重复同样的问题而已。这不只是“历史观是自由的”这一层面的问题，更是面对未来“究竟什么样的价值观值得我们悉心呵护”的重要课题。

为确保这一价值不只是一种挂在嘴边的口号，在报告的最后我想要特别强调的是，展开与韩国、中国国民的对话，在我看来是极其重要的。

（桂岛宣弘著，殷晓星译）

论日本近代民族主义的历史背景与思想起源

引　言

本尼迪克特·安德森在《想象的共同体》一书中谈到日本近代民族主义时指出，相对于19世纪20年代以后蔓延于欧洲的“群众性民族主义”而言，日本近代民族主义属于在那之后出现的“官方民族主义”一类。这里所说的“官方民族主义”，按照安德森的定义，是作为“群众性民族主义”的一种反动而发生的思潮，其本质特征是“民族与王朝制帝国的刻意融合”，即旧的政治体制“为了抵挡高涨的民族主义浪潮而收编民族主义原则”所形成的民族主义。① 稍加考察即可知，安德森的这一论断基本上是依据有关日本近代历史研究的通行学说而作出的。

安德森接着在提到象征日本“官方民族主义”兴起的明治维新得以成功的原因时还指出，发动明治维新的长州藩与萨摩藩的中下级武士“得到了三个半偶然因素的帮助”。其一，持续了两个半世纪的锁国使得日本国内形成了“同质性相当高的族群文化”；其二，具有家系古老及富有象征意义的“日本属性”等特点的天皇极易为“官方民族主义”所用；其三，来自西洋列强的威胁促使“大多数人民中的政治觉醒者相继群起支持以新的民族架构所构思出来的国防计划”。同时，由于已经有了欧洲近代“民族共同体”国防的先例，形成于1860年左右的日本“国防计划”可以依据充分的“国际规范”进行设计并顺利地付诸实施。②

---

① 本尼迪克特·安德森著，吴叡人译：《想象的共同体》，上海：上海人民出版社2005年版，第84页。

② 本尼迪克特·安德森著，吴叡人译：《想象的共同体》，上海：上海人民出版社2005年版，第91～92页。

在这里，安德森依据有关日本近代历史的研究成果，准确地指出了日本“官方民族主义”得以兴起的几个主要原因，但未追根溯源地对日本“官方民族主义”的形成作深入论述。安德森的《想象的共同体》并非一部深入研究日本近代历史的著作，而是以研究近代民族主义的起源与普及为目的的理论著作，这样的处理或许是无可非议的。

不过，对安德森的上述论断还可以作进一步思考并提出下列问题：形成日本近代的官方民族主义的历史背景是什么？同一时期的“群众性民族主义”以什么形态存在？在“官方民族主义”形成的过程中，“群众性民族主义”是怎样被“官方民族主义”收编的？

安德森创造的上述对立项概念无疑有助于我们整理与理解日本近代民族主义的历史背景。但是，“官方民族主义”与“群众性民族主义”这一对立项概念主要是依据对欧洲近代历史的研究作出的，无法原封不动地套用于解释有着独自文化传统的东亚地区的历史。而对亚洲近代以前的历史进行深入研究，将有助于调整与修改上述概念，从中找出认识日本近代民族主义形成的历史背景的方法与路径。本文拟从分析与思考自17世纪的近世日本起至19世纪60年代的明治维新为止的历史入手，对日本近代民族主义的思想起源与历史背景作考察。

一、海禁与“同质性”的获得

自17世纪前期起，日本实际的统治者德川幕府为了禁止天主教在日本传播和垄断对外贸易，逐步实行了禁止日本人出海和限制外国人进入日本的政策，这一政策后来被称为“锁国”。在200余年的锁国时代中，日本保留了长崎等几个由官方掌握的有限的对外往来窗口，民间与海外的自由往来基本上被禁止。这一状态一直持续到19世纪50年代。近年来也有学者把这一状态称为“海禁”。

无疑，岛国日本四面环海的地理环境有利于德川幕府实行“海禁”政策，“海禁”政策更明确地划出日本与外部的疆界，易于在基本没有外来异民族和异文化的条件下形成关于日本的一体感。这是近世日本的“同质性”或“均质性”产生的条件之一。

然而，德川幕府统治下的近世日本实行的国家体制是大名领国制，德川将军于17世纪初掌握政权后就把日本划分为200余个“藩”，即领国，分别委派给各地的大名，即领主统治管理。当时的日本人习惯上把各自所属的藩称为“国”或“国家”，大多数人首先意识到的不是日本，而是自己所属的藩。这一制度决定了要获得近世日本的文化“同质性”需要一定的条件，即要经过一段较长的时间。一般认为，关于日本整体想象力的形成是进入18世纪以后的事。

首先，德川幕府针对各地大名实施的管理制度促进了关于日本一体意识的形成。近世初期，德川将军为了排除异己抑制各地大名，对大名实行对调或撤换。不久，又实施了要求各地大名把家眷作为人质安置在首都江户（即现在的东京）以及规定各地大名每隔几年前往江户谒见德川将军的制度。由此，作为政治与文化中心的江户与日本各地的交通干线逐步完善。虽然不能简单地把这一制度比作安德森所说的19世纪往来于殖民地与西方宗主国之间的官员“朝圣之礼”[①]，但是其结果却有意外的相似之处：聚集在江户的各地大名与高级武士之间逐渐形成了一个具有相近命运、相近生活情趣，甚至相近口音的集团；而当他们返回自己的领国时，又把中央文化带回到地方去，在这一过程中，中央与地方之间的文化不断交流融会，一种跨越各地方言的共同语言逐渐形成、普及，所谓近世日本的“同质性”的语言、文化基础也在这一过程中逐渐形成。

其次，进入18世纪以后，各个领国为了解决领国的财政困难而积极发展地方特色经济，追求各自领国的经济利益成为领主与领国民众的目的，“国益”、“国恩”等当时用语就反映出了这种意识。这一过程也是货币经济加速渗透以及全国市场形成的过程。随着经济的发展，覆盖日本的国内市场逐步形成。大阪作为传统的中心批发市场发挥着日本全国物流中心的作用；18世纪后期，江户也成了连接日本各地的物流中心。至此，以大阪和江户为中心、连接各地覆盖日本全国的市场网络基本形成。伴随着日益增加的商品流通，频繁的人员流动促进了各地文化的交流与融合，这也为近世日本“同质性”或“均质性”的形成提供了必要条件。

另外，进入18世纪以后，随着民众识字率的提高，被安德森称为

---

① 本尼迪克特·安德森著，吴叡人译：《想象的共同体》，上海：上海人民出版社2005年版，第109～137页。

“印刷资本主义”的著述出版业已经在日本出现并逐步繁荣，京都、大阪以及后来的江户是出版物流通以及消费的中心。商业化运作下的著述出版业源源不断地为京都、大阪、江户以及其他地区的市民阶层提供反映市民世俗生活内容的读物。通俗读物为市民提供了共同关心的话题，共通的书面语随之形成、普及。

如果说上述的政治、社会、经济制度以及印刷出版方面的政治—社会学原因为日本的一体性意识或“同质性”的形成奠定了社会结构方面的基础的话，那么，下一节所考察的以研究传统思想文化为其使命的国学派对日本古代思想文化所进行的重新阐释运动，则为这一框架提供了有关“日本属性”的精神内涵。

二、对古代日本“日本属性”的创造

在探索日本近代民族主义的思想根源时，不能不提到近世“国学”派及其学说。对日本古代思想文化进行重新阐释的运动开始于后来被称为“国学”派的一群学者，自17世纪前期至18世纪中期初创国学思想雏形的荷田春满、贺茂真渊，于18世纪后期将国学思想集大成的本居宣长，以及在19世纪前期将这一学说推向民间的平田笃嬴等，都是这一学派的代表人物。

国学派的代表人物们以《万叶集》、《古事记》以及其他日本古代文学与历史典籍为主要研究对象，他们运用类似文字学、历史学以及民俗学等手法复原古代文化的面貌，更重要的是在此基础上重新解释日本古代的政治与社会，以寄托他们崇古、尚古的理想。原本缺少文字记录的日本古代史在“国学”派的代表人物笔下被阐释成为由天神创造日本国土与子民、由天神委派其子孙治理日本的历史，并与后来的有一定文字记载的古代王权的历史相对接，古代以来的历史被看作是“天皇”作为神的子孙统治日本的历史而被理想化了。于是，日本的国土、王权的血统、王权的历史以及日本文化都被赋予了至高无上的神圣性与特殊性。至此，有关日本古代的记忆被逐步复原，“日本属性”的雏形被创造出来了。

正如不少学者所指出的那样，在国学派学者的眼中，中国始终是一个

“难以忘却的他者”①，国学派学者创造的有关“日本属性”的言说背后隐含着针对中国历史文化的强烈对抗意识。国学派学者在鼓吹“日本属性”的优越性与神圣性的同时，不断抨击中国文化，古代以后的日本历史被解释为初始的理想状态不断受到外部文化的侵蚀、污染而蜕变的过程，中国古代儒教以及佛教文化的传入是造成这一结果的主要原因。日本近代民族主义强烈的攻击性特征在这里已经初现端倪。

本居宣长等国学派学者于18世纪后期完成上述学说时虽然已经具有明显的政治意图，他把德川幕府的武士政权统治日本的事实称为神的意旨，不过其本人仍宣称与现实政治无涉。但是，他对日本古代历史的阐释，尤其是为了证明德川幕府权力的正当性而创造的“大政委任论”② 中已经蕴含了否定武士政权、恢复天皇统治的逻辑。国学派学者所鼓吹的日本特殊论学说成为19世纪50年代以后兴起的“尊王攘夷”运动的理论武器的原因也在于此。不过，真正使国学派的学说普及到中下级武士阶层以及乡村社会的富裕阶层中去的，是活跃于19世纪30年代前后的平田笃胤等人。接受了国学派学说的这些阶层人士后来大多成了激烈的尊王主义者，他们同时拒绝对西洋列强开放国门，成为推动幕府末期变革的政治力量之一。

有关“日本属性”言说的另外一个思想来源是幕府末期的水户藩（现在日本茨城县一带）儒学者们创造的“水户学”，代表人物为会泽安③。会泽安在完成于1825年的《新论》④ 一书中除了列举应对西洋入侵的军事对策之外，还提出了建立“祭政一致”的“国体”的构想。会泽安所说的“国体”，指的就是他所说的太阳神的子孙，即天皇永远统治世界的政治秩序与国家体制。实际上，这一思想的基本内容，本居宣长等国学派思想家

① 三谷博：《明治維新を考える》，东京：有志社2006年版，第142页。

② “大政委任论”为19世纪的国学派思想家解释德川幕府与天皇的关系而创造的一种学说，该学说认为德川将军的权力来自天皇的委任。

③ 会泽安（1782—1863），日本近世末期的水户藩武士，号正志斋，出生于水户藩下级武士家庭。青年时代师从藤田幽谷，后入水户藩校彰考馆修史。天保年间参与藩主德川齐昭主持的藩政改革。曾任水户藩后期藩校弘道馆首任总裁。1858年主张镇压过激的尊王攘夷派，晚年倡导开国论。著有《新论》、《下学迩言》、《迪彝篇》等。

④ 《新论》原文用汉文写成。由于《新论》一书中多有对幕府政治与社会时弊的针砭，并提出了有关政治社会改革的构想，有触犯幕府的危险，完成之后未能刊行，仅以手抄本或匿名刊行流传。直至1857年才得以以作者名义正式刊行。

已经提出过，会泽安在吸收了国学派思想的基础上，用更夸张的词语在《新论》中将其重新表述出来。

会泽安把日本古代神话中所说的天皇祖先“天照大御神”称为“天祖”，“天祖”也是创造了日本人的祖先。为了唤起日本人对“天祖”的忠孝之心，会泽安认为最主要的手段就是通过重现古代天皇主持的祭祀仪式典礼，进而重新建立他心目中所描绘的日本古代“祭政一致”的“国体”。当日本面对西洋威胁的挑战时，会泽安明确地提出以天皇为顶点的“国体”这一概念，试图通过赋予日本国家以神圣性与历史的特殊性来唤起民众对传统的记忆，由此达到建立统一国家的目的。会泽安创造的“国体”思想被近代日本国家继承运用，明治维新以后建立的近代日本国家，本质上就是一个以天皇为顶点的政教合一的国家。本文后半部分将对会泽安的主要著作《新论》作详细分析。

除此之外，在同一时代的儒学及其他思想学派中也都出现了有关未来日本秩序的各种构想。孤立地看待这些构想，或许会认为其出发点只是为了解决各个领国所面临的习以为常的政治、经济困境，或是应对个别突发的外交问题而已。但当把这些构想联系成一幅图景进行深入考察时，就可以发现一个事实，即关于日本的现时与未来秩序的想象的分量已经超越了其他问题，且在大多数官方或民间知识分子的想象空间中占据了一个重要位置。

19 世纪 50 年代前后，原先对来自外部威胁的想象逐渐变成现实。西洋列强的商船与炮舰陆续来到日本近海并以武力为威胁提出登陆与开港的要求，德川幕府原先试图以敷衍拖延政策来维持锁国，但至此已不得不认真对待这一形势变化。外交问题与国内问题交织在一起，最终演变成为激发幕府末期日本民族主义高涨的直接契机。在幕府末期的政治变革过程中，官方民族主义逐步得以确立。

三、官方民族主义的确立

在实行身份制的近世日本，武士阶级原本是职业军事集团，也是近世政治的主导阶级。但随着近世政治与社会的稳定，近 200 年的和平时期使武士远离战斗，演变成为保留着军事集团仪礼与思维方式的文职人员，这一体制因此被称为“被冻结的军事体制”（丸山真男语）。但是，随着形势的变化，这一体制随时可以解冻转变成军事体制，其中，作为德川幕府政权下的文职人员，直接参与行政管理过程的中下级武士对时局的变化最为敏感，也最容易接受各种民族主义思想。此外，主导政治的武士阶级的价值观与思维方式也影响着社会的其他阶层。19 世纪以后，随着西洋的威胁日益加重，一批民间知识分子开始关注现实，其中，兵学作为一门与军事有关的知识受到重视。中下级武士接受了兵学思想以及强调日本特殊性和神圣性的国学、水户学等思想，形成了承载日本民族主义思想原型的主体。参与幕府末期政治变革过程的所谓“志士”，基本上就是由上述中下级武士以及接近的人们组成的一个群体，他们构成了支持官方民族主义的社会基础。

19 世纪 60 年代以后，幕府与部分大名围绕开国与锁国等问题展开的激烈政治斗争逐渐演变成为武力冲突，结果导致萨摩藩与长州藩结盟。萨—长联盟进一步结集了各地大名，并联合天皇以及公卿等势力，最终推倒了德川幕府，建立了明治国家。在后来被称为“明治维新”的这一政治变革中，维新派势力虽以“王政复古”为口号，但是实际上要解决的主要问题并非将日本带回到所谓“神武创业”的日本古代，而是建立一个统一的近代民族国家，避免沦为西洋列强的殖民地。维新派势力以及后来的明治国家动员了新旧各种思想资源与政治势力，比较成功地完成了这一“拼死一跃”。在那之后实施的政治以及社会改革中，明治政府首先废除了旧领国制，实现了中央集权，剥夺了武士阶级的特权，接着在“富国强兵”的口号下实行了征兵制，普及了初等教育。在这一过程中，以建立近代国民国家为目标的官方民族主义的地位得以确立并始终起着主导作用。

四、《新论》：日本近代民族主义思想的一个典型文本

目前学术界讨论近代民族主义的起源与形成这一问题时所依据的一些

基本概念与术语大多来自本尼迪克特·安德森[①]、埃里克·霍布斯鲍姆[②]以及安东尼·史密斯[③]等西方著名理论家的著作。但是，正如不少学者已指出的那样，上述理论著作基本上都是依据欧洲19世纪以后的事例来研究民族主义的，对亚洲近代历史尚缺乏深入的了解与关注，因此带有明显的欧洲中心主义色彩，如果简单地将这些理论与学说套用于解释亚洲近代民族主义，往往会出现偏差。因此，如何在合理地吸收相关基本理论的基础上，从亚洲的历史事实出发去研究亚洲近代民族主义的起源与形成，成为一个重要的课题。本节将通过对日本19世纪前期水户藩儒学者会泽安的《新论》一书的解读，考察日本近代民族主义思想的起源。

会泽安的《新论》完成于1825年，而德川幕府于1824年公布了“武力驱逐异国船令”。会泽安在《新论》一书中全面分析了19世纪20年代日本所面临的内外形势，并且提出了解决这些问题的对策，其中最重要的是应对西洋列强的军事防卫措施和在国内实施政治改革的构想。《新论》有意渲染和夸大来自西洋的威胁，提出应为与频繁出现于日本近海的西洋列强之间的战争做准备，并以此为契机重建日本的国家体制，也可以理解为通过“攘夷”重建日本政治体制。会泽安在《新论》中提出的一系列思想在1857年该书正式刊行后广为流传，该书也成为一部推动19世纪日本

---

① 本尼迪克特·安德森在《想象的共同体》一书的第六章中把近代日本的民族主义称为“官方民族主义”，指出日本近代国家的建立得益于“三个半偶然因素”：①近世国家持续了近两个半世纪的锁国政策形成了日本在族群文化上的高度同一性；②天皇家极具象征意义的日本属性极易为官方民族主义所利用；③西方列强的入侵极大地刺激了日本人，促使民间的政治觉醒者们积极支持政府以新的民族架构所构想出来的国防计划。在这里，安德森正确地指出了日本近代民族主义形成的主要历史背景，但未展开论述。详见《想象的共同体》第91页。

② 埃里克·霍布斯鲍姆：《民族与民族主义》，上海：上海世纪出版社2006年版。霍布斯鲍姆在该书的导言中坦率地表明“本书的主题仍然是倾向欧洲中心主义观点的，甚至可以说是特别针对‘发达’地区所作的讨论”。另外，霍布斯鲍姆在书中举了历史上一些地区对宗教偶像的信仰的事例来解释“民族主义原型”一语。如果换在解释东亚的“民族主义原型”时，以汉字为媒介记录并保存下来的有关古代国家的历史文化的共同记忆应为最重要的事例之一。

③ アントニ·スミス：《20世紀のナショナリズム》，东京：法律文化社1995年版。史密斯在书中着重考察了人种、族群与民族主义之间的历史联系，并列举了二十世纪民族主义的各种形态，但未注意到亚洲的事例。

幕府末期政治变革、对近代日本产生重要影响的著作。迄今为止，对《新论》一书的思想内涵以及时代背景等已有一些研究，其中不乏真知灼见。例如，日本学者三谷博指出，会泽安的政治改革构想与当时日本所面临的国内外形势的实际情况之间存在很大差异，是会泽安对当时日本所面临的国内外形势的一种夸大解释。会泽安做出这一夸大解释的目的是为了唤起当时朝野上下的注意，达到实现自己的政治改革理想的目的，而这一计划在当时实际上是无法实现的。[①] 然而，我们也必须看到，《新论》中提出的重建以象征传统权威的天皇为核心的“祭政一致”国家的“国体”观，客观上形成了1867年推翻德川幕府的政治变革的基本原理，也为明治维新以后日本近代民族主义思想的形成提供了核心内容与基本框架。因此，重读《新论》有助于我们历史地考察日本近代民族主义的思想起源。

仔细阅读《新论》，可以发现，作者提出的政治改革构想在很大程度上立足于他对当时世界形势的分析，特别是对来自拥有先进技术与军事力量的西洋列强的军事威胁的认识之上。在会泽安之前，也曾经有一些民间知识分子指出来自北方或西洋列强的军事威胁，提出了加强军备的构想，日本近世中期的兵学家林子平在1793年著述的《海国兵谈》中提出应加强对北方的海防以防御来自俄国的军事威胁就是典型的一例[②]。但是，至18世纪末，这一类议论大多还停留在对个别现象的反应与思考上，所提出的对策与主张也仅限于加强海防等军事方面。而与早期的海防论相比，会泽安《新论》的对外认识已发生了质的变化，这主要体现在他对当时世界形势的整体认识以及关于日本近世国家体制的改革构想上。

起源于近代西欧的产业革命推动了近代航海的发展，原本各自孤立的各大洲逐渐连为一体，由此形成了近代世界体系。18世纪末至19世纪初，英、俄等国的船只开始频繁出现于日本近海，这引起了日本朝野的重视。在《新论》的“形势”篇中，会泽安把西洋船只的到来称为“而今西荒蛮夷，以胫足之贱，奔走四海，蹂躏诸国，眇视跛履，凌驾上国，何其骄也”[③]，言辞中流露出的对西洋的蔑视，表现了会泽安对西洋的基本态度。

---

① 三谷博：《19世紀日本の歴史》，东京：日本放送教育振興会2000年版。

② 林子平：《海国兵談》，东京：岩波書店1939年版。

③ 会沢安：《新論》，今井宇三郎、瀬谷义彦、尾藤正英校注：《日本思想大系53 水戸学》，东京：岩波書店1973年版，第396页。

不过，会泽安对西洋的认识并非仅仅停留于此。在《新论》中，他分析了当时的世界形势以及日本面对的外来威胁，认为日本面临的边患与历史上经历过的情况不同，“西夷驾巨舰大舶，电奔数万里，驶如风飚，视大洋为坦途，万里之外，直为邻境”①，西洋列强觊觎日本的形势已形成，日本四面环海的“天险”已经难以阻止西洋“巨舰大舶”的入侵。日本以外“未尝沾染罗马之法”，即未按照西洋列强的原理依据武力进行对外扩张的“独有满清”，能与日本互为“唇齿”。基于当时的世界地理知识，他在对西洋到来后的形势分析中不乏现实主义成分。会泽安把除了清以外的西洋列国纵横捭阖的格局比作中国古代周朝末年七雄争霸的“战国”时代，其中尤以俄罗斯与英吉利为最具野心者。会泽安认为，西洋实施它的世界战略时，首先是依靠强大的军事力量，其次还擅长借助通商和传教进行渗透与收揽民心，为其军事入侵做准备。他写道：西洋“欲倾人之国，则必先因通市而窥其虚实，见可乘则举兵袭之，见不可乘则唱夷教，以蛊惑民心。民心一移，箪壶相迎，莫之得禁也”②。他认为，佛教以及天主教等外来宗教的邪说传播侵蚀了日本人的忠诚心，因此必须严加戒备排斥。对“胡神”，即基督教的戒备既源于日本近世初期禁教的记忆，也来自会泽安对西洋国家一神教以及政教合一政体强大力量的认识。

然而，正如一些学者所指出的那样，《新论》写作前后的时期虽然时有西洋船只先后来到日本近海，但并未对日本构成实质性的威胁。③ 会泽安渲染危机，扩大解释西洋的威胁，目的是唤起朝野上下对国内政治现状的关心，他把幕府发布的“武力驱逐异国船令”解读成驱逐外夷的战争动员令，并据此提出了把日本人置于“必死之地”而达到同仇敌忾的目的，即后来被称为“攘夷论”的策略。应该说，这一论断抓住了《新论》与历史背景之间的本质关系。19 世纪的日本实际上还处于由 200 多个大名领国组成的将军大名联合国家阶段，还未完全形成有关日本国家与民族整体的

---

① 会沢安：《新論》，今井宇三郎、瀬谷义彦、尾藤正英校注：《日本思想大系 53 水戸学》，东京：岩波書店 1973 年版，第 396 页。

② 会沢安：《新論》，今井宇三郎、瀬谷义彦、尾藤正英校注：《日本思想大系 53 水戸学》，东京：岩波書店 1973 年版，第 396 页。

③ 关于会泽安在《新論》中对西洋威胁的夸大解释问题，详见三谷博：《明治维新とナショナリズム》，东京：山川出版社 1997 年版。

想象力。《新论》在对日本所面临形势的描述以及为加强海防而进行的政治动员的构想中，明确地勾勒出了日本的轮廓，为近代日本民族主义的形成提供了一个基本框架。在分析了日本所面临的西洋列强军事入侵的形势之后，会泽安在《新论》“守备”篇中进一步提出了具体的防卫构想。

五、“守备”：军事准备的政治目的

会泽安在《新论》“守备”篇中写道：“和战之策先决于内，断然置天下于死地，然后防御之策可得而施之。”① 由此可知，他谈“防御”的目的就是要唤起日本人对西洋同仇敌忾。在1825年思考如何抵御外敌时，会泽安首先关心的是如何统一“亿兆”民心，抵御外敌。他的视线转向日本中世以天皇的号令抵御蒙古军入侵的历史，试图以此唤起日本人对传统的记忆，在传统原型与现实之间建立起联系。近代日本民族主义思想重视与历史的连续性这一思维方式的特点在这里已经显现出来了。

在“守备”篇中，会泽安提出了四点对策。第一点是“修内政”，即改革国内政治。把军事防卫与政治改革联系起来，唤起世人对国内政治的关心，这是《新论》的一大特点，会泽安在《新论》中提出的有关军事准备的所有措施，最终目的就是归结到内政上来。

第二点是“饬军令”②。在这一部分中，会泽安展开了他对近世国家兵制改革的思考，其中又分为淘汰“骄兵”、增加兵员与严格训练三点。所谓“骄兵”，指的是由近世的武士构成的职业军事集团。会泽安认为近世日本持续了两百年的和平安逸使得作为常备军的武士已经难以担负抵御外敌的责任，必须“淘汰之并代之以精锐之师”，然后方可谈守备。对近世武士的这一批评在这之前早已有之，其中以活跃于18世纪的儒学者荻生徂徕等人的批评尤为尖锐。会泽安的这一批评除了直接指向近世日本的军制以外，还有批评幕府政治现实的含义。作为军事措施之一，会泽安接着提

---

① 会沢安：《新論》，今井宇三郎、瀬谷义彦、尾藤正英校注：《日本思想大系53 水戸学》，东京：岩波書店1973年版，第402页。

② 会沢安：《新論》，今井宇三郎、瀬谷义彦、尾藤正英校注：《日本思想大系53 水戸学》，东京：岩波書店1973年版，第404页。

出了“增兵众”，即增加兵员的建议。[①] 他认为：近世日本的武士“皆聚居于都城，坐销谷禄，所以不得多养”，幕府和各地大名已无力供养更多的兵员了。会泽安认为要摆脱这一困境，就要“善察古今之兵制沿革，兼用土着之制”。这里的“土着之制 ”，指的是安排聚居于城市里的武士返回乡村的计划。这样做，一来可以减轻幕府大名的经济负担，二来可以使武士驰骋于山野之间，磨砺筋骨与精神，由此重建近世日本的武备。然而，他也意识到了在近世社会条件下实施这一措施所面临的困难。在近世的国家体制内要实施“土着之制”实属难题。事实上，在会泽安之前早已有人提出此类建议，著名的有 17 世纪末的熊泽蕃山、18 世纪中期的荻生徂徕等人。会泽安对此类建议的利弊与可行与否定有充分的了解，但他仍提出这一不可能实行的措施，目的就是要把军事防卫问题与国内政治改革联系起来，唤起世人对国内政治改革的关注。“饬军令”的第三点内容就是“精训练”[②]。会泽安认为应“教之以阵营之法，习以旗鼓之节，悉除去无用之虚文”。这里可以看到江户时代中期的儒学者荻生徂徕在其兵学著作《钤录》中受中国明代将军戚继光的思想启发而反复强调的“节制”，即运用兵法号令与纪律操练队列与阵列等思想的影子。另外，会泽安的这一主张也包含了对幕府固守日本传统兵法的批评。

“守备”篇中的第三点对策是“富邦国”[③]。针对当时“怠傲骄奢，诛求无常，用财无制”的风气，会泽安提出了“要使邦国尽知所忧恤，乃使之兴士风禁奢靡安百姓举贤才”，“斟酌损益，去虚文而就实功”[④] 的对策。

“颁守备”是会泽安提出的第四点对策。他认为，面对西洋船只“无所不可至，而举海内皆为长崎”的形势，除了应在日本的政治中心江户、商业中心大阪以及宗教圣地伊势等要地重点设防外，还应兼顾“海外诸岛

① 会沢安：《新論》，今井宇三郎、瀬谷义彦、尾藤正英校注：《日本思想大系 53 水戸学》，东京：岩波書店 1973 年版，第 404 页。

② 会沢安：《新論》，今井宇三郎、瀬谷义彦、尾藤正英校注：《日本思想大系 53 水戸学》，东京：岩波書店 1973 年版，第 402 页。

③ 会沢安：《新論》，今井宇三郎、瀬谷义彦、尾藤正英校注：《日本思想大系 53 水戸学》，东京：岩波書店 1973 年版，第 405 页。

④ 会沢安：《新論》，今井宇三郎、瀬谷义彦、尾藤正英校注：《日本思想大系 53 水戸学》，东京：岩波書店 1973 年版，第 404 页。

及蝦夷地方”，以此全面防御西洋的入侵。

“守备”篇中提出的以上四点对策构成了“厘革天下”的大纲。在此基础上，会泽安进一步提出了“设屯兵”、“明斥候”、“缮水兵”、“练火器”、“峙资粮”等五项具体措施[①]，此处不一一累述。会泽安提出的“守备”之策虽然细致全面，然而在写作《新论》的1825年，这一计划几乎没有实施的可能。首先，会泽安所描绘的西洋列强的威胁并非实质的威胁，不时来到日本近海的西洋列强船队对幕府采取的是试探性接触，并无明确的战略目的。其次，在制度方面，幕府也不可能按照会泽安的设想实施“土着之制”以及其他军事防卫上的措施。因此，会泽安提出的上述“守备”之策仅仅是一个停留于想象层次的构想而已，它对政治现实产生影响是在1850年以后。日本历史学者前田勉在《兵学与朱子学·兰学·国学》一书[②]中指出，《新论》是近世日本武国思想之集大成。所谓“武国思想”，主要指的是日本近世的武士阶级注重军事、注重实力对比的思维方式。分析《新论》“守备”篇中的内容，可以清楚地看到会泽安的确具有这一思维方式。当感受到外来威胁的时候，身为水户藩儒学者的会泽安首先考虑的是加强武备，并提出了详细具体的措施。与同一时代东亚各国的知识分子面对西洋威胁时作出的反应相比较，会泽安注重“武备”这一特点更为突出。更为重要的是，会泽安提出“守备”之策的目的绝非仅仅在于构建军事防卫计划，他的根本目的是通过实施他所构想的军事防卫措施，达到建立他所构想的“国体”的最终目的。对未来政治秩序与国家体制的思考与构想，是会泽安在《新论》中花了近三分之一的篇幅展开议论的另一个重要问题，而正是这一部分的构想构成了近代日本民族主义思想的核心内容。

六、“祭政一致”与“国体”

《新论》的另一个主要内容，就是关于建立“祭政一致”的“国体”

---

① 会沢安：《新論》，今井宇三郎、瀨谷义彦、尾藤正英校注：《日本思想大系 53 水戸学》，东京：岩波書店1973年版，第405页。

② 前田勉：《兵学と朱子学·蘭学·国学》，东京：平凡社2006年版。

的构想。那么，会泽安所构想的“国体”为何物呢？《新论》起首处的一段文字极为形象地描绘了会泽安构想的“国体”：

神州者，太阳之所出，元气之所始，天日之嗣，世御宸极，终古不易。①

从这一段极具夸张色彩的文字中，可以看出会泽安所说的“国体”，指的就是他所说的太阳神的子孙永远统治世界的政治秩序与国家体制，他所强调的是日本国土的神圣性与历史的特殊性。实际上，这一思想的基本内容在会泽安之前，已由生活于18世纪中后期的贺茂真渊、本居宣长等国学派思想家系统地提出过。会泽安在吸收了国学派思想精髓的基础上，以更夸张的词语在《新论》中将其重新表述出来。在这里，我们也可以看到日本民族主义思想前后传承的脉络。

会泽安认为，为了重建理想的日本“国体”，首先必须在现实生活层次上重新唤起日本人对祖先的孝心，并由此逐级递进追溯至《古事记》创世纪神话中神话时代的“天祖”，即创造天地与日本、天皇以及日本人的初始祖神那里，以此建立起臣民对“天祖”的孝心与忠心，最终达到“孝”与“忠”的指向对象完全重合一致。一旦臣民重新确立起对“天祖”的孝与忠，自然也就形成了对现实层次的天皇的孝与忠，从而达到建立与维护会泽安所期待建立的“国体”，即理想的政治秩序的目的。美国学者罗伯特·N. 贝拉在《德川宗教：现代日本的文化渊源》一书中对会泽安提出的这一“孝”“忠”结构曾作过比较深入的分析。他说：“忠与孝紧密关联，神、天皇、君主、父亲被看成是同等的东西，整个国家就是一个单一的家族。人民即是崇拜者，是臣民，是儿女。忠诚天皇便是大孝，献身父母则是小孝，小孝只是为了能履行大孝而存在。”② 很明显，对父母的“小孝”最终必须服从于对天皇国家的“大孝”。再者，“天皇与神是同一的，而人民则与天皇和神同一。天皇的意志就是神的意志，而人

① 会沢安：《新論》，今井宇三郎、瀬谷义彦、尾藤正英校注：《日本思想大系 53 水戸学》，东京：岩波書店 1973 年版，第 381 页。

② 罗伯特·N. 贝拉著，王晓山、戴茸译：《德川宗教：现代日本的文化渊源》，北京：生活·读书·新知三联书店 2003 年版，第 127 页。

民的意志则从属于天皇的意志。”[①] 应当说，这一分析抓住了会泽安所强调的“孝”与“忠”的本质特征。

为了唤起日本人对“天祖”的忠孝之心，会泽安认为最主要的手段就是通过重现古代天皇主持的祭祀仪式典礼，进而重新建立他心目中所描绘的日本古代“祭政一致”的政治体制。他认为，在“祭政一致”的政治体制中，政治以祭祀的形式体现出来，最高祭司是天皇，祭祀与政治达到完全一致。在这一点上，会泽安与国学派思想家的思想是一脉相承的，唯一不同的就是更多地使用了儒学的语言。然而实际情况是，自 12 世纪末武士阶级登上日本政治舞台以后，天皇的政治权力日渐式微，至 19 世纪 20 年代，在武士主导政治的近世政治现实中已经不易找到“祭政一致”存在的余地了，古代天皇宫中的仪礼仅仅保存于京都皇宫这一狭小的空间中。因此，会泽安认为当务之急就是复原日本古代祭祀典礼，由此入手重建“祭政一致”的“国体”。会泽安在《新论》中不厌其烦地记述“大尝祭”以及“新尝祭”等日本古代宫中祭祀仪式与典礼的细节，其目的就在于此。[②]

在面对西洋威胁的挑战时，会泽安明确地提出以天皇为顶点的“国体”这一概念，试图通过重新解释日本的神圣性与历史的特殊性来唤起民众对传统的记忆，由此达到建立统一国家的目的。会泽安创造的“国体”一语在明治以后被继承运用，明治维新以后建立的近代日本就是一个以天皇为顶点的国家。在这一点上，我们也可以看到《新论》与近代日本民族主义在思想上的继承关系。《新论》一书在明治以后仍不断被再版印刷广泛流传，正是这一点的具体体现。

如前所述，会泽安是基于对 19 世纪 20 年代的世界形势的认识提出他的政治改革构想的。18 世纪后期至 19 世纪初兰学的流行，有关西洋世界的地理以及政治、社会等方面的知识在民间的普及，为会泽安这样的知识分子认识世界大势提供了丰富的材料，《新论》就是在这一历史背景下完成的。这一时期的日本一方面存在着国内政治制度与结构上种种难以解决的问题，另一方面随着西方列强的船舰频繁出没于日本近海，日本面临的

---

① 罗伯特·N. 贝拉著，王晓山、戴茸译：《德川宗教：现代日本的文化渊源》，北京：生活·读书·新知三联书店 2003 年版，第 127 页。

② 三谷博在《明治維新とナショナリズム》一书中曾对《新論》中的“忠”“孝”结构作了仔细的解读。详见该书第二章。

外部压力日益加剧。在寻找对抗西洋的具体措施的过程中，会泽安吸收了国学派思想家创造的日本中心主义思想，并运用中国儒学的术语对其重新解释，同时吸收融会了当时最新的世界地理知识与兵学知识，最终写出了《新论》。其中的“国体”论直接影响了幕末的政治变革与明治维新以后日本国家的走向，成为近代日本民族主义思想的核心内容。在《新论》中，会泽安将日本古代神话中的秩序原理与19世纪日本的政治现实相结合，提出了“国体”这一未来日本国家的秩序原理，其中虽然隐含着批评幕府政治的含义，但其直接目的并非推翻幕府的统治，而是试图在幕府体制的框架内建立一个新的“国体”。由1825年的“国体”论到1867年的明治维新，中间相隔了40余年，其间日本的内外形势发生了很大变化。随着来自西洋的威胁成为现实，19世纪50年代以后《新论》得以公开刊行并广泛传播，会泽安提出的“尊王攘夷”理论与“国体”论的影响日益扩大，《新论》最终演变成推翻幕府统治建立明治国家的思想武器之一。会泽安在1825年从对现实形势的夸大解释出发创造出具有浓厚民族主义色彩的“国体”论时，是否已经意识到自己在勾画日后近代日本帝国的蓝图？对于这一点或许不易给出结论。实际上，晚年的会泽安逐步改变了主张驱逐西洋的思想立场，转向主张开国的开明立场，并公开批评热衷于鼓吹排外的“尊王攘夷”激进派的行为。然而，写作于1825年的《新论》作为一部重要的思想文本，对近代日本的政治变革过程产生了深远影响。明治以后，《新论》以各种版本出版发行，在日本推行对外侵略扩张的“二战”时期，《新论》更是作为鼓吹“皇国”精神的读本而被广泛宣传。在幕府末期至近代日本这一历史时期的语境中，《新论》客观上为明治以后的近代日本国家准备了一个建国理论的框架，为日本近代民族主义思想的形成提供了核心内容。因此，把《新论》称为“具有帝国主义意识形态性质的政治神学”① 也是恰当的。

结　语

近代日本国家在明治以后走上了一条对外扩张与侵略的道路。一般认

① 董炳月：《子安宣邦的政治神话批判》，《读书》2007年第4期。

为，其原因一方面在于由出身于萨摩、长州等地的旧武士占据主导地位的明治政府在后来处理国际关系时，模仿了这一时期流行的社会达尔文主义以及西洋列强的原理。但是，考察日本近代民族主义思想形成与普及的历史背景，可以从中发现影响与决定近代日本国家路线走向的政治、社会以及思想文化方面的内在原因。岛国的地理环境以及近世大名领国制度下中央与地方文化的交流产生了近世日本的同质性；随着商品经济的发展而出现的全国统一市场以及印刷出版业的发展也为近世日本同质性的形成提供了必要条件。另一方面，在长期与外部隔绝的条件下产生的日本中心论、日本优越论等文化民族主义孕育了民族主义思想的雏形。在应对来自西洋列强的威胁过程中，受到各种民族主义思想鼓舞的一群中下级武士参与了幕府末期的政治变革并取得了成功。在明治政府中占据了重要位置的藩阀政治家们把模仿近代西洋原理迅速建立近代国民国家作为首要目标，官方民族主义在这一过程中确立了主导地位，并影响了近代日本国家的走向。

（张宪生著）

现代韩国人的宗教意识

——以韩国盖洛普《韩国人的宗教和宗教意识》为主要分析对象

引　言

对宗教意识的调查是以人的内在价值情况为对象的，但要对其进行客观的测定却绝非易事。而且，由于很多宗教团体、宗教信徒对外部持排斥态度，给调查开展带来困难的情况也屡见不鲜。但对于宗教意识的客观研究而言，根据调查收集实证数据是不可或缺的条件。这种进退两难的情况在研究宗教时一直让人备受困扰。

即使完成了对个人的调查，也仍然存在很大的问题。因为超越个人宗教意识，把握集团规模的宗教意识，是不可能通过简单的社会调查得以实现的。在社会层次的语境中理解被调查者的具体宗教意识，并在考虑宗教文化历史发展历程的基础上进行解释，是非常有必要的。特别是，一般来说韩国人在一生中并不只经历一种宗教，而是多种宗教。正因为如此，将这种复杂的宗教意识纳入考虑范围之内是非常有必要的。总之，得出可靠可信的研究成果是一项极其困难的工作。

从韩国宗教研究调查的实际情况来看，对作为最基本问题的宗教人口数也无法准确把握。韩国政府于 20 世纪 60 年代开始，以各宗教团体的报告为基础而发表的统计结果也存在着很多问题。最重要的是，宗教团体报告中的宗教信徒人数之和是总人口的 1.5 倍。① 这个结果，虽与各宗教团

---

① 这个问题与其说是由于调查方严谨的态度而产生的，不如说是由于调查方法而产生的。例如，日本文化厅采用同样的根据宗教集团的申报而进行宗教人口调查的方法，在每年发表的报告中，日本的宗教人口数是全体人口数的近 2 倍。参见日本文化厅编：《宗教年鑑》行政，2006 年。

体教团势力的扩大有关系，但又不仅仅是这样，更深层次的问题是对信徒这个概念的理解不同。就如基督教和佛教，虽说同样是信徒，但衡量的标准有很大的差异，信徒自身归属意识的差异也很大。这就意味着会出现如下情况：一个与多种宗教有接触但自身却并未感到矛盾的信徒，被两次或三次地统计在内了。

韩国盖洛普实施的“韩国人的宗教和宗教意识”调查，改善了宗教调查中的这些问题，为韩国宗教的实况调查带来了划时代的转变。盖洛普在1984年进行了第一次调查，接着在1989年、1997年、2004年，共实施了四次调查，并将调查结果以报告书的形式不定期地发表。在韩国，对宗教现状进行调查的只有政府在人口调查时进行的“宗教人口调查”，在这种背景下，盖洛普的报告书显得尤其珍贵。

这份调查报告之所以这么重要，是因为它不仅是关于宗教现状最新的资料，而且为比较分析这20年间的宗教变化情况提供了资料依据。继1984年第一次调查之后，后续的3次调查都沿用了第一次所使用的调查设计方法，所以能够对调查结果进行对比研究。另一个重要点就是，调查是由专门的调查机构开展的，具体来说，就是由接受过专业训练的工作人员直接登门拜访，采取1对1的个别面谈方式进行调查的，这样可以确保高信赖度。每次都是在全国18岁以上的成年男女中随机抽取1 500人以上进行调查。经过统计和处理调查中收集起来的数据，最后完成了《韩国人的宗教和宗教意识》，是研究人员进行分析的基础资料集。

本文能够以“韩国人的宗教意识”为题写成，正是因为有如上所述韩国盖洛普的高信赖度数据。下文在介绍上述报告书中关于韩国人宗教意识的统计数据的同时展开本文的论证。本文最主要的问题点如下：①韩国的宗教现状究竟如何？②韩国人渴求从宗教中获得什么，对宗教有什么期待？③韩国人的宗教价值意识和行动方式（即宗教性）有什么特征？等等。

这是“韩国人的宗教意识”这一论题中最基本的问题关心点。但为解决这些问题而使用的实证数据却只是在针对韩国人的调查中得到的，因为没有比较对象的客观数据，所以不得不作出只具有自身特殊性和普遍性的判断。因此，本文还引用了《日韩学生宗教意识调查报告》，该报告整理了迄今为止日韩两国大学生宗教意识比较的调查结果。当然，这个调查和本文的问题关心点并不一致，所以对其调查数据的引用也是有限的。也可以附加以下问题作为本文的最后一个问题关心点：日韩两国年轻人对宗教的态度有什么区别？

一、韩国的宗教现状

韩国社会的代表性制度宗教以佛教、儒教等东方传统宗教和天主教、新教等西方传入的基督教为中心。19 世纪中叶“东学”登场之后，韩国产生了多种新兴宗教运动，同时存在着殖民地时期的日系宗教，以及1950 年韩国战争时期传入的伊斯兰教等。另外，还有非教团宗教的民间道教或以自然信仰为基础的巫俗，它们从传统社会发展至今且仍具有影响力。

韩国可谓有着与众不同的宗教文化。它既是一个可以看到被称为“巫堂”的萨满巫师的各种活动的国家，又是唯一一个将儒教的教条主义强化至宗教水平的国家。韩国佛教坚守大乘佛教的原型，在众多佛教国家中作为佛心强的国家而广为人知。韩国人对基督教的热情信仰和传教活动也举世闻名。例如，韩国基督教的成长率全世界最快，作为被传教地的韩国在100 年间就发展成为世界五大传教地之一。最近，局限于个人日常生活领域的儒教开始宣言宗教化，佛教界也不断计划复原韩国在一千多年前被破坏的大寺院等。这些在现代社会中绝对是一种罕见的现象①。

以上概述了韩国宗教文化的特征，下面再在此基础上分析一下韩国宗教的现状，首先从韩国盖洛普宗教人口调查的结果开始。韩国盖洛普将至今20 年间的宗教人口变化归纳成如表1 所示，由此可以概观各宗教的变化情况。如表1 所示，2004 年的韩国宗教人口约是全国总人口的53.5%，与20 年前的宗教人口调查结果（43.8%）相比增加了10%。

从表1 各宗教的人口数可以看出，佛教信徒最多，为24.4%，其次是天主教21.4%，新教6.7%，其他宗教0.9%；非宗教人口为46.5%。再看这20 年间的增长率，佛教最快，为5.6%，其次是天主教4.2%，新教1.0%。

---

① 为加深对韩国宗教文化多样性、习合主义倾向等的理解，请参见以下书籍：尹承用：《韓国宗教文化の展開》，首尔：集文堂1998 年版。

表1 2004年韩国宗教人口分布现状

单位:%

宗教人 53.5（43.8）				非宗教人 46.5（55.8）				
				过去的宗教经历者 19.8（24.1）				
佛教	天主教	新教	其他	佛教	天主教	新教	其他	无经历者
24.4 （18.8）	21.4 （17.2）	6.7 （5.7）	0.9 （2.6）	5.1 （5.8）	11.6 （15.4）	2.6 （4.0）	0.5 （0.7）	26.5 （31.7）

注：括号中的数据为1984年的百分比。

表中虽未显示，但可以看出韩国盖洛普至今的报告中引人注目的是从20世纪90年代后期开始韩国社会的宗教人数逐渐在增加（并非像过去60—70年代那样急剧增长），特别是在对宗教漠不关心的高学历阶层的年轻人中，关注宗教的人有所增加。其中，信仰佛教的人口增加最多。按年龄划分来看，18岁至24岁年龄段的人口增加最多，为11.8%。按学历来看，与低学历层的平均增长率不同，本科毕业以上的高学历层，虽在20世纪90年代有暂时下降的趋势，但在90年代后期又开始回增。①

20世纪90年代后期高学历层次的佛教信徒人口数增加的原因是什么呢？对此目前还只是各种推测。例如，尹承用在《韩国人宗教和宗教意识》的解说中指出，佛教人口的激增与“为了开发自身潜能、气的修炼、冥想等各种精神能力的类似宗教人口的激增有关联”。② 但是，却没有给出让人信服的相关证据。

笔者针对此问题，着眼于韩国日系宗教人口增加这一点进行了分析，其中韩国SGI（即创价学会）的人口增加尤为明显，这与韩国政府于1997

① 作为韩国学术振兴财团的项目，全国共同调查小组于2003年9月开始历时一年，得出了《关于韩国宗教的相互受容实态的调查》报告书。根据这份报告书，韩国日系宗教的19个教团活跃，信徒总人数约有190万人，达到了韩国总人数的4%。这份报告书指出，日系宗教有很多是佛教系的新宗教，其大部分的信徒也认为自己是佛教徒。详见李元范等:《韓日宗教の相互受容実態に関する調査》，韓国学術振興財団基礎学問育成部門報告書，2004年。

② 尹承用:《最近20年间韩国宗教的实态和宗教意识的变化》，《韩国人宗教和宗教意识（2004年度の比較調査）》，首尔：gallup2004年版，第176页。

年开始的“日本大众文化”的开放政策息息相关。笔者认为，这项政策与韩国的日系宗教活动的活性化相关，其中，韩国SGI的在家佛教运动受到了广泛认可，这一点给佛教人口变化带来了很大的影响。①

通过这10年间韩国社会的宗教变化，可以看到佛教发展的兴盛、新教的停滞和天主教的减少。从20世纪60年代的产业化、城市化到80年代民主化的进程中，韩国宗教以基督教为中心，发展十分迅速。进入90年代，宗教人口虽有暂时减少的倾向，但在90年代后期又迅速增加，其与“日本大众文化开放政策”实施之后发展活跃的日系宗教运动有关联。②

二、对宗教的期待

要了解人们对宗教的认识及态度，首先必须了解人们想从宗教中得到什么，对宗教抱有什么样的期待，只有在了解了这种信仰行为的根源后，才能更好地理解人们关于宗教的价值观念和行为。

2004年韩国盖洛普以“人们信仰宗教的理由是什么”为题进行了民意调查。调查结果显示，选择“为了得到内心的宁静”的人最多，占67.9%，其后依次为“为了得到幸福”（占15.6%）、“为了得到死后的永生”（占7.8%）、“为了寻找活着的意义”（占7.0%）。

与过去的调查相比，回答“为了得到内心的宁静”者从1984年占57.8%，1989年占65.0%，1997年占66.8%，到2004年占67.9%，呈逐年增加的趋势。不同宗教信仰者中天主教和佛教信徒选择“为了得到内心的宁静”的人要稍多于无宗教信仰人士，新教信徒中选择的人最少。但整体上，选择“为了得到内心的宁静”作为信仰宗教的理由的人还是最多的，占绝对优势。

---

① 尹承用：《最近20年间韩国宗教的实态和宗教意识的变化》，《韩国人宗教和宗教意识（2004年度の比較調查）》，首尔：gallup2004年版，第176页。

② 李元范：《韓国に於ける日系宗教運動の理解》，首尔：J&C出版2007年版。作为韩国学术振兴财团的研究支援项目，从2003年9月至2005年8月历时两年实施了“关于由日本大众文化开放政策带来的日系宗教的教势和受容者意识的变化的调查”。这本书是在总结调查结果的基础上编著而成的。

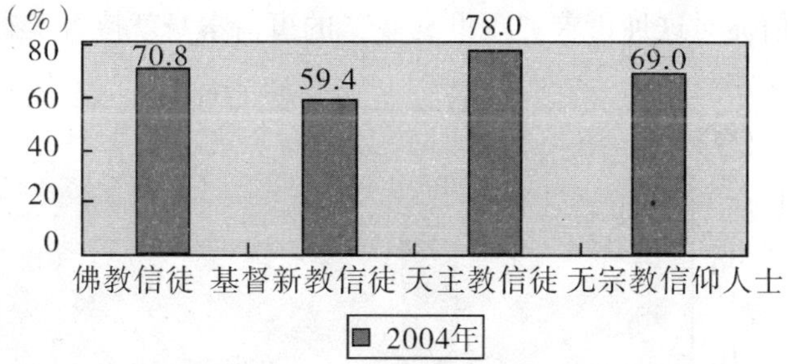

图1　相信宗教的理由：为了得到内心的宁静

在信仰宗教理由的调查中排名第二的是“为了得到幸福”，在1984年的调查中占13.3%，1989年降到11.4%，1997年又增加到12.0%，2004年为15.6%。从不同宗教派别来看，佛教信徒选择“为了得到幸福”的占19.3%，略高于无宗教信仰人士，而基督教中新教信徒占10.5%，天主教信徒占7.5%，与佛教相差悬殊。这大概是因为佛教信徒大多是年长者，而基督教信徒大多是高学历者，“祈福信仰”的问题可能会令他们反感吧。

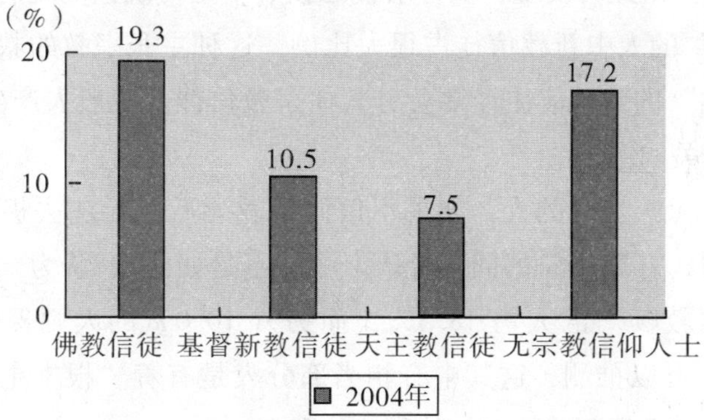

图2　相信宗教的理由：为了得到幸福

由此可见，比起死后的救赎和来世的利益，韩国人更期待“现世利益”。不过同样是“现世利益”，不同宗教信徒之间也有较大差异。佛教信徒对宗教的期待和一般人没什么不同，而基督教却与一般人有较大差别。天主教对于“得到内心的宁静”这类内在的期待比一般人高很多，而对于“得到幸福”这类外在的期待却很反感。不管是内在期待还是外在期待，不少新教信徒对这种祈求“现世利益”的事情本身就持否定态度。

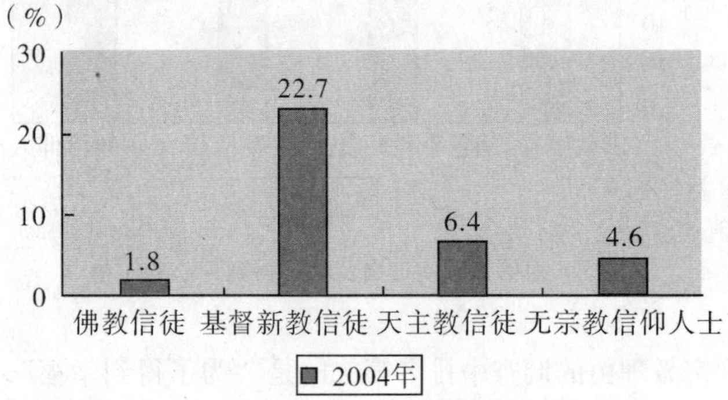

图3　相信宗教的理由：为了得到死后的永生

图3是在“人们信仰宗教的理由是什么”这一调查中，不同宗教信徒回答“为了得到死后的永生”的统计图。其中，新教信徒最多，占22.7%，而佛教信徒仅占1.8%，天主教信徒占6.4%，只比无宗教信仰人士稍高一点。由此可发现，认为宗教的救赎不是对现世而是对来世，主张“来世主义”的人中新教信徒占很大比例。这种主张宗教的救赎本质在于信仰“来世”的新教信徒经常会对其他宗教信徒及一般人产生排斥心理。图4就是相关的统计图。

对于“无论多好的人，如果不信仰宗教死后就无法去极乐世界或天国”的提问，有71.5%的回答者认为“并不是如此”，认为“只有通过宗教才能得到救赎”的人占18.5%，而另外10.0%的人则保守地回答说“不知道”。可以推测，这其中有相当部分人是有着“根本主义”宗教观的，也就是前面提到的新教信徒所持的观点。

以上情况通过对不同宗教信徒的统计可以明显看出差别。在对“无论多好的人，如果不信仰宗教死后就无法去极乐世界或天国”的提问给出否定答案的人中，仍然是佛教信徒最多，占84.1%，比无宗教信仰人士的83.0%稍高一点，天主教信徒占71.8%，比无宗教信仰人士低，但并无太大差距。但新教信徒却只占31.3%，也就是说70%的新教信徒都认为“无宗教信仰者不能得到救赎”。与前面的调查结果相比可以看出，从1984年的调查至今，在佛教信徒和无宗教信仰人士中，对无宗教信仰者被救赎的可能性作了开放性回答的人增加了，而新教信徒中的这种开放性回答却减少了。[1]

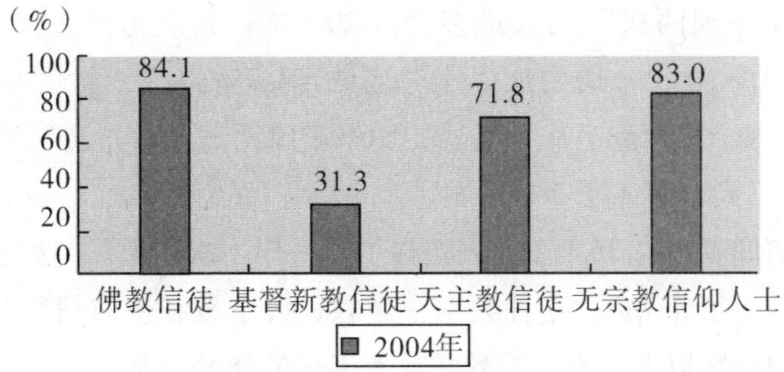

图4　对“无论多好的人，如果不信仰宗教死后就无法去极乐世界或天国”回答“不是”的情况

很明显，韩国人对宗教的期待在于“现世利益”。但同样是现世利益，不同宗教信仰者对“得到福报”这种物质性祈求的态度是不一样的。特别是新教徒，他们认为不是现世而是来世的救赎才是有价值的，这部分新教徒的宗教价值观与韩国社会传统的宗教意识完全不同，有时候甚至会引起与其他群体的摩擦。

三、韩国人宗教信仰的特点

可以说，韩国人信仰生活的特征就是感性和热情。在韩国，宗教行为往往能营造出像过节一样的氛围。在韩国人的印象里，与其说宗教是需要禁欲的东西，不如说宗教能给人带来一种解放的感觉。像巫术的“Gu”(韩国民间巫俗的一种仪式)、佛教的“八关会”和“燃灯会”等祈祷行为都有点像是在过节。这说明韩国人的宗教信仰是以仪式为中心、既感性又狂热的，而不是以教理为中心的理性信仰。正是在这种背景下，现在在

① 尹承用:《韓国人の宗教と宗教意識》,《韩国人宗教和宗教意识（2004年度の比較調查)》，首尔：gallup2004年版，第100页。

新教徒中才兴起了福音主义、圣灵主义等复兴运动。[①]

那么，现在韩国人的信仰生活又是怎样的呢？盖洛普于2004年对韩国人参加教会、寺庙、教堂等宗教活动的频率进行了调查。调查结果显示，选择“一年一到两次”的人最多，占20.6%；其次是“一周一次左右”者，占18.1%；“一周两次以上”者占17.9%；“一个月一次”者占10.9%；“一个月两到三次”者占10.6%；“两三个月一次”者占9.6%；“一年一次不到”者占7.5%。

宗教信仰者中有36.0%的人选择了“一周一次以上”，这与1997年的调查相比减少了5.7%。这种频率在新教、天主教和佛教信徒身上有很大差异。一周一次以上去教会、教堂或者寺庙的新教信徒占71.0%，天主教信徒占42.9%，而佛教信徒只占3.5%，佛教信徒中有39.1%的人选择了“一年一到两次”，这表现出了佛教信徒接近于无宗教信仰者的倾向。

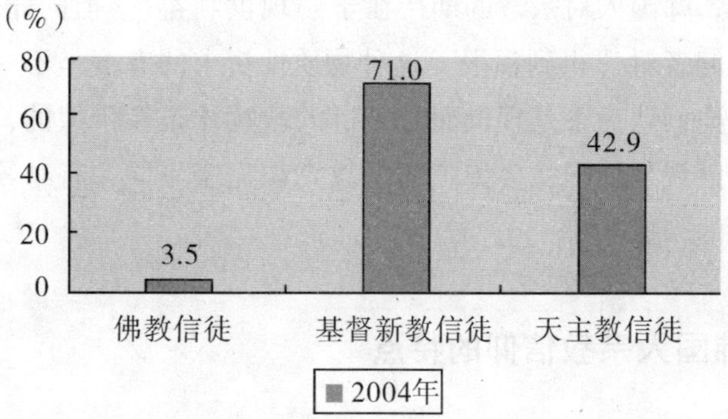

图5　宗教仪式参加频率（一周一次以上）

从参加宗教活动的频率方面来看，如果把新教信徒和天主教信徒中“一周一次以上”去教堂或教会的人看作核心构成人员的话，那么跟之前的调查相比这种核心构成人员的人数减少了。天主教信徒2004年的42.9%比1997年的60.4%减少了17.5%，新教信徒2004年和1997年相比没什么变化，佛教信徒在1984年的调查中是10.1%，1989年是3.8%，

① 关于韩国宗教文化史主要参考了韓国宗教研究会：《韓国宗教文化史講義》，首尔：青年社1998年版。

到 1997 年减少到 1.2%，但在 2004 年的调查中又突然增加到 3.5%，这是因为受到了前面所说的日系在家佛教运动的影响。

在关于个人祈祷的频率调查中，一天祈祷数次的占 19.4%，一天一次的占 14.9%，一周两到三次的占 18.3%。信仰宗教的人中有 34.3% 的人回答一天做一次以上的祈祷，这比 1997 年的调查减少了 5.4%。从不同宗教来看，新教信徒和天主教信徒祈祷的频率在不断减少，而佛教信徒却在增加。虽然没有确实的证据，但可以推测这也是因为受到了日系在家佛教运动的影响。

回答“从来不祈祷”的人中佛教信徒 1984 年占 33.7%，1989 年占 29.6%，1997 年占 30.3%，2004 年占 32.9%，一直在 30% 左右。但是回答“从来不祈祷”的人中新教信徒和天主教信徒却与佛教信徒有着很大的差异：在 1984 年所占比例分别是 4.5% 和 6.3%，在 1989 年是 2.6% 和 2.9%，在 2004 年是 5.1% 和 9.1%。“每天祈祷一次以上”的宗教信仰者中女性占 40.2%，男性占 25.8%，而分年龄段来看 50 岁以上的人最多，占 40.4%。

调查祈祷频率时发现的倾向，在关于阅读佛经或圣经频率的调查中也得到了确认。调查结果显示，阅读宗教经典的频率为“每天一次以上”的占 11.4%，“每周三到四次”的占 6.1%，“每周一次”的占 9.3%，“偶尔”的占 39.1%，“从来不读”的占 34.1%。如果把经常阅读佛经或圣经的信徒当成“每周一次以上”的阅读者，那么其回答者占 26.8%。

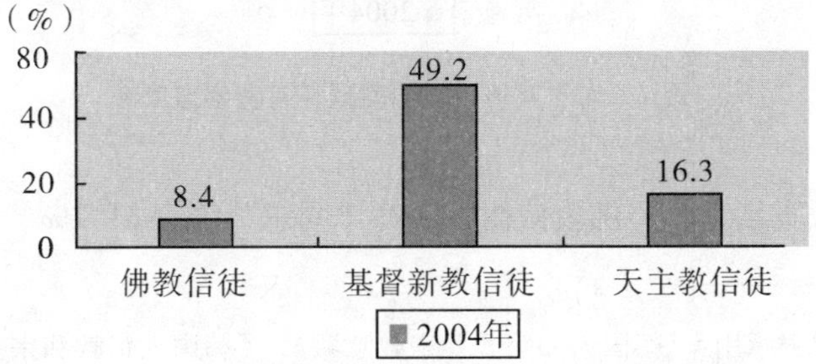

图 6　阅读佛经/圣经的频率（一周一次以上）

从宗教类别来看，在阅读宗教经典频率为“一周一次以上”的人中，新教信徒最多，占 49.2%；其次是天主教信徒，占 16.3%；佛教信徒最少，只占8.4%。在选择“完全不阅读”的人中，佛教信徒最多，占55.2%；其次是天主教信徒，占33.4%；再次是新教信徒，占11.1%。与1989年的调查相比，1997年的调查中选择“完全不阅读”的各个宗教派别的人都增加了，在2004年的调查中也有同样的倾向。①

通过对其他宗教容忍度调查中的差异可以发现宗教信徒对信仰宗教的忠诚度和信仰心是有差异的。在关于“不管什么宗教，其教理最终揭示的都是类似的真理”的提问中，回答“同意”的占74.6%，“不同意”的占20.2%，“不知道/没回答”的占5.2%。这显示出七成以上的人可以接受“宗教多元主义”。

对于以上问题的回答，20年来的调查结果显示，1984年回答“同意”者占76.8%，1989年占77.6%，1997年占80.0%，1984年和1989年无太大差异，1997年和1989年相比增加了3.2%。而回答“不同意”的人1989年占15.3%，比1984年的12.0%增加了4.1%，2004年的调查结果和1997年的没什么差异。②

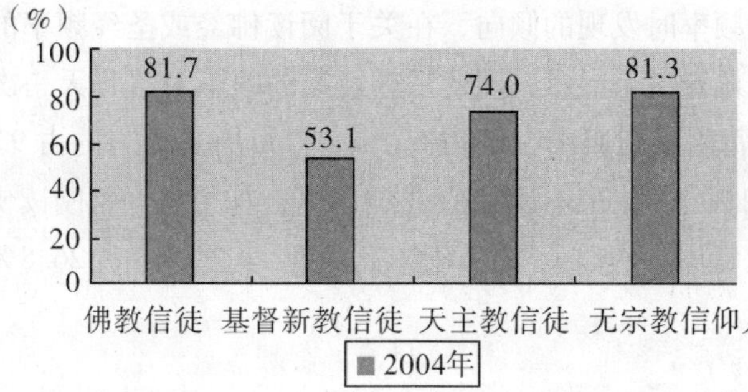

图7　对于其他宗教的教理怀有宽容态度者

从宗教类别来看，佛教信徒中回答“同意”者占81.7%，和无宗教信

① 参见尹承用：《韓国人の宗教と宗教意識》，《韩国人宗教和宗教意识（2004年度の比較調査）》，首尔：gallup2004年版，第100页。

② 在对各个宗教宽容度的调查中值得注意的是，佛教徒对其他宗教持有非宽容态度大多是因为其对新教原理主义的排斥。这一点在统计上无法直接把握。普遍认为20世纪80年代到90年代的调查中出现的佛教非惯常态度的增加，与80年代后半期两大宗教对立的激化有关。

仰人士占81.3%相差不大。天主教信徒相对少一点，是74.0%，而新教信徒只有53.1%，也就是说接近一半的新教信徒对“宗教多元主义”持否定观点。可见韩国不同宗教间的纠葛与新教信徒的这种态度不无关系。

从韩国人对宗教的态度来看，部分排他性很强的新教信徒是比较特殊的存在。他们主张福音主义，认为其他宗教都是异端，觉得只有通过他们自己的宗教人们才能得到救赎，这对其他人来说是一种极端的、难以接受的主张。

在以无宗教信仰的人为对象进行的关于“最有好感的宗教”调查中，好感度最高的是佛教，占37.4%；其次是“没有”，占33.0%；再次是“天主教”，占17.0%；最后是“新教”，占12.3%。18~24岁这个年龄段的人对各宗教的好感度没有太大的差异，但所有年龄段的人都对“佛教”好感度最高，相反，不管哪个年龄段的人对新教的好感度都是最低的。

四、日韩对待宗教态度的比较

从历史的角度来看，韩国人对宗教持开放的态度并且能积极地接受。朝鲜时代后期对天主教的接受与传统的权威秩序发生了摩擦，这是个例外，大多数情况下韩国人都是积极接受外来宗教并使其得到传播的。例如，三国时代的佛教作为护国宗教成为古代国家的精神支柱，并与民间信仰相结合为大众所接受。与此同时，作为少数知识分子的“道学”，儒教被用来规范封建社会中人与人之间的关系并成为待人之礼。随着近代化进程传入的基督教虽然与传统社会之间存在异质性，但仍然不断扩大其宗教势力，这在基督教的世界传教史中是比较少见的。韩国人对宗教的态度是开放且积极的，但又不是原封不动地接纳，而是和民俗社会中的宗教情感融合在一起，因此它能深深扎根于日常的生活文化中。

那么日本和韩国在对待宗教的态度上究竟有没有差别，这种态度在以后又会发生怎样的变化呢？2005年，以日韩两国的大学生为调查对象，开展了关于宗教意识的比较调查，其数据结果应该可以回答上述问题。该调查是在日韩两国宗教学会会员的参与下，对所属大学的学生以随机的方式进行的，由日本32所大学4 200余名学生与韩国10所大学1 200余名学生共同参与，调查结果具有一定的代表性。

从对日韩两国大学生宗教关注度的调查中可以看出，日韩两国大学生信教人数的比率有较大差异，但对宗教的关注度差异不大。韩国学生在关注宗教和信教方面没有太大的反差，与此相对，日本有很多大学生关注宗教但不信教。事实上，在调查中可以看出两国大学生在表明自己相信宗教的态度上也有较大的不同。与韩国学生直截了当的态度相比，日本学生则像是因为不愿撒谎才说的，他们很在意对方得知自己信教之后的反应。这种差别究竟意味着什么？一般认为这是由两国对待宗教的社会信赖度的差异造成的，这可以从下文对宗教意见调查的结果中看出。

关于“现代社会是否需要宗教”的问题，回答“必定是”的日本学生有21.7%，韩国学生有51.9%，两者在比率上有很大的差距。持否定观点的日本学生占41.9%，韩国学生占18.3%，仍然有两倍以上的差距。在“宗教能否成为现代人的精神支柱”的问题上也是如此：回答“绝对如此”的日本学生占25.7%，韩国学生占58.2%，是日本学生的两倍多。持否定回答的结果亦如此：韩国学生占14.2%，日本学生占34.2%，日本学生是韩国学生的两倍多。在该调查中最引人注目的是，两国学生中对宗教比较有好感的人数没有太大差距。例如，在“宗教是否必要”的问题上持肯定态度的学生比率，日本为57.2%，韩国为78.6%；在“宗教能否成为精神支柱”问题上持肯定态度的学生比率，日本为64.9%，韩国为82.9%。差距虽大，但值得注意的是半数以上的日本学生对宗教持肯定态度。

韩国学生对宗教的信赖比较质朴，日本学生的态度则比较复杂。大多数人认为：即使不否定宗教本身的价值，对于宗教中存在的非合理性因素也要防范。对于“是否应该防范宗教”及“宗教是否危险”，日韩两国学生的回答存在明显的差距。

74.6%的日本学生认为应该防范宗教；而持此态度的韩国学生比率仅为26.2%，约为日本学生的三分之一。同样，对“宗教是否危险”的回答情况亦如此，65.8%的日本学生作了肯定回答，而作此回答的韩国学生仅占23.1%，仍有近三倍的差距。

值得注意的是，在“是否应该防范宗教”的回答中，9.6%的日本学生回答“无须防范”，而作此回答的韩国学生比率为45.1%，是日本的四倍多。表现出对宗教积极肯定的态度。在“宗教是否危险”的问卷中，持肯定态度的日本学生占12.6%，韩国占49%，是日本的四倍。也就是说，在日本学生中对宗教持消极态度的最多，在韩国学生中对宗教持积极态度的最多。

为何日韩两国对宗教信赖度的差异如此之大？为何大多数日本人视宗教为危险物，而韩国人则相反？遗憾的是，此次并未获得可以直接回答上述疑问的调查数据。但答案可以从两国的宗教现状中推测出来，即日韩两国对宗教一词的认识与理解大不相同。

在日本，很少有人将活跃在现代社会并进行宗教活动的教团宗教看成佛教、神道教等既存宗教。虽然既成宗教作为一种承担“通过礼仪”的传统文化如今依然有着较强的影响力，但其并不具备宗教运动的形象。现代社会的宗教运动在大多数情况下是指近代以后发生的新宗教运动，所以当被问及“宗教是否危险”时，大多数人都认为其中的宗教是新宗教。而新宗教运动往往只作为一个事件为社会所知。

在韩国，佛教、基督教等既成宗教在现代社会宗教活动中扮演着主要角色。日本虽然也有新宗教活动，但并不是主流，只是一种边缘性的存在。宗教造成的事端在韩国社会中并不少见，但大众媒体并不将其作为宗教本身引起的事端进行报道，而大多是以“不法宗教分子犯下的宗教性欺诈、暴力罪行”等形式报道。大众媒体对宗教势力的这种报道倾向虽不能说全部但在一定程度上对其有影响。

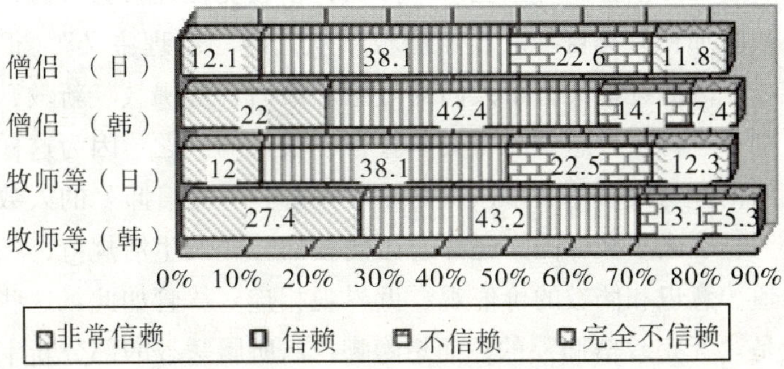

图 8 宗教家的可信赖程度

从“对宗教活动家的信赖度”的调查中也能看出类似的倾向。在关于“日韩学生对僧侣和牧师信赖度”的调查中发现，韩国学生对圣职者的信赖与对宗教的信赖大体一致，而日本学生则完全不一致。上文提到七成以上的日本学生回答“应该防范宗教”，而对僧侣和牧师表示信赖的学生比率分别为50.2%和50.1%，即半数的调查对象对僧侣和牧师表示信赖，虽然这与韩国学生相比依然是比较低的数字，但还是不能说其对既成宗教的信赖度降低。

通过对韩国学生进行“各个宗教的好感度”的调查发现，与佛教的较高支持率相比，韩国学生对牧师的信赖度出乎意料地低。也许受文化熏陶者和神职人员的形象不同是其中一个原因。此外，在被称为“学历社会”的韩国，认为牧师学历比僧侣要高的可能性也是有的。

结　论

上文依据韩国盖洛普调查的统计资料对韩国人的宗教意识进行了分析，得出如下结论。首先，韩国宗教情况在20世纪90年代后期有较大的变动。与战后福音主义新教活动掀起的宗教热潮相比，韩国最近的宗教热潮以佛教为中心，其中日系在家佛教活动显著。其次，韩国人对宗教的期待更倾向于“得到内心的宁静”这样的现世利益。同样是现世利益，“得到福报”这样的期待为基督教的信徒所排斥。再次，韩国人的信仰生活特征是感性和热情。韩国人认为宗教不是禁欲的而是开放的，这也是当今部分新教徒有着狂热信仰的背景之一。然而，新教徒往往行为过激，排斥其他宗教，鼓吹那种只有自己宗教才能救赎众人的“原理主义”，很难为一般人所接受，因此逐渐失去了人们的好感。最后，按佛教、新教、天主教等宗教派别来进行宗教意识的相关调查存在很大的问题，因为这样会忽视儒教及民间信仰与民众的关系，从而导致调查中“无信仰”的人数大幅增加。迄今为止，大多数韩国家庭都遵循儒教的葬礼及生活规范，韩国大部分的社会道德意识和儒教的价值观、世界观相连。尽管如此，这些韩国人仍被认为是“无宗教信仰”的，而想隐瞒自己所属宗教的部分新宗教信徒和没有归属意识的民间信仰者亦如此。由此可见，韩国人中除了信奉佛教、基督教等特定宗教的人之外的其他人信奉儒教及“巫堂”。

（李元范著）

由民俗学建构美学的可能性*

——以折口信夫为典范的“新国学”美学试论

引言:“中心”与“边陲”的构图

日本的美学，除了探讨归附于美学研究之下的一般学术问题外，还背负了如何设定、界定作为研究对象的“日本美学”这一课题。众所周知，在近代学问的发展历程中，“美学”一词来自对“西洋美学”的翻译、介绍与影响。“美学”这一学术用语原为英语“aesthetics”的日语译文，这一词首先通过翻译被介绍到日本，然后作为一种制度性术语在大学中扎了根，最后为一般艺术家及文艺批评家接受、应用并得到了普及。

因此，作为日本接受西方美学的一个侧面，日本的美学研究者们在钻研并介绍西洋美学之余，也尝试着在西洋美学范畴中探讨古代日本美学所应具有的地位。其中，作为至今仍能被称作典范的先驱之一的大西克礼，就致力于将日本美学的研究统合于“美学”之中，并以西洋美学的概念来进行如“幽玄”论等相关研究。大西克礼说道:“‘美学’原来是从西洋输入我国的，……‘在美学的根柢下，潜藏着西欧的艺术及自然之美的现象，以及民族的美意识。而东洋或日本，亦有着其独特的艺术、自然、民族的美的形式与艺术感受。’学习西洋美学，然后致力于发展西洋美学之义务的我们，……(在承认上述条件下)应当致力于捕捉，或者应说致力于扩充具有西洋色彩的‘美学’内容。”①

在大西克礼的想法中，日本传统美学的范畴被认为应统合于以西方美

---

* 本文是在拙稿《民俗学美学の可能性—折口信夫を範例とする「新国学」からの美学:試論—》(《文芸学研究》2011 年第 15 号)的基础上修改而成的。衷心感谢约稿的中国广东外语外贸大学张宪生教授，以及将本文翻译为中文的陈贞竹博士。

① 大西克礼:《美学》(下)，东京:弘文堂 1960 年版，第 4 ~5 页。

学为原则而树立的美学当中。

然而，在另一方面，日本难道不会存在着与西方美学不同的、具有自身独特性的美学吗？当然，这是否应被称为美学又是另一个层次的问题了。让我们先来看看柳田国男（1875—1962）的想法吧。柳田国男构想着一种不同于西方文明的文明史，讨论了作为“白色圈外之文明”的波利尼西亚（Polynesia）、美拉尼西亚（Melanesia）人的文化，他说道：“继承了希腊罗马文化的一种文明在接近两千年的历史当中被耶稣教的信仰所包围，在充满寒冷的国度中所成长的欧洲文明，与散布于太平洋中央岛国中的人民所持有的东西并不相同，这并不是一件令人不可思议的事情，也因此将这些看作是价值较低、尚在尝试中、终究是低等智慧所不可能完成的任务。这类看法，是长期以来没有任何证据的错误推断，而应当揭穿这一点的时刻已经来临，如果没有白人侵略这一突然且偶然的历史变化，那么这一文明将会以怎样出色的形式来成就其自身呢？其中必然存在着不同于西洋的法则，潜藏着能够孕育大而美之文明的种子啊！”①

的确，即使是国际美学会这样的国际性会议也如此，从发表者的主题、大会的营运方式、主动参与会议的人员等方面来看都不难发现，在大多数的情形下，“国际”只是表面的名称，其实质还是“西洋美学”大会，而西方国家以外的美学，通常是在另外特设的会议主题下进行的。近年来，这样的会议在亚洲广泛召开，其顺序与频率就像奥林匹克运动会的举办一样，是以西方人对东方国家认知度的高低——日本、韩国、中国——这样的顺序来排序的。就美学这一研究领域来说，考虑到东西方在研究上的这一种不平衡的权力关系，在日本明治时期，大西克礼以西洋美学作为典范是有其原因的。

接下来，我想确认的是，就像在美学这一研究领域中所反映出的东西方之间的不平衡权力关系一样，事实上，在东亚内部，亦可看到中心（典范）与边陲的力量对比关系，即中国大陆的汉文化与其以外的文化的关系。如同李泽厚在其名著《中国の傳統美学》② 中所明确指出的那样，中

---

① 柳田国男：《青年と学問》，东京：岩波書店 1928 年版（岩波文庫 1976 年），第 30 ~ 31 页。

② 李泽厚著，兴膳宏、中純子、松家裕子訳：《中国の伝統美学》，东京：平凡社 1995 年版。

华美学的正统是儒学，以四书五经这样的经典文献作为典范，在数千年中，即使在异族的政治统治下（例如元与清），依然能延续文化的优越性与典范性，这是中华文化的坚韧之处。而这也是其能与融合了欧洲古希腊文化与古罗马文化于一体的希腊文化相映生辉的原因吧！从这个角度来说，我们会面临该如何评价中国境内少数民族文化，以及汉文化以外一般被视为非中心的边缘文化这一问题。那么，这些文化是具备相对于中心文化的自我同一性，以及相对于典范的差异特性，还是具有超越这些意义的特性呢？

假如我们从内发的生成（endogenous）文化观点来考虑日本美学的话，日本的特殊性应该是在以接受外来文化——在古代是来自中国大陆与朝鲜半岛，近代以后则主要是来自欧美——作为典范的这一点上。另一方面，不同于这类舶来品的典范，日本本身也存续着土著的习俗与传统所形成的文化。一般来说，作为一个简易的分类，我们很容易将前者归类为包含了移民者文化的主流文化，而后者则被归属为原住民的庶民、常民文化。特别是柳田国男，他注意到在近代以后，因西化所产生的新的制度与典范而被排除、抹煞的常民文化，他将他的后半生全部奉献给被称为“新国学”的民俗学（folklore）。与柳田国男共同进行研究的还有南方熊楠（1867—1941）、折口信夫（1887—1953）这些博学之士。他们都有着边境或偏僻地域的视点，都共同关心着习俗、传承和口头传承，而且除了南方熊楠外，都讨论过冲绳问题。

在这里，我想简单描述一下本文在我的研究历程中所占的位置。首先，在这数十年中，我的研究所关注的一直是围绕着日本的美学形态，或是在美学上日本所固有的特殊性为何等主题，不只局限于西方的美学，还注意到了从国文学所衍生出的美学视点，尝试探讨了冈崎义惠对日本美学史的贡献与他所构想的“日本文艺学”的意义。[①] 其次，以从国学而来的

---

① 目前的研究成果如下：報告《国（文）学への反亂—岡崎義惠の日本文芸学の構想（その1）》，文芸学研究會第25回研究發表會，2005年12月25日，大阪大学；報告《国文学と美学：国文学からの美学（その2）—岡崎義惠の業績を中心に—》，文芸学研究會第29回研究發表會，2006年12月23日，大阪大学；論文《国文学からの美学（1）—国学から岡崎義惠〈日本文芸学〉の生成まで—》，《文芸学研究》2007年第11号。

美学为主题，我也探讨了日本美学独立的可能性。[①] 这些都是为了试图探讨发展不同于西方美学的问题意识、关心、方法论及脉络而开展的有关日本固有美学的可能性的研究。有了这些研究成果的累积，才能发展出本文的主题——“从‘新国学’（＝民俗学）而来的美学”。

近代日本的美学首先是借由翻译来引进并接受西方美学的，接下来则是在大学中创设美学的相关系所，并发展出适用于西洋美学的日本美学或作为西洋美学之应用的日本美学。而我近年来的研究重点，一方面是评价这些日本美学的学术发展，另一方面则是探究在不以西方美学为典范的前提下建构日本美学的可能性。在这当中，便存在着该如何评价学问的普遍性与历史地域的特殊性这一课题。日本的固有美学，是否该基于与儒学和西方学术不同的，属于日本固有的学问体系、概念、方法论？而这样的基础，又是以何种意义来构成日本美学的呢？

一、关于“新国学”

以柳田国男为例来看，如果要概括其所谓的“新国学”，那就要重新评价芳贺矢一把江户时代国学近代化的过程从文献学中排除了的诸要素这一尝试了。作为“新国学谈”而写成的《祭日考》（1947）、《山宫考》（1947）、《氏神与氏子》（1947）等作品（这些作品都是以战前出版的

---

① 可举出的本人的研究成果如下：濱下昌宏：《国学からの美学—洋学美学の助けなしに日本美学の学的成立の可能性に関する緒論—》，《“東洋美学・東洋的思惟”を問う：自己認識の危機と将来への課題》，国際日本文化研究センター，2009 年 10 月 3 日。濱下昌宏：《日本美学の範疇論の非論理学性》，美学会西部会第 277 回研究発表会企划；濱下昌宏：《美的カテゴリー論の新たな展开—多様な美意識を生きる/多文化・多言语の中の美的体験—》，広島大学公開シンポジウム，2010 年 2 月 27 日。濱下昌宏：《日本美学の範疇論の非論理学性：“崇高” を事例とする序説》，《芸術研究》2010 年第 23 号。濱下昌宏：《非洋学美学の日本美学の成立可能性：序論》，東方美学及び第二回中国少数民族审美文化国際シンポジウム，中華美学学会审美文化学術委员会・湖北省美学学会・中南民族大学中南少数民族审美文化研究センター共催，中南民族大学，武漢，2010 年。濱下昌宏：《“新国学”からの美学：試論—折口信夫を事例・範例として—》，文芸学研究会第 41 回研究発表会，神户女学院大学，2010 年。濱下昌宏：“Inquiry into Endogenous Aesthetics of Japan：in Case of ORIGUCHI Shinobu”，XVIII International Congress of Aesthetics，北京大学，2010 年。

《先祖的故事》为基础），都是以民间信仰、神祇信仰为研究主题。相对于关注其研究对象的特殊性，我们更应该注意的是柳田大胆地使用“新国学”这一表述时的心情。他在无论是精神还是物质都十分匮乏的战前写成的《青年与学问》中颇具豪情地说道：“所谓学问，是为了解救眼前多数同胞所深切感受的生活之苦，以及我们现在也没有任何办法却早已令人难以忍受的不安”。① “我感到一般世俗中的实务也是一年一年地离学问远去。”② “史学绝不是专研古代事务的技术，是人们为了寻求自己的学问，但却很少有人这样想。”③ “从今以后也是一样，必须对现学现卖他人的学说怀着警戒之心，力求供给那些学习之人实证的机会。”④

而在柳田这一想法的深处蕴藏着的是在西化这一近代化的潮流中仿佛即将消逝，或者被埋没、被离弃的日本传统文化的积淀与民族精神。“日本这个国家的近代化是最近所发生的事情，至今即使是一个村里或一个家之内，都依然保留着传统，虽然这些正以非常快的速度在消失，但是民间艺术的花朵，还没有枯萎，而这些是可以让那些在这一段期间所生的人，以抱着对母亲所怀抱着的亲近感觉，来进行学习的。”⑤ 柳田长于外语，同时也留意着欧洲最先进的研究方向，绝对不是攘夷主义者或排外主义（xenophobia）者，其所坚持的其实是：“我所讨厌而无法忍受的是一种没有经过消化的现学现卖或翻译，即使所用的语言不同，将外国人所说的，原封不动地搬回来，就说这是一种学问并以此扬名。……现在也有很多人认为，将国外的东西借回来硬套在我国也是可以的。但像这样任意、随便的套用，是没有资格被称为史学的，如果可以被称为史学的话，那么也可

① 柳田国男：《青年と学問》，东京：岩波書店 1928 年版（岩波文庫 1976 年），第 14 页。

② 柳田国男：《青年と学問》，东京：岩波書店 1928 年版（岩波文庫 1976 年），第 15 页。

③ 柳田国男：《青年と学問》，东京：岩波書店 1928 年版（岩波文庫 1976 年），第 15 页。

④ 柳田国男：《青年と学問》，东京：岩波書店 1928 年版（岩波文庫 1976 年），第 19 页。

⑤ 柳田国男：《青年と学問》，东京：岩波書店 1928 年版（岩波文庫 1976 年），第 35 页。

以随意地冒称为新国学了。”[①]

另外，对折口信夫来说，“新国学”究竟意味着什么呢？早在明治二十九年，折口信夫所就学的国学院的同窗会就因近世国学复兴运动发行了杂志《新国学》。在停刊一段时间后，于明治四十一年复刊的《新国学》就是由折口信夫与武田佑吉担任编辑的。在复刊前的明治三十五年，芳贺矢一引进了德国的文献学，企图以“日本文献学”作为国文学的内涵，以此摆脱江户国学。[②] 相对于芳贺的国学，排除了民俗学的要素——一般的民间信仰，没有根据的传承、迷信与口传的传说、神话，将“国文学”作为日本文献学来确立，折口虽然在国学院属于芳贺之弟子辈，然而在确立“新国学”时，却将民俗学重新置于国文学之中。[③] 在这里，他虽然多少欠缺了芳贺的文献学精神与方法论这样具有严密性的研究性格，但是却在研究中渗入了文人的情趣。名称虽然还是一般所熟悉的名称，但是折口的新国学与柳田的一样意味着民俗学。

除了文人情趣，我们还可以发现，折口跟柳田一样对新国学倾注着一种热情。他说道：“国学是一种慷慨的学问。”[④] 而新国学者折口的慷慨情怀是火热的，并在战争期间毫无保留地释放出来。他在 1942 年刊行的《天地アメッチに宣ノる》中有下面几句话：

> 洋之西，破坏了旧人国。英国啊，哭泣吧。美国啊，哭泣吧。[⑤]

——不用说，这里展现的是一种他对在军事上落后但却拥有悠久历史

---

① 柳田国男：《柳田國男全集》（第 16 卷），东京：筑摩書房 1999 年版，第 95 页。

② 有关近代国学成立之经纬的概说部分可参看濱下昌宏：《国文学からの美学（1）―国学から岡崎義惠「日本文芸学」の生成まで―》，《文芸学研究》2007 年第 11 号，第 3 ~ 6 页。

③ 内野吾郎将其经纬描绘为导入民俗学的“旧国学”（近世国学）之再生运动。内野吾郎：《近世国学と新国学》，国学院大学日本文化研究所編：《アジア文化の再發見―比較国学をめざして―》，东京：弘文堂 1985 年版，第 175 页。

④ 折口信夫：《折口信夫全集》（第 20 卷），东京：中央公論社 1996 年版，第 291 页。

⑤ 折口信夫：《天地（アメッチ）に宣（ノ）る》，东京：日本評論社 1942 年版，第 9 页。

文化的日本的不满。

他还写道："我们感到很可耻，至今为止，我们失去了可以如忧国之士般，以美丽的诗词表露情怀的机会。即使如此，到了如今这个年岁，我们知道我们仍然对于国土与军团有着深深的爱与思念。"[①]

折口在战后留有"作为新国学的民俗学"（1947）的论考，他有着反近代、反西洋的心情与反汉学的倾向，彻底地尊崇日本古代的信仰，抱有一种"神圣古代"的态度。从研究领域来说，可以把他的研究放在日本精神史、日本思想史、国文学、民俗学等领域来评价其功绩。折口的研究与关注点是非常多样而精彩的，追随他的后辈们，不管是研究者还是文学家，对他都有一种粉丝般的情怀，怀着一种"我的折口信夫"的心情。从美学的视点来说，折口的研究也将是今后的研究课题，事实上在他的第一部论文——国学院毕业论文《言语情调论》（1910）中就已经出现了"美学"一词。[②]

二、由民俗学美学构建日本美学的可能性

文艺美学可说是中国传统的，且具有权威地位的美学体系。事实上，在中国的大学中，有着像山东大学这样的研究机构，继承着自古传下的四书五经及其他古典文献，并以此作为文化创造、构成民族国家的统一性、教养及思维方式等涵养的根干，支撑着中国长久以来的历史与文明。与此相对应，从日本文化所派生出来的美学，又有着怎么样的特征呢？相对于中国文化的典范性，探讨日本文化所派生的特殊性格也是重要的研究课

---

① 折口信夫：《天地（アメツチ）に宣（ノ）る》，东京：日本評論社 1942 年版，第 190 页。另外，在"二战"期间，有人对折口这样的态度进行批判，并不是一件令人感到意外的事情。参考村井紀：《反折口信夫論》，东京：作品社 2004 年版；立花涼：《原理主義者・折口信夫》，《季刊　日本思想史》2006 年第 69 号。

② 《折口信夫全集》（第 29 卷），东京：中央公論社 1956 年版。"美学"一词仅在该书第 531 页出现过一次。而在 1910 年"言语情调论"的手稿中，有着"言语本身的正当到达处为假象"、"从假象而来的假感"（第 510 页）的记述，我们从此可以窥探出折口是理解近代表象论美学的。

题，我已经累积了一些研究成果。① 而本文的课题，则聚焦在以民俗学来探讨日本独特之美学的可能性上。

柳田国男在年轻时与国木田独步等人交往，是以新体诗诗人的身份来度过其文学青年时代的，尔后他走上了高级官僚的道路，才将精力集中于农政学研究，探索贫困农村与地方的复兴，在这里我们可以看到他在政策实践上追求经世济民之理想的志向。而他对民俗学的研究志向，则与他晚年对日本人之起源的关心重叠，他的业绩整体而言可归纳为下列两点：

（1）生活在明治、大正、昭和期间，目睹了时代与社会形势的变化，并进行了观察与记录。

（2）对于因为近代化（=欧化）而产生的日本民众所经历、背负的烦闷与苦斗，以一种具同理的角度来观察，并认为与其追求国民国家的市民理想，不如构想以日本精神传统作为生活场域来继承的常民“国学”的民俗学。

下面我们将折口信夫与柳田作比较，来概观折口信夫的位置。折口与南方熊楠或柳田国男的区别，首先在于他是一位彻底的国风国学者之国文学者的这一风貌与性格，我们很难从他的行径中，观察出他究竟受到了多少洋学的影响。就外语学习经验来说，他仅学过朝鲜语、蒙古语（二十岁左右进入国学院大学部本科学习时学习的）。从这点来说，他与南方或柳田的区别是非常明显的。与西洋文化的联系，也不过是在大阪府立今宫中学担任合同制讲师时（24 岁左右），与文学杂志的伙伴们出入位于道顿堀的咖啡店而已。他是一位学者型的诗人、和歌诗人，具有日本古代正统国学者、文人、教养人的风貌。他在精神上的特殊性，在于他并不是在精神上依附外来的知识，而是以一种内在、内发的方式进行思索的思想家，这

① 有下述两篇研究成果。前者讨论了以技术、技能的修得作为自我同一与淘汰之表征的日本人的态度，后者则与脱离了图像或文辞的要素，以彻底追究图像化的艺术态度，尊崇于文人的中国思想进行对比讨论。Masahiro HAMASHITA，“After/ Beyond the Trauma of Modernization：Japanese Dilemma in Terms of Modern Aesthetics”，Conference on Self and Subject：African and Asian Perspectives at Edinburgh Conference Centre，Heriot - Watt University，Scotland，2005. 9. 21，in Robert Wilkinson ed.，*New Essays in Comparative Aesthetics*，Cambridge：Cambridge Scholars Publishing，2007；idem.，“A Suggestion toward the Visual - oriented Humanities：In Case of Japanese Aesthetics of Painting”，The 4th Conference of New Directions in the Humanities，Tunis（Univ. of Carthage）2006.

可以说是一种诗人的趣味吧。

三、折口信夫的方法论与素材

可以被称为折口的方法论的，第一点是“发生学”。在《日本艺能史六讲》中，他说道：“最近有一种什么事都是以发生的目这一问题来主导研究方向的学风。以这一种态度来进行艺能研究之时，便会假设艺能在发生的最初有一个明确的目的，而这一想法难道不是错的吗?”[①] 在《日本文学的发生》（大正十三年）这一论文中，他并不是运用概念来进行演绎，而是列举事实与事件，并运用历史的社会文化背景，以其特有的一些关键概念来构成理论。例如“翁”以及“贵种流离谈”中可见的“まれびと”（marebito）概念的多义性（根据不同的脉络，可分别意味着外国人、外国渡海而来的人、神等），也成为建构理论时的重要因素。

而作为方法论与素材的第二点是民俗、艺能史的研究领域，第三点是作为学问理念的“国学”（“新国学”）。所谓“国学”，如上文所述，并不只是知识体系或内容，更重要的是一种精神上的豪气。我们可以说，对于柳田与折口来说，他们在国学、新国学这些名称及其理念中所追求的正是一种有关学问的志向与气概。

那么，面对有着以上内涵的折口信夫，应该如何从美学视点来进行理论探讨或定位呢?作为日本传统美学的一个范例，如何让具有独创性的思想家折口信夫成为一个典范，并将其独创性借用、援用于日本美学中呢?在这里，我们需要将“美学”进行重新定义。这已经不是鲍姆嘉登（A. G. Baumgarten，1714—1762）所界定的美学了。或者说我们所寻求的是“美学者”的定义，即一种有着与美意识相似的趣味判断力，并且其人格及生活方式足以契合“美学”定义的人物形象。从这一意义来说，折口是一位美学者。

仰慕折口的三岛由纪夫曾写道：“古代的祭师似乎总负荷着某种肉体

---

① 折口信夫:《日本芸能史六講》（講談社学術文庫），东京：講談社 1991 年版，第 18 页。

上的宿命，先生也负荷着同样属于黑暗的肉体宿命。”① “在学问上，仅仅只是被称为民俗学的方法的东西，也潜藏着先生的宿命，而这样的宿命，难道不是因为变成了一种美意识而始得体现的吗?”②

结语：超越“中心/边缘”的模式

摆脱把自我同一性作为国民国家的归属这一束缚，而以精神的、文化的、宗教的条件为基础来认识自我时，寻根溯源是其中一种十分重要的尝试。近代日本过度地以欧美为典范，经常忽略或忽视自己的根。在欧美遇见一些日本留学生（或亚洲留学生），不免让人怀疑一部分人究竟是因为研究的主题是西洋学问而来宗主国学习，还是自己的原生文化从根基上就被古代雅典所替换掉了呢？我想，大概这也是布鲁姆（Allan Bloom）在《美国精神的衰落》（*The Closing of the American Mind*，1987）中把美国精神的故乡回溯到古代雅典时所产生的心理状态吧。

这里我用“全球化”这一字眼，换一个角度再作思考。自近代以来一直持续至今天的全球化，在大多数情况下都意味着欧化或美国化。在借利伯维尔场与自由经济消弭国家边界的潮流当中，设定了储备货币、会计准则、军事战略、大众媒体等，特别是能够让组织力与财力发挥最大效力的共通规约。而促成这种标准化成立的，便是国际法、英语、度量衡、年号、计算机软件、思想、科学技术，等等。

在这一情况下，造成了不同于冷战时期意识形态的新的对立，即各种文化与艺术之间相互标榜着自身存在理由的对立，也就是世界艺术与民族艺术、中央的权威与边陲的残渣，多数派居民、民族与少数派居民、民族之间的对立。而这样的对立说到底就是一种强权政治的反映，即殖民地主义时代时，自称为文明人的强权者、侵略者与被这些人定义为原住民、野蛮人之间的对比与对决。而这就是赛义德嫌恶地提出的“东方主义”精神结构。

不过，也存在着从体制、支配者而来的反省，例如 18 世纪时兴起的

---

① 三島由紀夫：《折口信夫氏の思い出》，池田弥三郎、加藤守雄、岡野弘彦編：《折口信夫回想》，东京：中央公論社 1968 年版，第 249 页。

② 三島由紀夫：《折口信夫氏の思い出》，池田弥三郎、加藤守雄、岡野弘彦編：《折口信夫回想》，东京：中央公論社 1968 年版，第 250 页。

“高贵的野蛮人”（noble savage）[①] 或卢梭的“回归自然”的思想[②]。这样的思想进一步提高了本文所提及的基于民俗学的美学的位置。也就是说，对民俗学的关注，并不只是一种当面对主流、权威等具有强力规范性的文化时，少数派为了让步、妥协、折中而被迫做出的一种不得已的防卫性理论化作业，更是一种为了分析那些被规范性的主流文化所忽略的更为深层的、本质的意志。这里绝非仅仅为了对抗主流文化的价值标准而来确立民族、民俗的文化，也并非要放在文明与未开化、洗练与野蛮、豪奢与朴素这样的对比框架中进行讨论，而是一种寻找解决近代文明或西洋文化衰弱之原因的契机，并不是要以异文化来开出一条活路而向被蔑视为未开化的“高贵的野蛮人”来寻求方法，我们可以将民俗学、民族学、文化人类学等的勃兴，视为一种对西洋文化、学问的“重新审视”。[③] 我提出的从折口信夫所留下的成果来建构基于民俗学的美学的目的，是与这一方向同轨的。

---

① Hoxie N. Fairchild, *The Noble Savage: A Study in Romantic Naturalism*, New York: Russell & Russell Publishers, 1928.

② 根据磯田光一的说法，“savage”一词是英语的形容词，自中世纪以来以“野生的”这一意义被广泛使用。而从对动物、风景的形容转变为对人的形容，则是进入16世纪后半叶以后的事。在这一时期，这一词的意思演变成“未开化的”、“属于最低文化阶段的”，同时经过了名词化，也意味着“未开化之人”。而这一时期也是英国伊丽莎白时代向美洲大陆探险的时期，卢梭所提倡的没有被文明所污染的、不存在着隶属关系的自然自由人的高贵的野蛮人这样的概念，在18世纪的英国成为议论的主题。在18世纪主流的文明观中，“野蛮”是一种缺乏“文明”的状态，同时也形成了一种以白人文明为世界中心的看法，于是，不是将“野蛮”视作较为劣等的东西而加以轻蔑，就是将其视为将要导入“文明”的一种过渡的状态。与此相对，“高贵的野蛮人”意指“文明”＝虚饰、“野蛮人”＝脱离了虚饰的纯真状态。这样的认识成为卢梭以及浪漫派的美学基础。然而经过19世纪的产业革命，到了被“进步”这一制约时代，“野蛮”又重新意味着“未开化”。参见磯田光一：《博物誌の政治学—英語の“savage”をめぐって》，《人工庭園の秩序》，东京：小沢書店1990年版，第156～163页。

③ 根据上村忠男的说法，在欧洲，“野蛮”这个字眼的出现不一定是以亚洲或非洲作为参照对象的，而是从自己眼前的对象中随意地找出适当的参照点，是一种相对于传统精英学问的“民族”、“民俗”、“土俗”学的发现过程。参见上村忠男：《デ・マルティーノにおける「西洋の危機」と呪術的世界への旅》，《現代イタリアの思想を読む》（平凡社ライブラリー），东京：平凡社2009年版。而这原本是源于一种对基于西洋理性主义之人道主义所衍生的力量（进步・启蒙・合理主义）衰退的危机感，而欲回归到古希腊的原点，并再一次注意到“呪術知”magismo。从“民族学是欧洲的学问”这一主张则可窥测出其过于偏狭的方向。

最后，还有一点是后现代主义时期的特征，东方对西方这种二分法的无意义性，权威的人文学对大众文化的文化研究这样的二元对立，结果并不会产生任何有意义的学说。在认识到这一点的今日，我们需要寻求一种新次元的基于民俗学的美学。也就是说，与柳田及折口对乡野、农村、南方诸岛的关心不同，我们必须要开始关注都市民俗学或网际网络等研究对象，而我们也可以预见从民俗学的视点来重新检讨“美学”的原意——“感性”的需求。

（滨下昌宏著　陈贞竹译）

儒家经济思想在日本现代化进程中的变迁

一、日本现代化过程中的儒家思想

儒家思想，指的是儒家的学说，是中国古代传统思想文化的精华。孔子在继承和发扬了夏、商、周以来逐步形成的以伦理为本位的传统文化的基础上，全盘吸收基于华夏民族在特定生活环境中长期形成的价值观、世界观以及行为规范和准则等文化要素，最终构成了以伦理为本位的文化模式。儒家思想在传入日本之后，在顺应各个不同历史时期的社会发展过程中，均不同程度地有所发扬光大。而其在日本明治时期的发展，大致经历了三个阶段①：一是在启蒙运动中受到了以福泽谕吉为首的提倡文明开化的学者们的猛烈批判和全面否认；二是西方思潮的涌入和对传统的否认直接导致人们的迷惘与社会的不安定，在以元田永孚为代表的明治政治思想家们倡导国家主义、主张道德治国的过程中得以复活，但最终随着日本走向侵略路线而被军国主义恶用；三是被以涩泽荣一为代表的实业家们用于现代资本主义经济道德的构建，为近代资本主义经济发展发挥了重要的作用。

（一）儒家思想在日本近现代化进程中的命运

1853 年，日本在以炮舰为前导的西方文明的威胁下被迫打开国门，西方列强的文明优势及其所带来的重重危机激发了日本民族的斗志。日本决心摈弃腐朽思想的禁锢，积极效仿西方，将本国建设为类似于西方的文明国家。在“富国强兵”的口号下，日本开始走上了积极欧化、努力建设资

---

① 此划分法参考了刘金才关于近代儒学功用的三点评价。笔者认为这三者间存在着一定的因果关系，且从其产生作用的时期来看存在明显的时间先后顺序，因此将其定义为儒学在现代化进程中的三个阶段的命运。具体参见刘金才：《“论语加算盘说”的思想主旨》，《贵州民族学院学报》2005 年第 3 期，第 5～10 页。

本主义经济社会的道路。日本的资本主义建设较之西方晚了近200年，但它仅仅用了20余年的时间，就在一个封建落后的以农业为主的社会基础上完成了向资本主义的转变。[①] 快速发展起来的资本主义经济尚未完全定型便随即卷入了世界战争，通过侵略与掠夺累积的巨额财富也在战败后消失殆尽，明治维新以后形成的具有日本特色的财阀经济也在战败后被占领军解散。[②] 在这近百年的历程中，日本的民族文化几经跌宕，文化心理和民族精神受到了极大的冲击。

众所周知，日本近代以前是以儒学为主流思想的。自公元5世纪传入日本的儒家思想经过一千多年的沉淀已经全面渗透到日本社会的各个层面，并形成了一种文化心理和民族精神，深深影响着日本人的行动。然而在现代化进程的初始阶段，日本一些学者将作为维护封建统治、禁锢人们思想的儒家思想视为主要攻击对象，伴随着西方进步科学和文化思想的涌入，明治时期的一些思想家对儒学展开了猛烈的抨击和尖锐的批判，使儒家思想趋于没落。日本民族的千年信仰刹那间被彻底否定，而完全异类的西方思想所强调的"功利主义"[③] 进一步令主张道德高于一切的日本人陷入了迷惘。人们在道德沦陷、思想错杂的世界里渴望传统道德秩序的回归，从而使儒学道德的重要性再一次被强调。然而，这艰难复活的儒学随后却被军国主义利用，传统儒学在与日本新引进的西方文化嫁接过程中产生了《军人敕语》和《教育敕语》，并成为其开展侵略的理论依据。军国主义者企图用儒家道德驯服国民为"圣战"效忠，鼓动军人弘扬忠诚为"圣战"献身的思想，儒学一度被恶用。[④] 战争使被侵略的国家陷入痛苦，同时也为日本民族带来了重大的创伤和灾难，作为其思想武器的儒学再一

---

① 参见泰萨·莫里斯、铃木：《日本经济思想史》，北京：商务印书馆2000年版，第45页。

② 参见小林义雄：《戦後日本経済史》，东京：日本評論社1978年版，第6页。

③ 功利主义由英国哲学家边沁和米尔提出，其主要理念是强调结果和追求最大幸福，即不考虑行为和过程，仅以结果所带来的快乐和幸福来衡量其价值。边沁以功利主义的原理鼓吹的自由放任主义是日本现代化过程中引进西方的主要经济思想之一，在明治前期占据日本经济思想的主流地位。具体参见杉原四郎：《西欧経済学と近代日本》，东京：未来社1972年版，第3~7页。

④ 参见石井紫郎校注：《日本思想大系27 近世武家思想》，东京：岩波書店1977年版，第473~474页。

次被视为毒害和糟粕。

（二）儒家经济思想在日本近现代经济建设中的功用

应该说，影响了日本民族上千年的传统思想文化，是不可能一下子被彻底清除的。民族情绪等原因导致儒家思想在表面上看起来似乎不再居于主导地位，但沉默了的传统思想其实并未因此而消失，反而继续在发挥着重要的作用。战败后的日本在一片废墟上重建家园，经过短短二十几年的努力，综合国力和经济实力快速恢复并跃居仅次于美国的世界第二大经济强国，经济增长率傲居世界第一。完全模拟西方的日本在短时间内实现了经济腾飞，并超越了除美国之外的所有西方国家。① 相关学者在深感震撼之余更是觉得十分费解，随之关于日本研究的高潮再次被掀起。学者们趋之若鹜地远洋奔赴日本，在经过一番实地考察之后发现，日本成功的真正秘诀其实来自其民族精神，而这种精神的主要内容究其实质不外乎儒家经济思想，至此，儒家经济思想在日本近现代经济建设中所起的作用不容置疑，“儒家资本主义”② 学说亦随之兴起。

笔者认为，任何一种思想都有其历史发展和形成的脉络，儒家经济思想之所以能在战后经济重建中迅速发挥巨大作用，与其在之前的一段历史时期内已经形成了一种特定的适合近现代经济发展的模式不无关系。尽管儒家经济思想在日本近现代经济社会中的功用已得到充分肯定，但如果仅从战后的思想元素中去挖掘其源头、追溯其传统，则不足以全面地呈现其思想发展的过程。就儒家思想而言，从近世阻碍商品经济的发展，到经历近代的文化冲击和跌宕起伏，再到在战后经济腾飞中发挥巨大推动作用，可以说，儒家经济思想在现代化进程中的变迁是非常具有独特性和研究意义的。

封建时期儒家经济思想为服务于日本封建统治的需要，其所呈现的主

---

① 参见宮本憲一：《昭和の歴史 10—経済大国》，东京：小学館 1983 年版，第 20 ~ 30 页。

② “儒家资本主义”学说是解释东亚国家经济兴起的理论之一，认为儒家思想促进了东方资本主义国家的经济发展。这一概念最先由美国的 Herman Kahn 在研究日本资本主义时提出，日本战后的经济腾飞以及后期一些东亚国家的经济发展掀起了这一学说的研究热潮。具体参见：Herman Kahn，*World Economic Development*：*1979 and Beyond*，London：Groom Heim，*1979*。

要观点是“重本抑末”和“义利之辨”。“重本抑末”强调的是以农为本、以商为末的重农抑商思想；“义利之辨”则强调“重义轻利”和“贵谷贱金”[①]。然而随着商品经济的发展和近代资本主义的萌芽，市场经济的发展势必突破重农抑商思想的禁锢。而“重义轻利”鄙视一切以营利为目的的行为，这一观点在很大程度上抑制了人们对“利”的合理追求，从而导致现代社会以利益为杠杆的市场经济秩序难以成立。事实上，日本在迈入资本主义社会以来，一方面着手致力于现代化建设，一方面积极宣扬西方思想文化，批判传统儒学，但又不可避免地受到来自儒家思想不同程度的渗透和影响。同时，儒学思想家们实际上也在新的时局下积极谋求实现其思想体系的革新，其结果为日本的时代变更提供了一系列适应日本民族心理的精神元素和理论依据。可以说，儒家经济思想在日本资本主义萌芽之际，便自发地实现了自身理论体系的革新，自觉打破士农工商的等级禁锢，为商业行为的正当性和商人道德提供了理论依据，并进而提出重商主义。通过重新审视“义利之辨”，提出“义”和“利”的结合、道德和经济统一的观念，奠定了日本现代经济道德的基础。[②]

二、儒学革新促进了重商主义的兴起

在封建时期主要服务于封建统治的儒家思想，实际上是以政治思想和哲学思想为中心的，经济思想其实并不占据主要地位，而关于经济思想方面的论著也寥寥无几。然而，从治国平天下出发的儒学家们，从宏观出发论及社会问题时，无可避免地会接触到一些经济问题。由于儒家思想在日本封建时期牢固地占据着统治地位，其经济思想的实际影响仍然非常巨大，其中最为突出的表现之一就是“重本抑末”，即重农抑商的倾向。面对着具有近现代特点的市场经济的发展和资本主义的萌芽，儒学发生了变革，在学术思想上首先为近代思想要素的产生奠定了基础。

---

① “贵谷贱金”是日语“貴谷賎金”的直译，其实际含意与“重本抑末”相同，是一种重农抑商的观念。具体参见野村兼太郎：《概観日本経済思想史》，东京：慶応出版社 1950 年版，第 85 页。

② 参见占部都美：《日本的経営を考える》，东京：中央経済社 1978 年版，第 151 页。

（一）荻生徂徕的学说为工商业突破禁锢提供了理论依据

在日本学术思想史上，17 世纪到 19 世纪中期的江户时代是儒家思想在日本发展的顶峰时期。这一时期日本的学术思想精彩纷呈，为日本社会的“近代转型”做出了“前近代”的思想奠基。而荻生徂徕（1666—1728）是日本儒学思想史上最初的重要改革者，可以视为这一大时代中“江户儒学”最光辉、最重要的旗帜。[①] 朱子学的穷理思想主张“天理”贯穿于天道和人道之中，是道德的自然主义。而徂徕将“天”置于人类认知的彼岸，将其定义为不可知的非合理的神秘领域，从而切断了天道与人道的联系。同时徂徕将“道”外化为圣人制作的历史产物，提出“作为”的观念，指出道德规范不是先天的而是后天的，是中国古代圣人洞悉社会规律而制作的经世济民的社会改革方案。道德规范不再是个人修养问题，而是中国历史上先王圣人制作的人为的社会制度。徂徕学的“先王之道”不再是朱子学那样的贯穿自然与人类社会的连续的自然法，而是经世济民的政治经济方案。圣人不再是道德的化身，而是具有绝对权威的礼乐制度的制作者，而且各个王朝的开国君主拥有制度损益权。于是人的道德规范和“天理”自然法则便自然地分离开来，在这一社会规范和自然法则的分解过程中，封建制度的合理主义也自然而然地被非合理主义所取代。[②]

“作为”的思想将人提升为道德规范的制作者，不仅肯定了人的作为的主体性，而且把人性从朱子儒学的道德禁锢中释放出来，这是对人性的尊重。而这些正是近代思想的要素，正因为如此，丸山真男将徂徕学评价为日本思想史上从封建近世到近代的转折点和分水岭。丸山指出：“徂徕虽然诅咒利益社会的社会关系，但他的作为的立场恰恰包含着利益社会的原理。”[③] 徂徕的“作为”的思想“不是成为从外部打倒封建统治的力量，而是侵入胎内从内面进行腐蚀”[④]，在暗流涌动的变革前夕，“作为”的思想实际上为势如洪水般发展的工商业奠定了突破封建禁锢的理论基础，为长期受到轻视的工商业开拓了在必要的时局下重新被定义的可能性。

徂徕关于经济方面的思想论述对货币问题作出了一些贡献，但他在经

---

① 参见王青：《日本近世儒学家荻生徂徕研究》，上海：上海古籍出版社 2005 年版。

② 参见王青：《日本近世儒学家荻生徂徕研究》，上海：上海古籍出版社 2005 年版。

③ 参见丸山真男：《日本政治思想史研究》，东京：東京大学出版会 1952 年版。

④ 参见丸山真男：《日本政治思想史研究》，东京：東京大学出版会 1952 年版。

济思想上不如他在政治、哲学思想方面那样有独创性。在许多方面，他继承了“重农抑商”的观念。但是，在德川经济发展的社会现实面前，徂徕作出了一定程度的妥协。他承认货币的作用和存在的必要，不主张恢复米谷作为交换手段的制度。他的学生太宰春台继承了他的学风并加以充分发挥，进而站在与他不同的立场上重新审视商业，提倡以儒学为基础但重视商业的经世济民论。春台在其《经济录》中不仅讨论了通货和通货膨胀问题，而且进一步指出商业是经济活动的基本要素，应像接受农业一样积极地予以接受。谷物不仅要生长，还要进行买卖。日本的统治者应实施销售土特产的藩营专卖制，以此获取更大的利益。这开启了儒学由“重本抑末”到“重商主义”转变的先端。①

（二）海保青陵为实现儒学革新提出重商主义

海保青陵（1755—1817）是在儒学革新中提出重商主义的重要儒学家之一。他出身于儒学学派并沿袭了徂徕学派的基本理论——“理”，尤其是继承了徂徕的弟子太宰春台阐发的“时”、“理”、“势”和“人情”理论。青陵从现实出发，充分肯定了当时社会变迁的必然性和合理性，指出一切社会现象的产生和存在均有其客观的道理。他说：“天地间之事皆理也，皆理中也，无理外。盖谓之理外者，运理不足之故也，显似理外也。”② 因此，现实社会中存在的商业活动和买卖利益关系等现象均属于“理”之必然，是正当的、合理的。青陵进一步指出：自德川统一以来，社会经过长期的和平发展已发生了巨大的变化，强势武力镇压或单纯的人际关系秩序已不足以维护现实社会的稳定。新的秩序体系必须构建在经济关系之上，旨在营利的经济之“道”的“霸道”已必不可少。他指出，当时的日本社会已经进入“营利”之“道”的时期，只有重视商业、积极发展商业才能解决当时的社会问题，他进而提出了重商主义。

在商品经济发展和商人财富不断增加的同时，武士阶级却固守社会等级观念，宁愿依靠借贷生活也不肯从事商业活动，以至穷困潦倒，甚至需要依靠蒙骗来维持外表的体面。虽然武士持有“贱商”、“轻利”的观念，

---

① 参见渡辺与五郎：《日本经济思想史—太宰春台の研究》，东京：文化書房博文社 1971 年版。

② 参见海保青陵：《稽古談》，蔵並省自編：《海保青陵全集》，东京：八千代出版社 1976 年版。

但实质上已经参与到商业买卖的活动中。青陵曾尖锐地指出："既嘲笑买卖人之状，然则尔未买卖乎？大国之大名年年售米换金，用以公用而万事毕。售米者买卖也。自大国大名，皆买卖人也。身居买卖之中而笑买卖，尔之名分与所行相异也。"① 指出他们固守的观念和实际行为存在矛盾。他认为人与人之间皆在一定程度上存在着经济利益的关系，商业行为是天经地义的正当活动，应当予以充分的肯定。因此，青陵倡导武士积极参与商业活动，鼓励武士通过积极参与商业活动来摆脱生计困难。并进一步提出各藩振兴商业的政治主张，提倡各藩直接组织和参与经营，积极主张重商主义。正如日本著名学者源了圆先生所指出的那样，在明治维新前后的近世和近代之间不仅存在着断裂，而且存在着继承的关系。而海保青陵正是处在这种继承关系中的一个具有代表性的儒学思想家。② 他从儒学出发进行思想上的变革，提出了重商主义思想，为传统思想文化在现代化进程中继续发挥功效奠定了基础。

其实，海保青陵提倡重商主义在德川封建末期并不是一个孤立的学术现象，与他同时代的儒学家，诸如新井白石、本多利明、佐藤信渊、横井小楠以及帆足万里等人，在思想上都曾经不同程度地表现出类似的儒学变异现象，均在不同程度上提出了肯定商业行为和承认商业价值的主张。他们有的提出"贵金属说"③，从而否定从"重本抑末"中演变而来的"贵谷贱金"的观点；有的提倡加大力度发展商业并积极倡导对外贸易，以增强国力；有的主张强化幕府权威，强制农民生产，通过激发农民的生产积极性来实现富国的理想。凡此种种其实都应视为日本封建儒学的变异现象和革新思想。④ 事实上，封建儒学在经济发展和社会变革前夕已经无法适

---

① 参见海保青陵：《稽古談》，蔵並省自編：《海保青陵全集》，东京：八千代出版 1976 年版。

② 参见源了圓：《先驱的启蒙思想家—蟠桃と青陵》，东京：中央公論社 1984 年版。

③ "贵金属说"是新井白石（1657—1725）在呈将军的货币改铸建议中提出来的，他提出了贵金属作为资源因不能再生必须厉行节约的建议。这种观点与当时西方社会强调的"贵金属说"有相似之处，表明他的经济思想蕴含了积极的近代货币理论因素。但西方重商主义者所提出的"贵金属说"主张通过对外贸易实现贵金属的积累，新井白石则完全相反，他主张限制对外贸易来防止贵金属的流失，两者在实质上有很大的区别。参见新井白石：《折焚柴記》，东京：中央公論社 2004 年版。

④ 参见杉原四郎：《日本の経済思想》，大阪：関西大学出版部 2001 年版。

应现实社会，需要通过自身扬弃来突破原有框架，产生某些适应时局的新因素。从在封建时期盛行的“重本抑末”观点转向“重商主义”，实际上就是儒家思想在新时局下萌发近代因素的征兆。

三、重审“义利之辨”奠定了经济道德基础

如何处理道德与经济的关系问题，在儒家思想中表现为“义利之辨”。一般认为中国儒家经济思想的主流是主张重义轻利的，事实与否不在此作具体分析。但在日本封建时期，出于服务统治阶级、为封建政权提供政治理念的目的，儒家经济思想的确是倾向于重义轻利的。随着封建制度的解体和近代经济的萌芽，“重义轻利”观念严重阻碍了以市场经济为特征的资本主义经济建设。必须重新辩证“义”和“利”的关系，协调经济和道德之间的矛盾，才能保证经济的顺利发展。在此情势下，深受儒家思想浸润的日本实业之父——涩泽荣一，通过在自己的经营活动实践中不断地思考和摸索，终于找到了传统儒家思想与西方资本主义精神之间的接点，在思想上形成并提出了“经济道德合一”学说，建构起适应资本主义发展需要的经济伦理观念，从而为日本近现代的经济建设和发展奠定了基础。

（一）儒家思想的“义利之辨”

虽然日本封建时期的儒学家大多持有“重义轻利”的观点，但关于义利并重的思想在日本封建时期也得以发展，主要是在与经济相关的町人思想和经济伦理中得以强调。如町人思想家石田梅岩、农政思想家二宫尊德、怀德堂学派的中井竹山以及江户町人学者山片蟠桃等，都针对“义”和“利”、经济与道德的辩证统一作出过思想理论上的议论和阐述。[①]

推翻封建幕府统治而建立的明治政权，在确立“贸易立国”方针的同时，也确立了新的价值观，试图在思想上消除“重义轻利”观点所带来的限制。但是，在日本江户时代盛行的“重义轻利”封建观念依旧根深蒂固，并在意识层面上抑制了人们对“利”的合理追求。“轻利”的陋习将

---

① 石田梅岩曾论证“营利正当论”。此外，日本近世农政思想家二宫尊德从“一圆融合”论中创造出“道德经济一元论”学说；中井竹山提出的“利即义”伦理观和山片蟠桃的“金钱价值有德论”等，均体现了“义”和“利”统一的思想观念。

一切以获取利益为直接目的的行为视为不义，这使得在法律上获得了平等地位的工商业者在思想意识上并没有得到彻底的解脱。于是，一些启蒙思想家如福泽谕吉、西周等人大力宣传西方以个人主义为本位的功利主义价值观，极力肯定“私利”的重要性。福泽谕吉曾说“私利是公益之基”，并大声疾呼“大力崇尚金钱，使日本成为金钱之国”。[①] 在当时提倡西方功利主义的经济思想，对克服儒学的“重义轻利”观念的确起到了一定的积极作用。但是，西方的个人主义价值观显然并不太适合以集体主义为本位的日本社会之“国情”。人们对西方“功利主义”的理解发生了扭曲，并逐步演变为赤裸裸的“利己主义”和“拜金主义”，一味追求物质利益的不正之风和商业恶习横行于世，导致日本社会道德颓废，人们的精神世界陷入迷惘。作为重视道德的东方国家，日本深刻意识到发展经济的同时也需要加强道德的维系。因此，处理义与利、经济与道德的关系成为资本主义建设面临的重要问题之一。

（二）涩泽荣一和“经济道德合一说”

涩泽荣一（1840—1931）结合当时社会的实际情况，以西方经济思想为参照，提出了“经济道德合一”学说，并努力从儒家传统思想特别是《论语》中挖掘与当时社会经济发展相一致的思想，协调义与利的矛盾，树立了现代经济社会的伦理道德。他强调“《论语》中有算盘，算盘之中有《论语》”，“打算盘是利，《论语》是道德”[②]，两者并不相悖。针对儒家经济思想的“重义轻利”观念，涩泽指出：陈腐的“贱商”观念之所以持续残留，其中最主要的原因是对儒家思想的“义利观”一直存在误解。为了说明自己的观点，涩泽荣一对《论语》中有关“义”和“利”的论述作了重新诠释。例如，《论语》中的“君子喻于义，小人喻于利”一直被后人解释为商人品格低下，理应遭到歧视的经典依据。而涩泽对其作了重新解释：孔子讲的“君子喻于义，小人喻于利”主要是指君子和小人的心术是不一样的，君子平生志向于做善事，无论遇到什么事情，首先想到的是必须符合义的要求，然后再决定是否去做，也就是说君子处人待事是

① 参见福沢諭吉：《時事新報》，《福泽諭吉全集》（第 10 卷），东京：岩波書店 1971 年版，第 278 页。

② 参见土屋喬雄：《続日本経営理念史》，东京：日本経済新聞社 1971 年版。

以义为出发点的。相反，小人平生总是不忘牟取私利，无论做什么事情，都以私利为原则。也就是说，只要有利可取，即使有悖于义也要为之。因此，即便是做同样的事情，君子和小人想的并不一样，君子想的是如何行义，而小人想的则是如何获取私利，两者之间有着天壤之别。[①] 孔子实际上是要指出在谋取利益的同时要遵守道德规范，并没有轻视商业、教导人们不要去营利的思想。同时，他指出："孟子也主张谋利与仁义道德相结合，只是后来的学者将两者越拉越远，反说有仁义而远富贵，有富贵则远仁义。"[②] 在此，涩泽荣一不仅完全否定了以往人们对于"仁则不富、富则不仁"的理解，明确提出将经济与道德相结合的观点，还进一步借由"仁"这一内在媒介，将儒家传统思想所提倡的诚实信义、禁欲节俭、辛勤劳作等道德要素定义为商业行为的指导原则，从而确立了资本主义经济社会的道德规范。

涩泽通过对《论语》的再度挖掘和重新诠释，不仅协调了商业营利活动和儒学传统道德的关系，而且从儒学伦理出发确立了日本近代的经济道德。受菅原道真提出的"和魂汉才"观念的启发，涩泽提出了"士魂商才"的观念，指出商人既应具备道德品格，又应具备经商的业务才干，经济与道德是分不开的。离开经济的道德不是真正意义上的道德，而经济离开道德也不会有好的发展，二者必须合一，缺一不可。他说："抛弃利益的道德，不是真正的道德；而完全的财富、正当的殖利必须伴随道德。"[③] 由"重义轻利"转向"道德经济合一"，儒家经济思想经由这一变迁逐步形成了促进日本近代资本主义形成与经济发展的具有积极意义的进步思想。涩泽荣一通过对儒家思想"仁"的重释，协调了现代化进程中发展经济和保持东方传统价值观之间的关系，构建了儒学道德与资本主义经济相结合的现代经济伦理，为日本资本主义精神秩序奠定了基础。因此，后人将涩泽视为"日本资本主义之父"，他的《论语与算盘》至今仍发挥着重要的指导作用。儒家经济思想要素自此渗入现代经济活动中，成为日本现代经济思想的主要内容。

---

① 参见渋沢栄一：《論語講義》，东京：二松学舍大学出版部 1975 年版，第 13 页。

② 参见涩泽荣一著，王中江译：《论语与算盘》，北京：中国青年出版社 1996 年版，第 87 ~ 88 页。

③ 引自鹿島茂：《渋沢栄一》（第 1 卷），东京：文艺春秋 2001 年版，第 507 页。

四、现代日本经济活动中儒学要素的活用

日本的现代化过程是一个积极学习西方科技、制度和文化的过程。然而，日本民族在对待外来文化方面，并不是一味地全盘吸收，而是表现出一种顺应本身特有国情的文化选择和文化融合。虽然日本倾慕西方的科学技术和人文思想，但东方传统文化更符合日本固有的民族性格。因此，在经过东西方文化比较和选择之后形成的日本现代经济思想，仍然包含了大量的儒学元素。儒家思想中的经济伦理，在日本现代社会及经济活动中依然发挥着巨大的作用。

（一）从封建时期的町人思想到近现代经济伦理

山本七平在《日本资本主义精神》中，把日本资本主义精神归结为德川时代以儒家伦理为基础的某些町人思想的延续，如勤勉、敬业、自制、节俭等，指出在日本人的心目中，经济行为不单单是为了谋取利益，更主要的是出于精神方面的需要而拼命工作。[①] 所谓町人，广义上通常指自中世纪初到明治维新以前居住于城市的手工业者和商人，狭义上则专指近世的城市商人。[②] 町人在重农抑商的封建时期备受鄙夷，但随着商品经济的发展和町人阶级财富实力的不断增强，产生了“大阪的富商一怒，大名为之颤抖”[③] 的说法。町人阶级随着经济力量的强大，一方面努力在传统思想资源中寻求论证商业行为的合理性和提高自身社会地位的理论依据，另一方面也积极规范商业道德。而在整个德川时代，儒学被树立为“官学”，在思想上占据绝对的统治地位。在当时的社会里，町人道德本身也深深烙下了儒学的印记，町人思想的主要源泉正是儒家思想。历史上影响最为广

① 参见山本七平：《日本资本主义精神》，北京：生活·读书·新知三联书店1995年版，第87页。

② 参见刘金才：《町人伦理思想研究——日本近代化动因新论》，北京：北京大学出版社2001年版，第25页。

③ 引自参山崎益吉：《日本経済思想史》，东京：高文堂出版社1981年版，第36页。

泛而深远的町人思想——“石门心学”[①] 就包涵了丰富的儒学要素。日本著名哲学家永田广志在历史地位和理论地位上将心学界定为主要是商人所要求的俗流儒学。[②] 心学开山祖师梅岩石田以儒学为基础阐发了町人思想，虽然他的思想里杂糅了神道、佛教、儒学等多重因素，但他的言论著述几乎“言必称孔孟”，“儒学可能对他的思想产生过最大的影响”[③]。对心学研究颇具权威的柴田实同样指出其主要倾向是儒学，他在梅岩的代表作《都鄙问答》所引用的书目中发现，《论语》被引用了13次、《孟子》被引用达116次之多。[④]

日本的现代化并非完全舍弃传统的现代化，而是将传统与先进共存，注重思想功用性的现代化。1868年开始的日本明治维新开启了日本的现代化进程，在富国强兵的目标下，日本实施了一系列政治、军事和经济改革，并推行“殖产兴业”和“文明开化”政策，极大地促进了经济的发展。传统的儒学思想也在经济发展的过程中不断发生变异，并逐渐渗入到现代经济思想当中。源自町人思想的强调商人应当勤劳、节俭、自制、节约、勤奋等伦理道德，在日本的现代化进程中发挥着重要作用。住友的广濑宰平晚年饮水思源，在自传中写到，正是幼年的广泛阅读，使自己体会了人世间的冷暖善恶，是儒家的思想指引了自己的一生。幕末至明治，广濑出任住友财阀的番头，他的一生为住友家业的兴隆鞠躬尽瘁，最终获得终身为住友家人的身份。他指出作为经营者最重要的品质是对主家忠诚，并总结自己30年来的经营感悟，写下《半身物语》，强调了忠诚、献身、勤劳、进取等道德的重要性。[⑤] 出生在清酒酿造世家的金原明善就以儒家思想的“修身齐家治国平天下”为人生哲学，从“家国一理”的立场出发，强调为了维护和发展家业、家产，应该永远把“勤劳、忍耐、朴素、

① “石门心学”由梅岩石田开创，以工商业者为对象，以通俗化的形式阐述商业和营利的合理性、正当性，肯定商业和商人的积极作用，并树立商人的道德规范，被称为“庶民之学”。

② 参见永田広志：《日本封建制イデオロギー》，东京：白揚社1947年版。

③ 参见R. N. Bellah著，堀一郎等訳：《日本近代化と宗教倫理》，东京：未来社1962年版。

④ 参见柴田實：《梅岩とその門流—石門心学史研究》，东京：ミネルヴァ書房1977年版，第3~23页。

⑤ 参见广濑宰平：《半身物语》，东京：住友修史室1982年版。

节约”的美德作为重要的传家宝。[①]

儒家经济思想的主要特色之一，就是其具有独特的伦理范畴。日本现代经济思想中强调道德的特色，正是包含了儒家经济思想要素的典型表现。以伦理为本位的儒家思想出于自身特色，其经济思想与西方有着很大的区别。与西方强调经济学和方法论的经济思想不同，儒家经济思想虽然最终亦不可能脱离生产、交换、分配、消费四个环节，但儒家经济思想中具备的独特的伦理范畴和理论体系，乃是西方经济思想所鲜见的。显而易见，日本的现代经济思想当中包含了大量儒家经济思想的内容。

（二）集团主义和家族主义经营理念

日本学者川岛武宜曾在1947年发表的名著《日本社会的家族式构成》中指出，整个日本社会是根据家族式原理组成的，日本的家族是一种有别于传统家族意义的超血缘的经济共同体。[②] 日本著名社会学家中根千枝也提出了“纵式社会”理论，指出日本社会由“场所型”的集团组成，这种集团的成员通过“纵式”关系凝聚在一起，集团成员根据某种标准“链条式”排列，明确分出序列（级）等。中根千枝指出：“日本社会从整体上看单一性非常强，而且集团是按场所形成的，如果不经常明确圈子（如果集团成员自身不经常强调与他人的不同），与他人的区别便容易消失。因此，日本的集团便不知不觉地加强‘自家人’、‘外人’意识，问题大约就在于这种集团构成的性质。”[③] 和川岛武宜一样，中根千枝也认为家族主义乃是日本社会结构的特色，“日本社会集团构成的原理集中地表现为‘家’，在日本的所有人口（至少在江户时代中期以后的农村中）中都可以看到‘家’的存在，这种集团构成可以视为日本社会构成的特色”[④]。“以‘亲分’、‘子分’为象征的人际关系，不仅存在于政治家和黑社会中，实际上还存在于自己认为也被他人认为具有进步思想的文化人、讲授西欧经济与社会的大学教授或在最先进的大企业中工作的人们中间。”[⑤]

这种家族式集团主义的社会结构反映在经济领域即日本企业的家族主

---

① 参见金原财团編：《金原明善伝記》，东京：中央公論社1968年版，第71~73页。

② 参见川島武宜：《日本社會の家族的構成》，东京：學生書房1948年版。

③ 参见中根千枝：《タテ社会の人間関係》，东京：講談社1969年版，第36页。

④ 参见中根千枝：《タテ社会の人間関係》，东京：講談社1969年版，第164页。

⑤ 参见中根千枝：《タテ社会の人間関係》，东京：講談社1969年版，第164页。

义经营（又称经营家族主义）当中，作为一种经营理念、经济思想，经营家族主义被视为日本式经营的核心和基础。[①] 所谓家族主义经营，即把企业这种机能集团类比为家族血缘集团，企业扮演了中国儒家所提倡的“父慈子孝，兄友弟恭，夫和妻顺”的“家庭”角色，强调爱人、仁慈、和谐、互助、团结、合作、忍让等美德，形成企业内部的同心力、凝聚力和强烈的集团主义。最高经营者就是家长，其他所有从业人员都是家庭的组成成员，企业经营者作为家长持有传统意义上的权威，员工作为家人对家长忠心、顺从，以此关系紧密团结在家族之内，为了一定的经营目的而奋斗。这种以家族主义经营方式为特征的组织集团，往往都具有“企业一家”、“家族的经营”、“温情主义”的特质。也唯其如此，有人说“日本的经营组织类似日本的家族组织”，这一点正“是日本的职工勤奋、工作热情惊人之高的原因所在”[②]。

正如王家骅所指出的那样：“日本人的最高价值不置于宗教，而是置于道德。……这种‘纵式社会’需要道德的正当性予以维持。为‘纵式社会’提供道德支柱的，不可能是欧美式的个人主义伦理观，而只能是适应‘纵式社会’需要的、以儒学道德为主要内容的传统伦理观。”[③] 经营家族主义既然将企业视为按人伦关系组成的大家庭，那么在其运营的各方面则都需要道德的维持，儒家思想无疑为这种家族式经营结构的稳定提供了道德理论上的支撑。从儒家思想的“仁者，爱人”思想出发而形成的“人即资本”理念，从“中庸之道”和“以和为贵”出发而形成的“和”的主张，以及从“忠诚”、“守信”等观念出发而引发出员工对国家、公司、工厂的忠诚心、集团主义和奋斗精神等，均成为日本在近现代化过程中不可或缺的经济伦理的核心内容。可以说，儒家经济思想经过上述一系列变迁，最终形成了适合日本近现代经济建设和发展的新内涵。

---

① 参见李卓：《试论近代日本企业家族主义经营的形成》，《天津社会科学》1994年第5期，第101页。

② 卜部都美：《日本的経営を考える》，东京：中央経済社1978年版，第151页。

③ 参见王家骅：《儒家思想与日本文化》，杭州：浙江人民出版社1990年版，第428页。

结 语

儒家思想在日本现代社会中仍然发挥功用的这一事实已得到普遍认可，众多学者在不断研究中发掘出了儒家思想在日本现代化进程中的发展和变迁轨迹。但是，由于儒家思想在封建时期最突出的表现乃是在政治思想中的运用，于是学者们大多将关注焦点置于政治领域上，从而得出其在整个现代社会文化中逐渐衰退的结论。事实上，在强调经济建设的日本现代社会中，国家行政的主要目的是发展经济，经济成为日本资本主义政治的核心目标，因此，从经济建设领域中更能发掘出儒家思想的本质及其在现代的变迁的实际状况。

儒家思想最主要的特质是以伦理为本位，是随着历史的发展和社会的需求不断发生变化的开放性的思想体系，更注重的是人生哲学与人的道德修养方面的问题。在日本思想史上，儒家思想先进的政治理念和伦理思想在日本的封建社会中起到了重要的作用，特别是在德川时代被树立为官学，对日本社会的各个方面都产生了巨大而深远的影响。

儒家经济思想之所以在现代化进程中不断发生改变，是因为其并非一个封闭不变的范畴，而是一个相对开放的思想体系。在历史发展过程中通过不断吸收其他各学派的观点来充实和丰富自身的思想内容，进而达到适应社会发展、为统治阶级提供思想理论依据的政治目的。例如，儒家思想体系在形成之初，其实并未含有“重本抑末”的思想，随着中国社会步入封建时代，由于“重本抑末”的政策能更好地维持封建生产关系下的小农经济，意在以压低商人地位来防止农业劳动力流失，避免商品经济造成对自然经济的破坏的“农为本、商为末”观念便随之产生。儒家思想传入日本后，与日本民族的固有文化和民族特性相互渗透融合，形成了具有日本特色的儒学文化。可以说，儒家思想在日本的发展和变化，实际上也是其开放性地结合日本民族的固有文化，通过自身变化以更好地服务日本社会的过程。

封建末期的日本社会出现了荻生徂徕等儒学家们的革新以及海保青陵等儒学家们思想上的变异，从“贱商”观念转而变成积极倡导重商主义的这一系列变迁，导致了封建时期“重本抑末”倾向一跃转向提倡商业、肯定商业，封建等级秩序下被轻贱的商业亦摇身一变成为社会至关重要的领域。人们传统信仰中亦自然而然地产生了适应新时代的观念，这些观念的产生难道不可以被视为日本从封建社会得以顺利转向资本主义社会的重要保证之一吗?

更重要的是，在封建时期被解读为“重义轻利”的儒家思想的“义利之辨”，步入现代社会以来得以转变为“经济道德合一”的诠释。在开放性地参照、吸收了西方思想的一些元素后，由涩泽荣一根据《论语》提出的经济道德合一学说，树立了“经济离不开道德、道德离不开经济”的理念。“经济离不开道德”为儒家经济伦理继续指导现代人们的经济行为奠定了基础；“道德离不开经济”更是将“经济”推至为“道德”的必要条件，自然地，作为经济活动主体的资产阶级，也顺理成章地成为社会和道德最重要的阶级。在将道德视为高于一切的日本社会，通过明治维新实现法律上平等的资产阶级，在儒家思想的变革中进一步实现了在民族心理上得到充分认可的飞跃。

我们通过考察得知，在日本近现代经济活动中指引、约束人们经济活动的经济伦理，其实质就是以儒家思想为核心内容的，是形成于德川时期的町人思想的延续及与资本主义文化相融合的产物。儒家思想的伦理道德规范在现代社会中仍然有着巨大的影响。封建社会提倡“重本抑末”是出于封建统治的需要；在资本主义社会时期提倡“重商主义”，则是服务于以建设经济为主的政治目的。从提倡商业到强调“经济”与“道德”同等重要，儒家经济思想在日本现代化建设过程中的变迁，实质上是继续发挥了其以伦理为本位、服务于统治阶级的政治目的的特性。

儒家经济思想在日本现代化建设过程中积极迎合时代的需求，而日本的社会结构和民族心理特性也为儒家经济思想的存续提供了合适的温床和土壤。

日本在汲取外来思想文化方面，无论是对传统的还是先进的，均保持一种注重功用的态度，必要时会对整个思想体系进行分解，择取有用的断片。正如丸山真男在剖析日本思想时所指出的，“日本缺乏思想的坐标轴”[①]。在步入资本主义建设时期以来，“传统思想在维新后越发增强了零碎片段的性质”，而在引进西方文明的过程中，“欧洲的哲学、思想本来所具有的历史构造性屡次被分解，或被隔断了其思想史的前提，仅作为零件不断地吸收进来”[②]，对日本而言，这些断片性的思想理念杂居在精神的数据库里，即“把各种哲学、宗教、学问——甚至连从原理上互相矛盾的思想——‘无限地拥抱’，使之在精神的经历中‘和平共存’”[③]，这个数据库的作用，就是为社会目标提供有利的理论支持。在以经济发展为核心目标的日本现代化进程中，文化选择实际上就是从这个数据库里提取有用的理念，一切均以其功用价值为标准。关于这一点，王家骅先生也曾指出：“日本人并不拘泥于不同的信仰和价值观在理论上的差异，而更为注意这些信仰和价值观的功用。”[④] 一切思想文化，无论其在价值体系上存在着多大的差异或矛盾，只要有利于其民族的发展，便会被日本社会接纳和采用。必要时，日本甚至会对其进行强制性的整合和改造，并将其树立为主流思想。日本在现代化建设过程中仍然保留并活用儒家思想文化元素，正是因为儒家思想经过革新后仍然对日本的社会经济发展大有裨益。一句话，儒家经济思想满足了日本近现代经济建设和发展的需要。

由于日本是一个自然灾害频繁的岛国，长期以来的自然灾害导致整个民族一直处于恐惧和不安当中，而其岛国性质又造成了日本在一定程度上的封闭，这加剧了日本民族的孤独和无助。灾难面前激发凝聚意识，孤独心理催化了对归属感的渴望，因此，日本民族形成了一种对安全感的渴望和对集体的依赖的民族心理特性。而这样的民族特性又决定了日本社会倾向于固守天皇政体和集团式的社会结构。日本社会的最大特色之一，就是以超血缘的家族理念团结在象征“家长”的天皇的号召下，强调民族凝

---

① 参见丸山真男著，区建英、刘岳兵译：《日本的思想》，北京：生活·读书·新知三联书店 2009 年版，第 3 页。

② 参见丸山真男著，区建英、刘岳兵译：《日本的思想》，北京：生活·读书·新知三联书店 2009 年版，第 15 页。

③ 参见丸山真男著，区建英、刘岳兵译：《日本的思想》，北京：生活·读书·新知三联书店 2009 年版，第 15 页。

④ 参见王家骅：《儒家思想与日本文化》，杭州：浙江人民出版社 1990 年版，第 42 页。

聚、相互依赖和共同奋斗，固守集团式的社会结构。这种社会结构需要道德来加以维系，而能为这种结构提供道德的思想体系只有儒家思想。西方思想中以个人主义为本位的道德体系，显然与日本强调集体的社会结构存在着本质上的冲突，纵使在新的社会体制下，经营家族主义更有利于经济的发展。因此，固守集团式结构的日本在“功用主义”的主导下最终选择了儒家经济思想的合理因素。可见，正是日本社会的特有的思想特性和注重功用的价值观，为儒家思想在其近现代社会中继续发挥重要作用提供了有利的温床和土壤。

综上所述可知，儒家经济思想在日本现代化进程中发生的变迁，实际上并未发生本质性的变化，而仅仅是随着社会历史的发展变革作出了相应的调整和变貌而已。儒家思想的功效和作用实际上都继续受到重视、得以发挥。我们在研究现代经济思想当中，往往不难发掘出许多的儒学元素，其根本原因亦在于此。“儒家思想”或“儒学”的名声在日本的现代社会中是否继续享有赞誉并不重要，重要的是，儒家思想的精髓仍然在日本现代社会中发挥着重要的作用，这一事实不容置疑。

（韦立新、曾晓霞著）

夏目漱石的近代化认识与西洋体验

夏目漱石（1867—1916）本名夏目金之助，漱石是其笔名。1905年，漱石以处女作《我是猫》震惊文坛，从此踏上了文学创作之路。在此后直至1916年去世的短短11年间，漱石创作了十几部长篇小说和一批短篇小说，还写下了大量俳句、几百首汉诗及若干随笔集。漱石的作品不仅从人性的角度刻画了明治知识分子痛苦不安的灵魂，而且体现了他对东西方文明碰撞背景下明治日本近代化历程的深刻观察和批判，从而在日本文学史乃至日本思想史上竖起了一座丰碑，被誉为国民作家、人生之师。战后，日本政府将夏目漱石的头像印在千元面值的纸币上，以表达对这位伟大文学家和思想家的怀念。中国文学界则把夏目漱石誉为“日本的鲁迅”，鲁迅先生生前也很喜爱夏目漱石的作品，曾翻译过漱石的短篇小说《克莱喀先生》，并在创作上深受其影响。①

夏目漱石主要生活在社会发生巨变的明治时代（1868—1911）。当时，在“富国强兵、殖产兴业、文明开化”的口号下，学习欧美、全盘西化的风潮强劲，明治初期东京街头的“马拉火车”和“鹿鸣馆外交”就是典型的例子。年轻的夏目漱石对日本人机械地模仿西方的肤浅做法从一开始就极为反感，他是带着迷茫和困惑奔赴英国留学的。在英国实地观察和体验西方近代文明的两年时间，使他牢固地树立了近代市民社会的个人主义“自我本位”的伦理价值观，奠定了他从事文学创作和批判日本近代化的思想基础。本文通过分析夏目漱石以“自我本位”的视角对日本近代化过程所进行的批判，探讨其在日本近代思想史上的贡献和影响，进而揭示有别于西方文化传统的东方国家自身文化传统在转型过程中的艰巨性和复杂性。关于夏目漱石的研究可谓汗牛充栋，但从东西方比较思想的角度对漱

① 平川祐弘：《夏目漱石》（講談社学術文庫），东京：講談社1991年版，第13页。

石的近代化论进行分析的研究却并不多见。①

一、夏目漱石的英国留学和西洋文化体验

夏目漱石于1867年出生于江户（东京）的一个世袭名主（德川幕府的行政·警察官）家庭，由于儒学是德川幕府的官学，所以出生于官宦世家的漱石从小便开始学习儒学。明治维新后时代发生巨变，漱石家道中落，儒学也失去了统治地位，沦为启蒙思想家批判的“靶子”。为了能在新时代生存下去，漱石不得不放弃儒学，改修西学（英国文学）。1891年夏目漱石考入日本最高学府东京帝国大学学习英国文学，并迅速成为优等生。② 然而漱石对自己的学业却并不满意，因为学习英国文学并非出于自愿，乃是时代变化使然，年轻的漱石虽尚未接触到近代社会的个人主义文化，但对于缺乏主体性的选择充满了本能的抵触和迷茫，他如是表达当时的心境：“我在大学里专修英国文学，也许有人会问‘什么是英国文学’，对此学了三年的我也是如在梦中。”③ 1900年文部省决定资助他前往伦敦学习英国文学，他不仅没有感到欣喜，反而打算拒绝，后来在同事兼上司的劝说下他才接受了。

1900年9月夏目漱石踏上了英国留学之旅，经过一个多月的长途跋涉他到达了英国首都伦敦。20世纪初期的伦敦仍然是资本主义工业文明的中心，这对来自远东小国的年轻人而言无疑具有相当大的震撼力，然而初到伦敦的夏目漱石并没有被其表面的繁荣所迷惑，他敏锐地发现了资本主义

---

① 据笔者所见，学术界关于夏目漱石的研究，主要是出于对作为文学家的漱石的关注，对于漱石近代化认识的考察也着重围绕其文学作品展开，例如严安生：《夏目漱石对日本近代文明的批判》，《外国文学》1986年第5期；黄小丽：《夏目漱石的近代化观》，《日本学刊》2001年第6期；李光贞：《试析夏目漱石的文明批判》，《山东外语教学》2005年第6期；李光贞：《试析夏目漱石小说中的“明治精神”》，《解放军外国语学院学报》2007年第5期；李玉双：《困惑与超越——论夏目漱石文学中的基督教思想》，《山东社会科学》2012年第6期等。

② 夏目漱石：《夏目漱石》1（现代日本文学館4），东京：文芸春秋社1966年版，第13~15页。

③ 夏目漱石：《夏目漱石》1（现代日本文学館4），东京：文芸春秋社1966年版，第486页。

物质文明的弊端：工业发展对自然及人类生存环境的破坏。漱石在1901年1月3日的日记中写道："伦敦的街道有雾的日子一看太阳，赤黑如血。"他在给妻子镜子的信中更是直抒胸臆："铁道列车的声音，火车的烟雾，马车的响动，令人觉得脑袋稍有毛病的人只怕一天也住不下去。"① 对环境的不适应还只是来自外部的压力，更令漱石感到痛苦的是他内心的焦虑。漱石是带着对"何为文学"的困惑来到伦敦的："我在大学时学的是英国文学，但在毕业时总有种受到欺骗的感觉，为此我感到深深的不安。带着这种不安，我去了松山的地方中学，一年后，又带着这种不安，去了熊本，在熊本生活了几年，这种不安仍然没有消去，又带着它来到伦敦。"②夏目漱石决心在伦敦找到答案，他买了大量文学书籍，日夜埋头苦读，西方的文艺理论和他从小熟知的儒学关于文学解释的差异令他十分苦恼，由于思虑过度他患上了神经衰弱。就在这样的痛苦煎熬当中，他终于找到了一条"自我救赎之路"："从那时起我终于领悟到，对于'文学的概念为何'这样的问题，只有通过自身的力量来下定义，除此之外别无救赎之法。过去（试图从英国文学中寻找答案——笔者）完全是他人本位，就像无根的浮萍是不会有结果的。"③ 漱石将这一"自我本位"的哲学称为"我的个人主义"，并将之贯穿于自己一生的文学创作当中。在伦敦的两年，漱石不仅思考了文学问题，还对西方社会和文明进行了深刻的观察和体验，因此个人主义的哲学不仅是漱石文学的方法论，也包含在他对英国市民社会伦理的认知当中："英国是个非常热爱（个人）自由的国家，像英国那样崇尚（个人）自由而又秩序井然的国家世所罕有。尽管我并不喜欢英国，但事实如此没有办法。像英国那样（个人）自由而又秩序井然的国家堪称世间罕见，这一点日本无论如何也比不上。英国社会教育每个公民，热爱自己的自由，也尊重他人的自由。"④"热爱自己的自由，也尊重他人的自由"，带着对这一西方近代个人主义市民社会伦理的体认和追求，

---

① 平川祐弘：《夏目漱石》（講談社学術文庫），东京：講談社1991年版，第15页。

② 夏目漱石：《夏目漱石全集》（第4卷），东京：創芸社1954年版，第9页。

③ 夏目漱石：《夏目漱石》1（现代日本文学館4），东京：文芸春秋社1966年版，第488页。

④ 夏目漱石：《夏目漱石》1（现代日本文学館4），东京：文芸春秋社1966年版，第495页。

漱石回到了祖国，并对明治日本的近代化历程展开了批判。

二、《现代日本的开化》——夏目漱石的近代化认识之一

1911年8月夏目漱石在和歌山做了题为“现代日本的开化”的演讲，这次演讲对了解漱石关于明治日本近代化的认识和评价极为重要。为了和日本的近代化过程进行比较，夏目漱石将西方的近代化过程定义为“近代化的一般过程”①，并对其进行了总结：西方近代化的发展历程就是人的活力不断体现，以满足人类日益高涨的物质和精神生活需求的过程。近代汽车轮船及电信电话等技术手段的进步，极大地缩短了人与人之间的距离，也使得人类能在更短的时间内完成更多的工作，享受更多的娱乐。那么生活在现代技术文明中的人们是否就比技术落后的古代人更加幸福呢？漱石认为未必如此：“近代化长期发展的结果理应使人们生活得比过去更好，然而实际情况如何呢，老实说事实并非如此。近代化的推进加剧了人们之间的竞争，（因此）物质生活水平虽然得到了提升，生存的痛苦却丝毫没有减轻。”② 例如，汽车的发明使人力车逐渐失去了市场，于是以经营人力车为生的人如果不想方设法追赶时代的脚步，就会面临失业的危险；抽惯日本烟的人一旦发现埃及香烟比日本烟好抽，大家便争先恐后地想要得到埃及香烟，如此这般，竞争不断，人的欲望也永远得不到满足。在漱石看来这就是西方近代化所产生的悖论（パラドックス）。③ 在留学时代对英国工业文明破坏自然和人类生存环境的切身体验，使得漱石没有像同时代的大部分日本人那样盲目地崇拜西方的物质文明。

在对西方的近代化过程进行了一番反思之后，漱石开始阐述他对日本近代化过程的认识。他指出日本的近代化过程是在西方近代文化的强势冲击下拉开帷幕的：“我们在四五十年前所遭遇、今天也不得不面对的西方文化是生产力水平数十倍于我的文化，于是我们自身内在发展而来的文化

---

① 夏目漱石：《夏目漱石全集》（第4卷），东京：創芸社1954年版，第329页。

② 夏目漱石：《夏目漱石全集》（第4卷），东京：創芸社1954年版，第328页。

③ 夏目漱石：《夏目漱石全集》（第4卷），东京：創芸社1954年版，第328～329页。

在这一能量数十倍于我的强势文化冲击之下，就不得不开始了不自然的（近代化）发展过程。”[①] 因此对于明治时代日本人人争先恐后模仿西方的行为，漱石将之比喻为就像一个不知道香烟味道的小孩看见别人吸烟吸得很美，于是自己也作出一副很享受的表情。[②] 尽管是全民动员以西方为师，夏目漱石仍然一针见血地指出“全盘西化”表象背后所隐藏的日本近代化过程与西方近代化的本质差异：“一言以蔽之，西方的近代化（近代化的一般过程）是内在的，日本的近代化是外在的。这里所说的内在是指由内向外自然发展之意，就如同花儿开放时花瓣绽自花蕾，而外在的则是指由于受到外部压力不得不采取的一种形式。换言之，西方的近代化过程如行云流水般自然，而从维新后与外国打交道开始的日本的近代化则大为不然。”[③] 夏目漱石对日本近代化过程的批判深刻地揭示了非西方传统的东方文化现代化转型的艰巨性和复杂性，因而和他的文学作品一道彪炳史册，以下便对此展开分析。

日本现代社会学家富永健一指出，现代化至少包含三个方面的课题：①经济层面的现代化，即经济活动由有自律性的高效率组织承担而实现现代经济增长。②政治层面的现代化，即在民主主义的基础之上，实现政治决策的大众参与制度化，而政策实施由专业化的具高度能力的科层制组织承担。③社会文化领域的现代化，即在社会层面，由血缘纽带构成的具有包容性的、未分化的血缘亲族组织分离出功能分化且具特定目的的组织（自由与平等的实现）；在文化层面即精神层面的现代化，从古代中世纪的作为一种传统的旧习、迷信、巫术的不合理制约中摆脱出来，在思想与宗教等诸多领域中推进追求合理主义的文化变迁。西方的现代化是从第三层面的现代化即社会的现代化（氏族的消灭与自治城市的兴起）与精神领域（文艺复兴与宗教改革）的现代化，向第二层面的现代化即政治的现代化（市民革命），再向第一层面的现代化即经济的现代化（产业革命）发展

---

① 夏目漱石：《夏目漱石全集》（第4卷），东京：創芸社1954年版，第329～330页。

② 夏目漱石：《夏目漱石全集》（第4卷），东京：創芸社1954年版，第332页。

③ 夏目漱石：《夏目漱石全集》（第4卷），东京：創芸社1954年版，第329页。

的，与西方后起社会的现代化发生顺序正好相反。[1]

生活在明治时代的夏目漱石具有敏锐的观察力和思考能力，他所定义的“内在的近代化过程”正是富永健一所描述的从社会、精神层面到政治层面再到经济层面的自然而然的近代化过程，反观明治维新之后的日本，虽在短短几十年时间里大量吸收西方的技术文明和制度文明，但由于缺乏奠定西方近代化基础的社会组织和精神层面的变革，日本的近代化过程表现出缺乏主体性和批判性、肤浅皮相、人云亦云等种种弊端，因而被夏目漱石批判为“外在的近代化”。然而明治日本式的“外在的近代化”模式的产生，除了夏目漱石所总结的“被近代”这一历史原因之外，还有着更为深刻的文化原因。正如富永健一所指出的那样，第一、第二层面，即经济组织与经济制度、政治制度与现代化的官僚组织层面，现代化的概念与比较的基准具备相对的客观性与统一性，往往意味着学习西方的过程。但在第三层面，即社会组织与精神文化层面，尤其是精神文化层面，各民族的文化都具有高度的特殊性，因此精神文化层面的现代化决不意味着纯粹的西方化，而是必须建立在原有文化传统的现代性转化之上，富永健一将其阐述为“合理主义的实现”[2]。中日两国迈向近代化的历史过程表明，这种“合理主义的实现”往往要诞生于两种不同文化价值的激烈冲突之中，这也是非西方文化传统的国家在自身文化现代化转型过程中所面临的共同困境和挑战。对此夏目漱石又是如何思考的呢？在《现代日本的开化》当中，漱石反复强调要以“自我本位”的态度，主体性地学习西方，他在几年以后的题为“我的个人主义”的演讲中，更加深入地阐述了这一主题。

三、《我的个人主义》——夏目漱石的近代化认识之二

《我的个人主义》是1914年11月25日夏目漱石在日本学习院大学辅仁会上所作的演讲。众所周知，个人主义是西方近代市民社会的核心伦

---

① 富永健一著，李国庆、刘畅译：《日本的现代化与社会变迁》，北京：商务印书馆2004年版，第18、25、34～35页。

② 富永健一著，李国庆、刘畅译：《日本的现代化与社会变迁》，北京：商务印书馆2004年版，第25、35页。

理，发源于基督教精神，以个体权利和自由为中心诉求。早在英国留学时代，漱石就近距离地观察和体验了欧洲文明，他一方面对近代工业文明所造成的环境破坏批判有加，另一方面对英国公民所表现出来的高度的公民素质深感钦佩，甚至有些自卑。① 他在 1900 年 12 月 26 日给妻子的信中描述了对日英两国公民素质巨大差异的焦虑："当地（伦敦）的人们普遍富有公德心令人不胜钦佩。在火车上对于没有位置站着的人，哪怕是下等人模样的人也会积极让座。而在日本明明是一个人却要占两个位置的人大有人在。（在英国）想要偷东西的话再简单不过，例如旧书店把书都摆在店外无人看守，火车站则把行李放在站台上让乘客们自己拿。在日本却有不少人以白坐火车或是以一站的钱坐两站地而沾沾自喜。真想让这些人到伦敦来看一看。"②

因此在演讲中漱石就以英国为参照物，将自己的个人主义主张归结为三点：第一，要发展自己的个性就必须同时尊重他人的个性。第二，要行使自己的权利，必须同时意识到与之相伴而生的义务。第三，要显示自己的财力，就必须重视随之而来的责任。③ 可见，漱石所提倡的个人主义绝非损人利己的个人主义，而是既尊重自己也尊重他人的近代西方市民社会的价值伦理。在此基础上，漱石进一步指出明治日本的党派主义和国家主义是阻碍近代个人主义确立的主要因素："说得更明白些，（个人主义）就是无党派之心而只有是非之心的主义，不结党营私，不盲从于权力和金钱。"④ "较之个人道德，国家道德要低级得多。国与国之间无论有多少外交辞令都是没有德义的。（国家行为）充满了欺骗、蒙混等乱七八糟的东西。因此我认为在国家太平的时候，就理所当然以道德水平较高的个人主义为中心。"⑤

---

① 平川祐弘：《夏目漱石》（講談社学術文庫），东京：講談社 1991 年版，第 15 ~ 20 页。

② 平川祐弘：《夏目漱石》（講談社学術文庫），东京：講談社 1991 年版，第 18 页。

③ 夏目漱石：《夏目漱石》1（现代日本文学館 4），东京：文芸春秋社 1966 年版，第 494 ~ 495 页。

④ 夏目漱石：《夏目漱石》1（现代日本文学館 4），东京：文芸春秋社 1966 年版，第 497 页。

⑤ 夏目漱石：《夏目漱石》1（现代日本文学館 4），东京：文芸春秋社 1966 年版，第 500 页。

上述夏目漱石的批判深刻地揭示出近代西方社会个人主义价值观在日本的文化语境中所遭遇的困境。漱石批判的党派主义源自日本社会根深蒂固的家族主义。日本思想史研究者沟口雄三指出，日本封建制度下家族存在的目的是继承家族的事业，即家族主义，强调个人对于特定事业集团的忠诚，例如忠于特定的藩，特定武士的门第与家禄，特定的商号与家业等等，因此日本的封建传统家族制伦理所形成的是一种否定个人的集团性人际关系。[①] 明治维新只是在技术和制度层面模仿西方，缺乏社会组织和精神文化领域的深层变革，因而明治以后传统的集团性人际关系结构及其伦理道德仍然被继承下来，对于西方普遍主义个人本位的价值体系的引入，起到了相当大的阻碍作用。而明治日本的国家主义也有别于西方近代的国家主义。战后的日本思想史学者丸山真男指出，欧洲的近代国家无不具有"中性国家"的特点，即国家在涉及真理和道德等价值领域的问题上采取中立的立场，将其判断和选择的权利交付于教会及个人的良知，国家主权的基础建立在与价值判断无关的纯粹的、形式的法机构之上。统治者与被统治者在形式与内容、外部与内部、公共与私人等各个领域进行了一系列的妥协，最终思想信仰道德的问题被认为是"私事"而得以保障其内在的独立性，公共权力则被限制在技术性的法体系当中。与此相反，明治国家在形成过程中便将国家主义视为唯一的价值源泉，西方近代个人主义价值观的前提——道德的内在独立性，即便是在自由民权运动时期也从未得到过重视。[②] 在这样的历史文化语境中要确立近代个人主义的价值观无疑困难重重。

对于在日本社会中如何才能确立个人主义的价值观，漱石给出的答案是加强个人内在的道德修养，以高尚的人格来确保个人主义的实现："如果没有相当程度的内在伦理修养的积淀，就没有发展个性、使用权力和金钱的价值。换言之，要想自由地享受三者，其背后一定要有某种人格的支撑才行。"[③] 可见尽管漱石的个人主义价值观是以英国社会为蓝本的，但在非西方文化如何进行现代化转型的问题上，他回归了东方（中国）。根据

① 溝口雄三：《中国の公と私》，东京：研文出版 1995 年版，第 240 页。

② 丸山真男：《現代政治の思想と行動》，东京：未来社 1967 年版，第 13 ~ 14 页。

③ 夏目漱石：《夏目漱石》1（现代日本文学館 4），东京：文芸春秋社 1966 年版，第 495 页。

马克斯·韦伯的研究，西方文化具有外在超越的传统，即一切价值来源于现实世界之外的超越性世界（上帝），这个超越性的世界反照出人间世界的种种缺陷与罪恶，同时也表现出无限的威力。对于个人来说，个人的力量源泉最终是从外部来的，个人对社会价值与道德价值的实践也听从上帝的召唤。上帝不断鞭策人们去改变现实世界中绝非神圣的、充满各种缺陷的、非理性的传统，不断地、永无止境地、理性地改造与控制世界。西方近代科学的发展，法治与民主的产生都与这一外在超越的传统密切相关。由于世界的秩序与规律是由外在超越的“上帝”所创造的，因此人们必须从外部去系统地理解这个世界，运用理性去发现外部世界的规则。以自然界为对象即产生了自然科学，以人类社会为对象即产生了社会科学，而将社会科学的基本法则运用于人类社会即导向了近代的民主与法治。虽然这中间受各种复杂因素的影响且需经历文艺复兴、宗教改革、地理大发现、商业大发展、市民革命等一系列重大演变，但其文化的基本源流仍然起源于这一外在超越的传统。与西方相反，中国的传统虽然也认为价值具有超越的源头，但中国文化并没有走上西方外在超越的道路，而是从人心的内省与道德发现出发，形成了有别于西方的内在超越的传统。儒家认为价值之源虽处于天，但实现则落在心性之中。个体本身就拥有道德自觉的能力，人生的重要意义在于通过个人的不断努力去发现这一道德上的价值，而这一道德价值实际上存在于人的本性之中。[①] 由此不难看出，漱石主张将东方式的内在超越的文化传统与西方近代个人主义的伦理价值相结合，从而实现传统文化的现代化转型。

结　语

虽然明治时代早已成为历史，但夏目漱石对明治日本的近代化过程所进行的反思和批判在当代社会仍然具有重要的现实意义。第二次世界大战结束后，日本在战争的废墟上开始了“第二次近代化”，完成了政治体制的民主化改革，并很快成为名列世界前茅的经济大国，被西方国家称为

① 马克斯·韦伯著，王容芬译：《儒教与道教》，北京：商务印书馆 1995 年版，第 10、293 页。

“亚洲的优等生”，其在政治和经济领域所取得的近代化成果可谓举世瞩目。然而在社会组织和精神文化领域，日本的近代化却仍然是一个未完成的课题。正如某些西方学者所指出的那样，在战后的日本，对于权力要在多大程度上加以限制，市民个人的生活在多大程度上可以干涉，仍然缺乏一个超越性的普遍主义信念的实际支撑，在这一点上，战前与战后的日本具有相当大的连续性。[①] 战后日本政治思想史学科的开拓者和奠基人丸山真男正是将“近代自我”的真正独立与觉醒、近代市民人格与信念的完全确立作为毕生的学术课题和奋斗目标的。从这个意义上说，夏目漱石及其思想仍然活在今天的日本社会当中，而他所提示的将东方式的内在超越的文化传统与西方近代个人主义相结合的思路，对于当代中国如何实现传统文化的现代化转型，也具有一定的启示作用。

（赵晓靓著）

---

① カレル・ヴァン・ウォルフレン著，篠原勝訳：《日本/権力構造の謎》，东京：早川書房 1990 年版，第 64 页。

二宫尊德思想简论

——兼与大原幽学思想作比较

引　言

二宫尊德（1787—1856）是日本江户时代后期著名的农政家和思想家。在考察日本近世伦理思想时，二宫尊德的思想是一个内容十分丰富但有争议的课题。整理有关的先行研究，研究者们大致持两种观点。一部分研究者认为二宫尊德“肯定封建制度”，他的思想“不具备突破封建性的性格”，所以把二宫尊德定位为“御用思想家”，把他的思想定位为“折中思想”。家永三郎①、山中浩之②、见城悌治③等研究者都大致持此观点。另一部分研究者则强调二宫尊德思想的独特性及其历史地位。如，奈良本辰认为二宫尊德不属于任何学派，是独立的思想家；④ 安丸良夫认为二宫尊德的思想能激发民众内在的自觉性和生活热情；⑤ 渡辺武则认为二宫尊德作为一位独特的思想家在日本思想史上理应占一席之地，其思想不属于特定的学统、学派，具有一定的普遍性。⑥

再重新认真研读《解说　二宫尊德翁全集》⑦，并重新考察二宫尊德的思想后，笔者觉得前者的断言欠妥，更倾向于后者的观点。关于二宫尊德是否是“御用思想家”，他的思想是否是“折中思想”，日本学者纲泽满昭

---

① 家永三郎：《日本道德思想史》，东京：岩波書店 1977 年版，第 225 页。

② 古田光、子安宣邦編：《日本思想史読本》，东京：東洋経済新報社 2000 年版，第 156 ~ 157 页。

③ 子安宣邦監修：《日本思想史辞典》，东京：ぺりかん社 2002 年版，第 418 页。

④ 奈良本辰也：《二宫尊德》，东京：岩波書店 1959 年版，第 11 页。

⑤ 安丸良夫：《日本の近代化と民衆思想》，东京：青木書店 1974 年版，第 20 页。

⑥ 古川哲史、石田一郎編：《日本思想史講座 5　近世の思想》，东京：雄山閣 1975 年版，第 231 页。

⑦ 吉地昌一編：《解说　二宫尊德翁全集》，东京：二宫尊德翁全集刊行会 1937 年版。

在其著作《日本的农本主义》[1] 中论及日本的农本思想时所涉及的二宫尊德思想的言论令人深思。他认为，“批判体制的思想即‘优’，拥护体制的思想即‘劣’，这本身就很荒谬。……简单而轻率地把农本思想家们（包括二宫尊德）断定为‘权力的拥护者、走狗、天皇维持论者’等的做法，完全不是思想的真正的研究方法”[2]。关于“批判体制的思想即‘优’，拥护体制的思想即‘劣’”的论断，纲泽满昭认为其研究思路本身有问题。仅从与为政者的关系（态度），即对抗还是合作的角度，简单地给二宫尊德贴上“御用思想家”的标签，是主观和片面的，是不符合历史实际的。

二宫尊德与大原幽学（1797—1858）大约是同时代的农民思想家，在日本江户时代后期的社会经济混乱当中，二者都是为复兴农村经济，为教化、指导农民而倾注了毕生精力的思想家。他们的思想与实践有诸多相似之处：在同一时代背景下，他们都吸收了儒教思想，都为幕末乡村秩序的重建提出了各自独特的思想并进行了实践，但结果及影响却截然不同。在相关的文献，如1966年出版的《世界教育宝典》日本教育篇第8卷，以及1973年岩波书店出版的《日本思想大系》第52卷中，二者皆被置于类似思想家的位置。村落史研究者木村础在《近世之村》一书中，指出了从村落史的研究视角研究思想家二宫尊德与大原幽学的重要性。[3] 这一指出非常具有启发性。此外，在以往的研究中也有就二者进行比较的论文。主要有土屋重隆的《二宫尊德与大原幽学》[4]、森静朗的《亚洲信用合作社的成立——二宫尊德与大原幽学》[5]、门间敏幸的《日本农村贫困克服先驱之实践——自豪于世界的二宫尊德·大原幽学的挑战》[6] 等。但以上论文都未论及二者的思想，仅仅是关于经济或者实践方面的考察而已。基于前人之研究，本文拟从日本近世伦理思想的视角，采用比较的方法来对比二宫尊德与大原幽学的思想。笔者认为通过对他们的比较能更明确地捕捉二宫尊德思想的本质特征，从而为进一步正确地认识与评价二宫尊德的思想，

① 綱沢満昭：《日本の農本主義》，东京：纪伊国屋書店1971年版。
② 綱沢満昭：《日本の農本主義》，东京：纪伊国屋書店1971年版，第7页。
③ 木村礎：《近世の村》，东京：教育社1980年版，第209～212页。
④ 《経済集誌44》，日本大学経済学研究会，1974年。
⑤ 《商学集誌65（2）》，日本大学商学研究会，1995年。
⑥ 《開発学研究12（1）》，日本国際地域開発学会，2001年。

并为其重新定位提供一些依据。

一、二宫尊德的生平

二宫尊德通称为二宫金次郎，于江户时代末期的1787年（天明七年）出生于日本相模国足柄上郡柏山村（现日本神奈川县小田原市）一个富裕的农民家庭，为兄弟三人之长，殁于1856年，享年70岁。在金次郎5岁时，其家乡遭遇酒匂川洪水的侵袭，田地大半被毁，父亲因此一病不起，家庭生活陷于困境。金次郎14岁时父亲病故，两年后母亲亦突然病逝。至此，金次郎一家离散，两个年幼的弟弟由外祖父家收养，自己则寄身于伯父万兵卫门下。

寄身于伯父家期间，金次郎很希望有朝一日能实现家业的复兴。因此，他白天劳动，晚上经常通宵达旦地夜读。然而，伯父却以浪费灯油为由，予以制止。于是，为获得读书用的灯油，金次郎便在河堤等处拓荒种油菜和稻苗，用收获的菜籽和稻米来换取灯油继续学习。

18岁离开伯父家之后，金次郎辛勤劳动，积蓄所得，并逐渐购回自己家所失去的土地，终于在24岁时成为拥有一町四反土地的小地主，实现了家业复兴的愿望。

26岁时，金次郎成为小田原藩家老服部家的青年武士，为财政困难、积债如山的服部家制定了以开源节流为核心的重整家业的计划并获得了成功。他组建了以“仁义礼智信”五常为伦理规范的信用互助组织———“五常讲”，采取无息借贷的办法，为斗升改良、藩士救济等财政改革作出了贡献。

1822年金次郎接受小田原藩主大久保忠真的委任，负责下野国樱町领（现栃木县芳贺郡二宫町物井、横田、真冈市东沼）的经济重建，时年36岁。经过15年的惨淡经营，他终获成功。其在复兴樱町过程中创建的“樱町仕法”，成为他后来制定各地“报德仕法”的原型。金次郎所谓的“报德仕法”的基本思想是对一个藩或地区数十年的平均收入进行详细统计，算出每年平均支出额，并以此为标准决定“分度”，将剩余的钱财留给来年或者让给他人使用。这种“报德仕法”的根本意义在于将以“勤俭让”为主旨的报德思想付诸实践，主要目的在于提高生产力。因此，在

"报德仕法"实施之前，首先要进行充分的调查研究，包括提出诸如改土造田、开垦荒地、修筑堤坝、开凿水渠等有关改善农业基本条件的建议，以及采用诸如成批购入农具和肥料等合理的经营管理方法等。同时，为解决生产资金问题，他不仅奖励勤俭节约，而且实施以"无息贷款，本金分五年偿还"为内容的"助贷法"。此外，尊德在应各藩主请求负责实行农村复兴计划时，还要求藩主必须实施"仁政"，不可因产量提高而多征贡租，禁止不讲"分度"的盘剥，以安定农民的生活。

樱町领经济重建的成功，使金次郎得到了幕府的重视，并被重用为幕府直属官员，专职从事农村经济重建工作，金次郎亦被称为"二宫金次郎尊德"，简称"二宫尊德"。至1856年去世为止，尊德直接指导经济重建的藩、郡、村多达610余处，著书留有《二宫尊德全集》[①]。

尊德去世后，其弟子安居院庄七、富田高庆、斋藤高行、福住正兄、冈田良一郎等继承其事业，从幕府末年到明治初期，在日本许多地方组建"报德社"并广泛开展"报德社运动"，在兴办信用事业、改良和普及农业技术、振兴农业等方面起到了先驱作用。

二、二宫尊德的思想

二宫尊德的思想主要有"天道人道论"、"勤俭"、"分度"、"推让"等伦理方面的内容。"天道人道论"是其思想的根本所在。其基本内容如下：

尊德把宇宙间事物运行的法则分为两种："天道"和"人道"。"天"指自然界。"天道"指自然的法则，"人道"是人立之道。尊德说："人道开荒辟田，天道废田废地，人道种五谷而天道育之。天道为自然，人道为人为，天道人道和，百谷结果实。"[②] 尊德认为"天道"无善恶区别，[③] 昼夜运行，万古不变，而"人道"有善恶区别。他说："人赤裸裸地来到这个风雨无定、寒暑交替的世界上，既无羽毛又无鳞甲，故无房屋则无以避

---

① 佐佐井信太郎編：《二宮尊德全集》（共36卷），东京：二宮尊德偉業宣揚会1927—1932年版。

② 吉地昌一編：《解说　二宮尊德翁全集·生活原理篇》，东京：二宮尊德翁全集刊行会1937年版，第267页。

③ 吉地昌一編：《解说　二宮尊德翁全集·训话传记篇》，东京：二宮尊德翁全集刊行会1937年版，第444～445页。

风雨，无衣物则无以御寒暑。于是建立人道，以米为善，以莠为恶，以造屋为善，以毁屋为恶。此皆为人立之道，故曰人道。”[1] “人道”是人们在“天道”下的“作为”，“人道”一日无作为则废。“人道”以勤为尊。[2]

关于“人道”与“天道”的关系，尊德有一段精辟的解释：“人道譬如水车。其形半分顺水流，半分逆水而轮回。完全入水则不可回流。（又）离水则不可回。……水车之中庸，宜适度入水，半分顺水，半分逆流水而升，在乎运转不滞。人之道亦如此，应顺乎天理而播种，逆天道而取草，纵欲而励家业，制欲而思义勇。”[3] 尊德认为人与自然是一种对立统一的关系。人一方面要遵循自然法则，另一方面又要发挥主观能动性，积极改造自然。同时人还要尽“人道”，过“道德经济”生活，达到“人道”的最高境界。如何尽“人道”？尊德在“勤俭”的基础上，提出了“推让”、“分度”两个概念。

“勤俭”易于理解，是勤奋、节俭的意思。而“推让”、“分度”具体是什么内容呢？尊德认为，人能活于世上，皆因受惠于“天、地、人”之恩德，所以作为人，皆应以自己的德行报答“天、地、人”之恩德。正如《报德训》所述：

父母根元在于天地的命令　身体根元在于父母的生育
子孙相续在于夫妇丹精　父母富贵在于祖先勤功
吾身富贵在于父母积善　子孙富贵在于自己勤劳
身命长养在于衣食住三　衣食住三在于田地山林
田地山林在于人民勤耕　今年衣食在于去年产业
明年衣食在于今年艰难　年年岁岁不可忘报德[4]

---

① 奈良本辰也、中井信彦校注：《日本思想大系 52　二宮尊德　大原幽学》，东京：岩波書店 1973 年版，第 123 页。

② 奈良本辰也、中井信彦校注：《日本思想大系 52　二宮尊德　大原幽学》，东京：岩波書店 1973 年版，第 125 页。

③ 奈良本辰也、中井信彦校注：《日本思想大系 52　二宮尊德　大原幽学》，东京：岩波書店 1973 年版，第 123 页。

④ 吉地昌一编：《解说　二宮尊德翁全集・生活原理篇》，东京：二宮尊德翁全集刊行会 1937 年版，第 309 页。

也就是说，没有父母的养育就没有自己，没有祖先的勤劳就没有家运的兴旺。因此，人年年岁岁都不可忘记报德，应该勤俭节约来帮助他人，把自己的节余“推让”给他人、村组以及国家，过“道德经济”生活。尊德所说的“推让”是把今天的节余储存到明天，把今年的节余储存到明年，把自己的节余让给子孙，也让给他人。把生活中节余的部分为自家、为子孙储蓄时叫“自让”，为他人、村组、国家储蓄时叫“他让”。尊德认为“推让”是人道之最高境界。[1]“推让”既是转赠，又是储蓄。有了积蓄，人的生活才能真正安定下来。“推让”关系的成立是区分人与动物的根本因素。动物不会把今天的收成储蓄到明天，只是从手到口而已。人知道买田建房转给子孙，知道为村组、为国家劳动，正是“推让”才使人类社会得以成立。但是，若“推让”太少，又有小气、贪婪之嫌；若“推让”过多，又有可能连本身的基本生活都无法保障。为了防止以上两种极端的出现，尊德提出了“分度”原则，并指出“分度”是人们“道德经济”生活必须遵守的原则。关于此内容，可以用下图表示：

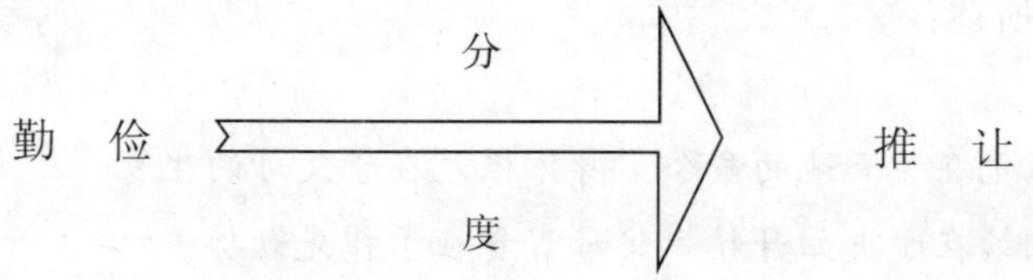

所谓“分度”即“守分立度”。尊德所说的“分度”的“分”即“天分”，“度”即“用度”。具体而言，“分”是指目前本人所拥有的财力、地位和健康状况等，主要是就生产力、经济能力而言，属于天道范畴；“度”指消费的限度，一般是根据自己生产所得制定收支预算，量入为出，属于“人道”范畴。尊德认为，一般而言，人有各自相对固定的收入，所以需要充分考虑自己的具体状况及处境之后，根据自己的具体情况安排生活。他提出，人们应该按照自己的收入，设定支出的上限，并在上限的范围内生活，由此可以经营出有结余的生活。这种生活基准的设定原则即

① 奈良本辰也、中井信彦校注：《日本思想大系 52　二宫尊德　大原幽学》，东京：岩波書店 1973 年版，第 164 ~ 167 页。

“分度”。不论贫富贵贱皆需要“分度”。[①]“分度”的“度”由多年的平均收入来确定，至少取过去十年或十年以上的收入平均值，把其范围内的收入作为“分内”（度），超出范围的收入作为“分外”[②]。“分度”确定下来后，“推让”之量也就清楚了。一般来说，“推让”家产的一半左右为宜。[③]在日常生活中，是否真正遵守了“分度”原则，取决于是否真正做到了“他让”。若“推让”只停留在“自让”，而达不到“他让”，是不能称之为“人道”的，它只不过是“畜生道”而已。“人之所以为人”就在于人能够做到“他让”。无“他让”的“分度”是不完整的“分度”，或者根本就称不上“分度”，那只能是守财奴，是唯利是图，是功利主义，是拜金主义，是金钱的奴隶。只有做到“他让”，才算真正做到“分度”。[④]

二宫尊德认为人天生要“勤俭”，要报恩德，要过“道德经济”生活，认为社会是由“推让”关系形成的。那么，大原幽学又是如何认为的呢？下面我们首先看看大原幽学其人。

三、大原幽学的生平

据有关记载，1797 年（宽政九年）大原幽学作为次子，出生于尾张藩士大道寺玄蕃家，出身的其他细节不详。18 岁时因故离家之后，大原幽学在流浪中学习各种学问，练就各种本领。在京都学习古代典籍，学习占卜看相、歌道（作和歌的技术和方法）；在高野山学习佛教，向近江国松尾寺的提宗和尚学习易学；在周防（今山口县东部，防州）学习神学；随后，又在大阪实际体验商业经营，拜访农户，切身体验先进的农业技术。

1830 年幽学 34 岁，受到提宗和尚的点拨，他决心为救世济民而施道

---

① 吉地昌一编：《解说　二宫尊德翁全集·生活原理篇》，东京：二宫尊德翁全集刊行会 1937 年版，第 522 页。

② 吉地昌一编：《解说　二宫尊德翁全集·训话伝記篇》，东京：二宫尊德翁全集刊行会 1937 年版，第 414 页。

③ 吉地昌一编：《解说　二宫尊德翁全集·训话伝記篇》，东京：二宫尊德翁全集刊行会 1937 年版，第 411 页。

④ 吉地昌一编：《解说　二宫尊德翁全集·生活原理篇》，东京：二宫尊德翁全集刊行会 1937 年版，第 516 页。

于世。大约在 1835 年，他寻访房总半岛之时，应当地名君之邀，定居当地，指导村民，同时以该地为据点在周边地区进行巡回讲课。

江户末期，商品经济已经开始盛行，即使是在农村，货币的需求量也很高。再加上幕府大名重税之压，不少农民陆续卖掉土地逃离农村。长部村（现千叶县香取郡干泻町）也不例外。当时的名君远藤伊兵卫很想改变这种局面，但又苦于无从着手，很是烦恼。一次，他偶然在邻村听了幽学的讲学之后，深受感动，于是恳请幽学重建长部村。幽学为伊兵卫的热情所感动，便在长部村定居下来，直至逝世。

幽学思想的中心是儒学的思考方法。按照幽学的解释，人遵循本来具有的“性”而生存，即所谓的道。他把为进入该道而进行教育的教义取名为“性学”。为了重建物质和精神两方面都极度荒废的农村，幽学一方面谋求农业或农家经营的改善对策，另一方面又把性学摆在指导的中心位置。他注重巡访农家，在炉灶旁加深与农民的交流，对“性学”的教义进行通俗易懂的说教。

为了依靠集体的力量来防止农民失去土地，1836 年，幽学创建了“子子孙孙相续讲”，即“先祖股份合作社”。加入者从自家所有的土地中，出资 5 两左右（相当于田 1 段步），纳入合作社并进行共同管理。之后，把所产生的利润（“作德米”）积存下来。合作社员不能赎回其土地时，合作社帮其垫付赎回土地，这样就避免了合作社员的土地流失。最后，长部村的所有农户都加入了进来。

在随后的二十几年，幽学依靠其崭新的农业经营策略和独特的精神理论，致力于农村的复兴，取得了很好的成效。长部村被领主表彰为模范村。期间，接受幽学指导的门人超过 4 000 人。因为长部村奇迹般地重生，48 岁那年，幽学受到了领主清水氏的表彰。但由于农民门人急剧增加、农村复兴成效日渐突出，他的活动引起了幕府的警惕。幕府并不愿意看到农民团结在特定的指导者之下进行精神和实践方面的行动，便开始了干预。最后以建“改心楼”等不恰当的建筑、对无学之徒进行随意胡乱的教化、干涉领主的管理以及成立“先祖股份合作社”等罪名，盘问了幽学。之后，幽学在 1852 年的 2 月和 8 月又分别受到了关东取缔役和幕府勘定奉行所的审讯和调查。这些审讯和调查延及数年，但一直没有查出重大罪证。1857 年，幕府做出如下裁决：拆除道场（教育设施）“改心楼”，解散

“先祖股份合作社”，对幽学进行100天的监禁等。

在幽学暂住江户期间，村里农民的生活与意志变得散漫起来。他在遗书里曾写下了以下内容：是因为自己的失误而招致了幕府的干涉，自己要负（主要）责任，真希望农村的复兴运动能够长期持续下去。

之后，回到村里的幽学，看到长部村的荒凉景象，心中沮丧不已。他对自己所做之事感到悲哀，又觉得牵连了门人，深感自责。在1858年（安政五年）3月8日，幽学按照武士的规矩切腹自杀，终年62岁。他自杀所用的短刀上刻着“难舍者义也”五个字。在其死后，其门人继承了“性学”的教义。幽学的著书主要有《微味幽玄考》等。

四、大原幽学的思想

大原幽学的思想主要包括“人心道心说”、“分相应”、“家永继”等内容。其中，“人心道心说”是幽学思想的根本所在。其主要内容如下：

幽学说：“若说天地之道，人道其中自备也。天地人三者合之道也。”[①]他认为“天地之道”与“人之道”没有区别。[②]幽学所说的“人心”即人欲，是光考虑自己之心；“道心”即天理，是“慎身怜人”之心。“不偏即道心，偏即人心”[③]，“人心”容易招致灾祸，“道心”能够“修身齐家”。幽学认为要“去人心，存道心”。他说：“自上智至下愚，皆有人心与道心相混者也。故面对道心之人虽说是下愚，其道心亦自然显现。又面对道心微少之人，下愚亦则道心渐渐微弱，人心不知不觉变成私欲，行贪欲、非义非道之事，危矣。”[④]也就是说，任何人都既有“人心”又有“道心”。“上智”是指聪慧的人，“下愚”是指愚蠢的人。即便是“上

① 奈良本辰也、中井信彦校注：《日本思想大系52　二宫尊德　大原幽学》，东京：岩波書店1973年版，第289页。

② 奈良本辰也、中井信彦校注：《日本思想大系52　二宫尊德　大原幽学》，东京：岩波書店1973年版，第252页。

③ 奈良本辰也、中井信彦校注：《日本思想大系52　二宫尊德　大原幽学》，东京：岩波書店1973年版，第262页。

④ 奈良本辰也、中井信彦校注：《日本思想大系52　二宫尊德　大原幽学》，东京：岩波書店1973年版，第260页。

智”，也不能说没有“人心”；即便是“下愚”，也不能说没有“道心”。是“起道心”还是“起人心”取决于平时接触得多的人。若总是与私欲强烈之人在一起，自然而然也就会被“人心”所袭。要想除“人心”、存“道心”，就必须经常与“道心”强烈的人接触。若经常与“道心”强烈的人接触，即使是“下愚”，其“道心”也会自然显现。

幽学认为庶民也应该像武士一样，遵守“分相应”原则①。在言行衣着方面严格守分知礼，克勤克俭、守家尽孝，使子孙繁荣、家族兴旺。其中，“孝行”是庶民“分相应”之根本。那么，何谓“孝行”呢？幽学认为，让父母喜悦的行为方式即为“孝行”，他说：“勤行至天地之和，喜父母、乐父母，广之，以之为志；勤于孝道，以之为乐，朋友日增，所谈之事均以父母所悦之事为乐。立人立身，互言之事仅限孝事，君臣、父子、夫妇、兄弟、朋友，‘分相应，器量相应’之礼自成者也。”② 也就是说，若做到“孝行”，“分相应”亦自然可实现，家也就有永续的可能。

幽学强调：“德非吾一人所思所作，乃众人所思所作也。……道存于我与众人之间。”③ 即“分相应”与“孝行”的形成光靠个人是不行的，它依赖于整体的环境与众人之努力。所以，“孝行”不能只限于本代子孙。“孝行”若仅止于本代，家仍难以永继。“孝行”必三代相传，方可保全家。他说：“须全心全意以孝行为专，无一丝私欲、纵朝夕碗筷之间亦勿忘先祖亲恩，且无丝毫遗漏守至三代。以此言传身教，故些许教诲亦得躬亲力行之力，胸怀三代后人之心，则鲜生奢华之事，自然家名易保。”④ 此外，幽学还提出，只向自己父母尽孝之人仍被看作是私欲之表现。人不仅

---

① 根据大原幽学的解释，所谓“分相应”即自天子至平民皆应按其职位着相应之服饰；须知不守分则必无礼。服饰不相应，或语言不相应，或衣着与言行皆不相称者均为无礼之最，此乃人皆所知。故敬让、知礼、措辞之分不相应者均为无礼也。简而言之，“分相应”原则即要求言行衣着要守分知礼。奈良本辰也、中井信彦校注：《日本思想大系 52　二宮尊徳　大原幽学》，东京：岩波書店 1973 年版，第 265 页。

② 奈良本辰也、中井信彦校注：《日本思想大系 52　二宮尊徳　大原幽学》，东京：岩波書店 1973 年版，第 265 页。

③ 奈良本辰也、中井信彦校注：《日本思想大系 52　二宮尊徳　大原幽学》，东京：岩波書店 1973 年版，第 254 页。

④ 奈良本辰也、中井信彦校注：《日本思想大系 52　二宮尊徳　大原幽学》，东京：岩波書店 1973 年版，第 246 页。

应该经常向他人之父母行孝，还应视人家如己家，相互照应，家名方可永继。①

从以上可以看出，幽学的思想主要强调“分相应”和“孝行”等道德方面的要求，体现的是道德方面的内容，与尊德的思想相比较，存在差异。

五、二者思想的比较

（一）关于“天道”、“人道”关系之认识差异

幽学认为“人道”与“天（地）道”没有区别，“天、地、人”三者合为一体，提出“天道、地道、人道”之概念。实际上他的“天道”和“地道”即尊德所说的“天道”。不论是分成“天道”，还是“天道、地道”，总之是“天地人合一”的思想。这基本还是对传统儒家思想的继承。在某种程度上抑制了近代自我意识的发展。

而尊德认为“人道”与“天道”不同。人应该“遵天道，尽人道”，“纵欲而励家业，制欲而思义勇”。② 尊德肯定了人的欲望，认为“天道”是天的法则，永久不变，没有善恶之区别；“人道”是人的法则，有善恶之区别。人在遵循自然法则的同时，要不断地发挥主观能动性，改造自然，并依靠自己的勤劳来生活。这是对“天人合一”思想的突破。

尊德强调事物的相对性。他认为“人道”也具有相对性。他经常说，“无男则无女，无女则无男”，③“君外无臣、臣外无君、合君臣为一人”④。传统朱子学思想所强调的绝对的君臣关系、男女关系在尊德的思想里不存在。尊德的“天道人道论”否定了传统儒家“天人合一”的思想，把人从“天理”的桎梏下解放出来，在当时具有积极的意义。

---

① 奈良本辰也、中井信彦校注：《日本思想大系 52　二宫尊德　大原幽学》，东京：岩波書店 1973 年版，第 313 页。

② 奈良本辰也、中井信彦校注：《日本思想大系 52　二宫尊德　大原幽学》，东京：岩波書店 1973 年版，第 123 页。

③ 吉地昌一编：《解说　二宫尊德翁全集 · 生活原理篇》，东京：二宫尊德翁全集刊行会 1937 年版，第 141 页。

④ 吉地昌一编：《解说　二宫尊德翁全集 · 生活原理篇》，东京：二宫尊德翁全集刊行会 1937 年版，第 141 页。

幽学强调“去人欲，存天理”，过分强调保持天理的绝对性，彻底地否定私欲，主张消极地禁欲。而尊德深入地指出了人与自然的关系，肯定人的主观能动性与正当的欲望。尊德否定禁欲主义，认为正是因为有私欲，所以人们才辛勤地劳作，丰衣足食。尊德指出，人们容易以为百姓有私欲，而圣人无欲，其实这种想法是不对的。他说，实际上，圣人不但同样有私欲，而且有“大欲”：使万民丰衣足食，赐人大福，救济大众，增进社会的幸福。[①]

（二）关于“勤俭”所提倡的程度不同

尊德与幽学的思想都提倡“勤俭”，但两者在程度上有所不同。尊德在提倡“分度”、“推让”的同时，明确地以“勤俭”作为前提，[②] 这在他的著述中有明确的论述。尊德认为，勤劳是人生存的基本条件。若不辛勤劳动，则无劳动所得；无劳动所得，作为人之最高目标的“推让”则无实现的可能。只有勤劳，才使“推让”成为可能。但是，光顾劳动，不讲节约，只顾奢侈浪费，同样也无“推让”可言。所以节约也同样重要。只有“勤俭”才使“推让”成为可能。在教化实践中，幽学也主张勤俭，但在他的主要著作中找不到关于勤俭的明确论述。

（三）各自的立场、目标不同

幽学是武士出身，其思想的武士阶级道德规范烙印明显。作为幕藩制度的忠实拥护者，他以封建武士作为追求的理想，从武士的角度提倡“分相应”、“孝行”、“家永续”等内容，认为普通庶民也应该遵守。在其代表作《幽玄微味考》中，关于武士的内容占了大部分篇幅。在此书中，他用“下愚”（意思：下等愚蠢）指代“庶民”。这种把“下愚”等同于“庶民”的思想体现了幽学的愚民观。

与此相对照，尊德提出了超越封建身份差别的思想，视君民为一体，甚至还强调“民重于君”。尊德从全民的角度提倡“分度”、“推让”，主张领主阶级与农民共同遵守“分度”，并且强调领主阶级必须先做到“分度”。尊德的“分度”和“推让”所针对的对象不仅是单个人或单个家

---

① 奈良本辰也、中井信彦校注：《日本思想大系 52　二宫尊德　大原幽学》，东京：岩波书店 1973 年版，第 227 页。

② 吉地昌一编：《解说　二宫尊德翁全集·生活原理篇》，东京：二宫尊德翁全集刊行会 1937 年版，第 308 页。

庭，而且是整个家族、整个村、整个国家乃至整个社会。尊德的目标是“兴家”。此“兴家”不是“兴一家”，而是“兴万家”。

（四）关于道德、经济的认识存在差异，所体现的社会公益性亦相异

幽学提出的“分相应”思想完全属于道德范畴。他所考虑的庶民的“分”指的是“孝行”的内容。他强调有“孝行”才有家，“家和”才能“永续”。幽学所说的“孝行”与普通的由单纯的亲子之爱所形成的孝道不同，其本质是一种源于爱的责任，是人一生都应该尽的义务。同时，幽学所说的“家”与通常意义上的家的内容也不尽相同，它不一定是有血缘关系的共同体，而是类似一个生产的共同体。在这个共同体中，共同连带精神尤为重要，即对共同体中的成员来说，要“老吾老以及人之老，幼吾幼以及人之幼”，即需要尽孝的对象不只是自己的父母，对于他人的父母也应该尽孝，对于他人的孩子也应该给予爱。

幽学所主张的“分相应”、“家永继”与传统的内容相比，具有较深层面的含义，但与尊德所主张的“分度”、“推让”相比，涉及的社会层面还不够广泛。一方面，“分度”既是日常生活中经济的尺度，也是经济的手段，但它又不单单是经济手段，而是与传统的道德理念相结合。“推让”是人的最高目标，[①] 而“分度”的最终目标是“推让”，因此，可以说“分度”是在日常生活与生产活动中注入了道德理念的内容。[②] 在“分度”这一概念中，尊德认为富人应当“推让”出节余的部分，积德行善；穷人则应当勤俭力行奔富裕。“分度”、“推让”思想规劝富人把节余的财富让给穷人，同时规劝穷人不依赖富人而自立自强，这些思想利于社会的良性循环。另一方面，“推让”是基于“分度”的“推让”，“推让”既可以维持家业又可以增殖。[③] 从经济的角度看，“推让”可谓是储蓄的一种。这种“储蓄”不仅利于自身及子孙，也利于他人及国家。因此，尊德的“推让”具有社会性。此“储蓄”亦即社会性储蓄。

---

① 奈良本辰也、中井信彦校注：《日本思想大系 52　二宮尊徳　大原幽学》，东京：岩波書店 1973 年版，第 166 页。

② 刘金才：《二宫尊德及其报德思想》，《日本学刊》2005 年第 2 期。

③ 奈良本辰也、中井信彦校注：《日本思想大系 52　二宮尊徳　大原幽学》，东京：岩波書店 1973 年版，第 194 页；土屋重隆：《二宮尊徳与大原幽学》，《経済集誌 44》，日本大学経済学研究会，1974 年。

（五）方法论不同

尊德在考虑他人、村民、国家的富裕之同时，并没有忽视个人的基本生活。尊德从现实出发考虑问题的思维方向非常明确。与此相反，幽学提倡共同连带精神的培养，意从农民的集团化、组织化方面复兴农村的导向非常明显。幽学认为，若要复兴一家，首先必须从一村之复兴着手，然后再带动一家之复兴、发展，否则将难以实现。由此可以看出，尊德与幽学的方法论不同。方法论的不同，导致实践方式以及教化效果产生了差异。

结　语

综上所述，尊德与幽学似乎都强调“安分守度”，但幽学仍然承袭传统的“天人合一”思想。他从武士的角度、政治的角度考虑问题的意识较为明显；与之相反，尊德主张自然的客观性，强调人的主观能动性，他从农民的角度、从现实出发考虑问题的意识明显。以上之不同，是由于尊德与幽学考虑问题的角度不同而造成的，尊德始终站在农民的立场上为农民着想。

尊德与幽学的思想都有效地引导农民勤俭节约。尊德所倡导的“勤俭”与“分度”、“推让”相结合，“勤俭”之最终目标是“推让”；“推让”不仅利己利人，还利于社会。因此，尊德思想的社会公益性、社会协调性特征明显。尊德的“分度”、“推让”既具有经济含义又具有道德含义，他强调经济道德之调和。他提倡保证自身基本生活之上的“推让”，从人的实际需要出发，肯定人之正当欲望，适合人的自然发展。尊德思想提醒我们基于自己的实际情况过适度的生活，合理消费，勤俭自强，互相帮助，团结友爱，奉献社会。

幽学所强调的“孝行”与“家永继”，即使在今天也是非常有意义的话题。但由于幽学过分强调封建身份制，最终没能走出封建武士伦理之藩篱。因此，与幽学的思想相比，尊德的思想是顺应历史潮流的。

本文主要比较了尊德与幽学的主要思想。笔者今后还将从其他方面对二者进行比较，探讨他们的异同。比如，他们具体实践的异同以及对形成现代伦理思想所产生的影响，以进一步正确地认识、评价尊德的思想。

（姚奇志著）

劝善伦理的构筑与近世日本佛教

——以《自知录》为主要分析对象

引 言

以《自知录》为首的功过格及《阴骘录》、《阴骘文》、《太上感应篇》所代表的明清期善书，不仅在近世的中国社会被广泛传阅，更于江户时代在日本被大范围地翻刻与译成日文刻印出版。然而关于汉籍传播的相关先行研究，总倾向于将流传至日本的善书划分在“杂书”或“教训书”的范畴之中，并未给予足够的重视。实际考察一下善书在日本的理解及接受过程，不难发现其中牵扯的问题之多，并非简单以“杂书”的定义就可盖棺定论。

首先，善书作为儒道佛三教合一的宗教通俗读物，其思想基础无疑包含着众多佛教因素，且不说明僧崇尚佛儒兼修多讲善书，即便在近世日本，善书的介绍及传播也是由东渡的黄檗宗僧人首先参与其中。善书在江户时代的认知度迅速扩大多得中国佛教界与日本佛教界之间密切的宗教交流。其次，善书的“日本化”（翻译与理解）进程可看作是中世至近世日本佛教善恶道德伦理“世俗化”的印证。在考察日本的日译善书时，必然要先将对日本佛教固有的善恶观念及其变迁的分析纳入考虑范围，换言之，我们必须先解答与善书传播最为密切相关的近世日本佛教是如何构建其劝善伦理这一问题，其答案无疑对解读善书在日本的传播有着重要意义。本文即是在此基础上考察佛教劝善书籍的编撰，探讨代表性善书《自知录》的“日本化”过程，以求重新审视善书思想在近世日本社会的定位。

一、善恶与因果

（一）净土往生

日本佛教，特别是净土宗对于善恶的表述往往与“往生论”密不可分，净土真宗的始祖亲鸾（1173—1262）所倡导的“恶人正机说”即是典型。亲鸾在《叹异抄》中说道："善人且能往生，更何况恶人。"此言咋看似说恶人可以先于善人得以往生，此处的"恶"，与其理解为与道德伦理行为上的"善"相对应的"恶"，不如以人的根源之恶业的概念来解读。之所以这么说，是因为在净土真宗看来，人皆是无法判断善恶、罪恶至深的凡夫俗子。此乃凡人本来之姿，想凭借自身之力获得救赎是不可能的。在这样一种彻底的根源恶意识之下，人唯有将所有一切委于阿弥陀佛，将希望寄托于未来的救赎，也就是借助所谓"他力本愿"方能达成往生。

然而须注意的是，在净土宗看来，能消解人们根源之恶业的并非根本之善，而是"信心"。净土往生的正因是来自虔诚的"信心"，只要有对阿弥陀佛——他力——绝对的"信心"，人即便是带恶之身也能得救。而"信心"最直接有效的表达，被认为是念佛。这样一来，亲鸾对善恶往生的深刻自省的思考，间接地引发了近世以净土宗为首所倡导的念佛以求救赎的热潮。

另外，基于因果报应的一般道德伦理总是提倡善因必有善果、恶因必有恶果的原理。可是现实往往并非如此，善因得恶果、恶因得善果的例子比比皆是。为了解释现实中的此类矛盾，前世的善根恶因以及被设想为最终结算地的死后世界自然就有登场的必要了。所谓"善恶之报如影随形"，正是表达了佛教三世因果报应的观念。

（二）三时业

然而，倡导这种报应观念的近世善书，其表述的因与果不单纯是时间序列上依次出现的事件，亦被认为可能是存在于同一世的相对概念。现世的贫困、疾病等，被认为是来源于父母或自身的恶业。不仅如此，现世行善可以马上改变这种不如意的状况，以自力获得幸福，而作恶则会在此生给自身或子孙带来灾难。这种认识无不让人联想起曹洞宗道元（1200—1253）阐述的"三时业"。

道元在《正法眼藏》"三时业"之卷中将善恶之报分为三时，分别为顺现法受（此生得报）、顺次生受（来生得报）、顺后次受（三生或三生以后得报），"修习佛祖之道，自其最初明习此三时业报之理也"。关于善恶与思维之间的关系，又言"行者若思维为善，恶即灭。思维若为恶，则善速灭也"。人内心的想法若为善，地狱亦能转为天堂，反之，如果内心动了恶的念头，本应来到的善报也会转为恶报，眼前的天堂一念之差就能变为地狱。

在道元看来，善恶之报虽然没有一定的规律，但永不磨灭，他强调有因缘必有感得，“恶业忏悔则灭，或转重受轻。善业若随喜则不断增长，此谓之不亡，无不有报”。忏悔可作为消除恶业的手段，随喜则能使善行增长。

此后，莹山（1268—1325）继承了道元的观点，“所谓纯善恶业因者，此生不感纯善恶业果。杂善恶业者，受杂善恶业也。又佛法修行之力，转重受轻，转轻为无也”（《传光录》二十章），提倡以佛法修行之力，即伴随着强烈集中力的坐禅，来减轻恶业。莹山把道元将善恶归结于思维的解释进一步发展，意图用修行来超越恶。①

除道元和莹山所说的“三时业”以外，江户后期的净土僧人念海在《日课念佛士女训》中亦有类似的阐述。念海将善恶之报分为花报与果报，前者为此生所作善恶，在现世受其报应；后者是在花报之上，在死后再次得到报应。这种“业报”作为惯用的说法被使用在佛教教义之中，其着眼点往往放置于死后往生，消除的手段有念佛、忏悔、打坐等。

与此相对，善书所说的善恶之报，尽管与佛教思想有着相同的思想基础，但亦有所不同。善书注重的是善恶行为本身，特别是在民间广泛流传的功过格，宣扬的并非理论上的宗教教义或信仰，而是一种改变善恶之报的实践行为。善书采用了早期道教运用于成仙方术的计量法，将劝善的重点放于善恶互相抵消的单纯的构图之上。只要行善便能消除罪恶改变人生命运，设定如此现实可行的目标，自然更易被民众接受。

二、近世往生传中的“善”

早在平安时代，日本就出现了模仿唐朝往生传编撰的日本往生传，以传记形式记录得以往生净土之人的事迹或临终时的奇瑞。而进入江户时代，曾经沉寂一时的往生传作为佛教宣教的强有力手段再次重燃生机。其

---

① 宮地清彦：《瑩山禅師の善悪観について—江户期注釈書を題材として—》，《印度学仏教学研究》1998年第48卷第1号；宮地清彦：《瑩山禅師「懺悔滅罪」観について》，《宗教研究》2004年第77卷第4号。

文体由初期的汉文体开始向和文体变化，也显示出往生传面向的读者层不再局限于学问高深的僧侣，更包括一般民众。此阶段的往生传，在文体形式上和同时代的《阴骘录》相似，其复苏也被认为是在一定程度上受到了明清编撰宗教书物风潮的影响。

对于编撰近世往生传的意图，正如长谷川匡俊所说："要诱导缺乏学识且无教养的民众信仰净土，不应依靠往生论，而必须向他们具体展示往生的事实（证据）。"① 实际上在江户时代也正是因为往生传的广泛传播，净土宗才得以囊括众多信者，宣教收效非凡。

最具代表性的编撰者隆円上人（1769—1834）著有《近世念佛往生传》、《近世南纪念佛往生传》、《近世淡海念佛往生传》。概观其著书中刻画的近世佛教理想的善人形象，男子往往是正直的，女子则是柔和的，孝行最被赞赏，其次是慈悲。总而言之，作为善人应具备近世往生传重视佛典与幕藩体制所共同要求的诚实、柔和、慈悲、忠、孝、贞等品质，同时基于净土宗教义倡导念佛信仰的宗教条件，最终以这两者兼备的理想善人开缘来要求近世民众。②

值得注意的是，作为儒教伦理中心的"孝"，在江户时代，与"忠"同时成为政治权利向人民要求的实践道德。与此同时佛教中宣扬的"孝"的理论，在因果报应主义的基础上，将对过去祖先的供养以及对现世父母的孝顺，开始与未来的子孙繁荣联系起来。

在此我们先看看隆円对于"孝"的认识，隆円在《円光大师尽孝说》（文政四年刊）中，将孝分为世间之孝（孝养肉体）与出世之孝（心、信仰），并各自规定了大、中、小的区别。

古人之说，世间孝养，以朝夕侍奉双亲者为小，不辱我身、不损里亲者为中，谕亲以五伦之道者为大。若言出世之孝，供养三宝，崇行佛事为小孝，使人脱离生死迷茫、救其与轮回世界者为中孝，起最上之菩提心，视过去、现在一切众生皆为我父母，发愿必救此等欲成就佛道者为大孝。

---

① 長谷川匡俊：《近世念仏集団の行動と思想—浄土宗の場合》，东京：評論社1980年版。

② 这里参考了長谷川匡俊著作中整理的表格。

隆円认为对于世间之大孝的一般认识应属儒教的“五伦之道”，而出世之大孝则是以菩提心发愿救助众生成就佛道。他还提出“既然决定了如此安心，士农工商的生业亦为众人念佛之助业，孝行之根本”，将念佛与生业、孝行联系在一起，他认为各人致力于现世自身家业的行为，对成就自己的念佛信仰及行孝有非凡的意义。同时，他在所编撰的往生传中描写的往生者并非僧侣，而是以在家信徒为中心，这些言论明显是在他对往生传的读者——在家信徒的强烈意识下，把孝行和念佛与现实生活的营生联系起来而得出的。

除往生传之外，同时期面向大众刊行的佛教读物还有利益传。利益传重点宣扬念佛所得之种种好处，其性质亦是劝人念佛的布教读物，在传达念佛益处的现实证据这一点上，利益传和往生传并无不同。此类书籍编撰者的本意，是认为念佛者应当把自身的精神期望与佛授予众生的利益区分开来，但作为读者的一般民众却大多期待能以念佛直接获得现世利益，于是本应是首要目标的愿求往生反而逐渐成了次要问题。这表达了人们所强烈追求的，说到底并非只有死后的极乐世界，而是死后和现世两方皆得安稳罢了。利益传尽管被评价为由宣扬净土往生的净土宗教义所产生的“非本质”的书籍，但其出现却恰恰迎合了民众的这种思想诉求。

总之，往生传和利益传的编撰，显示出近世佛教教化开始积极向幕府的宗教伦理及俗世伦理相融合——所谓日本佛教的世俗化，而明清吹来的三教合一之风的浸染，更加速了这种世俗化的进行。

三、《自知录》的“日本化”

（一）黄檗宗与念佛图说

革新佛教的代表者云栖袾宏（1532—1612）提出的“禅净双修”的修行手段在明朝引起了极大反响。黄檗宗的隐元（1592—1673）继承了袾宏的思想，他虽自称“临济正传第三十二世”，实际上却将念佛禅带往日本，在日本形成了禅宗与净土教义浑然一体的宗派。关于黄檗宗的念佛禅对日本佛教教义的影响已多有先学积累，在此不再赘述，此处主要关注黄檗宗与日本佛教界在善书方面的交流关系。

与以临济宗为首的禅宗系以及以净土宗为首的净土系僧侣持有深交的黄檗僧当时不在少数。其中，黄檗山万福寺的独湛性莹（1628—1706）与净土宗的代表人物忍澂上人（1648—1711）交往尤为密切。独湛于承应三年（1654）随隐元渡日，天和元年（1681）成为黄檗山第四代住持，元禄五年（1692）退隐狮子林院。与袾宏私淑已久的独湛在日本翻刻了袾宏著作的附录《劝修作福念佛图说》（以下简称念佛图说），并于退隐后与忍澂一同进行了念佛图说的印施活动。

此后，念佛图说被积极地应用于念佛的劝导之中，往生传中也屡屡提到这幅图说。

珂然的《新闻显验往生传》，法云信尼之项中有“清伦，谓两尼（云生、妙闲）曰，法云尼公，尝在世时，屡屡劝诱我言公出家，为酬其恩，得独湛和尚流通处之念佛图说……期一百日修百万遍念佛”[①]。清誉净智信士之项则有“俗名为武右卫门，住洛东知恩院古门前，以褙匠为业，早慕西方意切净业，诣誓愿寺礼阿弥陀佛，祈求往生凡十八年，未尝废置，又从独湛和尚禀念佛图说，修百万遍凡四过”[②]。

另外，云灵桂凤编撰的《现证往生传》中了云法师一项有“宝永二年春，黄檗独湛法师，始将作福念佛图说于本邦印施弘通，法师闻之生稀有之想，则乞请图说六张，于兹，清静身器跪坐佛前高声念佛，不日成就六百万遍，回向往生极乐之资粮”[③]。

从以上记述可见，以念佛图说进行念佛修行的做法极为日本僧侣所推崇。视忍澂为师长的云洞（1693—1742）从独湛与忍澂的周遭得知念佛图说和功过格的存在，便在独湛念佛图说的基础上创作了《丈六弥陀莲会讲百万念佛图说》，此图说被认为是日本最早的原创念佛图说，影响极大。[④]

独湛带去的念佛图说，一版印刷的这幅图说由劝导为现世作福和为来

---

① 笠原一男：《近世往生伝集成》（第2卷），东京：山川出版社1979年版，第56～57页；長谷川匡俊：《近世浄土宗の信仰と教化》，広島：渓水社1988年版，第384页。

② 笠原一男：《近世往生伝集成》（第2卷），东京：山川出版社1979年版，第71页。

③ 笠原一男：《近世往生伝集成》（第1卷），东京：山川出版社1978年版，第186页。

④ 参见松永知海：《「勧修作福念仏図説」の印施と影響》，《仏教大学大学院研究紀要》1987年第15号；田中实マルコス：《黄檗獨湛の「勧修作福念仏図説」について》，《佛教大学大学院紀要》2011年第39号。

世念佛的图与说构成。其内容是向民众保证如若作福则现世无苦难，如若念佛则来世能成佛，要求民众兼修道德和信仰。作福（善行）的项目具体如下：

孝顺父母	忠报君王	装塑仏像	印造经典
斋供僧伽	敬事师长	営修寺宇	流通善法
禁绝宰杀	买放生命	饭食饥民	衣济寒冻
开掘义井	修理桥梁	平砌街道	普施茶汤
看疗病人	给散药饵	申雪冤枉	出减刑罪
安养衰老	抚育孤孩	埋藏尸骨	给予棺木
饶免债负	义让财产	还他遗失	救救患苦
祈让灾难	荐拔亡魂	劝和争讼	生全人命

记录方法为每念佛千遍后分别以青黄赤白黑的不同颜色，将遍布图全体周边的○印填满。然而，关于作福（善行）的数量计算似乎并无具体标准。

这篇念佛图说曾作为附录被收录在袾宏的《云栖净土汇语》之中，与袾宏所著善书《自知录》有着无可置疑的思想共通性。① 例如，《自知录》善门第一忠孝类中有“事父母致敬尽孝养”，而念佛图说同样将孝顺父母列为第一条目。图说倡导的条目整体上与《自知录》保持一致，其中“安养衰老”和“荐拔亡魂”这两条虽没有完全对应的文字，但也有与其意思相近的条目。

如前所述，孝作为儒教伦理的中心思想，可谓是被儒者最为重视的道德准则内容。实际上道家善书亦有如此共同的思想倾向。早在晋代，《感应篇》等善书的原型《抱朴子》对俗篇中就引用了《玉钤经》，说道：“立功为上，除过次之。……欲求仙者，要当以忠孝和顺仁信为本。若德行不修，而但务方术，皆不得长生也。”也就是说，道教劝善最初的目的是成仙（退一步也是求长生），忠孝和顺仁信等“德行”都是作为修行手

① 关于念佛图说与《自知录》之间的思想共通性，参见田中实マルコス：《黄檗獨湛の「勧修作福念仏図説」について》，《佛教大学大学院紀要》2011 年第 39 号。

段而倍加重视的。善书思想吸取了道、儒、佛三家的伦理观念，对忠孝的重视在其根底上始终如一。而在这点上，被认为是佛教善书的《自知录》亦不例外。并且《自知录》与念佛图说一样，所强调的善行皆符合江户时代日本社会首要要求的道德伦理。

由独湛在图说上的识语可见，念佛图说在清朝流行极广，至康熙年间甚至由朝廷下令颁布推行，于是独湛将其带往日本，意图在日也同样颁布印施之。《净土宗全书》第十八卷中记载了念佛图说在日本印施的来龙去脉和当时的印施情况。

> 是故师（注：忍澂）与禅师（注：独湛）道交和睦，屡为面谒，禅师欲刻作福念佛图，广为印施，劝人念佛。一日禅师嘱师谓曰：余也本支那产，倭汉異音，言语多泥。译人重沮，意绪难达。是故余身、未足以为劝导之音，一烦弘通，唯师计之。师胜缘委托不得固辞，遂即诺之，以俵图为己任。盖自狮谷印施者既二十万八千余图也。

此后念佛图说得以在日本大量印施，其出版一直持续到20世纪前期的大正年间，至昭和初期仍有流通。据松永知海的研究现存有十版之多。而忍澂的弟子记录的以上这段对话发生在元禄十四年（1701）。同年，忍澂将《自知录》与《阴骘录》合刊印施，也就是流传至今的元禄十四年版《功过自知录》①。忍澂还在这一年开刻了《太上感应篇》与《劝惩宝训》等善书，题为“天下第一好书”。

从念佛图说的序文可以得知，忍澂在元禄年间之前不曾亲见太微格这一道教善书的存在，也未曾听说功过格在明朝的儒家和佛教界盛行之事。但读过独庵玄光（1630—1698）在元禄五年（1692）刊行的《善哉宝训》中收录的善书片段“积德立命学”之后，他认识到了《自知录》的重要性。之后又从独湛处得知立命篇的出典是《阴骘录》，终于认识到《自知录》和《阴骘录》二书皆为明代极其推崇的重要功过格。于是忍澂求得二

---

① 两书的日译合刻本题为“和语功过自知录”，之后不断重版，据笔者所见，现存有安永五年（1776）、文化十一年（1814）（白莲社刊行）、宽政十二年（1800）（増補絵抄）、天保九年（1838）、天保十年（1839）、天保十四年（1843）等几种版本。

书的原本及独湛所作的序文，并亲自写下序文，感叹“人间不可无此二录矣”，最终在净土宗寺院内上板刊行。

明末清初念佛图说与各种功过格相辅相成，大为流行的原因，自然是三教合一的风潮所致。而在日本，净土宗僧侣对图说和善书的认识，明显来自与黄檗宗的直接交流。以忍澂为首的净土宗学僧，通过接受善书了解了大陆的思想动向。

松永知海指出，法然院藏有以袾宏为首的大量明僧的著作。除功过格以外还包括为数不少的原版善书与和解善书，相关善书经整理如下：①

①劝善书拔萃五卷	宽文三年（1663）
②太上感应篇俗解	延宝八年（1680）
③太上感应篇笺注图说	延宝八年（1680）
④太上感应篇笺注图说	元禄八年（1695）
⑤太上感应篇和解	元禄十二年（1699）
⑥太上感应篇灵验钞四卷	宝永元年（1704）
⑦劝善宝训	宝永八年（1711）

以《太上感应篇》为首，法然院收藏的道教系善书亦不在少数。由上述种种可见，净土宗僧侣极为看重善书，因而把功过格作为“来报之助业”，与“作福念佛”一样视为帮助往生的手段，毫无抵抗地将其纳入了自身的佛教信仰。江户、大阪、上方等地出现此等书籍的大量印施，正是得益于该时期净土宗中的善书渗透，表现出日本佛教界与明清佛教界宗教思想融合的共振。

酒井忠夫认为《自知录》在长崎贸易时代初期（17世纪40年代前半期）已传至日本，② 此后隐元渡日所带去的方册大藏经亦收录有《自知录》，方册大藏经使黄檗版大藏经得以在日开版普及，这些事件都令元禄年间以后的日本佛教界对功过格的认知度不断提高。尽管如此，大藏经在

---

① 参见松永知海：《「勧修作福念仏図説」の印施と影響》，《仏教大学大学院研究紀要》1987年第15号。

② 参见酒井忠夫：《中国善書の研究》（下卷）东京：国書刊行会2000年版。

当时并非一般人能随意参阅的书物，因而《自知录》的重要性在传日之后并没有马上被日本僧侣意识到，自然也谈不上予以实践。直到元禄后期，通过与黄檗宗僧侣的积极交流，日本僧侣得知了明清宗教界思想融合的盛况，将《自知录》纳入思想范畴并付诸实践，其他善书也一并在宗教界乃至民间书肆广为流传。

（二）念佛图说的衍生善书

尽管独湛曾因“倭汉异音，言语多泥。译人重沮，意绪难达”，深感中日语言翻译上的困难，因而踌躇于《念佛图说》的印施，在忍澂的帮助和极力推动之下，最终还是成功付印。不仅如此，后期还出现了很多衍生书物。下面就探讨其中的《积善春草吟》和《善事训》。

宝永五年（1708）刊行的《积善春草吟》，全文为和文体，正文前有湖东僧某的序文，由此可知此书是由《作福图说》拔萃而来，后附有沙门如幻子的跋，其中简单介绍袾宏为明代的高僧，是《自知录》的作者。

此外亦有题为“善事训”的安永年间的书物保存至今，其影印版收录于小泉吉永编的《江户时代女性文库》第七集。[①] 小泉的解题介绍：此书“应是禅宗（特别是黄檗宗）的信徒洛西散人，入手了《作福图说》的施印本”，并且加上从《自知录》中拔萃和若干说明而成。

洛西散人被认为是安永—宽政期活跃于京都的“洛西乞士”，他勤于笔耕，留下数本著作，但其详细生涯并不为人所知。小泉将其思想倾向归于“禅宗性质的心学”（谈不上纯粹的石门心学）。现在仅存的心学教舍明诚舍的藏书中的确存有安永八年（1779）洛西散人序《古今道歌　工夫之近道》，其著作内容无疑与心学有着密切关系。然而，笔者对其是否信奉黄檗宗这一点仍有疑问。此外，对于洛西散人是否《善事训》的原作者，以及应如何定位这本书等问题，都尚有研究的余地。

在此先将《积善春草吟》与《善书训》的序文对照如下（括号中为执笔者加注的《善事训》内容）。

凡人积三千善，天必赐福，此乃《太上感应篇》等唐土之文所传。如我等至其行不知善之程度多少，然近日有平易解说《自知录》大意标出三

① 小泉吉永：《江戸時代女性文庫》(7)，东京：大空社 1994 年版。

十条题做《作福图说》印施流通于世之人。予得此不胜随喜摘举其二十余条，添粗略之言，又印古之言种所在，自题为“积善春草吟”（注：男女善事训）。其意取自为善之人如春园之草，虽不见其长则日夜有所增之词。今某女君喜舍板行之，切望与图说共行于世……

原书《积善春草吟》是在《作福图说》与《自知录》的基础上，由佛家女性信徒的喜舍而刊行的教训书物。小泉藏《善事训》中穿插了四张绘图，正文后并无如幻子的跋。《善事训》序的落款为“洛西散人书”，而《积善春草吟》为“于时宝永五戊子乃春二月　湖东僧某　书于吉祥堂幽窗”。而仔细分析《善事训》的内容，就会发现其实此书与《积善春草吟》完全是同一书物。由此可判断，洛西散人不过是把黄檗宗僧人的著作改换书名，对序文稍作变化后再版而已。

（三）《自知录》与《积善春草吟》（《善事训》）的基础分析

为了考察原作者摘抄的标准与意图，以下对《积善春草吟》与《自知录》的正文作了基础分析。日文原文为《积善春草吟》，中文为原作者摘抄出的《自知录》条目。（号码为执笔者所加。完全对应项不再特别译出，有所更改但主旨基本相同之项加译注，无对应项画直线。）

（1）父母を孝養し親の心を悦ばしむる事、一日を一善とす。

（译：孝养父母，使亲心悦，为一日一善。）

事父母致敬尽养，一日为一善。

（2）継父母等を孝養すること、これに同じ。

（译：孝养继父母，与此同。）

事继父母致敬尽养，一日为二善。敬养祖父母同论。

（3）弟、甥、姪并に継子を介抱して、そのものの為によき事をなす、一事を一善とす。

（译：将弟、甥、姪作继子照顾，为其尽善，一事为一善。）

敬兄爱弟，一事为一善。敬爱异父母兄弟，一事为二善。

（4）下としては主人によく奉行し、いいつけることをよくつとむるは一日を一善とす。

（译：为下尽力侍奉主人，做好吩咐之事，一日为一善。）

事君王竭忠效力，一日为一善。

(5) 上としては下人をあわれみ、つみあるものに科を軽くあて、あるいはゆるすこと、一事を一善とす。

（译：为上怜惜下人，有罪者轻罚，或赦免，一事为一善。）

巨上官慈抚卑职，一人一善。有过情可怜保全其职，为十善。

(6) 人の命をすくう事、一人を百善とす。

凡救人一命为百善。

(7) 胎内の子を堕すをすくう事、是に同じ。

见堕胎者劝止，一胎为百善。

(8) 人にかわりて苦を受くること、一事を一善とす。

（译：代人受苦，一事为一善。）

无对应项

(9) 一日の中、人をそしらざるは一事を二善とす。

（译：一日之中，不谤人，一事为二善。）

无对应项

(10) 人の善事をなすを見てさまたげず随喜するを一善とす。

（译：见人行善不妨碍而随喜为一善。）

无对应项

(11) 瞋るべきことをよく堪忍していからざる一事を一善とす。

忍受人横逆相加，一事为一善。

(12) 山林等を論ずるものを和睦せしむるは一事を五善とす。

（译：使争山林者和睦，一事为五善。）

让地让产所值，百钱为一善。

(13) 人に借したる物をゆるすは百銭を一善とす。

饶免债负，百钱为一善。得多年久彼人哀求度其难取而饶免者，二百钱为一善。

(14) 病人を看病する一日を一善とす。

救重疾，一人为十善。轻疾，一人为五善。……路遇病人，与归调养，一人为二十善。

(15) 凍えたるものに衣をあたうる一人を一善とす。

济寒冻人暖室，一宵为一善。棉衣，一件为一善。

(16) 飢たるものに食をあたうるは一人を一善とす。

济饥人，一食为一善。渴，十饮为一善。

(17) やめるものに薬をあたうるは一人を一善とす。

(译：济病人药，一人为一善。)

施药，一服为一善。

(18) 人にやとわれ価をとらざるは一日を一善とす。

(译：受雇于人不取酬劳，一日为一善。)

无对应项

(19) 道橋の損じたる所をつくろうに百銭を一善とす。

平治道路险阻泥浊所费，百钱为一善。开掘义井修建凉亭桥梁渡船等，俱同论。

(20) 鳥獣魚などの命をすくう、大なるものは一命を十善とす、ちいさきものは一命を一善とす。

救有力报人之畜，一命为二十善。救无力报人之畜，一命为十善。救微畜，一命一善。救极微畜，十命为一善。

(21) 念仏千遍を一善とす。

(译：念佛千遍为一善。)

为君王父母亲友知识法界众生诵经，一卷二善。……为自己经一卷佛千声忏百拜，俱一善。

(22) 請経は一巻を一善とす。

(译：请经一卷为一善。)

注释正法大乘经律论，一卷为五十善。……自己著述编辑出世正法文字，一卷为二十五善。

(23) 講釈説経の場に往き、謹んで聴聞する一度を一善とす、謹むの字に心を付くべし。

讲演正法处至心往听，一席为一善。

(24) 人をすすめ、あるいはゆるしてつかわすも一善とす。

(译：劝人或赦人亦为一善。)

无对应项

(25) 追善をなすこと一度を一善とす。

(译：做追善法事一度为一善。)

父母没如法资荐所费，百钱为一善。

（26）人のため祈祷するも一度を一善とす。

（译：为人祈祷一度亦为一善。）

为君父乃至法界众生施食一坛所费，百钱为一善。登坛施法者，一度为三善。

（27）此作福図を人におしえて行わしむること一人を五十善とす。

（译：教人行此福图，一人五十善。）

教人信知功过格，一人为五善。劝化人令行功过格　一人为五十善。

（28）凡そ事ごとなす所、真実にして我心に欺かざる一事を一善とす。

凡事真实不欺，一事为一善。

（29）主なき遺棄嬰孩を拾いやしなう一命を八十善とす。

收养无主遗弃婴孩，一命为八十善。

（30）蚕を飼うを業とするを禁してやめしむるを五善とす。

世业看蚕禁，不看者为五善。

（31）猟師、狩人などを見てよく道理を説き、その業を改めしむるに、かれいまだあらためずとも、その勧めるのみを三善とす。若し一人にても勧めて彼が業を転じ永くやめしむるを五十善とす。

见渔人猎人屠人等好语劝其改业为三善。化转一人为五十善。

（32）牛馬犬などの死したるを埋み葬ること大命を十善とし、小命を五善とす。又、これが為に追善するを五善とす。

家犬耕牛乘马等死而埋葬之。大命，一命为十善。小命，一命为五善。复资荐之，一命为五善。

（33）人の憂あるを見てよく解き慰むるを一善とす。

见人有忧善为解慰为一善。

（34）夜の暗きに燈を施す、一人を一善とす。挑灯、松明等をほどこすなり。

夜暗施灯明，一人为一善。

（35）雨雪の時、雨具を施す、一人を一善とす。からかさ、木履、蓑笠のたぐい。

天雨施雨具，一人为一善。

(36) 禽畜に食をほどこす、二食を一善とす。

施禽畜，二食为一善。

(37) 大乗の経律を板行するに施す所、百銭を一善とす。

刊刻大乘经律论所费，百钱为一善。

(38) 色欲の境に当たって正しきを守り不義の色にけがれざるを五十善とす。

当欲染境守正不染，为五十善。

(39) 人の財物を借りて約束の時日をたがえず返すを一善とす。

借人财物如期而还不过时日者为一善。

(40) 人に代って債負をつぐなう百銭を一善とす。

代人完纳债负，百钱为一善。

(41) 人の悪をつたえいう者を勧めやめしむるを五善とす。

劝化人改恶从善，一人为十善。

(42) 恩あるにかならず報ずる一事を一善とす。恩を報ずること分に過ぎたるを十善とす。讐あるに報ぜざるを一事を一善とす。

有恩必报，一事为一善。报恩过分，为十善。有仇不报，一事为一善。

(43) 遺たる物を拾い主にかえすを値百銭を一善とす。

拾遗还主所值，百钱为一善。

(44) 人の過を我受け、我善を人に譲る一事を二善とす。

引过归己退善与人，一事为二善。

(45) たとい己が財或いは位をうしなうとも他の人に財を得せしめ位を得せしむるは五十善とす。

宁失己财宁失己位使他人得财得位者为五十善。

《积善春草吟》的前 27 条摘自《作福图说》，之后直接用摘自《自知录》的条目作补遗。相对于将善恶条目分别列出的《自知录》,《积善春草吟》仅选取了其中共计 45 条的善行条目。此外著者还将其与《自知录》的差异用小字标在各条目之后作补充说明，有时还加上通俗的诗歌，力求让一般庶民也能阅读。①

此书最后写道："右之善事，虽漏于图说，行此之人，如有此等善事应涂满图说之圆则其福寿无尽。"无疑，这里的图说与《念佛图说》应当是同一种书物，又或是同一系统思想下产生的书物。此处将原本的"念佛千遍"替换成了"善事"。而对于善行，虽借用了《自知录》的计算方式，但由于没有摘出恶行，自然不像善书般对善恶的数量进行加减，而是沿用了《作福图说》的标记方式。《念佛图说》在《积善春草吟》出版的宝永五年之前已经刊行了三版，该时期《功过自知录》等和解善书（即日译善书）也以京都、大阪为中心广泛流传。因此，《积善春草吟》及《善事训》都可说是基于图说与和解善书进行了二次加工的"日本善书"。

那么，《积善春草吟》是以何种标准选择善行条目的呢？正如安永六年版《和语阴骘录》凡例所说："且钱贝器物，唐和有贵贱，（注：善书）于此方多难以通用之事。"阐述了编撰者考虑到两国的生活方式及钱币计量方式等的不同，恐怕《自知录》等善书翻译后在日本刊行时其善恶的计算方法难以通用的担忧。同样，《积善春草吟》的作者结合日本现实去除了不符合的条目，摘抄出了中日相通的项目。而舍弃《自知录》沿用图说对善行的计量方法，应当也是基于以上考虑。

此外，《积善春草吟》中还收录有《自知录》与《念佛图说》两书中都未曾见的若干条目。比如说第十八条受雇于人不取酬劳，一日为一善；第二十四条，劝人或赦人亦为一善。主要是与现实生活中的日常人际关系行为相关的规定。而最值得注目的是，第八条"代人受苦，一事为一善"应是来自菩萨的大慈悲心"代受苦"的通俗表达。而第九条"一日中不谤人，一事为二善"，则让人联想起十诫中的"不自赞毁他戒"与"不谤三宝戒"。并且，第十条"见人为善事不妨碍而随喜为一善"，其中"随喜"是佛家对人们内心行为最常要求的善行，"随喜"能增长善行是基于佛教信徒一贯的认识。但是，从作者把《自知录》中与三宝法事直接相关的教

① 其构成形式对江户后期心学者出版的《善恶种莳镜》（作者不详，一说为白隐）也产生了影响。该书被酒井认为是佛教旧有报应观日本化、民众化后产生的佛儒信仰一致的作品，但并非只体现了佛教书籍的流通，更表现了《自知录》与其作者袾宏的三教一致的善书信仰的日本化产生的影响。参见酒井忠夫：《中国善書の研究》（下卷），东京：国書刊行会2000年版，第363页。现存文政十年（1827）、文久二年（1862）刊行的感应篇与包含《善恶种莳镜》的心学道话资料的合订本。

义与规定的条目基本都舍去，摘取的均是紧密贴近民众日常生活的条目中，可以推测其意图并不在直接宣扬佛教教义，而在于以佛教伦理劝导民众进行日常的道德实践，并以此吸引信徒。

（四）出版情况

《善书训》和《积善春草吟》的具体出版状况不甚明了，但就小泉藏《善事训》的卷末来看，可知其在安永八年（1779）被刊行，后于幕末的文久四年（1864）由新潟的二宫莲彦求得版木再次付与出版。并且，如同《积善春草吟》第二十七项所写，教人行作福图说（《善事训》中此处被改为“善事训”）为五十善。这明显是模仿《自知录》、《阴骘录》等善书，也就是说，善书上记载着刊行推广善书的行为本身即为“善”。作为善行被进行的施版、印刷自然不取钱财，以一种免费出版、免费派布的形态出现。这些由《自知录》衍生而来的书物，亦具有善书最明显的特征，明确地表现出所谓“自我再生产”的典型的善书流通方式。

在江户时代，这类内容相同但书名不同的衍生书物的流通并非异例。特别是出版《积善春草吟》的安永年间，正是神儒佛三教合一的江户庶民之学——石门心学的兴隆时代前期，在那之后，近世庶民的“教育热”一路升温，江户时代据说拥有世界第一的识字率，此时出版的通俗读物的读者不再局限于社会中上层，心学教舍和寺子屋教育所使用的教训书物中亦不乏《善事训》这类改换了题目再出版的善书。中国的善书思想通过衍生的和解善书，以更切合日本社会的姿态，逐渐渗透进以一贯的神佛信仰为根底的近世民众教育之中。

结　语

最后再补充一点，三教合一的风潮虽说是明清的思想主流，但日本佛教界却并未对此全盘照收。对所谓三教一致说的批判自道元以来，纷纷扰扰直到江户后期仍未停止。[①] 即便是赞成三教一致说的白隐[②]等人，也都是基于佛教优于儒道的立场来提倡一致论的，三教合一思想在日本的理解与接受呈现出相当复杂的样貌。

在此种情况下，作为三教合一产物的善书为何得以被日本的佛教信徒看重并逐步被理解与接受呢？自然，其中一个表面原因是批判三教合一的势力毕竟属于少数派。更重要的是，“三教合一是基于哲理上和道德实践上的融合，并非信仰的合一”[③]，沟口雄三对中国明清思想融合的判断正提示了其最本质的原因。

佛教善恶观的着眼点在于消解恶业达成救赎，尤其对中世佛教来说，比起现世救济，最终往生极乐的彼岸世界更被重视，被救济者（理应）对后世的救济抱有超乎一切的殷切期待。在此我们再一次确认，日本近世佛教的消解恶业主要是通过忏悔、坐禅、念佛等修行来实现的。在佛教的世界观中，人越是被强调自身的罪孽之深，就越是渴望得到神佛的救赎。信徒往往置身于被动的立场，必须坚持着虔诚的信仰不断念佛以求往生。

可是在经历了战乱终得太平的近世，享受了相对安逸生活的民众，其罪孽的自我意识和对后世救济的愿望，早已不如中世强烈亦是事实。与此相对的，在这个时期，疾病快愈、家宅平安、生意兴隆等关于日常生活中现世利益的教说逐渐被推向庶民教化的前端。此时的佛教正如《念佛图说》所示，开始更为强调“作福”即积累善业，并借助善书提示具体的善行，以“念佛＋作福→往生”的构图来吸引信者，维持自身的影响力。如此一来，基于善的实践行为“作福”恰恰成为接受善书思想的入口。善书所提倡的并非用日渐形式化的忏悔与念佛来消解恶业，而是以善的实践去抵消恶。追求现世利益也好追求救济也好，民众都对此表现出更为积极的

---

① 道元在《正法眼藏》中将三教一致说极力批判为“虚说”、“妄说”。之后，万仞道坦（1698—1775）的《三教一致辩》及甘雨为霖（1786—1872）的《三教辩惑》均继承了道元的主张。此外，在一段时期内也出现了为对抗排佛论而进行的三教一致说批评。参见大谷哲夫：《日本禅家における三教一致説批判：道元禅師とその門流について》，《北海道駒澤大學研究紀要》1983年第18号。

② 白隐《三教一致之辩》一书将禅宗所说的本有之自性，净土所说的阿弥陀佛，老庄所说的虚无之大道，神道所说的高天原，其根本都归于同样的“至善”。

③ 沟口雄三、池田知久、小岛毅：《中国思想史・第三章・転換期としての明末清初期》，东京：東京大学出版会2007年版。

姿态，近世佛教也因此有构建出更为通俗的劝善伦理的可能性。

《自知录》与《念佛图说》被再次加工，产生了“日本化”的日译善书，佛教僧侣乃至民众基于善书的实践一直持续到幕末甚至明治时期，由此可以看出，对生活在神佛信仰根深蒂固的近世社会的民众而言，善书的实践已成为一种导向他们获得现世利益与救济的极具魅力的手段。江户时代后期面向庶民教育的心学教舍中多用此类书物，也从侧面反映了这个事实。只是民众理解接受的现场并非只有心学教舍等公开的教育场所，实际上，江户后期庶民将《感应篇》等善书作为一种道教仪式而推行的例子也偶尔可见，这是否应当从阴阳道信仰或密教的角度来分析，则是与佛教距离稍远的另外一个重要问题了。

（肖琨著）

从怀德堂看近世合理主义思想的形成

——以其对神佛的态度转变为主

引　言

享保九年（1724），在当时被称为“天下的厨房”的经济发达的大阪，由大阪町人创建起来的学堂——怀德堂，是一个面向町人和庶民的私塾。怀德堂在其创建之初，便具有“以朱子学为本，吸取诸学所长”的治学特色。享保十一年（1726），怀德堂获得当时幕府的批准，成为大阪的官许学问所（即官办学堂）。此后，随着怀德堂学派的不断发展，其学风特点也由最初提倡杂学的折中主义学风逐渐转变成为以儒学研究为主的具有批判色彩的合理主义学风。

所谓“合理主义”，最早是西方近代兴起的一种思考方法，其特点是注重理性，否定一切无法用理论来论述的非合理性因素。合理主义源自近代自然科学，日本近世学者在学习西方自然科学知识的同时，开始接触合理主义思想。近世的大阪对外贸易活动频繁，知识分子深受西洋思想的影响，而建于大阪的怀德堂正是一所由大阪町人知识分子创办起来的学堂，其学风具有折中、自由的性质，这样的性质有利于其吸收外来的新思想，并进一步将其与原有的儒学思想相融合，从而形成自己独特的学风。可以说，怀德堂学派的合理主义学风是近世日本合理主义思想形成的典型代表。

关于怀德堂的合理主义学风，日本近代马克思主义哲学家永田广志曾有过此论述：“江户时代的儒学分为经学、文章学以及经济论等领域，而怀德堂的学者们也无法超越时代的趋势，只关注经学方面。”① 但笔者通过

① 永田広志：《日本哲学思想史》，《永田広志日本思想史研究》（第1卷），东京：法政大学出版局1967年版，第169页。

对怀德堂史料的调查，认为怀德堂学者们的学问研究并不仅仅局限于经学，而是以此作为出发点进一步发展其具有批判性格的学风，从而促使合理主义学风得以形成。另外，永田广志在《日本哲学思想史》中还讲到，怀德堂的合理主义学风仍然局限于儒学的范围。[①] 也就是说，永田认为，怀德堂学派的合理主义学风仍局限于儒学之中，并未打破儒学的束缚形成独自的体系。但笔者认为，怀德堂学派的学问基础确实为儒学，然而从学派发展初期开始，学者们就已开始将儒学相对化，并以批判继承的态度来研究儒学。因此可以说，怀德堂的学者从一开始就从未将学问研究局限于儒学范畴之内。那么，以上所说的既非儒学范畴，又不同于西方合理主义思想的怀德堂合理主义学风，是怎样的一种思想体系呢？它与儒学思想、西方合理主义思想之间又有何种联系呢？这些问题，笔者想通过分析探讨怀德堂历代学者的神佛观来一一阐明。

一、怀德堂创立的时代背景

怀德堂创立的 1724 年，正是德川将军掌握实权的幕府政治时代，武士确立了其政治地位，而商人作为幕府的财政来源，社会地位低下。这可以从当时的“士农工商”的“四民”身份制中反映出来。为此，社会地位低下的商人阶级开始谋求其在学问研究上的地位。

（一）近世商人对道德平等的追求

根据 Tetsuo Najita 在其著作《怀德堂——十八世纪日本的“德”诸相》中所述，德川时代以前的商人无等级组织差别，特别是战国时期的商人，他们将自己排除于军事世界之外，致力于打造一个被称为“市场町”的独立空间。[②] 市场町既向所有人开放，又有着自治权，不受町外人士干预。然而，进入德川时代以后，由于社会结构的变动，商人的境遇也随之改变。在新的社会阶级构造中，身处底层的商人被迫走出“市场町”，向

---

① 永田広志：《日本哲学思想史》，《永田広志日本思想史研究》（第 1 卷），东京：法政大学出版局 1967 年版，第 172 页。

② テツオ・ナジタ著，子安宣邦訳：《懐徳堂—十八世紀日本の「徳」の諸相》，东京：岩波書店 1992 年版，第 32 ~ 33 页。

社会证明自己存在的价值。为此，商人们作出了各种努力，他们引用了佛教的概念来证明“每一个人的存在都应该受到平等对待”[①]。在当时商人的日常生活中，流行着一种说法，“在因果无常的法则面前，每一个人都具有命运的普遍性，都具有救济和领悟的可能性，这种普遍性和可能性是与社会地位无关的，因此人的存在究其根源是平等的”[②]，也就是说，在社会地位方面，此时的商人比以往时代的商人更加重视自己与社会的关系；而在思想方面，则追求人的道德的普遍性，提出在道德上人人平等，不存在阶级差别，以此来弥补其社会地位低下的劣势。

近世大阪町人重视学问研究的原因，除了为弥补其社会地位低下的劣势外，当时大阪经济繁荣也是其原因之一。一旦经济繁荣，人们就会开始考虑衣食住等基本生存条件以外的事情，开始关注文化、学问研究等精神领域的东西。正如森肋善明所说的“给予身处社会最底层的町人以学习高度学问理论的能力的，正是在作为江户时期最大流通据点的大阪，由町人所积累起来的巨大财富和经济力”[③]。元禄·享保时期，作为当时日本经济中心的大阪，经济贸易繁荣，町人在经济上已具备相当强的实力。这一时期人们开始关注学问，也开始产生提高自身修养的欲求。随着经济的发展，普通民众也自发地产生了学习的欲望。

另外，幕府对学问研究的重视态度也进一步促进了民间学堂的发展。当时的八代将军德川吉宗（1684—1751）推行教化振兴政策，奖励创办学校，这对町人及民众学习热情的提高无疑起到了外部推动的作用。

以町人名义创办并在其后成为官办学堂的大阪怀德堂便是在这样的社

---

① 根据 Tetsuo Najita 所述，当时的商人为了证明人与人之间存在平等性，引用了佛教中“慈悲”、“空”等概念。“慈悲”（同情）在“佛教教义中被称作是人人皆有”的东西，而“空”则是“所有人都难以避免的真实存在”，由此得出了“众人皆平等的存在论原理”。另外，商人们还以“死生平等”、“平等二无”等说法为依据，主张在因果轮回上人人平等。参照テッオ・ナジタ著，子安宣邦訳：《懐徳堂——十八世紀日本の「徳」の諸相》，东京：岩波書店 1992 年版，第 37 ~ 38 页。

② 永田広志：《日本哲学思想史》，《永田広志日本思想史研究》（第 1 卷），东京：法政大学出版局 1967 年版，第 38 页。

③ 森脇善明：《中井竹山あるいは懐徳堂学派の中心と周縁一近世大阪町人学問所懐徳堂の中心思想あるいは思想史としての懐徳堂一》，《商業史研究所紀要》1994 年第 3 号，第 250 页。

会背景下建立起来的。怀德堂的学者们探讨的不是商业买卖、利益的话题，而是建立在商业活动基础之上的精神层面上的问题。他们不问身份高低，只追求思想层面上的“德”的修成，从而营造出了一个相对自由的学问研究氛围，这与当时民众对学问的自发学习欲望是相一致的。

作为在江户时代具有特殊地位的学堂，怀德堂初期的运营模式及学制等并非独创，而是从作为其前身的几所学校继承而来的。

（二）怀德堂的前身

汤浅邦弘在《怀德堂事典》中提到，“在怀德堂创办之前，在日本还很少有像这样有组织并自成体系的学校”①，但实际上此类学校在当时已建成了几所，而这些学校自然也就成为怀德堂创建初期的“活模板”。当时已建立起来的学校有以庶民为对象的乡学先驱——闲谷学校，有与怀德堂渊源深厚的含翠堂，还有江户的官办学堂——会辅堂等，从学校的运营方式到学问研究，都是怀德堂创办和发展时期的榜样，对怀德堂的发展起到了积极的推动作用。

宽文八年（1668）冈山藩主池田光政（1609—1682）为加强对庶民子弟的教育，在藩内设立了郡中手习所，此后经过整修，于延宝三年（1675），正式改名为闲谷学校。② 闲谷学校属乡学，其运营方式与之后的怀德堂完全不同，但在向庶民开放这一点上，确实为怀德堂之先驱。

享保二年（1717）在大阪南部的平野乡建立起来的含翠堂，与在1724年创办的怀德堂有着很深的渊源。含翠堂是通过志同道合之士建立定期基金，并以其利息作为学校运营资金而建立并发展起来的，在学问研究上不拘泥于特定学派，广招学者来校讲学。③ 初期的怀德堂就是以此作为模板设立学校并展开运营的。在经营模式方面，怀德堂从“五同志”④ 处筹得资金，并利用其利息展开运营；在学问研究方面，怀德堂以儒学为主，同时认同并吸取儒学以外的诸学之所长。因此，可以说含翠堂是怀德堂创建

① 湯浅邦弘編著：《懐德堂事典》，大阪：大阪大学出版会2001年版，第2页。

② 湯浅邦弘編著：《懐德堂事典》，大阪：大阪大学出版会2001年版，第6页。

③ 湯浅邦弘編著：《懐德堂事典》，大阪：大阪大学出版会2001年版，第4页。

④ “五同志”是指创立怀德堂，并支撑其运营的五位大阪町人，分别是三星屋武右卫门（中村睦峰）、道明寺屋吉左右卫门（富永芳春）、舟桥屋四郎右卫门（长崎克之）、备前屋吉兵卫（吉田盈枝）、鸿池又四郎（山中宗古）。

初期最为重要的学习对象。

享保八年（1723），菅野兼山（1680—1747）向幕府请愿设立“会辅堂”，这是怀德堂后来成为官办学问所的决定性因素。菅野兼山于享保八年（1723）向幕府请愿成功，借得资金和校舍，在江户创办了会辅堂。以此作为契机，将军德川吉宗有意于京都、大阪建立学问所；怀德堂的学者们也借机四处奔走，为使怀德堂能成为官办学堂而展开一系列的活动。[①] 1726年，在中井甃庵和“五同志”的努力下，怀德堂获得幕府的官方认可，成为大阪的官许学问所。而会辅堂作为官许学问所的成功范例，为怀德堂从民间学堂向官许学问所转变提供了诸多宝贵的经验。

怀德堂的创建，集合了此前诸学堂创办时的历史经验和模式，初期的怀德堂在以含翠堂的以町人为主体、倡导自由学风的同时，也具备会辅堂所具有的官许学问所资格，另外又继承了乡学闲谷学校以庶民为对象的学制。在1726年获得幕府官方认可，成为公认的大阪官许学问所之后，怀德堂仍继续保持其以大阪五位最具实力的町人“五同志”为中心的运营模式，即以半官半民的体制存在。这样一种半官半民的体制正是怀德堂独特性形成的关键。怀德堂一方面作为官许学问所，具有一定的社会地位，与幕府关系密切；另一方面，因其以町人为主，面向庶民办学，能深入了解庶民的想法和学习需求。处在这样特殊的位置上，怀德堂从其创建之初开始，就是一个研究江户时代，特别是江户中期各种思想及其相互关系的学堂。

正是这样一个研究诸学的学问之所，才能为学者提供一个发表独特言论的空间。同样，在学者们不断发展延伸各自理论学说的过程中，怀德堂学派独特的学风也得以形成。

二、从鬼神论看合理主义学风的形成

怀德堂学派独特的合理主义学风是如何形成的？这一点在怀德堂发展过程的诸多方面都有所体现。其中最为微妙也极具代表性的是怀德堂历代学者对鬼神看法的变化和发展。

---

① 湯浅邦弘編著：《懐徳堂事典》，大阪：大阪大学出版会2001年版，第5页。

那么，这里所说的“鬼神论”指的是什么呢？子安宣邦在《鬼神论》一书中这样定义道：“鬼神论，是关于鬼神的儒家言论，儒家所提出的关于鬼神的各种言论，例如关于‘何为鬼神’，‘鬼神是否存在’，还有是否‘祭祀鬼神’等一系列儒家的言论，被称为‘鬼神论’。”①

在近世，关于鬼神的论说各种各样，而怀德堂学派学者们的鬼神论说是独特的，既各成一说，又具共通性，这样的独特性让他们的鬼神论说自成一派——怀德堂学派独有的“鬼神论”。关于怀德堂的鬼神论，陶德民在《怀德堂朱子学的研究》中这样说道：“怀德堂的无鬼论是在批判近世宗教、俗信及徂徕学的鬼神观过程中，通过探讨古代儒教、朱子学的鬼神论说而形成的。”② 怀德堂历代学者的鬼神论说虽有共通性，但也有着各自的不同之处，从这些各具特点的鬼神论说中可以看到怀德堂学风的变化。

（一）怀德堂发展时期的划分

根据《怀德堂事典》所述，西村天囚认为，怀德堂的学风变化进程可分为四个阶段。

> 西村天囚在《怀德堂考》中，将怀德堂的学风发展进程分为四个阶段。第一阶段是以三宅石庵（第一代学主）和中井甃庵（第二代学主）为代表的草创期，此时的怀德堂仍存有杂学的学问研究氛围，是町人教育的主要场所；第二阶段是以助教五井兰洲为代表的变革期，当时怀德堂已发展成为具备先进研究理念的学问所；第三阶段则是以中井竹山（第四代学主）为代表的发展期。……第四阶段是怀德堂的衰落期。③

也就是说，西村天囚认为，怀德堂的学问研究发展经历了“草创期（1724—1739）—变革期（1740—1757）—发展期（1758—1796）—衰落期（1797—1869）”四个阶段，而这四个阶段的学者代表人物分别为“三宅石庵、中井甃庵—五井兰洲—中井竹山—中井蕉园、中井硕果”。

但是，平重道则认为，怀德堂的学风发展应分为三个阶段。

---

① 子安宣邦：《鬼神論—神と祭祀のディスクール—》（新版），东京：白澤社2002年版，第26页。

② 陶德民：《懐徳堂朱子学の研究》，大阪：大阪大学出版会1994年版，第302页。

③ 湯浅邦弘編著：《懐徳堂事典》，大阪：大阪大学出版会2001年版，第47～48页。

也就是说，第一阶段是万年（石庵）、甃庵、春楼的创学时期（1724—1781）（初期），第二阶段是竹山、履轩、硕果的兴盛时代（1782—1839）（中期），第三阶段是寒泉、桐园的渐衰期（1840—1869）（后期）。[①]

以上两种划分虽然在时间区间上有所不同，但也有其共同点，即二者都认为中井竹山的时代就是怀德堂发展的全盛时期。在中井竹山的时代，从初期三宅石庵时代所继承下来的折中、杂学的怀德堂学风开始发生转变，其学风中的合理主义批判性格逐渐显现出来。

（二）初期的折中主义学风

初期怀德堂的学问研究，具有以朱子学为基础，兼收诸学所长的特点。这无疑是受初代学主三宅石庵的杂学思想所影响。[②] 西村天囚在《怀德堂考》中这样评价石庵的学风："虽推崇陆王之说，却也未曾舍弃程朱之学。"[③] 也就是说，石庵的学问研究是集陆王学和朱子学于一体的，不拘泥于一个学派，取诸学所长，从而形成一个独立的学问体系。而这种治学态度，在当时是广受批评的，人们贬之为"鵺学问"，也就是俗称的"四不像"之意。在《先哲丛谈》中香川太冲讲到石庵之学时曾说道："世称石庵为鵺学问，是谓首为朱子，尾为阳明，声似仁斋也。"[④] 另外，在《怀德堂考》中也有提到，五井兰洲（1697—1762）曾于其遗稿中写道："宅子学无宗旨，以卖药为业，喜谈医道，俗称其为鵺学，即首为朱，尾为陆，手脚如王，而鸣声似医也。"[⑤] 但正是这折中之学才促成此后怀德堂合理主义学风的形成。正如平重道所说："像万年这样的学者绝非古板道学家，而是以亲切平易的态度说道阳明学之人，这确实是与大阪町人的秉性

---

① 平重道：《懐徳堂学の発展（Ⅰ）》，《宮城教育大学紀要》（第3卷），宫城教育大学1967年版，第191页

② 湯浅邦弘編著：《懐徳堂事典》，大阪：大阪大学出版会2001年版，第40页。

③ 西村天囚：《懐徳堂考》（上卷），大阪：懐徳堂友の会1984年版，第30页。

④ 原念斎：《先哲叢談　前編》，《近世文芸伝記叢書》（第1卷），东京：ゆまに書房1988年版，第531～532页。

⑤ 西村天囚：《懐徳堂考》（上卷），大阪：懐徳堂友の会1984年版，第31页。

相契合的。"① 三宅石庵这样的一种治学之道正符合当时町人之所需。可以说，三宅石庵的折中学风是怀德堂具有批判性的合理主义学风形成的基本要素之一。从初期开始就不固守一派，以折中的态度接纳和吸收诸学之精髓的学风特点，正是其在之后发展中能不被束缚于固有学派之中，独自开创自己独特学风的原因。

作为怀德堂的助教授，五井兰洲也是对怀德堂初期学风的形成具有影响力的人物，他的治学态度同样具有折中主义的性格。他的学问研究以程朱学为基础，却又不固守之，而是推崇开阔变通的思维方式。但五井兰洲与三宅石庵之间还是有所不同的，五井兰洲以朱子学作为自己的学问之重，在此基础上兼学其他；而三宅石庵则是在陆王学和朱子学并重的前提下兼学其他。也就是说，对于学问，五井兰洲比三宅石庵更为"专一"，更为严谨。这二人在学风上的微妙差别在此后怀德堂的半官半民特点上也有所体现。三宅石庵的学风恰好符合当时町人在学问上追求自由的要求；而五井兰洲的学风中则存在着与官许学问所性格相一致的要素——"专一性"。

西村天囚曾说五井兰洲"之所长在于攻驳，故由壮至老，为程朱御侮，以排异为己任，非伊，非物，皆壮时之作"②，他认为在五井兰洲的学风中存在着批判、排异的性格，而这种性格也影响着后期怀德堂学风的变化发展。

另外，关于鬼神，五井兰洲也提出过自己的独特见解。关于此点，陶德民评价道："中井兄弟之师兰洲为怀德堂无鬼论之先驱者之一。"③ 并河寒泉在其所著《辨怪》中也收录有五井兰洲的鬼神论说，"兰洲先生狐妖论曰，覆载之间，唯人为贵，岂非以其知之明，不为物怪所惑耶，人不自信，不能物物耳，若信狐妖是也"④，由此可见五井兰洲对鬼神持批判态度。五井兰洲指出人之所以信奉狐妖，是因为人不知人自身的宝贵。这样的鬼神论说可以说是此后发展起来的怀德堂学派鬼神论的发端。

---

① 平重道：《懐德堂学の発展（Ⅰ）》，《宫城教育大学紀要》（第3卷），宫城教育大学1967年版，第190页。

② 西村天囚：《懐德堂考》（上卷），大阪：懐德堂友の会1984年版，第45页。

③ 陶德民：《懐德堂朱子学の研究》，大阪：大阪大学出版会1994年版，第303页。

④ 並河寒泉：《弁怪》，大阪大学附属図書館懐德堂文庫館藏资料，第20页。

在经过了创学阶段之后，初期学者们的治学态度和理念逐渐融合，形成了怀德堂初期具有折中性和杂学性的独特学风。此后怀德堂迎来了学问研究的鼎盛时期，也进入了其学风的转变期。

（三）向批判合理主义转变的学风

怀德堂在经历了初期的创学阶段，进入官许学问所时期之后，迎来了以中井竹山为学主的鼎盛时期。进入发展期的怀德堂，其学风也随着学堂学问研究的发展，逐渐由初期石庵·兰洲时代的折中性质变化发展成为具有批判性和合理主义性质的学风。这种变化，可以从处于鼎盛时期的学者中井竹山和山片蟠桃的思想中看出，而从后期学者并河寒泉的思想论说中可以窥见怀德堂合理主义学风的最终形成。

怀德堂学风在创学初期就具备的折中性格从中井竹山时代开始，逐渐向批判性格转变。中井竹山与其弟中井履轩师从初期怀德堂的助教授五井兰洲。正如前文所述，五井兰洲之学具有批判、排异的性格特点。中井竹山和中井履轩继承师风，将其中的批判性格更加明显地表现出来。这在中井竹山所著的《草茅危言》一书的排佛论中可以看出。《草茅危言》是应当时幕府老中松平定信的询问而写的，书中对当时政治、经济、社会的改革提出了相应的建议。关于《草茅危言》，在《日本思想史辞典》中有这样的论述，《草茅危言》“贯彻了以怀德堂的合理主义为基础的儒家文治主义，以王室尊奉和佛教批判为其特征”①。

但是，中井竹山的佛教批判，或者称其为鬼神批判，只是表面化的，并没有深入地批判表现佛教本质的佛教教义、经典等抽象性的部分，而只是批判佛教实际对民众、国家、社会所造成的危害等具体表象上的部分，这就是从《草茅危言》中表现出来的中井竹山思想的表象批判性质，或者可称之为现实批判主义。

当时的民众信奉神佛，“遇到困难时就倾尽家财，以求神佛保佑，并等待神佛之眷顾，由于祈求神佛保佑之人数众多，故特请巫师僧侣吟诵其

---

① 子安宣邦監修：《日本思想史辞典》，东京：ぺりかん社2001年版，第322页。

名字于神佛前，期神佛眷顾其身”[①]。中井竹山认为，“此为愚昧之心所致”[②]。也就是说，只信奉神佛以求其庇护，而不做任何努力，这样的所谓祈祷之事是愚昧的。

除此之外，当时还有很多贵族捐出土地、金钱修建寺院、祭祀神佛。

王公大人等拥有土地者也不例外。对封内原有的为镇守、产沙而建的岳庙、城隍祠之类要进行供奉，还要举行古代社稷山川的祭祀活动。除此之外，还给予神祠佛宇以土地，安置神官僧侣，供奉神佛之事决不怠慢。若无此财力者，也会进行其他祭祀活动，如此神佛便会保佑其一生。甚至天下至尊至贵之人，千余年来也崇神信佛，其盛行程度可超越汉梁二武之时。海内之名山大川、胜区灵地，处处建有神居佛刹。[③]

大量贵族等拥有土地的人捐助古寺庙神社。神佛信仰的兴盛在日本也就千余年之久，但已发展到国内名山大川到处都建有寺庙神社。中井竹山认为已无必要再捐助金钱以求神佛保佑了，这样做是有违圣人之明教的，是对国家财物的浪费。“凡祈念立愿于鬼神者为人心之大惑，发利己之私心，此为君子之深恶痛绝之事也”[④]，因此应遵循圣人“以远离鬼神为己任”[⑤] 之明教，批判祈求神佛保佑之愚昧行径。当时的贵族虽将儒教作为提高自身修养之学来学习，但却如此信奉神佛，足见在当时的社会中，比起儒教人们更重视佛教。

由于投入大量的金钱在寺院修建上，给国家财政造成了巨大的损害。在当时，不仅修建寺院耗费了大量金钱，而且各种烦琐的祭祀活动也倾尽

① 中井竹山：《草茅危言》，滝本誠一編纂：《日本経済大典第二十三巻》，东京：啓明社 1929 年版，第 498 页。

② 中井竹山：《草茅危言》，滝本誠一編纂：《日本経済大典第二十三巻》，东京：啓明社 1929 年版，第 498 页。

③ 中井竹山：《草茅危言》，滝本誠一編纂：《日本経済大典第二十三巻》，东京：啓明社 1929 年版，第 498 页。

④ 中井竹山：《草茅危言》，滝本誠一編纂：《日本経済大典第二十三巻》，东京：啓明社 1929 年版，第 497 页。

⑤ 中井竹山：《草茅危言》，滝本誠一編纂：《日本経済大典第二十三巻》，东京：啓明社 1929 年版，第 497 页

了国家财物。

自中叶以来国家财力渐衰，咎其缘由多半是崇神信佛之祸。凡朝廷之大典均为祷荐禳祓之类，一旦遇上天灾地妖、凶荒疾疫、奸宄寇乱等临时变故之事，便以祈祷、供奉为名倾尽府库之财，耗尽金帛，只是供奉了一批妖巫猾积罢了。整日做些窈冥荒唐之事，而完全不顾大政要务，疵弊百端，此等以神佛荒诞之说来毒害百姓之事举不胜举。论其害处，则如南山之竹数之不尽，千余年间已成深痼，而今其毒更深矣。①

中井竹山认为，不顾国家大政要务，只是一味地祈求神佛保佑，大肆进行祈祷祭祀活动只会给国家带来深重的灾难。

在《草茅危言》卷之七的“佛法之事”一节中，中井竹山对神佛信仰作出了最直接的批判，特别是列举了古代帝王对佛法的两种不同的态度，并比较其导致的结果，指出神佛信仰的危害。另外，还引用了史实和儒学者们的论说来阐述神佛信仰惑众的观点。

佛法可谓天下古今之大害，更可谓凶恶不祥者。后汉时初入华城，楚王英首信之，寻以罪诛。自其以来历代帝王中，排内佛说，废寺院，禁僧尼者，皆为贤君，无一昏君，有如英明之周世宗；而信佛说，建堂塔，度僧尼者，皆为昏君，无一贤君，因其愚昧而丧身失国者，有如梁之武帝。而在我邦，丰聪王首信之，连马子弑崇峻之大罪皆无法辨明，此弊惑代代不绝，以致诸宗分立。佛氏之言遍布天下已有千余岁，王室衰败缘由多半于此。②

首先，中井竹山列举了古代帝王对待佛法的态度及其导致的结果。排斥佛法，废除寺院，严禁僧尼乃明君之法；而信奉佛法，修建佛堂，济度

① 中井竹山：《草茅危言》，滝本誠一編纂：《日本経済大典第二十三卷》，东京：啓明社 1929 年版，第 321 页。

② 中井竹山：《草茅危言》，滝本誠一編纂：《日本経済大典第二十三卷》，东京：啓明社 1929 年版，第 471 ~472 页。

僧侣为昏君之举。同时用“佛氏置于我邦，有如人全身积聚症结之疾”[①]的比喻来形容佛法对民众施予的毒害。总的说来，中井竹山是从社会和历史的角度，在宏观上对佛教展开批判，并直指其害的。

再者，中井竹山将一向宗作为典型例子，论述佛教诬世惑民，引发社会动荡：“乘其富有，以世之大乱为幸，蓄兵器，招浪士，攻服不信从之郡邑，胁持之以令归其宗门，夫故甚已成猛势也。”[②] 佛教利用信徒积累财物，招揽浪士，攻打不信奉佛教的郡邑，以壮大自己的势力。这对于社会安定是十分不利的。因此，中井竹山主张以欧阳本论中提到的方法——“及三代之际王政修明，礼义之教充于天下，与此时虽有佛，无由而入。三代衰，及王政阙礼义废，后二百余年，而佛至于中国，由是言之，佛所以为吾患者，乘其阙废之时而来此其受患本也。又曰，学问明，而礼义熟，中心有所守，以胜之，又曰，礼义者，胜佛之本也”[③] ——来消除此滔天之患，即提倡“礼义之教”来提高民众自身的修养，从而摆脱佛教对民众思想的毒害。

最后以兴正寺为例，论述了另一消除滔天之患的方法。

兴正本于佛光寺之隐居，归依本愿寺莲如，连同其末寺一起归附于本愿寺。对于本愿寺而言，此为天下末寺之卷首，未曾由此为同摄家之犹子准门跡之说，且此说之实无证。又一说曰此隐居之第四代永禄年中有准门跡敕许，然其犹子之事并非最初有之。既为准门跡犹子则与本山地位同等，却以末寺之名存之。无论如何兴门也无法下屈于本门之下，于是另立一本寺，规定两本寺并立。然本门对此不服，常裁抑兴门，誓必让其归入末寺之位。故，从此代代纷争不绝。[④]

---

① 中井竹山：《草茅危言》，滝本誠一编纂：《日本経済大典第二十三卷》，东京：啓明社 1929 年版，第 472 页。

② 中井竹山：《草茅危言》，滝本誠一编纂：《日本経済大典第二十三卷》，东京：啓明社 1929 年版，第 473 页。

③ 中井竹山：《草茅危言》，滝本誠一编纂：《日本経済大典第二十三卷》，东京：啓明社 1929 年版，第 474 页。

④ 中井竹山：《草茅危言》，滝本誠一编纂：《日本経済大典第二十三卷》，东京：啓明社 1929 年版，第 476 ~477 页。

对此，中井竹山认为："以诸所末寺之事为端，引发百姓骚乱之事也有所耳闻，此为不惧上之举，不可轻罚姑息之，应严惩双方惹事之人。"①即以国家权威来压制寺院势力，防止骚乱由寺院蔓延到民众间去，减少佛教对国家政治的威胁。

中井竹山通过分析佛教对现实社会的具体妨害来达到批判佛教的目的，同时也提出了一些减少这些妨害的具体建议。

以列举佛教对现实社会的危害为手段，中井竹山提出了排佛论。中井竹山的排佛论主要从国家和社会现象出发来批判鬼神。作为中井竹山的弟子，山片蟠桃继承了其排佛主张，进一步提出了自己的鬼神论。

山片蟠桃（1748—1821）在接受继承其老师的排佛思想主张的同时，还吸收了西方天文知识，在揭露神道、佛教的既成世界观的虚构性过程中，也对儒学中存在的不合理因素进行了批判。山片蟠桃在其所著的《梦之代》中，展开了以实证合理思考方法为基础的独创性思维方式，提出了彻底的无鬼论。但是，相对于针对佛教进行的本质性批判，山片蟠桃对儒学采取的是修改其谬误的态度，可以说是一种局部性的批判。

在《梦之代》中，山片蟠桃主要针对神佛展开批判，特别是以天文知识为标准，指出神佛信仰论说中存在的不合理性，揭示其虚无缥缈的本质。山片蟠桃在《梦之代》卷之一"天文"一章中写道：

> 关于彼岸，佛说，乘着弘誓之舟到达彼岸，但并无可预测天气之说。彼岸之于佛家，以行彼岸会为始，此为二月、八月间之事。甲子、庚申则为祭日。而以十方暮、八专来预测晴雨之类实乃无稽之谈。②

神佛信徒认为天气的阴晴变化会因祭祀程度的不同而发生变化。但山片蟠桃认为这些"皆为气候之事"，不过是自然的气候变化而已。"干支皆

① 中井竹山：《草茅危言》，滝本誠一编纂：《日本経済大典第二十三卷》，东京：啓明社 1929 年版，第 477 页。

② 山片蟠桃：《夢ノ代》，水田紀久、有坂道隆校注：《日本思想大系 43　富永仲基　山片蟠桃》，东京：岩波書店 1973 年版，第 168 页。

为计算日期的符号，无法依天知晓天气，干支无法用以预知天气”[①]，以此指出神佛信仰中的荒唐之处。

山片蟠桃认为，干支不过是人们用以标记日期的记号，与天气晴雨无关。他又进一步指出“天上一天之说更为妄言”[②]。

在《梦之代》卷之一“天文”中，山片蟠桃还讲道：“中段的建、除、满、平亦无用。‘·’实无他物，不过是空日的标记罢了，并非所谓禁忌之日的黑日。年德、金神、八将神之类的神仙亦为妄中之妄。干支日之善恶，方位之吉凶，皆不过是人对天之未知罢了，天并不会做出赏罚之事。男女姻缘，亦是如此。然世间则认为男女姻缘皆因天而错失所有善期，经历好恶。此真乃悲哀！”[③] 山片蟠桃认为神佛信奉者所认为的日子的好坏、方位的吉凶以及各类神仙的存在，皆无根据可言。而世间竟多认为男女姻缘也会因天神之故而错失良机、经历好恶，山片蟠桃对此表示“此真乃悲哀”。

由此可见，山片蟠桃受到了西方天文知识的影响，并以此来批判神佛信仰的不合理性。在西方天文学中，气候是具有一定自然规律的，是人或神的思想所无法改变的。而神佛信仰则认为，天气变化可以通过进行祭祀活动来加以改变。这一说法是与西方合理主义思想完全相反的，山片蟠桃对此持批判态度。

另外，从山片蟠桃的“干支皆为计算日期的符号”这一说法，可看出其受西方记号学概念的影响。如前所述，山片蟠桃认为干支不过是人们用来标记日期的记号，与天气的阴晴无关。这些记号用来标记自然气候的变化，让人们从中总结出自然变化的规律。

在《梦之代》中，山片蟠桃虽提出“矫后儒之过，训诫儒家拘泥于鬼

---

① 山片蟠桃：《夢ノ代》，水田紀久、有坂道隆校注：《日本思想大系 43　富永仲基　山片蟠桃》，东京：岩波書店 1973 年版，第 168 页。

② 山片蟠桃：《夢ノ代》，水田紀久、有坂隆道校注：《日本思想大系 43　富永仲基　山片蟠桃》，东京：岩波書店 1973 年版，第 168 页。

③ 山片蟠桃：《夢ノ代》，水田紀久、有坂道隆校注：《日本思想大系 43　富永仲基　山片蟠桃》，东京：岩波書店 1973 年版，第 168 页。

神之事"[1]，但其实多是以儒学论说批神佛之过。

在《梦之代》卷之九"异端之说"的开头部分，山片蟠桃便引程子之言论批神佛之害。"程子曰'佛氏之言比之杨墨，尤为近理，所以其害为尤甚，学者当如淫声美色以远之，不尔则骎骎然入于其中矣。'杨墨之害近但人不信之，而佛氏之害深且人信之。"[2] 也就是说，神佛之说比起杨墨之说，对世人的危害更大，有学识之人必须远离佛之妄言。

关于鬼神的论说，始于对经书中关于天命、鬼神之事的讨论，即天与神等同。又说立三代之尸行如在之礼[3]，本为示其无鬼神之本质，矫后儒之过，训诫儒家拘泥于鬼神之事。其次，我朝自古以来之祭事误谬失实者，佛之信徒任意妄弄之本地垂迹之说，即使失去神体，也列举神托·灵验·冥罚等虚无之事者，愚民·儿女·媪婆向鬼神谢罪者皆禁止，最后指出，狐狸等妖怪之说荒谬且具有扰人心神之害，应认清鬼神神异处正道之外，属虚无妄谬之物。[4]

在此段论述中，山片蟠桃主张原本的儒教是否定鬼神存在说的，鬼神之说实为佛教为迷惑民众所作。他指出排佛为"圣人之遗教"[5]，首先从儒学的立场对鬼神之说展开批判，后又指出后儒之过，认为以鬼神之说来

---

① 山片蟠桃：《夢ノ代》，水田紀久、有坂道隆校注：《日本思想大系 43　富永仲基　山片蟠桃》，东京：岩波書店 1973 年版，第 147 页。

② 山片蟠桃：《夢ノ代》，水田紀久、有坂道隆校注：《日本思想大系 43　富永仲基　山片蟠桃》，东京：岩波書店 1973 年版，第 448 页。

③ "立三代之尸行如在之礼"：夏、殷、周朝进行祭祀活动时，会将神灵的牌位立于前，如神灵在眼前一般恭敬行礼。《论语》八佾篇曰："祭如在，祭神如神在。"山片蟠桃主张，此句中的"如"字揭示了孔子也认为神不存在这一事实。参见山片蟠桃：《夢ノ代》，水田紀久、有坂道隆校注：《日本思想大系 43　富永仲基　山片蟠桃》，东京：岩波書店 1973 年版，第 157 页。

④ 山片蟠桃：《夢ノ代》，水田紀久、有坂道隆校注：《日本思想大系 43　富永仲基　山片蟠桃》，东京：岩波書店 1973 年版，第 147 页。

⑤ 山片蟠桃：《夢ノ代》，水田紀久、有坂道隆校注：《日本思想大系 43　富永仲基　山片蟠桃》，东京：岩波書店 1973 年版，第 146 页。

"教导凡俗，只为佛家获得方便"① 罢了。因此，山片蟠桃直言道："今排佛斥鬼，以三代之直道辩之。皆为唤回沉溺于鬼神之说无法自拔者之心，请勿疑吾论说无鬼论之坚强决心。"② 鬼神之类乃处"正道之外"。

在佛教教义中，无法以理性之法来解释的有很多，这对于受到西方合理主义思想影响的山片蟠桃来说自然均为虚妄之说，加上山片蟠桃本为学儒学之人，在儒学思想中也有批判佛教的论说。可以说，山片蟠桃对佛教的批判是建立在儒学思想和西方合理主义思想之上的，其思想是儒学和西方合理主义的融合物，儒学是其思想的重要组成部分。

然而，受到西方合理主义影响的山片蟠桃不仅对神佛进行了批判，他对儒学中存在的不合理因素也持批判的态度。对于儒学，山片蟠桃是以批判的态度，通过"矫后儒之过"的方式，对其中存在的与合理主义思想不相符的部分，从合理主义的角度来进行批判性研究。

在《梦之代》的"凡例"中，山片蟠桃写道：

> 排除异端之事为圣贤之遗教，乃读书人不可推卸之事。但论及无鬼之事，后人恐议论之。即便唯此不可背离圣人敬鬼神立教之义，但应以圣人之直道为本。然而神有则言有，无则言无。为何无中生有迷惑于人。若以此教导凡俗，不过是为佛家行方便罢了。正所谓以五十步笑百步。故今排佛斥鬼，以三代之直道辩之。均为教训沉溺于鬼神之说不复返之人。请勿疑吾言无鬼论之决心。③

排除异端乃圣贤之遗教，然而后人论及无鬼之事，常以暧昧之说。鬼神有无之事总不明言，实属惑人之举。在此，山片蟠桃指出，后期儒学与佛教一样以暧昧之说惑众，是所谓"以五十步笑百步"，所以"今排佛斥鬼，以三代之直道辩之。均为教训沉溺于鬼神之说不复返之人。请勿疑吾

---

① 山片蟠桃：《夢ノ代》，水田紀久、有坂道隆校注：《日本思想大系43 富永仲基 山片蟠桃》，东京：岩波書店1973年版，第146页。

② 山片蟠桃：《夢ノ代》，水田紀久、有坂道隆校注：《日本思想大系43 富永仲基 山片蟠桃》，东京：岩波書店1973年版，第146～147页。

③ 山片蟠桃：《夢ノ代》，水田紀久、有坂道隆校注：《日本思想大系43 富永仲基 山片蟠桃》，东京：岩波書店1973年版，第147页。

言无鬼论之决心"。以此表明以三代之说来排佛否定鬼神说，纠正后儒论说之误的决心。从中也可以看出山片蟠桃对儒学的态度，即原本的儒学是主张无鬼的，同佛教一样在鬼神有无问题上含糊其辞均为后儒学者之过，并非真正的儒学思想所为。

"立三代之尸行如在之祭"① 中的"如在之祭"实际上是出自《论语》中的"祭如在，祭神如神在"一语，山片蟠桃认为"如"一字表达了孔子认为神并不存在的主张，也就是说儒学原本就主张鬼神之类并不存在于世。但这仅为山片蟠桃自己的理解，此话本意为"立神灵之牌位，如眼前有神在一般进行祭拜"，并无明确指出神是否存在。② 从山片蟠桃对儒学论说进行新解释这一举动可看出其或多或少是抱有维护儒学，将儒学合理化之意的。

在《梦之代》卷之一"天文"一章中，山片蟠桃提到"在记载日食月食时，因疑孔子不识之。为续显孔子之贤能，故为孔子而忌讳之"③，即因担心孔子不知道日食月食之事，所以后人为彰显孔子贤能，也对此避而不谈。这在山片蟠桃看来是十分愚蠢的举动。"不识日食便能回护孔子之不识乎？或如此便能为人主之戒心乎？"④ 诸如此类"皆为虚礼"⑤。"知之为知之，不知为不知"⑥，山片蟠桃引用孔子的教诲，以儒学自身主张的精神来批判后代儒学者之"虚礼"。由此也可看出儒学精神依然为山片蟠桃

① 山片蟠桃：《夢ノ代》，水田紀久、有坂道隆校注：《日本思想大系 43　富永仲基　山片蟠桃》，东京：岩波書店 1973 年版，第 147 页。

② 山片蟠桃：《夢ノ代》，水田紀久、有坂道隆校注：《日本思想大系 43　富永仲基　山片蟠桃》，东京：岩波書店 1973 年版，第 147 页。

③ 山片蟠桃：《夢ノ代》，水田紀久、有坂道隆校注：《日本思想大系 43　富永仲基　山片蟠桃》，东京：岩波書店 1973 年版，第 157 页。

④ 山片蟠桃：《夢ノ代》，水田紀久、有坂道隆校注：《日本思想大系 43　富永仲基　山片蟠桃》，东京：岩波書店 1973 年版，第 168 页。

⑤ "自唐宋以来，关乎日食，天子谨慎待之，且欲求直言。虽有告朔饩羊之流，却亦不拙劣。此皆虚礼也。"参见山片蟠桃：《夢ノ代》，水田紀久、有坂道隆校注：《日本思想大系 43　富永仲基　山片蟠桃》，东京：岩波書店 1973 年版，第 168 页。

⑥ 山片蟠桃：《夢ノ代》，水田紀久、有坂道隆校注：《日本思想大系 43　富永仲基　山片蟠桃》，东京：岩波書店 1973 年版，第 157 页。"知之为知之，不知为不知"，《论语为政篇》曰：知之为知之，不知为不知，是知也。参见山片蟠桃：《夢ノ代》，水田紀久、有坂道隆校注：《日本思想大系 43　富永仲基　山片蟠桃》中的注释部分。

思想的根本。

而对于古代圣贤的祈雨仪式，山片蟠桃也作了批驳。在《梦之代》卷之一“天文”一章中讲道：“‘暖带日来天顶日日雨降’之诗中曰‘月若离毕雨降’，孔子已言此为虚说也。孔明知雨于七星坛祈风，皆为妄作。祈雨之事虽自古代圣贤起便为例行之式，但毕竟为无用之举。”① 山片蟠桃虽对此作了批驳，但无批判佛教时的激烈态度，由此可见山片蟠桃对儒佛的不同态度：从本质上批判佛教，而对待儒学则不涉及其本质，仅改其谬误或对其论说进行再解释。

与中井竹山从现实的角度批佛的方法不同，山片蟠桃的排佛论是以批判佛教本身为特点的。但二人的思想又有共通之处，即二人都以儒学为思想基础。中井竹山单以儒学为基础，针对佛教的实际危害性展开批判；而山片蟠桃则是对中井竹山的排佛论作进一步的发展，提出无鬼论。山片蟠桃在运用儒学思想的同时还利用了西方合理主义思想，从本质上对佛教进行批判，并进一步指出儒学论说上的谬误。

另外，二人的思想还存在着另一重要共通点，即对儒学思想的维护。原本中井竹山便是为了振兴儒学才对佛教展开批判的，所以他对儒学思想的维护是理所当然的。而山片蟠桃批判后儒学者对儒学思想的曲解，实际上是对儒学根本思想的承认。而且山片蟠桃还凭自身的理解赋予了儒学论说以新的解释，这些都是其维护儒学思想的体现。

如前所述，山片蟠桃思想可以说是儒学与合理主义思想的融合物。这种融合性可从源了圆的《德川合理思想的系谱》中所述的山片蟠桃对“天的观念的两重性”② 中得以窥见。

山片蟠桃在《梦之代》中这样写道：“从广义上讲，所谓天学，即先有天后有地，先有地而有人，先有人才有五伦。若仁义、礼智、孝悌、忠信，皆为治人之道，则此种种皆于天之后。因此其原皆为天也。”③ 由此可

---

① 山片蟠桃：《夢ノ代》，水田紀久、有坂道隆校注：《日本思想大系 43 富永仲基 山片蟠桃》，东京：岩波書店 1973 年版，第 169 页。

② 源了圓：《德川合理思想の系譜》（中公叢書），东京：中央公論社 1972 年版，第 237 ~ 241 页。

③ 山片蟠桃：《夢ノ代》，水田紀久、有坂道隆校注：《日本思想大系 43 富永仲基 山片蟠桃》，东京：岩波書店 1973 年版，第 216 页。

看出山片蟠桃认为天为万物之基础，有天才有地，而后才有人，而有了人，才会有表现人的思想道德的仁义礼智忠信孝悌。这一以天为基础的思想是山片蟠桃思想之基础，是以儒学为基础发展起来的。儒学以“天命”为根本，即人在世间生活，必须从天命，不可与天抗衡，逆天而行。

由此可见“天”对于人是多么的重要，人必须弄清“天”到底为何物。关于“天为何物”这一问题，山片蟠桃从西方自然科学的角度作了解释，他以西方天文学中“天”的概念，来解释实际的、客观存在着的“天”的定义。

原本的儒学只是抽象地描述宇宙的发展、人类社会的发展，对“天”的概念也是非常抽象而模糊的，这与当时社会的发展现状是分不开的。在古代，自然科学尚未出现，人对于“天”的认识也就只能停留在概念化的、想象性的阶段。但是，在山片蟠桃所处的时代，西方自然科学开始发展，人们能够用各种器械来观天。天文学的发展引导人们将对天的认识由抽象转向具体。因此，生活在这一时代的山片蟠桃能够以儒学为基础，利用西方天文学知识，将儒学中抽象的“天”的概念进一步发展，给“天”下一个更为具体的定义。

然而，这里又存在着另一个问题。在儒学中，“天命”是被视为最根本的，也就是说人在世间生活必须从天。但对于山片蟠桃来说，天与人类社会是两个不同的世界，天气的变化并不能预测人的吉凶。这两者之间看似矛盾，实际上却是可解释的。在《梦之代》中，山片蟠桃对后世儒学者进行批判时都是以原本的儒学思想作为理论依据的。但是，这究竟是儒学原本的思想，还是经过山片蟠桃再解释了的儒学思想呢？这是问题的关键。笔者认为这其中大部分都是山片蟠桃从自身的思考出发对儒学进行的再解释。山片蟠桃所批判的并不止于佛教，而是一切不合理的东西，这自然包括儒学中存在着的一些不合理的主张。

总而言之，山片蟠桃继承了中井竹山的排佛论，并运用西方自然科学知识，使之得到进一步发展，形成自己的排佛论和无鬼论。山片蟠桃的思想是以儒学思想为根本精神，以西方自然科学为批判标准的，此二者均为批判时的有力武器，而中井竹山却只用其中一种，其批判力度比起山片蟠桃略显薄弱。

继山片蟠桃提出其排佛论和无鬼论之后，作为怀德堂最后的教授——

并河寒泉（1797—1879）在其著作《辨怪》中，总结了怀德堂历代学者的鬼神论说，并提出了自己的无鬼论。

《怀德堂事典》中称并河寒泉所著的《辨怪》一书为“否定怪异鬼神、狐狸妖怪之存在，以解明迷妄为目的而著，乃传承怀德堂之独特思想‘无鬼论’之书籍”[①]。《辨怪》一书大致分为“辨怪（辨狐怪、辨谈怪、辨信怪）”、“破怪（诘破篇、穷破篇、自破篇）”、“吾庠先哲遗文”三个部分。从此构成便可看出并河寒泉的无鬼论主张及其思想的实践性。

在第一部分“辨怪”中，针对当时老人被灵狐附体的事件，并河寒泉进行了实际的分析，提出了自己的无鬼主张。也就是说，他不只是从理论上来论证，而且与现实相结合，提出无鬼论。这正是并河寒泉思想中实践性的体现。

在第二部分“破怪”中，并河寒泉将古今传说分类，并批判其中的欺诈性和荒谬性，进一步论述了他的无鬼主张。第二部分的内容并不是批判现实中的事情，而是批判为当时民众所相信的传说，或者文学作品中与鬼神有关的部分，指出其迷惑民众的危害性。

第三部分“吾痒先哲遗文”论述了并河寒泉无鬼论思想的由来。在这一部分中收录了历代怀德堂学者从理性的角度揭穿怪异的言论。并河寒泉可以说是在怀德堂成长起来的学者，他的思想必然会受到怀德堂历代学者的影响。因此，《辨怪》一书的第三部分在展示怀德堂学派无鬼论系谱的同时，也指明了并河寒泉思想的根本由来。

《辨怪》一书充分展现了并河寒泉对鬼神的理论性批判。在第一部分“辨狐怪”中，并河寒泉主要是针对当时老人被灵狐附体的事件，以儒学言论为依据，分析实际情况，揭示其欺诈性。

首先以《尚书》中“人是万物之灵”[②] 为依据，以“既是万物之灵，狐狸微兽何为”辩之。即《辨怪》之“辨狐怪篇”中所述的“人是万物之灵，既是万物之灵，狐狸微兽何为，为学者，苟存心于此，虽有百怪谈，復奚惑”[③]。也就是说，人为万物之灵长，狐狸之类卑微的兽类岂能危

---

① 湯浅邦弘編著：《懷德堂事典》，大阪：大阪大学出版会2001年版，第194页。

② 《尚书》泰誓篇曰：“惟天地，万物父母。惟人，万物之灵。”並河寒泉著：《弁怪》翻刻（一），《懷徳堂センター報》，2004年，第7页。

③ 並河寒泉：《弁怪》，大阪大学附属図書館懷徳堂文庫館蔵资料，第2页。

害人类，学问之人不可被此无稽之谈所迷惑。

接着，又引用了程子的辨怪言论，“程子辨怪之言曰，于事上一一理会，则有甚尽期，须只于学上理会，今也斯谈，妄诞不经不足辨，固也，然言欲质之予，则予不必律以程子之言也，能言辨妖怪者，亦圣之徒與，予何辞，请备辨之”①。指出“能言辨妖怪者”也是好的，只有辨明鬼神说之荒诞，才能不被其所惑。

另外，并河寒泉还分析了民众信怪的原因，指出“盖厌正喜奇，世之顽习，先入为主，人之常情，当其稚心蒙昧之日，既进之以狐狸杂怪之妄”②，即好奇心和“先入为主”的观念是人的普遍习性，所以容易相信“狐狸杂怪”之类的怪谈。由此，从人的心理角度指明民众信怪的原因，同时又引用了儒学关于鬼神的言论，指出鬼神之说只会惑众。从这里可以看出并河寒泉是提倡儒学思想的，即主张通过学习儒学思想来摆脱鬼神之惑。

并河寒泉从现实生活出发来探讨鬼神这一点与中井竹山的论说相类似，但实际上又不同。中井竹山从现实社会出发，论述有鬼论对于社会、国家、民众的危害；而并河寒泉则更加具体地从实际事件和传说出发，指出其危害和虚妄的本质。

在第一部分的“辨怪”中，并河寒泉以现实为基础，分析老人被灵狐附体的事件，指出“非狐附翁，是翁附狐矣”③。也就是说，这其实都是人为的，是为迷惑他人而作的荒诞故事。这种愚弄他人的行为，在并河寒泉看来“是假鬼神惑人之徒也，罪不容诛”④。

在“辨谈怪”一节中，并河寒泉谈及世人之谈怪信怪，认为此皆为世人之心理作用所致。鬼神之类系“见怪不怪，怪自坏”⑤，倘若人们自己认为此为鬼怪，则心理上自然会产生畏惧；反之，若不信鬼怪之物，就什么也没有了。此外，话语在传播的过程中总是会被夸大，这也是怪谈产生的原因。“见焉而怪者也，其怪之者，既目怪之，又心信之，而又口鼓之，

① 並河寒泉：《弁怪》，大阪大学附属図書館懐徳堂文庫館蔵资料，第2页。
② 並河寒泉：《弁怪》，大阪大学附属図書館懐徳堂文庫館蔵资料，第6~7页。
③ 並河寒泉：《弁怪》，大阪大学附属図書館懐徳堂文庫館蔵资料，第3页。
④ 並河寒泉：《弁怪》，大阪大学附属図書館懐徳堂文庫館蔵资料，第3页。
⑤ 並河寒泉：《弁怪》，大阪大学附属図書館懐徳堂文庫館蔵资料，第4页。

以吐之于众之耳，是谈怪之弊所由起也，其闻之者，左声尚在耳，既口吐之右，一左一右之间，谈脉渐浮大，寸而尺，尺而丈，缘饰簸弄，终至说箸为棒也，于是谈怪之弊，顽然而成，无他由闻焉而怪也，然则见焉而谈者既已自惑，又惑人，其罪有余闻焉而谈者，缘饰簸弄，其罪殆有甚焉者。"[①] 指出鬼神之类并非现实之事，而是由于人的虚幻视觉及人们口传夸大所生之物。

在第二部分的"破怪"中，并河寒泉更是"欲使读者类推而破怪也"[②]，列举了很多民间传说。

首先是"有出于诈谋者，可诘而破焉"[③] 的"诘破篇"，列举传说故事六则，均为人假扮鬼怪以欺人之事。并河寒泉将这些谎言曝光，向人们揭示所谓的"天狗"、"狐怪"都是虚无之物，都是为了欺骗愚弄民众之徒而编造出来的。

在"有实于彼而怪于此者，可穷而破焉"[④] 的"穷破篇"中，并河寒泉又列举六则，指出鬼怪之说多为因误解或知识不足而生。例如"鬼火"一说，实为一自然现象，然而民众由于知识缺乏无法解释此现象，便认为此为鬼怪之火。另外，人与人之间、人与其他生物之间也会产生某种误解或者错误的认识，这也是鬼神怪谈形成的根源。也就是说，怪谈大都由误解所生，故只要进一步探究，便可识破。

最后，并河寒泉在"有彼怪而此不怪者，可以自破焉"[⑤] 的"自破篇"中，列举了另六则传说，指出怪谈产生的另一原因是人们发自内心地相信鬼怪的存在。比如人们相信剑有好恶之分，"善杀人者"为"凶剑"。但是，实际上并无关剑事，杀人者为人自身也。[⑥]

因此，任何怪谈传说其实都是由人而生的虚幻物，并非实际存在之物。

以上分析表明，比起鬼神信仰对国家、社会的危害，并河寒泉更关心

---

① 並河寒泉：《弁怪》，大阪大学附属図書館懐徳堂文庫館藏资料，第5页。
② 並河寒泉：《弁怪》，大阪大学附属図書館懐徳堂文庫館藏资料，第10页。
③ 並河寒泉：《弁怪》，大阪大学附属図書館懐徳堂文庫館藏资料，第10页。
④ 並河寒泉：《弁怪》，大阪大学附属図書館懐徳堂文庫館藏资料，第10页。
⑤ 並河寒泉：《弁怪》，大阪大学附属図書館懐徳堂文庫館藏资料，第10页。
⑥ 並河寒泉：《弁怪》，大阪大学附属図書館懐徳堂文庫館藏资料，第16页。

其对人的危害，更关心如何纠正人自身对鬼神的错误认识。《辨怪》通过对怪谈故事传说的分析，旨在暴露鬼神的虚妄性，批判佛教、神道教等提倡鬼神信仰的宗教。在对鬼神的批判中，并河寒泉思想中的合理主义性格也得以体现。如前所述，所谓合理主义就是重视理性，否定一切无法用理论论述的非合理性存在。在《辨怪》中并河寒泉对怪谈传说所进行的分析正是这一性格的鲜明体现。这一点从前文对“辨谈怪”这一部分的分析中可以看出。

另外，并河寒泉还引用了怀德堂历代学者的鬼神论说，从中可看出怀德堂学风中的合理主义性格。在《辨怪》的第二部分“破怪”中，并河寒泉列举了关于“剑相之凶善”的例子。

群士相集论剑相曰：祟而善杀人者，凶剑也。硕果先生自傍闻之曰：斩人剑职也，善斩，最得其职者也，剑相之吉何言祟，何言凶，但善杀人，是人杀人也，何有于剑，罪在于人也。①

所谓的剑，只是作为工具存在罢了，只是具有工具必备的性能而已，并不具有其他如“凶善”之类的性质。“凶善”的性质也好，“杀人”的动作也好，都是人为的。从合理主义的角度看来，剑具有“凶善”的性质一说并不合理。在这段谈话中，中井硕果批判了群士的这种不合理的看法。这正是怀德堂思想的合理主义性格的体现。

正如陶德民所说：“《辨怪》一书从整体上看，可以说是指明了怀德堂无鬼论实践性意义的重要文献。在某种意义上，《辨怪》与在政治建议中论述无鬼论的《草茅危言》和在三教批判中论证无鬼论的《梦之代》可并称为怀德堂无鬼论的三大著作。”② 并河寒泉在《辨怪》中，不仅提出了自己的无鬼论主张，而且将前代学者的鬼神论说总结成一章，作为“附录”独立成章，是展示怀德堂鬼神论系谱发展的重要文献。

并河寒泉的鬼神论，从论说对象来看，主要关注的是世人的鬼神信仰和世间的鬼神传说，也就是以人为中心展开对鬼神的讨论。与中井竹山、

① 並河寒泉：《弁怪》，大阪大学附属図書館懐德堂文庫館藏资料，第16页。
② 陶德民：《懐徳堂朱子学の研究》，大阪：大阪大学出版会1994年版，第351页。

山片蟠桃不同，并河寒泉并没有将重点放在国家、社会、自然科学等人的周边环境因素上，而是回归到人本身，这可以说是某种意义上的进步。

而从论述方式上看，并河寒泉的鬼神论也是在继承前人思想的基础上发展起来的，在其鬼神论说中可以看到初期学者五井兰洲思想的影响。《辨怪》的第三部分收录了五井兰洲、中井竹山、中井履轩、中井蕉园、中井硕果等人的重要论述共计二十六条。其中一条为五井兰洲的“狐妖论”：“覆载之间，唯人为贵，岂非以其知之明，不为物怪所惑耶，人不自信，不能物物耳，若信狐妖是也。”[①] 主张人必须认识到自身的重要性。这也就是陶德民所说的“人类中心主义”[②]，即以人为中心来考虑世间万物，这样一来鬼神之类的虚无之物自然也就被揭破了。如前所述，并河寒泉在《辨怪》中也引用了《尚书》中“人是万物之灵”一话，且以“既是万物之灵，狐狸微兽何为”辩之，这与五井兰洲的观点相似。由此可看出，并河寒泉与五井兰洲一样，都主张“人是天下第一强者”的“人类中心主义”思想。但是，并河寒泉在此思想的基础上，更进一步地从心理层面探究人对鬼神的恐惧心理的根源，以合理主义思想为武器，分析怪谈传说，揭示鬼神的虚伪性。

三、怀德堂学派中合理主义与儒学的关系

以儒学的基本思想为基础发展起来，并将儒学与其他学问相结合，这样一种独特的治学方式是怀德堂自创建之初就具有的。在初期时怀德堂的学问研究就不是单一的，正如西村天囚所说：“最初的怀德堂实为朱陆并用，外朱内王之学。”[③] 然而由始至终儒学思想都是作为怀德堂学风的根基存在着的，这在之前所述的三位怀德堂学者的思想中可以看出。

（一）儒学在怀德堂的地位

并河寒泉的鬼神论主要是以关注世人的鬼神信仰和鬼神传说为特征的，这与中井竹山、山片蟠桃全然不同。并河寒泉关心的是鬼神信仰给民众的心理带来的危害，而中井竹山从社会层面出发关注鬼神信仰给社会造

---

① 並河寒泉：《弁怪》，大阪大学附属図書館懐徳堂文庫館藏资料，第 20 页。

② 陶德民：《懐徳堂朱子学の研究》，大阪：大阪大学出版会 1994 年版，第 304 页。

③ 西村天囚：《懐徳堂考》（上卷），大阪：懐徳堂友の会 1984 年版，第 26 页。

成的危害，山片蟠桃则是批判神佛根本思想的虚妄性。另外，并河寒泉还力图探求世人信仰鬼神的根本心理原因。

虽然这三位学者从不同角度对鬼神展开批判，但是三位学者均在批判鬼神的同时，提倡儒学思想，这可谓是他们最大的共同点。中井竹山在老师五井兰洲的影响下，以儒学为自己的学问重心，批判地学习其他学问。由于受到批判性治学态度的影响，中井竹山对儒学也或多或少地进行过批驳，但尚处于针对具体事实进行表面性批判的阶段。而作为中井竹山的弟子，山片蟠桃继承了老师的思想并进一步发展，以儒学为指导思想，以西方自然科学为标准，从本质上对神佛进行批判。同时，山片蟠桃也对儒学的一些主张进行了批驳，但只限于“矫后儒之过”，批判后代儒学者的言论，主张应该回到“三代圣人”时代的儒学思想中去。以此为目的，山片蟠桃还对儒学中存在的不合理主张进行了再解释，从实质上说，这其实是捍卫儒学的做法。另外，从人的心理层面来论说鬼神的并河寒泉也是以儒学思想为依据，对鬼神之说展开批判的。

由此可看出，怀德堂看似是一所普通的儒学私塾，其学问研究发展却是与众不同的。以儒学为主导却不拘泥于时代，将儒学与其他学问相融合正是怀德堂学派学风的独特之处。

（二）合理主义思考方式的形成

从初期助教授五井兰洲的鬼神论，到最后的教授并河寒泉的无鬼论，历代怀德堂学者们都做到了在儒学思想的基础上，接纳吸收其他学问，并将儒学与其他学问相融合，形成自己独特的学说。由于初期学风的杂学性格，五井兰洲时代的怀德堂学派还是以儒学为中心，折中地吸收诸学所长。但进入中井竹山时代之后，怀德堂迎来了全盛时期，学风也逐渐表现出了批判性格。从中井竹山对神佛的批判和对儒学部分主张的批驳中可以看出，此时期怀德堂的学风已经呈现出由初期的折中性格向合理主义批判性格转变的倾向。直至山片蟠桃时代，由于西方自然科学等外来学问进入日本，山片蟠桃才将在自然科学中发展起来的合理主义思考法与作为原有思想基础的儒学相融合，从而促使怀德堂合理主义学风的最终形成。此后，作为怀德堂最后的教授并河寒泉通过其著作《辨怪》，对怀德堂学派的鬼神论说进行了系谱性的总结，同时也把怀德堂的合理主义思考方式更加明确地展现出来。

以上的分析表明，在怀德堂的学风中，儒学思想和合理主义思考方式是共同存在着的两个重要因素。这两者之间的关系，在某种程度上可称之为精神主导与行动准则的关系。也就是说，儒学是内在的基础，而合理主义的思考方式为外在的标准，二者相辅相成，平等共存于怀德堂的学风中。

结　语

怀德堂合理主义学风是在儒学同诸学相融合的过程中形成的。作为学风中两个主要因素的儒学和合理主义思考方式是以精神主导和行动准则的平等关系共存的。儒学是怀德堂学问的基础（或者可称之为思想基础），对怀德堂合理主义学风的形成具有指导性的作用。反之，作为怀德堂学者们学问研究的思考方法，西方合理主义思想通过怀德堂，对儒学在日本的发展起到了一定的促进作用。由此可知，在近世日本，儒学曾以与其他学问相结合的方式发展起来。怀德堂作为近世大阪的学问所，其合理主义学风的形成和发展，可作为日本近世合理主义思想形成的典型代表之一。另外，从怀德堂的由儒学和西方合理主义思想相融合而形成发展起来的学风中，也可窥见近世日本学者是如何接受外来新文化，如何进一步以批判的态度将外来文化和现有文化有效地融合起来的，这或多或少可为现代世界各种文化融合提供历史借鉴。

此外，笔者在资料整理过程中还发现了另一问题点。作为初期怀德堂鬼神论的学者代表，五井兰洲的鬼神论关注点在于人本身。而随着怀德堂的发展，在进入以中井竹山为代表的怀德堂发展期后，其鬼神论关注的对象就由人自身转向了国家和社会。其后，山片蟠桃更是将其关注对象进一步扩大，即从关注鬼神信仰对国家、社会的危害，转向以自然科学知识为依据，通过列举神佛论说中的不合理因素，批判鬼神信仰的荒唐愚昧。但是，在怀德堂的发展后期，当时的教授并河寒泉又将关注点转向了人自身，从人的心理层面来探究鬼神信仰的根源。也就是说，怀德堂的鬼神论说，从初期到后期，其关注对象是以“人—国家和社会—自然科学—人”的轨迹变化着的，而最终怀德堂的学者还是把关注点放回到了人本身。这样的变化轨迹，笔者认为是遵从了一定的历史变化发展规律的，今后将针对此变化轨迹展开研究。

（李佳玲著）

林罗山的排佛思想

引 言

被称为“日本朱子学之祖”的林罗山，不仅开创了日本朱子学，而且对江户幕府文教制度的制定也起到一定作用，尤其是由他开创的“林家朱子学”一系，在相当程度上左右了整个日本近世的文化发展方向。在研究日本近世思想时，林罗山是不可忽视的人物。

纵观日本思想史可发现，奈良时代至德川时代，佛教是占支配地位的信仰思想。与此相对的是，在德川时代，儒学受到幕府的保护，地位逐渐上升。把这两件事综合起来看，就可以大致理解作为“日本朱子学之祖”的林罗山的排佛思想所具有的历史意义。禅儒是在室町时代占支配地位的宗教——临济禅中发展起来的。而作为从禅儒向朱子学迈出第一步的思想家，林罗山的排佛思想在研究其思想时是至关重要的。

从罗山的经历来看，他从 18 岁开始就写出了激烈排斥佛教的 11 篇《辩》，并且终其一生都在批判佛教，但他在 25 岁时却又剃发为僧，并且在 47 岁时接受了幕府所赠的“法印”僧位。身为儒者极力排佛却又出家为僧，是其令人难以理解的矛盾之处。

罗山作为儒学者排斥佛教是理所当然的。但是，持排佛论的罗山为什么会剃发为僧，接受僧位呢？罗山是从什么角度批判佛教的？罗山排佛的重点在哪里？罗山的排佛理论和当时其他儒学者的理论有何异同点？

笔者试图基于上述问题，通过罗山的经历及其排佛思想的形成过程，来考察当时儒学与佛教之间的关系，并在当时复杂的时代背景下，从近世儒学、佛教、基督教思想论争的角度来解读罗山身为儒者却剃发受位的矛盾行为，为上述问题找到一个答案。

一、近世初期儒学、佛教、基督教的概况

日本从1467年的应仁之乱开始，经历了大约一个世纪的战国时代，经过织田信长、丰臣秀吉、德川家康等大名的努力而逐渐走向统一。1603年，江户幕府建立，第一代将军德川家康作为君主君临天下，而其他大名则成为幕府统辖下各个地方领国的管辖者。德川家康深感不仅要以武力压制诸大名，更要使其心服，要控制诸大名和潜在的对立势力必须讲究策略。德川氏的统治方针，初期以武力压制政策为主，经过一番整肃与制度建设，至17世纪中叶逐渐转向注重法治与文治。

在新的时代中，建立新的秩序是当务之急。战国大名主要是以自下而上的起义而形成的，为了贯彻对属地的支配权，他们实行了各种各样的统治政策，在思想领域也不例外。

众所周知，自从1549年方济各到达鹿儿岛开始传教以来，基督教逐渐从鹿儿岛扩张到京都，以冀在日本的政治中心得到统治者的传教许可。通过使统治阶层改信基督教而得到其保护，以期扩大基督教在民众中的影响力，这是最初传教的方法。而实际上，这种布教方法并没能顺利推行，基督教是通过基于基督教人性观的慈善救济和演剧活动等方式来渗透于民众中的。由于方济各是从印度来到日本的，所以基督教最初被认为是佛教的分支。随着基督教身份的逐渐明朗，方济各受到了各种各样的迫害。而另一方面，思想界也围绕着佛教、基督教的根本思想进行了被称为佛基论争①的哲学论争。

之后，以统一全国为目标的武士阶级政权，对基督教进行了严厉镇压，造成了许多基督教徒殉教。丰臣秀吉在1587年发布了两份文书，其一是以流放外国传教士为主要内容的“定”，其二是限制国内民众信仰的“觉”。德川家康在1612年正式发布禁令“伴天连门徒御制禁也”，第二年幕府又发布流放基督教徒的文告，而且扶持佛教以压制基督教，实行本末

① 佛基论争的情况可参照今井淳、小沢富夫编：《日本思想論争史》，东京：ぺりかん社1993年版，以及鷲尾順敬編：《日本思想闘争史料》（第10卷），东京：名著刊行会1969年版。

制度和檀家制度。宽永九年至十年（1632—1633）制定的“诸宗本末帐”中，规定了寺院的组织结构为“本山—本寺—中本寺—直末寺—孙末寺”，幕府通过这种组织结构把佛教纳入政权中。寺院实行“寺请”制度，以保证民众不是基督教徒，从而使寺院对民众的身份负责。而民众又必须成为某一寺院的檀家，从而确立起“檀家制”。檀家在江户时代以前也有，但与基于自发信仰、以个人为单位的制度不同，江户期的檀家是以家为单位，并且是基于政治权力的强制上的。

下面来看看当时儒学的状况。江户时代的儒学，主要是朱子学。朱子学在镰仓时代初期已传入日本，但是在禅宗盛行的镰仓、室町时代只不过是禅宗的附属学问。室町中期以后，特别是进入战国时代以来，禅僧们流行在禅宗之外兼修儒学，而禅僧以儒学的素养成为诸侯宾师的现象也成为常态。此外，朝廷的博士们传承下来的所谓“儒学”，主要以汉唐的训诂为内容，此时已现衰落之势。中国传来的朱子学，重视“理”，提倡“穷理”、“持敬”的学习方法，在禅僧中很是流行。但总体而言，近世之前的朱子学并未取得独立的地位。

这样看来，在日本近世前期的思想界，基督教处于佛教的对立面，而朱子学则是佛教的附属学问，佛教占据绝对优势。在这种状况下，被称为“日本朱子学之祖”的林罗山，是怎样为扩大朱子学的影响而努力排佛的呢？

在日本，迄今为止关于近世前期儒学者的排佛论和林罗山排佛思想的研究，有很多高水平的成果，其中值得注意的有辻善之助、丸山真男、源了圆、石田一良、堀勇雄、本村昌文以及高桥文博等人的研究。①

关于江户时期的排佛论，源了圆在《江户前期儒教与佛教的联系》中认为，与中国明朝末期的儒教佛教论争相比，“儒者和佛教徒互相理解对方思想，在此基础上，通过激烈论战，而使自己的思想更加深化的例子几

① 相关研究可参见源了圓：《江戸前期における儒教と仏教との交渉》；源了圓、楊曽文主編：《日中文化交流史叢書 4　宗教卷》，东京：大修館書店 1996 年版；高橋文博：《儒教と仏教の論争》，今井淳、小沢富夫编：《日本思想論争史》，东京：ぺりかん社 1993 年版；辻善之助：《日本仏教史・近世篇之四》，东京：岩波書店 1955 年版；本村昌文：《林羅山の仏教批判—死生観を中心として》，《特集日本思想学》2001 年第 33 号。

乎没有。明末思想史上，三教（儒佛道）殊死抗争。而与此相比，日本的近世思想史却不可否认是平淡无奇的”。因此，源了圆认为江户时期的儒佛论争在思想史上看来是没有取得丰硕成果的。

高桥文博在《儒教与佛教的论争》中认为，在江户期的儒佛论争中儒教方面“不能说有大的影响，但是对于佛教方面，总而言之，促进了佛教的世俗伦理化”。他认为江户期的儒佛论争对儒教方面没有产生重大影响。

在中国，20 世纪 80 年代以来，关于日本儒学特别是德川时代朱子学的研究也逐渐展开，出现了数百篇相关论文及数十部相关论著。其中，王明兵的论文《江户初期禅僧对“朱子学”的皈依与“脱佛入儒”》，韩东育的论文《日本“京学派”神道叙事中的朱子学》[①] 以及龚颖的著作《似而非的日本朱子学》等，从不同方面讨论了罗山的排佛思想，但没有作系统的论述。

那么，林罗山的排佛思想是怎样形成的呢？下面从林罗山的经历来分析其排佛思想的形成原因和过程。

二、罗山排佛思想的形成

（一）“欲开儒门于武门”

林罗山（1583—1657）于天正十一年（1583）八月出生于京都四条新町，为林时信的长子，不久成为伯父林吉胜的养子。罗山幼时聪慧，据说 11 岁时已识汉字，能读演史小说，记忆力也出众，被称为“耳袋”。文禄四年（1595），13 岁的罗山改名为又三郎信胜，始学汉学，继读唐宋诗文，甚至可以给《东坡全集》加句读点。这一年，罗山以稚儿身份入京都建仁寺，学习有关佛教、儒学的各种学问，也间接学习博士清原家的学问。

庆长二年（1597），罗山 15 岁。建仁寺的僧侣们希望罗山成为禅宗的学僧，但罗山拒绝了。根据《林罗山年谱稿》，罗山当时拒绝的理由为“余何为入释氏，而弃父母之恩。且无后者不孝之大也”[②]。如果这个说法

---

① 王明兵：《江户初期禅僧对“朱子学”的皈依与“脱佛入儒”》，《东北师大学报》2008 年第 1 期，第 75 ~ 79 页；韩东育：《日本“京学派”神道叙事中的朱子学》，《求是学刊》2006 年第 4 期，第 124 ~ 129 页。

② 鈴木健一：《林羅山年譜稿》，东京：ぺりかん社 1999 年版，第 13 页。

可信的话，那么罗山在 15 岁的时候就已经站在儒学的立场上，以儒学的“孝”的理念来批判佛教了。罗山虽然拒绝出家为僧，但并没有停止阅读建仁寺的书籍。庆长六年（1601），罗山 19 岁，他开始把目光投向宋儒的书籍，开始读朱子（朱熹）注释的六经、四书。

庆长八年（1603），罗山 21 岁。这一年，罗山开私塾，聚生徒，讲解《论语集注》，而致“户外屡满”。罗山曾说道：“人云，当时在日本有国法，未奏闻而初读书（新注经书）为罪。对此不萦于心，惟更读经书。”①

从中可以看出，罗山可能曾因此事被人中伤。如果这是事实的话，那就表明年轻的罗山甚至违抗“国法”，不经许可而讲解新注经书。罗山的这一行为体现了其年轻时期的勇气，更表露出其对儒学的热情。

对于罗山聚众讲经这一事件的历史意义，堀勇雄曾这样评论：“民间浪士罗山无视朝廷博士家的权威公开讲授朱子学，而与此相应的是，听者云集，说明儒学已经从朝廷、寺院中解放出来，开始更广泛地普及开来。但是儒学要成为武士阶级的正统学问繁盛起来，一是必须从佛教中独立出来，由专门的儒学者进行研究、讲授；二是必须从以朝廷的权威为背景的明经博士的家点本的束缚中解脱出来，成为民间公开的学问；三是必须从汉唐的训诂注疏和记诵之学转化为穷理之学；四是必须与公家、寺院的势力相抵抗甚至将其压倒，以武士阶级的势力为支柱，代替明经家的家学而取得‘官学’。”②

幕府对中伤罗山者的告密并没有非常重视，也没有对罗山讲学采取制止的态度，罗山得以继续进行新注经书的讲授。这意味着儒学的研究和讲授获得了自由。罗山所奉行的朱子学，到此为止获得了和博士家的新古折中的训诂之学平等的地位并与之展开了竞争。

庆长九年（1604），罗山 22 岁，他希望与当时的大儒藤原惺窝会面，此时离庆长五年（1600）惺窝深衣道服谒见家康并进讲《汉书》已过去了 4 年，而罗山学习朱子学也已有三四年了。罗山向惺窝的熟人吉田玄之发出三封书简，阐明自己希望谒见惺窝的愿望。他在书简中提出了两个有关惺窝儒学的疑问：其一是惺窝容忍并吸取陆象山的学问思想，其二是惺窝

---

① 鈴木健一：《林羅山年譜稿》，东京：ペリカン社 1999 年版，第 65 页。
② 堀勇雄：《林羅山》，东京：吉川弘文館 1964 年版，第 48～49 页。

认为大学的三纲领改为二纲领也可。罗山面对前辈惺窝，对象山和朱子的思想见异除同，从朱子学的立场堂堂正正地进行论争。不管是上面所说的罗山公然讲授朱子学，还是这里与惺窝的论争，都体现了青年罗山的不妥协态度。在这一年的8月24日，经吉田玄之介绍，罗山得以与惺窝初次会面。这次会面对于罗山而言，固然有通过惺窝走上仕途的期待，但由于其选择了当时属于少数派的朱子学，因而更加体现了罗山找到一个志同道合、可以相与探讨的对象的欣喜。

庆长十年（1605），罗山23岁。在这一年的4月12日，罗山得以在二条城谒见德川家康。家康对罗山的博闻强记深感佩服，称他为“活字典”，并于第二年录用罗山为幕府官员。堀勇雄对于这一事件，曾这样评论：“家康录用罗山，为朱子学最终成为幕府的官学创造了机会，但此时家康并没有承认朱子学为正统的学问并加以奖励的意思。对于家康来说，不过是利用罗山广博的知识，是把罗山作为‘百科辞典’留在身边的。”[①]

也就是说，家康并不是把罗山作为信奉圣人之道的儒学者而加以礼遇的。家康和罗山，并不是追求圣贤之道的师徒关系，而是买卖学问的雇佣关系。尽管家康把罗山看成“活字典”，但是罗山却对家康抱有期望。《林罗山文集》中有“吾有望于是邦大守”[②]，即罗山期待通过家康而使圣人之道在日本得以实现，甚至可以说是“欲开儒门于武门”[③]。

庆长十一年（1606），罗山24岁。在这一年的6月15日，经松永贞德介绍，罗山与耶稣会派传教士不干斋巴比庵（1565—1621，日本人）会面，并展开了最初的儒学者的耶稣论。对于巴比庵所宣讲的天地的关系不是上下、地球是圆形的理论，罗山认为，物皆有上下，巴比庵不知其理也。罗山把这次问答总结在《排耶稣》[④]这篇文章中。对于不知天地上下之理而广有势力的耶稣会，罗山心怀恐惧，越来越对幕府扶持儒学抱有更高期望。但在庆长十二年（1607）罗山25岁时，他在给惺窝的信中展示了期望破灭的心境：“始余之心有事于国家，有事待君上。今则已矣。八

---

① 堀勇雄：《林羅山》，东京：吉川弘文館1964年版，第91页。

② 林羅山：《林羅山文集》，东京：ペリカン社1979年版，第25页。

③ 林羅山：《林羅山文集》，东京：ペリカン社1979年版，第26页。

④ 林羅山：《排耶蘇》，鷲尾順敬編：《日本思想闘争史料》（第1卷），东京：名著刊行会1969年版。

刻迟矣。"[1] 罗山对家康的期待，在出仕一年后就破灭了，因为罗山已认识到家康录用自己的真实意图了。

（二）从“家塾”到“官学”

庆长十二年（1607），激烈批判佛教的罗山奉家康之命祝发为僧，改名道春，两年之后又奉家康之命定住骏府，接受家康关于历史的询问。但是罗山在29岁时给惺窝的书信中透露了为官的苦恼：“仆初也能偏观尽职事也，……自觉入功利钦走飞钳乎可愧可惧。”[2] 意思是在最初为官时，还不太了解关于为官的一切，而今却在犹豫是该遵从自己的内心追求自由呢，还是埋首于官途中呢？罗山认为这种生活很是可耻可惧。

但是这一年，罗山被任命为骏府城中书库“芸香楼”的管理者，得到了自由阅览图书的特权。同样是在给惺窝的信中，罗山写道：“登斯楼则忘归事，不知日之夕也。是我主君之惠而仆又得一也。不亦幸乎。”[3] 罗山最初的期待破灭，却又得到了意想不到的幸运。从这些给惺窝的书信中，我们读不出罗山对于权力的谄媚之态，却能读出其对学问的热情和憧憬。对于知识分子罗山而言，功利如钳，而只要走功利之道，就会逐渐失去自己的自由。而同时，正是有了“功利”，才能使自己对学问的期待渐渐实现。罗山认为自己的牺牲是有意义的。

庆长十九年（1614），罗山32岁。9月，罗山提出希望在京都设立学校，虽得到了家康的许可，却因大阪之役而搁浅。也是在这一年，发生了罗山被打上“曲学阿世”烙印的“方广寺钟铭事件”。

宽永六年（1629），47岁的罗山接受了幕府所颁发的“民部卿法印”僧位。作为儒者的罗山剃发为僧并接受法印的僧位出仕幕府，受到了当时儒学者的激烈批判。罗山作了《叙法印位诗并序》来辩解，并以“圣人从俗”的理论来安慰自己。

宽永七年（1630），罗山48岁。10月，得到了幕府赐予的上野忍之冈南的土地和建设学塾的资金。罗山自庆长十九年有志于在京都建设学校，至此时已过去16年了。但是这次所建立的学校只能说是林家的“家塾”，

---

① 林羅山：《林羅山文集》，东京：ぺリカン社1979年版，第53页。
② 林羅山：《林羅山文集》，东京：ぺリカン社1979年版，第37页。
③ 鈴木健一：《林羅山年譜稿》，东京：ぺリカン社1999年版，第32页。

还不能说是幕府的教育机构。两年后，在忍之冈建立了先圣殿，朱子学的影响才逐渐扩大。

庆安四年（1651），罗山69岁。这年初次由幕府出资修建圣堂，林家的家塾也逐渐成为官学。明历三年（1657）一月，75岁的罗山在位于上野的别邸病逝。

以上简单介绍了罗山的一生。从中我们可以看出，罗山从幼年时就有志于扩大儒学，排斥佛教和基督教，一步步努力使儒学成为官学。下面沿着其轨迹，探讨罗山排佛思想的精髓。

三、罗山的排佛论

关于林罗山的排佛思想，辻善之助在《日本佛教史·近世篇之四》中认为，从战前到20世纪60年代，学界普遍认为罗山的佛教批判是忠实承袭朱子学理论的，在此前提下，人们更多强调罗山与其师藤原惺窝的区别，结果形成通论，认为罗山的佛教批判理论缺乏独创性，甚至认为其是朱子学“一边倒”。

与此相对，龚颖在详细比较了朱子与罗山的佛教批判理论后认为，朱子是从“心性论”（性即理）的观点展开对佛教的批判的，而与此相对，罗山在排佛中并不特别重视心性论，并指出罗山的佛教批判与韩愈的佛教批判是近似的。[①] 龚颖的研究使人们对于罗山的佛教批判与朱子相似、缺乏独创性的原有学说进行了重新论证。

那么罗山的佛教批判理论是从哪些方面展开的呢?

堀勇雄认为，庆长年间罗山从儒学现世主义的五伦五常观来批判佛教的来世观和出世的倾向。承应三年（1654）三月下旬，罗山在给石川丈山的信中从国家的角度对寺院靡费引起的社会问题进行了讨论。堀氏认为罗山的批判是“从观念的、教理的领域向政治、经济领域进展”[②]。

龚颖根据《野槌》的记述，论证了罗山一生都致力于佛教对社会经济

① 龚颖：《林罗山和朱熹的排佛论比较》，《哲学研究》2000年第9期，第50~54页。

② 堀勇雄：《林羅山》，东京：吉川弘文館1964年版，第72~74页。

的弊害，从而对堀说提出了不同的看法。[①]

木村昌文在龚、堀二说上更进一步。他同样引用《野槌》的记述，认为所谓佛教对社会经济的弊害，实际上是人们对自己的生死感到不安，而佛教抓住这一点，用“后生说”作武器，诱导人们追求来世安乐而引起的，也就是说，佛教对社会经济的弊害源于佛教的“后生说”。

罗山的排佛理论从批判佛教的教理、教义到佛教对社会经济的影响，涉及多个领域。那么，哪个领域对罗山来说是最重要的呢？换言之，罗山排佛的焦点在哪方面呢？

关于这个问题，笔者认为，罗山的排佛论，重视教理方面，即比起佛教对经济的危害，对于罗山来说，对佛教的教理教义，特别是对其反人伦性、反伦理性的批判更为重要。下面从罗山批判佛教的具体言论来看看罗山排佛的立场。

（一）从教理教义到政治经济

1. “灭人伦而绝义理”

如前所述，罗山在15岁时拒绝了建仁寺僧侣劝其出家的要求，其理由是“身体发肤，不毁伤为孝。且无子孙为不孝”[②]，可见罗山15岁时已经用儒学的理论来批判佛教的教理了。

庆长七年（1602），罗山20岁时作了18篇《辩》，其中11篇都是批判佛教的。在《苏马子辩》中，罗山认为苏我马子在圣德太子的劝说下信佛法，“马子骎骎而入佛法，至犯上好乱，即佛法之弊大矣。……若马子知夫五典，则岂如此欤。为人而不知五典，非人也”[③]。这篇文章以苏我马子弑杀崇峻天皇的事件为素材。罗山从儒家的忠君仁爱思想出发，把苏我马子杀害崇峻天皇归结为崇信佛教的罪过。罗山认为，信奉佛教会丧失基本的人伦，难以实现理想的人间关系，还会因此产生无视社会秩序的行为。在这里，罗山把圣德太子置于教马子信奉佛教的位置，与杀害天皇的马子一样，教马子信奉佛教的圣德太子也是诸恶的根源。反过来说，如果马子学习过理想的人间关系（五典），则不会发生这样的事情了。从这里

---

① 龚颖：《林罗山和朱熹的排佛论比较》，《哲学研究》2000年第9期，第52～53页。

② 鈴木健一：《林羅山年譜稿》，东京：ペリカン社1999年版，第13页。

③ 鈴木健一：《林羅山年譜稿》，东京：ペリカン社1999年版，第16页。

可以看出，罗山批判佛教的反人伦性，而宣扬儒家的“人伦学说”。

在《光明皇后辩》中，罗山说，皇后“外在佛而内在淫，此即好佛之罪也”①。批判了佛教乱人伦的特性。在《放生辩》中，罗山批判了佛教的放生，认为佛教徒爱惜动物，却不知仁应自孝悌始，“于物有仁，于人岂无仁乎”②。

罗山在庆长十八年（1613）所著的《告禅徒》一文中说道：“大灯国师妙超，初有妻子，为断恩爱之欲，……杀其二岁儿，串炙之。……灭人伦而绝义理，天地间之大罪人也。吁，佛氏之蔽心至兹之酷乎。虎狼仁也，以不食其子之故也。”③ 佛教徒为追求一己之“解脱”、“顿悟”而叛君亲，舍妻子，入山林，捐躯命，追求所谓“空无寂灭”。罗山通过这篇文章严厉地批判了佛教灭绝人伦的教理。

2. “夫儒也实，佛也虚”

庆长末年，罗山与俳谐诗人松永贞德围绕儒佛的优劣进行了论争，罗山据此写出《儒佛问答》。罗山的文章《寄颂游（松永贞德）》有如下内容：

> 夫儒也实，佛也虚，是虚实之惑，滔滔者天下皆是。今若于虚实，即谁人取虚舍实也。然取佛之无实，即非未闻道之过，不知虚实之过而已。……道吾所谓儒道也，非所谓外道也，外道者佛道也，佛教充塞仁义之道，悲哉，天下久无夫道也。④

在这里罗山对世人争论已久的儒和佛的虚与实的问题表明了自己的观点，指出佛教的虚无性和儒学“实学”的性质，更进一步指出儒学与神道的统一性，视佛教为“外道”，感叹外道佛教“充塞仁义之道”，天下“无道”久矣。

在记述惺窝事迹的《惺窝先生行状》中，罗山写道：“先生以为，我久从事于释氏，然有疑于心。读圣贤书，信而不疑。道果在兹，岂人伦外

① 鈴木健一：《林羅山年譜稿》，东京：ぺりカン社 1999 年版，第 16 页。
② 鈴木健一：《林羅山年譜稿》，东京：ぺりカン社 1999 年版，第 16 页。
③ 林羅山：《林羅山文集》，东京：ぺりカン社 1979 年版，第 671 页。
④ 林羅山：《林羅山文集》，东京：ぺりカン社 1979 年版，第 32 页。

哉。释氏既绝仁种又灭义理，是所以为异端也。”[①] 罗山视儒学为正统，视佛教为异端，指出佛教“绝仁种灭义理”的特征，从伦理性的角度对佛教进行了批判。

另外在《惺窝答问》中，罗山写道：“（先生）又曰，我儒如明镜，物来即应。释氏如暗镜，却弃绝物。镜中本来固有之明而欲暗之，是害理也。”[②] 罗山讲解惺窝的话，认为“暗镜”佛教有可能侵害“明镜”儒学而倍感忧虑。

3. “*游手者十浮屠者五六*”

罗山的排佛理论非常具体，在思想方面，除了论说伦理纲常之道，还论及佛法对经济的弊害。

元和八年（1622），罗山40岁，他在所著的《示石川丈山（汉诗人，佛教徒）》中这样说道：“惟算夫浮屠所收，每一州一万斛，即六十余万，或二万斛，即百二十余万，其外施之费未知几多也。我朝神国已为佛国，吁神不似神乎。”[③] 罗山用数据来说明当时佛教对社会财富的聚敛，寺院又直接侵吞社会财富，致使国家的经济实力日趋衰弱，从国家的立场批判了佛教对社会财富的消耗。不仅如此，罗山还担忧国家的性质也会从“神国”变为“佛国”。

在另一篇文章《大佛殿》中，罗山写道：“其费不知几兆亿也。……是皆驱民为之役。且一木之至也数车不可耐载之。……或颠殪者日数百人。殆非民之所克堪也。……群匠或误伤而死或陨坠而毙。举国内之古器宝玩善铜而销镕铄融以作大像。”[④] 批判佛教建造佛寺、佛像之罪。罗山认为，随着佛教信仰在全国的泛滥，人们为建造寺塔佛像消耗大量的财力物力，不仅花费国家巨大的财力，浪费社会财富，而且还驱使人民，不惜民

---

① 石田一良、金谷治校注：《日本思想大系28　藤原惺窩　林羅山》，东京：岩波書店1973年版，第224页。

② 石田一良、金谷治校注：《日本思想大系28　藤原惺窩　林羅山》，东京：岩波書店1973年版，第227页。

③ 石田一良、金谷治校注：《日本思想大系28　藤原惺窩　林羅山》，东京：岩波書店1973年版，第93页。

④ 石田一良、金谷治校注：《日本思想大系28　藤原惺窩　林羅山》，东京：岩波書店1973年版，第223～224页。

命，劳民伤财。

又如：“先生曰，当世天下困穷人民罢敝，盖由游手者众多也。食粟之家有余力农之夫不足，所谓长安百物皆贵盖此故也，相率不为寇盗亦可怪。余以为，游手者十而为浮屠者五六。”① 僧侣们不劳而获，游手徒食和腐化堕落是造成社会不安定的原因之一，有可能会倾覆社会秩序。结合罗山对佛教虚无寂灭的批判来看，很容易发现，罗山认为：佛教利用人们对死亡和现世困苦的恐惧之情而宣扬后世极乐，使人们对佛教深信不疑，并不惜捐重金为来世祈福，而这些聚敛起来的社会财富却被佛教徒拿来享乐浪费。罗山从中批判了佛教的社会危害性。

综上所述，罗山的排佛理论主要有三点：其一，佛教诱人出家，无视对君主的义务和对父母的报恩，舍家族而入山林。这种行为背弃人伦，侵害仁义。其二，佛教提倡“后世说”，视今世为苦，追求虚无的来世之乐。此教义具有反现实的意义。在此教义下，人们有可能追求来世的幸福而无视眼前现实的社会秩序。其三，佛教广建寺院、佛像，浪费社会财富，僧侣们也着锦徒食，腐化堕落。

（二）罗山排佛论的重点

如上所述，罗山批判佛教的观点是从三方面展开的。笔者认为，罗山批判佛教最大的理由是佛教的虚无性（佛教视现实为空虚的彼岸主义）和其反人伦性、反伦理性。下面以罗山批判佛教的代表作《释老》的一节为例来看。“是以推之二氏所云道者果虚无而无寂灭而灭，非吾所云道也。古贤以易中庸合而言之，喜怒哀乐未发之中者寂然不动也，发而中节者感而遂通天下之故也。夫道者教人伦而已，伦理之外何别有道，彼云出世间云游方外。然则舍人伦而求虚无寂灭，实是无此理，故尧舜设司徒之官，曰人伦之教者，父子有亲、君臣有义、夫妇有别、兄弟有序、朋友有信，谓之五典，又谓之五达道，古今不易之道也。故曰：圣人无他，只人伦之至也。不可不思焉。”② 根据《林罗山年谱稿》，这篇文章是罗山“庆长年间少壮之时”的作品（可以推测为罗山30余岁时的作品）。在这篇文章

① 石田一良、金谷治校注：《日本思想大系28　藤原惺窩　林羅山》，东京：岩波書店1973年版，第228页。

② 石田一良、金谷治校注：《日本思想大系28　藤原惺窩　林羅山》，东京：岩波書店1973年版，第233页。

中，罗山指出并否定了释（佛教）与老（道教）的虚无寂灭，指出儒教实学的本质，强调儒教的人伦是唯一的“道”。

罗山所生活的年代，正是从战国的动乱时期到近世的安定期的过渡时期。旧有的社会秩序在战争中渐渐被破坏，而新的社会秩序还没有成型。在长期的战乱中，对死亡的恐惧特别是对死后世界的恐惧牢牢扎根于人们的心中。因此，佛教的“后世说”抓住了人们的心。而罗山希望儒学的伦理道德在新的时代扎根下来，为了实现这个目的，就必须要面对佛教的影响。“欲开儒门于武门”的罗山必须要对打倒佛教这件事有足够的重视。

此外，我们来看看佛教浪费国家财富这一点。佛教广建寺庙、佛像，僧侣徒食腐化，这确是事实。但当时的儒学者和僧侣一样都属于所谓的“士农工商”四民之外的游民，这也是事实。很多儒学者以儒医、画家的身份活动，这些儒学游民，当然也被看作徒食者。因此，罗山说“游手者十，浮屠者五六也”。之后儒学势力扩张，甚至成为德川幕府的官学，建立了许多圣堂、圣殿。这与佛教广建寺庙一样，也可以看作是对社会财富的浪费。与罗山同时代的松永尺五在《彝伦抄》的末尾，说到“以儒道行，人心应早进其道也”这样的话，认为“四民之外的游手浮浪的人成为无任何职分、徒耗国财之民”①。

但批判佛教因广修寺院而引起社会弊害并不是罗山最重要的批判论点，罗山把批判佛教的论点集中于佛教的虚无性和反人伦性上。

罗山在儒学体系化的过程中，为了明确其学问立场，在很多情况下，表面上激烈批判佛教，而实际上却是把佛教的思想改头换面接收下来。罗山对佛教的批判，并不是单纯以学问体系的构成这一个理由，而是由政治、经济、社会、宗教等各种原因综合在一起的。

罗山基于儒学的伦理主义批判佛教，否定其虚无性和反伦理性。一般认为，儒学（朱子学）与政治紧密联系，成为德川幕府的御用学问。但在近世前期幕藩体制从建设期到固定期的这段时间里，特别指出佛教的虚无性和反伦理性，这一点具有重大的政治意义，即否定佛教出世的立场和脱俗的精神，指出其反伦理性和违反身份秩序的特点。据此，剥夺其宗教的

---

① 石田一良、金谷治校注：《日本思想大系 28　藤原惺窩　林羅山》，东京：岩波書店 1973 年版，第 327 页。

绝对性，把宗教纳入幕藩的政治支配结构中。罗山批判佛教的意义也正在于此。

四、“从俗即教化”

石田一良认为罗山的佛教批判是其思想活动的原点，并在罗山的精神世界中指出“从俗的理论”，为研究罗山思想提供了新的视角。这一点在研究罗山的思想上是不可忽视的。的确，这一点作为近世儒学思想取代中世的佛教思想的第一步，在思想史上也具有重大意义。

石田一良认为“罗山是极富有‘从俗精神’的人物”①，根据石田氏的理解，“从俗精神”是指“圣人从俗”，即向权力者所支配的俗世界妥协。但石田氏又补充说：“身处俗世而从俗，而心却不俗。外从俗习之形，内保儒者之心，此之谓罗山之‘从俗理论’也。”② 但是，罗山为什么从俗，即罗山从俗的意图是什么，石田氏却没有解释。笔者认为，罗山的从俗精神也与其排斥佛教、扩大儒学影响有关。

（一）“一杯之水”与“一车之薪”

罗山认为，佛法自钦明天皇时传入日本以来，“儒胜佛如水胜火，今欲以一杯之水救一车之薪之燃烧，却反增火势，难以扑灭佛教。但先生（指惺窝，下同）滥觞儒道，后世儒道必成大河”③。罗山在此将儒学与佛教分别比喻为水与火，对二者之间的势力悬殊深感忧虑。罗山认为，儒学必将战胜佛教，犹如水能胜火。但当今之世，儒学势单，儒者人数甚少，与佛教相比，无异于杯水车薪。由此不难看出罗山批佛的压力之大和兴儒的急切之情。下面具体看看当时儒学的现状。

“本朝儒者、博士自古唯读汉唐注疏点经传加倭训，然而至于程朱书未知什一，故性理之学识者鲜矣。由是先生劝赤松氏使姜沆等十数辈净书

---

① 石田一良、金谷治校注：《日本思想大系 28　藤原惺窩　林羅山》，东京：岩波書店 1973 年版，第 483 页。

② 石田一良、金谷治校注：《日本思想大系 28　藤原惺窩　林羅山》，东京：岩波書店 1973 年版，第 485 页。

③ 林羅山：《林羅山文集》，东京：ぺりかん社 1979 年版，第 12 页。

四书五经，先生自据程朱之意为之训点，其功为大。”[①] 作为博士家学的经学和禅寺中传授的儒学，向来以汉唐的训诂学为主要内容。而在镰仓时代初期传入日本的朱子学，只不过是禅宗的附属学问，且由于传入时日不久，知道程朱理学的人本来就很少，研究程朱理学之人自然更少。

当时不但学习程朱理学的人远较佛教徒少，程朱系的书籍数量也极少。“九年甲辰，……春呈《四书知新日录》。先生曰：此吾未见之书也。……先生欲见《象山文集》，而世罕有焉。春始誊一通以示之。先生悦使绍元者写之。”[②] 作为程朱理学的基本书籍《四书知新日录》、《象山文集》等，连惺窝这样的大儒都难以看到，当时性理之书稀少的状况可想而知。

（二）“圣人从俗”

当时儒学与佛教相比，毫无疑问是处于劣势的。为扩大儒学的影响，必须激烈批判佛教。但是，从罗山的经历来看，庆长十二年（1607），激烈批判佛教的罗山遵从家康之命祝发出家，改名道春，又接受幕府赐予的骏府和京都的宅地及木料。罗山记载当时情况说“莫能辞”，同年在给惺窝的书信中说道：“欲言之，愤愤悱悱，未能终日侍（先生）侧。”[③] 罗山大概是缺乏反抗家康的勇气，尽管厌恶佛教，但还是接受其命令，成为僧侣。

22 年后的宽永八年（1631），47 岁的罗山接受了幕府所颁发的“民部卿法印”僧位。以儒者自居的罗山剃发为僧，接收“法印”僧位并出仕幕府，招致当时许多儒学者的诟病。当时年轻的中江藤树（1608—1648，日本阳明学之祖）曾撰文《林氏剃发受位辩》，激烈地批判罗山：“徒饰其口，效佛氏之法，妄剃其发，旷安宅而不居，舍正路而弗由，朱子之所谓能言鹦鹉也。而自称真儒。”[④] 这篇文章，体现了年轻时期的藤树不妥协的

---

① 石田一良、金谷治校注：《日本思想大系 28　藤原惺窩　林羅山》，东京：岩波書店 1973 年版，第 223 页。

② 石田一良、金谷治校注：《日本思想大系 28　藤原惺窩　林羅山》，东京：岩波書店 1973 年版，第 224 页。

③ 林羅山：《林羅山文集》，东京：ぺりかん社 1979 年版，第 243 页。

④ 中江藤樹：《林氏剃髪受位弁》，山井湧、山下龍二ほか校注：《日本思想大系 29　中江藤樹》，东京：岩波書店 1973 年版，第 13 页。

学者气概。其后山崎暗斋也认为，儒者剃发是“其党之俗，非天下之俗”[①]。而罗山在心中却以“圣人从俗”来自我安慰，并写下《叙法印位诗并序》来自我表明心迹：“原夫法印沙门之位也，而配僧正之官。今余兄弟元是儒，然祝发者久随国俗。太伯之断发，孔子之乡服，以何异哉。”[②]

罗山认为，剃发只是遵从国俗，太伯、孔子这样的圣人，尚且为从俗而断发、乡服，自己剃发受位也只是从俗。对罗山来说，作为儒学者必须批判佛教，而自己为僧侣是不得已的事。但是对家康而言，幕府并没有任用儒学者为官的先例，而僧侣以文笔之才出仕武家（幕府）才是传统。罗山不得不剃发为僧侣，不得不对现实妥协。

罗山从老师惺窝那里受教，“先生谓余曰，汝谓何以为学，若求名思利非为己者也，若又以此欲售于世不若不学之愈也。余闻而铭于心”[③]。从中看出罗山不是为求名利而是为了学问才出仕幕府的。正保三年（1646），64 岁的罗山对不愿意祝发出仕的儿子林守胜作出“告诫”，强制儿子祝发：“惟夫祝发本朝中古以来之习俗也。圣人尚乡服，今何不欲从也。学者要知时。我圣人之从周即今从之也。”[④]

在罗山的心中大概有这样的想法：顺从德川政权，并通过德川政权使朱子学布于天下，为此不得不与现实妥协。而这种妥协，从俗是必需的，并不可耻，因为“圣人”尚且“从俗”。

罗山在宽永五年（1628）所著的《宽永戊辰日光山斋会记》中，对为神君（家康）十三周忌而修建的壮丽的佛事供养极尽赞美之辞：“极乐城现人间，寂光土示婆娑。呜呼奇哉，伟哉。”[⑤] 连一句批判佛教的词句也没有。

罗山身在俗世而从俗，心中却不从俗。外从习俗之行，而内保儒者之

① 石田一良、金谷治校注：《日本思想大系 28　藤原惺窩　林羅山》，东京：岩波書店 1973 年版，第 484 页。

② 鈴木健一：《林羅山年譜稿》，东京：ぺりかん社 1999 年版，第 112 页。

③ 石田一良、金谷治校注：《日本思想大系 28　藤原惺窩　林羅山》，东京：岩波書店 1973 年版，第 226 页。

④ 林羅山：《林羅山文集》，东京：ぺりかん社 1979 年版，第 772 页。

⑤ 鈴木健一：《林羅山年譜稿》，东京：ぺりかん社 1999 年版，第 106 页。

心，这就是石田一良所谓的罗山的“从俗的理论”。

（三）“从俗即教化”

对罗山而言，“从俗即教化”是他对俗世界的根本态度。罗山认为茶道是玩物丧志：“茶器，其至贵者号曰肩冲。盖一握之小壶实碾茶者也，而其值或数百金或数千金。……自君子观之则一小壶而已，茶人以为重器。而今用肩冲而奚为哉。”①

但是当大名们拿着他们所收藏的珍贵茶器来请罗山作“记”时，罗山却极尽美辞说其来历，称其“名器”。应该指出的是，罗山在其中也不忘加入儒学的说辞。例如，加贺藩主请求罗山为九鬼文林来作“记”时，罗山说文林即林檎，林檎即林禽，又叫来禽。“于家国言之，方内林也，僚属、士庶众禽也，君长所抚慰也。僚属、士庶皆怀其化来归之。此亦来林之义乎？……太守，征记于余，余未克坚拒，因书以塞其所请，惟假些许来禽之说寓意笔端之微意。”②

自然界的水果林檎（苹果）本来与儒学毫无关系，但罗山却把“林檎”两个字特意分为“林”和“檎”，与儒学的教义牵强附会。这对于“从俗”的罗山而言，大概是极为自然的事情吧。

另外，若有人求罗山为寺院梵钟作“铭”，罗山也不忘在铭文中宣讲儒学的教义。例如，罗山在庆安四年（1651）应尾张藩主德川光友之请，作《尾州建中寺钟铭》，说道：“尾州建中寺乃二品亚相尾阳侯源敬公之影堂也，令嗣本州主三品参议源君至孝，有继述之志。然暂习其俗，见其时，创建此寺代庙祠，做此钟为警众之具。知以道善风所自鸣，宫商谐忠孝不匮……”③

当茶器在参加茶会的人们手中流转时，当梵钟的声音响彻四周时，儒教的教义也随之在扩散。从这里可以看出，罗山为了扩大儒学的影响，可以说是用尽了手段。

（四）关于“钟铭事件”

下面，再来看看致使罗山饱受诟病的“方广寺钟铭事件”。所谓“钟

---

① 石田一良、金谷治校注：《日本思想大系 28　藤原惺窩　林羅山》，东京：岩波書店 1973 年版，第 234 页。

② 林羅山：《林羅山文集》，东京：ぺりかん社 1979 年版，第 473 页。

③ 林羅山：《林羅山文集》，东京：ぺりかん社 1979 年版，第 523 页。

铭”，根据本山幸彦的研究：“钟为庆长十九年（1614）四月十六日铸造，钟铭为南禅寺长老文英清韩所撰。……利用大佛寺再建之机，获得向丰臣氏开战的借口。此谋略始于家康和天海的密议，而由崇传的策划使钟铭问题实现。（家康）关于钟铭征求了京都五山老僧们的意见，而这些意见无一不充满对家康的阿谀和对权力的迎合。而罗山也最后向家康提交了关于钟铭的意见（勘文）。”①

罗山在勘文中，顺承了家康找借口向丰臣氏开战的愿望，故意曲解钟铭上的文字。“右仆射源朝臣”本是家康的官职，罗山却把“右仆射”的“射”解释为“射击”，而“国家安康”则是诅咒家康身首分离，“君臣丰乐，子孙殷昌”则有以丰臣氏为主君之意，如此等等。从罗山的经历来看，庆长十九年（1614）十月，32岁的罗山希望在京都设立学校讲授朱子学，得到了家康的许可，却因大阪之役而未能实现。一心想扩大朱子学影响的罗山憎恨挑起战争的丰臣氏也是理所当然。但是正如本山氏所说，制定并推进钟铭事件的并不是罗山，罗山只是在最后写了“勘文”。当时的罗山只不过是家康的“活字典”，并未被家康信赖到得以参与此等密谋的地步。痛恨战争的罗山，推测出家康想要开战的意图，并顺从之，提交了迎合家康的“勘文”。

在钟铭事件中，林罗山表现出对幕府特别是家康的谄媚态度，失去了作为学者应有的骨气。大儒林罗山在人格方面是有污点的，即其学问与人格之间有巨大的鸿沟。

关于这一点，迄今为止主要有两种看法。其一以堀勇雄为代表。堀勇雄认为罗山在钟铭事件中的做法和剃发受位一样表露出对幕府的谄媚之态，“欲深得家康之信赖，追求世俗的权威和地位”，对罗山下了“曲学阿世之魁”、“舍学者之良心，千载之下，丑名犹存”②的评语。另一种看法以石田一良为代表。石田一良提出“从俗的理论”，对罗山持宽容态度。③本山幸彦认同石田一良的观点，并进一步努力弥补罗山在学问与人格间的巨大鸿沟。本山氏猜测罗山的意图，认为罗山期待天下太平、幕府体制永

---

① 本山幸彦：《近世儒者の思想挑戦》，京都：思文閣2006年版，第32页。

② 堀勇雄：《林羅山》，东京：吉川弘文館1964年版，第197页。

③ 石田一良：《林羅山の思想》，石田一良、金谷治校注：《日本思想大系28　藤原惺窩　林羅山》，东京：岩波書店1973年版，第487页。

续，所以对造成社会不安定因素的丰田氏采取敌视的态度并希望家康消灭之。[①] 但是，不管对战争有多痛恨，舍弃良心，歪曲事实，罗山作为学者在这件事上是有失尊严的。

尽管罗山有志于儒学，却遵从父母的意志大做佛事，服从君主的意志曲解钟铭。由此可见，罗山为了实现自己扩大儒学的影响，甚至使儒学成为幕府的体制教学的愿望，不得不服从现实，服从俗世的权威，对现实采取了妥协的态度，因而受到当时及后世学者的诟病。但罗山咬牙忍耐，在50年的岁月中，矢志不渝，一步步扩大儒学的影响。

罗山一边从俗，一边却利用俗（俗世界的权威）来扩大朱子学的影响。朱子学在日本的“道具性”即“功利性”由此可见。罗山把“仕官”作为工具来追求在日本扩大朱子学影响的“功利”，在这种“功利性”的支配下，他才遵从俗世界的。而罗山“从俗”的意义也正在于此。

五、罗山与其他儒学者批判佛教的异同

在日本的思想论争史上，江户前期的儒佛论争，涉及许多儒学者和佛教徒。下面，首先来看看作为论争发端者的藤原惺窝的主张。

惺窝从永禄四年（1561）开始在五山之一的相国寺学禅，兼修宋学。禅僧们修习宋学，是把宋学作为兴隆禅学的手段之一，并且认为宋学和佛教是不冲突的。在惺窝的时代，儒学和佛教是一致的，这是公认的前提。儒佛一致，甚至神佛一致，这是儒学者和佛教徒都承认的。

近世初期的儒者们，为了确立自己的儒学立场，必须面对的课题是，从以汉唐训诂学为主要内容的清原等博士家的学问中把儒学独立出来。把中世儒学，特别是由五山禅僧们传承下来的神、儒、佛三教一致论或禅儒融合论的观念解体、分离，使儒学从佛教中独立出来。对于惺窝、罗山、暗斋等人来说，他们原本在寺院中学禅，本身与禅宗的寺院有着深厚的关系。使儒学从佛教中独立出来是一个现实且困难的问题。而他们所提倡的近世儒学，就是建立在与佛教切断关系的基础上的。

惺窝认为，佛教是错误的教说，是与儒学不同性质的。其最重要的理

---

① 本山幸彦：《近世儒者の思想挑戦》，京都：思文閣2006年版，第48页。

由就是佛教否定人伦，否定仁义。因此，惺窝为了确立自己的儒学主张，把批判佛教的焦点放在佛教否定人伦这一点上。而这一点在儒佛论争上具有深刻意义。

惺窝全面批判佛教，但从其所著的《千代草》中来看，惺窝的批判并不极端。惺窝本是相国寺的禅僧，被称为“薭首座”，大概出于这个缘故，他有时候并不批判佛法本身，更多的是批评当时的僧侣们。从这点可以看出，惺窝的佛教批判是不够彻底的。

但是，惺窝的佛教批判可以说是哲学的、内部的。在批判佛教的反人伦性这一点上，惺窝和罗山是一致的，但罗山的批判，还关注佛教对社会的危害，与此相对，惺窝的批判认为儒学与佛教的差异如同明镜与暗镜，在于对“心”的解释上。两者的区别表现为，这个世界是否是实在的，是否有重视现实人伦的“气象”等。惺窝的佛教批判是从儒佛两种思想的本质上展开的，而罗山的佛教批判还注目于崇佛而带来的政治、经济、社会问题。也就是说，惺窝的排佛是动机性的、内在的，侧重于精神方面；与此相对，罗山的排佛则是注重结果的、外在的，侧重于形式方面。

儒者所进行的佛教批判，对于佛教否定人伦这一点的批判是不同立场的儒学者所共通的。下面再来看看山崎暗斋《辟异》中的说法。

暗斋认为，从佛教徒的行为上看，释迦弃父出家，“绝人伦，只为自家独处山林”①，人世间这种人是无论如何都不能被允许存在的。佛教徒背弃人伦，脱离人的共同体而孤独出家。暗斋对这种行为进行了批判，“道只是君臣父子日用常行当然之理”②，他把儒学的重要概念“道”作为真实的、人类的存在方式来理解。他认为，“君臣、父子、兄弟、夫妇、朋友岂非天理哉”③，在这五种人间共同体中生活，才是真实的人的生存方式，才是日常的、共同的生活方式。暗斋据此以释迦为例批判了佛教徒出家、独处的行为。

---

① 山崎闇斎:《闢異》，鷲尾順敬編:《日本思想闘争史料》(第1卷)，东京：名著刊行会1969年版，第20页。

② 山崎闇斎:《闢異》，鷲尾順敬編:《日本思想闘争史料》(第1卷)，东京：名著刊行会1969年版，第13页。

③ 山崎闇斎:《闢異》，鷲尾順敬編:《日本思想闘争史料》(第1卷)，东京：名著刊行会1969年版，第7页。

暗斋认为，佛教徒的这种行为，是基于佛教的“空寂之说”。佛教徒叛君亲、弃妻子、入山林、舍身命，是追求“所谓空无寂灭之地”。佛教徒视万物转变为幻，“草木鸟兽之生皆是幻”①，期盼从中领悟。但是万物春夏生长，秋冬枯萎却并不是虚幻的，生长枯萎，司其理者自备也。只是其理存在，则万物非幻，万物之生死是实现其理的方法，因此是真实的，而非虚幻的。

惺窝、暗斋和罗山都批判佛教的反人伦性和反伦理性，但批判的侧重点不同，惺窝在于佛教的异端性，暗斋在于佛教的空寂、虚幻。两者都是对佛教本身的批判。那么，与同时代的惺窝、暗斋相比，罗山批判佛教的特色在哪里呢？笔者认为应该在批判佛教对政治、经济、社会的负面影响方面。罗山对佛教的批判，并不只是批判佛教本身，还通过批判佛教的错误来树立儒学的正确性，这一点是显而易见的。

结 语

本文通过时代背景和林罗山的经历，考察了罗山的佛教批判理论，下面作一概括。

罗山从13岁开始进入京都的建仁寺，基于儒教“孝”的教说，拒绝了建仁寺僧侣出家的劝告。当时的儒学只不过是佛教的附属学问，因此要想确立真正的儒学（朱子学）的地位，必须批判佛教。罗山广泛阅读儒家典籍，在20岁时就写了11篇批判佛教的《辩》。罗山早期的批判集中于对佛教的教理、教义的批判，后来渐渐转向佛教对社会政治、经济的弊害上去。罗山的佛教批判，是把儒学从佛教中脱离出来的尝试。不仅如此，罗山通过对佛教的批判，使儒学与佛教的差别更加明显。罗山激烈批判佛教的反人伦性、反伦理性，同时使儒学的伦理性在日本确立起来。这一点，于儒学（朱子学）在日本近世思想史上确立并确保其主导性上具有重大意义。

与惺窝、山崎暗斋相比，罗山的排佛理论不仅仅是批判佛教本身，而且是通过批判佛教的反人伦性来确立儒学（朱子学）的伦理性。从当时的

---

① 山崎闇斎：《闢異》，鷲尾順敬編：《日本思想闘争史料》（第1卷），东京：名著刊行会1969年版，第20页。

时代背景看，经过长期战争而确立的新政权德川幕府，需要新的社会秩序。罗山为了使朱子学的伦理秩序在德川政权中扎下根来，可以说是用尽了一切手段。

罗山在家康手下任官（庆长十一年）之前，曾不惧权威聚徒讲授新儒学，并向惺窝论战，对儒学非常投入。出仕幕府初期，罗山因理想与现实的矛盾而非常苦恼，但又对获得特权，自由阅读骏府书库的藏书而喜悦。明历三年（1657）一月十八日，江户发生大火，罗山费尽一生心血收集的大量藏书也在这场大火中付之一炬。绝望的罗山在一月二十三日去世。从这里可以看出，罗山无论如何不能被认为是曲学阿世之魁，也并不是以学问为工具阿谀追求权力之徒。相反，罗山利用以自己的自由换来的“权力”来努力扩大朱子学的影响。这就是罗山的“从俗”理论，而罗山“从俗”的意义也正在于此。

罗山批判佛教、扩大儒学影响的努力，在日本思想史上具有重大的意义，对德川幕府的文教政治也起了很大作用。作为德川幕府的政治理念，元和元年（1615）颁布的最初的《武家诸法度》中的“法是礼节之本也，以法破理而不以理破法”[①]，体现了法家的思想。与此相对，在宽永十二年（1635）颁布的《诸氏法度》中，变成了“励文武忠孝”，体现了儒家思想。儒学成为官学，在幕府的学问所和藩校中，作为武士阶级的学问固定下来。但是，应该指出的是，幕府诸藩的教育部门主要讲授以四书为主要内容的朱子学，而在思想领域中朱子学并未发挥特别大的作用。作为外来思想的朱子学虽然在相当程度上影响了日本近世社会的走向，但由于其在诸多方面与日本近世社会的现实不相符合而未能融入日本人的实际生活中。虽然取得了“官学”的地位，但朱子学并未成为德川时代的主流意识形态。这一点在重新认识日本近世国家的性质以及探讨这一时期处于主导地位的思想这个问题上给了我们重要的启示。

（张学焕著）

---

① 本山幸彦：《近世儒者の思想挑戦》，京都：思文閣2006年版，第34页。

论贝原益轩养生思想中“心”的修养

一、贝原益轩与他的养生书籍

贝原益轩生于宽永七年（1630），日本筑前福冈藩人，名笃信，字子成，通称久卫兵，号益轩。贝原益轩的父亲贝原宽斋，曾担任黑田藩藩主黑田候的侍医，因此益轩自幼接触医学知识。益轩 9 岁随兄长贝原存斋学习写字，开始以诵读佛经为本，14 岁开始学习“四书”，28 岁经藩主选拔，获京都游学机会，研修朱子学。在京都游学之际接触到木下顺庵、山崎暗斋等当时著名的儒学家，正式涉入儒学。当时京都正盛行经验主义学风，这对他即事即理的思维方式产生了一定的影响。7 年后，35 岁的益轩回到福冈藩担任藩里的儒臣，在教育藩内子弟的同时自己也在不断学习。正德四年（1714）寿终，享年 85 岁。

益轩博学多才，注重民生日用之学，他的研究领域涉及养生学、医学、药学、音乐、体育、兵法、农业、天文、历史等多方面，著作多达 99 部、251 卷。益轩的大部分著作是在 50 岁以后完成的，这也是他与其他学者相比不同的地方。其《大和本草》对日本药物学和博物学的发展起到巨大的推动作用，贝原益轩也因此被称为日本本草学的创始人。《用药日记》里记载了贝原益轩针对自身、家人、熟人用药的分量及效果。他的养生书主要有《颐生辑要》五卷和《养生训》八卷。前者完成于 53 岁，后者完成于 83 岁，相隔 30 年。《颐生辑要》是益轩对中国传统医学、养生学的精华进行编纂的资料集。《养生训》是在《颐生辑要》的基础上，根据自身的生活经验以及前人的论述，用简易和文编写而成的养生书，书中涉及精神修养和自然疗法，其中“心”之养生是其思想特色之一。《养生训》作为江户时代的畅销书，至今不衰。益轩在《乐训》和《自娱集》中也谈论到何为快乐，以及如何保持快乐的方法。作为儒学家的贝原益轩，在其养生思想中非常重视精神和心的修养。

二、养生的概念和益轩生活的时代背景

养生，顾名思义，就是保养生命。主要是指通过各种方法颐养生命、增强体质、预防疾病，从而达到延年益寿的一种医学活动。在实际生活中，要求从饮食到起居，都要诚心谨慎。具体内容为坐卧、身体运动、起居、饮食、衣服、视听、排泄、精神修养等等。总之是极带有个人卫生色彩的一项活动。

江户时期，由于德川幕府实行闭关锁国政策，日本除了与中国和荷兰继续保持贸易关系之外，基本断绝了和周边国家的交往，日本的本土思想思潮开始酝酿，形成了具有日本本土特色的医学，日本的养生思想也逐渐步入成熟期。

养生原本属于中国道家、神仙医学体系。在江户时代以前的日本，基本还是以中国的养生思想为主流，因此可以说那个时代的养生术就是神仙系统的延命术。在 17 到 19 世纪中叶的近世日本，受这种延命术的影响，养生论被高度发展成一种肉体延命至上、用具体方法满足肉欲的做法。但儒家医学反对这种养生论。

贝原益轩在《养生论叙》中谈道：“是以养生之术，其在顺天节欲而已矣。中华养生之说者，多是方外术士之徒。故其书往往虚妄不经，其术不顺德义之则，徒使人心迷惑，固君子之所不取也。”① 在益轩看来，君子之养生，异于一味膨胀欲望、追求长生、炼丹化气之道家养生。他认为道家的养生之论很多都没有根据，而且很多都不符合道德规范，为君子所不取。此外，贝原益轩指出：“仙术之士偏于养气，不爱道理，故弃礼仪。”② 所谓养生论，不是针对具体疾病，而是以人作为对象，因此存在如何抑制人类欲望这一问题，近世的实用医书都论及了这一点。这和神仙养生医学存在很大的不同。

自 1603 年德川幕府成立到第四代将军家纲执政的中期（1660 年左右）

---

① 贝原益軒：《益軒全集》（卷之七），东京：益軒全集刊行部 1911 年版，第 753 页。

② 石川謙校注：《養生訓 · 和俗童子訓》，东京：岩波書店 1987 年版，第 27 页。

的五十多年间，正是日本进行社会投资和基础建设的时期。这一时期农民所承受的年贡和地租负担很重，德川幕府向农民征收的租税约为全年收成的70%，即所谓的“七公三民”。到了五代将军纲吉执政的1700年间，“三公七民”这一逆转性的税制改革，使日本迎来了最大的减税时代。农民可支配的财产增加，加上良好的基础设施条件，这个时期国民的衣食住行都得到了很大的改善。都市货币经济迅速发展，民众消费水平提高，出现了所谓的“元禄景气”，这同时也是泡沫经济膨胀的时代。这一太平盛世时期劳动量减少，民众开始追求自己身心的欲望，身体沉迷于美酒、美食、房事等安乐之中。元禄以后，花魁、游艺、赏花宴会、大酒会上的比喝和比吃无一不是这个时代的世风代名词。① 井原西鹤的《好色一代男》、《好色一代女》、《日本永代藏》都是这个时代的真实写照。当时贝原益轩在《大和俗训》中也感叹这个时期的世风奢靡，节约观念衰退，并指出基础设施建设时期的过度劳动容易造成身体中的“气”的减少，而繁荣和享乐的生活使身体中的“气”淤滞。

德川幕府为了抑制消费，降低物价，改善经济状况，在享保、宽正、天保改革中反复颁布“俭约令”抑制消费，然而收效甚微。其原因也许在于对于民众来说，统治者的法令对自身利益没有任何好处，相反是一种压力。贝原益轩的《养生训》和当时其他人的养生言论，直接以身体养生为目的，并没有讲到节约的价值。在当时物质生活充裕的都市社会，比起“俭约令”对町人物质增长的否定，或者空洞的伦理道德言论，从“养生”角度谈论节约，对抑制民众的欲望更有说服力。贝原益轩以及当时其他人的养生言论起到了缓和町人和政府“俭约令”之间的矛盾的作用。当时的养生言论在这一点上具有非常出乎意料的影响力。

三、贝原益轩的身体观

益轩的身体观分为两部分，第一部分是“天地父母之恩惠”。贝原益轩在《养生训》卷一开头部分就讲道：

---

① 手塚文栄、江原絢子：《ハレの日の食事》，NHKデータ情報部：《江戸事情第一巻》，东京：雄山閣1991年版，第299页。

人之身以父母为本，天地为初。受天地父母之恩赐而生。又养之则为吾身，非吾之私物。乃天地之恩赐、父母之授也。慎养不损可享天年。乃是对天地父母之孝之本也。吾身体发肤授之于父母，损之为不孝也。……养吾身是人生第一大事也。天下四海唯人身为贵。①

身体为天地、父母所赐，并非私有，养生才能延年益寿，才是对天地、父母最好的报答，不养生就是对天地不敬、对父母不孝。益轩在《养生训》开头就从儒家思想的角度分析了养生的重要性和必要性，并在后文中进一步批判道家神仙养生家们只满足个人欲望的做法。

第二部分是“气”之身体。中国医学进入日本的确切时间目前还存在争议。公元 552 年，梁元帝赠给日本《针经》一套；公元 562 年，吴人知聪携带《明堂图》以及医药书籍 164 卷到日本，这是中日医学直接交流的最早记录。公元 607 年，圣德太子派小野妹子出使大隋，开始了中日民间真正意义上的医学交流。经过千余年的引进、学习研究与发展，到了近世，日本在结合本国气候、地理环境等条件的基础上形成了具有本土特色的汉方医学。与此同时，西方医学也传入日本。18 世纪 20 年代，德川吉宗实行享保改革，提倡学习荷兰语，放宽禁书制度，西方的知识科技在日本传播开来，被称为“兰学”，其核心为“兰医”。当时许多医生对西方解剖学产生兴趣，并通过解剖学对人体内脏器官有了最初的认识和了解。

在益轩生活的年代，中医和西医都影响着日本医学，但在民间，前者始终占据着压倒性优势。也就是说，当时日本人的身体观是基于中医“气”的思想上的。

“气”原是指宇宙云气或人的呼吸，是中国哲学、道学和中医学的常见概念，先哲们习惯用“气”来解释世界的本源，“道生一，一生二，二生三，三生万物，万物负阴而抱阳，冲气以为和”②。春秋战国时代的思想家将“气”抽象化，将之解释为遍布宇宙的生机，总而言之，就是世界万物的本源。万物由“气”演化而成，所以万物不外是“气”的衍生物，由

---

① 石川謙校注：《養生訓・和俗童子訓》，东京：岩波書店 1987 年版，第 27 页。

② 老子：《道德经》，沈阳：辽宁民族出版社 1996 年版，第 38 页。

此形成了“万物一体观”。益轩的“气”的思想正是基于此而产生的。我们再看一下益轩是怎样看待生命的产生和消失的。益轩说：

> 造化之道，元气生生不息，物之生者，元气来聚也。来聚者，其气滋息；死者，元气散尽也。故一旦死，则其气消灭而无余。①

益轩认为，人的生命来源于“元气来聚”，生命的消失不过就是“元气的散尽”，并且认为散去的元气不再参与生命运动，而是“消灭而无余”，也就是否定灵魂之说。益轩在《生死说》中也谈道：“故二气（阴阳）消散。则魂魄亦随之亡亦。”② 这个说法否定了张载的气之再生说，树立了以气为本的唯物观。人因“元气”而生，也就是得到自然世界的生命能量而生，那么“气”又和养生存在着怎样的关系呢？益轩说：

> 养生之道在于养气，应无损气之举。若养少损多，日久气减病生以致死。故众人病多短命也。③

又言：

> 养生之害有二，耗元气，一也。滞元气，二也。……耗与滞，皆损元气。④

益轩认为，人得天地之“气”而生，人要想长生就必须思考如何才能不“损气”、不“滞气”，“滞气”就会形成“病气”。日语中的“病气”就是生病的意思。在益轩生活的年代里，人的寿命状况如何呢？益轩在《养生训》中谈道：

---

① 貝原益軒：《元気消息説》，《益軒全集》，东京：益軒全集刊行部 1911 年版，第 316 页。

② 貝原益軒：《死生説》，《益軒全集》，东京：益軒全集刊行部 1911 年版，第 316 页。

③ 石川謙校注：《養生訓 · 和俗童子訓》，东京：岩波書店 1987 年版，第 47 页。

④ 石川謙校注：《養生訓 · 和俗童子訓》，东京：岩波書店 1987 年版，第 30 页。

人以百年为期，百岁上寿，八十中寿，六十下寿。六十以上为长生也。然世间长寿者少，未及五十短寿者众。人生七十古来稀并非虚语。五十为不夭，非若死。然人命非如此，是谓无养生之术也。①

当时日本人的平均年龄是50岁，为什么一般人难享天年呢？益轩认为这主要是因为人不懂养生之道，寿命在不经意间折损。益轩85岁在当时已算是高寿了。益轩对生命“元气来聚”的解释是其养生学说的根本。同时，他清晰明确地告诉世人：只要懂得养生之道，长命百岁并不是梦。

贝原益轩在《养生训》中仔细列举了日常生活中所要注意的具体事项，包括饮食、饮茶、睡眠、运动、择医、用药、养老等。简单来说，就是告诉人们怎样保持身体的“元气”以及怎样养其“元气”。但贝原益轩的养生不单单停留在身体上，也有针对心的修养的一面。这就演化成“气”和“心”的关系问题了。

既然万物都由“气”构成，那么人区别于花草鸟兽之处在哪里呢？简单地说，在于“气”构成的方式不同。人是接受了“天地之正气”，即特别纯正优质的“气”而生存着的。② 而人以外的万物，则因气的偏差，或混沌或阻塞。贝原益轩在《初学训》中指出：

虽言天地万物，皆受天地之气而生，然人最贵。人有仁义礼智信五常之性。受天地之心为本性也。③ …… 天地之心，生育万物恩赐之道也。④

贝原益轩在后文中进一步阐述，这种天地之心就是“仁”，作为接受了天地间最纯正“气”的人，要对这种恩赐进行报恩。因此，所谓的“养气”不仅仅在身体的“养生”上，也关系到心的修养。所以说心的修养也是贝原益轩养生思想中的一个重要方面。

---

① 石川謙校注：《養生訓・和俗童子訓》，东京：岩波書店1987年版，第31页。

② 辻本雅史：《日本德川时代的教育思想与媒体》，台湾：台湾大学出版中心2005年版，第14页。

③ 貝原益軒：《初学訓》，《益軒十訓》，东京：有朋堂1911年版，第401页。

④ 貝原益軒：《初学訓》，《益軒十訓》，东京：有朋堂1911年版，第402页。

贝原益轩在其著作里一直强调保持身体内“气”流通的重要性。他在《养生训》饮食篇当中还特意讲到放任吃喝有损脾胃之气，最终会让身体衰弱。益轩还多次提到中国人与日本人体质的差异，尤其脾胃功能差异很大，饮食应该清淡而少量。至于适合日本人脾胃的用药量，他认为应减至中国人所用药量的一半。他反对一些医生用药太少，这些都是基于他自身的经验。以上我们看出益轩的养生言论是基于汉方医学和中国养生学基础上的本土化养生学。

四、益轩的身心论

正如在时代背景中介绍的那样，在益轩生活的那个年代，表面上看起来安定的社会，实则世风奢靡。在这样的时代背景下，贝原益轩完成了许多“教训书”，当中并没有论及经济和政治问题。作为一名儒者，贝原益轩的经书注释书极少。较之于同时代的儒学大家山崎暗斋、山鹿素行、伊藤仁斋、荻生徂徕等通过对四书注释建立自己的学问派别而言，益轩更多的是扮演了大众教师的角色。他关心日常生活，关注世人“心”的问题，喜欢用通俗易懂的文字来叙述社会道德，启迪民众的道德意识。

益轩在《养生训》中详细谈到了饮食、酒量、睡眠时间、房事频率、天气干湿等问题，这些问题关键在“心”，对于益轩来说，修“心”是养生的首要问题。比如益轩说道：

> 心，身之主也，宜静而使安；身，心之奴也，宜动而使劳。心静则天君舒展无苦；身动则饮食不滞，血气畅而无病。①
>
> 养生之术，必先慎心法，不守则难行。必静其心，抑其怒，少其欲，方可常乐。养生之术，守心之道也，若不守心法，则不能行养生之术，故养心、养身之功夫无二，一术也。②

作为“身之主”的“心”对“身”具有管理功能。应当让“心”保

---

① 石川謙校注：《養生訓・和俗童子訓》，东京：岩波書店1987年版，第30页。
② 石川謙校注：《養生訓・和俗童子訓》，东京：岩波書店1987年版，第61页。

持平静。那么影响内心平静的因素有哪些呢？益轩在文中的解释是“耳目鼻口形”（形，具体是指头身手足）五官对所见、所闻、所嗅、所感等的欲望，例如饮食、饮酒、睡眠、房事等身体的欲望。益轩称如果只顾满足这些五官的感受，就是“嗜欲”了，这个时候作为“天君”的“心”要起到管制五官的作用。那么为什么“心”具有这个作用呢？正如我们先前所谈到的，因为人是接受了“天地之正气”即最纯正的“气”而存在的。益轩认为养身养心并非二事，它们是通过“气”联系起来的。从这里也可以看出他是一位身心一元论者。

五、益轩的养生要诀

如上所述，养“气”对于养生来说至关重要。在益轩的养生思想中，影响气之平衡的因素有两个，分别是“内欲”和“外邪”。益轩说：

养生之术，应先去损身之物。损身之物为内欲和外邪。内欲为饮食之欲、好色之欲、嗜睡之欲、好言之欲和喜怒忧思悲恐惊七情之欲。外邪为天之四气，风寒暑湿也。少内欲，防外邪乃永保天年。①

益轩认为，七情六欲生于内，会造成“气”的不通以致生病。益轩也详细谈到饮食不可过多，太饱会伤脾。他引用朱子的话说“饮酒但以半酣为节可也”，“饮至大醉，则毒气必坏真气”②。关于饮食饮酒，他在《养生训》第三、四卷中详细介绍了饮食饮酒等应该注意的事项。关于房事，益轩在《颐生辑要》中谈道：“黄帝曰，一阴一阳谓之道。偏阴偏阳谓之疾。阴阳不和，若春无秋，若冬无夏。因而和之。”但“养生之方，首先节欲。夫元气有限，人欲无穷。欲心一起，势若炎火”③。益轩认为，过度的房事会伤男之精气和女之血气，从而损其寿，他赞同《千金方》根据年

---

① 石川謙校注：《養生訓·和俗童子訓》，东京：岩波書店1987年版，第25~26页。

② 貝原益軒：《頤生輯要》，《益軒全集》，东京：益軒全集刊行部1911年版，第781页。

③ 貝原益軒：《頤生輯要》，《益軒全集》，东京：益軒全集刊行部1911年版，第789页。

龄控制房事频率之说。“千金方曰，人年二十者四日一泄。三十者八日一泄。四十者十六日一泄。五十者二十日一泄。六十者闭精勿泄，若体力犹壮者一月一泄。”① 在《养生训》中，他多次提到要“少言”，认为言多会伤气，而且如果不慎言语，也会伤害到其他人，故少言可以养德，是养生养心之道。喜怒忧思悲恐惊七情剧烈起伏，会减弱身体内的“气”而有损健康，应保持性情平和以养“心气”。总之应“去暴怒以养其性，少思虑以养其神，省言语以养其气，绝思虑以养其心”②。

对于人的欲望，益轩的态度是怎样的呢？作为朱子学家的贝原益轩并不赞同朱熹的“天理存则人欲亡，人欲胜则天理灭”、“存天理灭人欲”（《朱子语录十三卷》），他肯定人的欲望，认为“颐生之道，莫先养心。而养心，莫若寡欲”③。益轩进一步写道：

饮食男女宫室衣服财利器玩，得之我有，皆是耳目口体之所为快，而心之所欲也。人身所欲，不过此数者，是虽人情之所不能无，然贪之而无节，则必祸害生矣。④

贝原益轩认为欲望是人之常情，但是不能超过一定的限度，人应该“寡欲”，这一理念的提出是受到明代学者罗钦顺的影响，也是对程朱理学的批判继承。益轩在《大疑录》中写道：

明王阳明乃天下之英才，一时之人迷溺于其学说，滔滔在是。比晋人之清谈其害甚过。罗整庵与王阳明乃同时之人，以阳明为非，与之论辩。可谓聪明英俊之人也。罗钦顺之学，其说不阿谀宋儒，其言曰：“理只为

① 貝原益軒：《頤生輯要》，《益軒全集》，东京：益軒全集刊行部 1911 年版，第 790 页。

② 貝原益軒：《頤生輯要》，《益軒全集》，东京：益軒全集刊行部 1911 年版，第 772 页。

③ 貝原益軒：《頤生輯要》，《益軒全集》，东京：益軒全集刊行部 1911 年版，第 858 页。

④ 转引自李坚：《试论贝原益轩的社会伦理思想》，《沈阳师范学院学报》（社会科学版）1998 年第 1 期，第 25 ~ 26 页。

气之理”，又曰“理须就气上认取”。窃谓宋儒分开理气为二物，其后诸阿谀宋儒，而不能论辩。仅罗氏师尊程朱，而不阿谀其好，其论最为正当。宋以后元明之诸儒所不及也，可谓豪杰之士也。如薛瑄、胡居仁二人，虽为明儒之首称，然其所见及罗钦顺甚远。[①]

理气问题在明代是思想家们争论的一个焦点。朱熹认为“未有此事，先有此理”，认为理为气之本。罗钦顺在《困知己》中写道：“朱子终身认理气为二物。”罗钦顺的“理须就气上认取”，就是认为理离不开气，理不能先于气而有，把理置于气的从属地位。罗钦顺也反对朱熹的“天理存则人欲亡，人欲胜则天理灭”。同在《困知己》中罗钦顺说道：“夫人之有欲，固出于天。”“喜怒哀乐皆为性之所有。”也就是说人欲和喜怒哀乐都是出自“天”，即出自自然，因此应顺其自然，满足人的生理、生存基本的欲望需求。当然，罗钦顺也不主张放纵人的欲望。从这里可以看出益轩的“寡欲”思想受到了罗钦顺思想的影响，并用之在其养生思想中。

今村嘉雄对贝原益轩的养生言论进行了详细的分类和统计，其中寡欲的提及频率最高，占38%；其次为精神养生，占20%；身体运动占15%。[②] 可见，在益轩的养生思想当中，寡欲占最主要的位置。接下来分析益轩的寡欲思想——“一字养生要诀”。

首先是“畏”字。意思接近于儒家思想中的“敬”字。益轩在《养生训》中说道：

保身养生有一字之要诀。若行此要则可长生无病。……其一字为畏也。畏乃守身之心法也。万事小心惜气，求不过之事，常畏天道，慎而从之；畏人欲，慎而抑之。……故朱子晚年，常曰敬字，敬近于畏字。[③]

---

① 荒木見悟、井上忠校注：《日本思想大系 34　貝原益軒　室鳩巣》，东京：岩波書店 1987 年版，第 32 页。

② 鈴木敏夫：《江戸時代における養生書の研究―身体運動の養生価値をめぐって》，《教育学部紀要》1973 年第 22 号，第 419 页。

③ 石川謙校注：《養生訓・和俗童子訓》，东京：岩波書店 1987 年版，第 29 ~ 30 页。

“敬”是中国自古就存在的一种对天命的敬畏和谨慎，朱熹在继承前人理论的基础上，形成自己的“持敬”的道德规范。认为“敬”是“一心主宰而万事之根本”，敬的持守要做到“收敛”、“主一”、“常惺惺”，持敬是构成朱子心性修养哲学体系的重要内容。贝原益轩的“畏”实际上与朱子学的“持敬”的道德规范是一脉相承的。益轩对天地、父母恩赐的身体一直持有一种敬畏之心。中世时日本战火不断，元禄时期又盛行“殉情”，人的生命一直不被爱惜，因此益轩在书中反复强调生命的价值，以及应对其秉持“畏”的态度。

益轩还用“畏”来控制人的欲望，规范人的行为，从而达到不损“气”。他在《养生训》中引用论语的“人无远虑，必有近忧”来告诉人们防患于未然的重要性，“一盅酒，半碗饭”也会招来疾病，所以要对生活中的小事时刻谨慎。他认为依赖针灸和药物是养生之“下策”，养生必须要防患于未然。他的“预”的思想其实也是“畏”的一种延伸。贝原益轩是最早在日本传播疾病预防的养生家，因此被很多医学专家称为日本预防医学的先驱。①

其次是“忍”字。在《养生训》中，益轩屡次提到“忍”字，称之为养生要诀。他写道：

> 古语道，忍乃身之宝也，忍则无殃，不忍则殃。……怒与欲必忍之，概养生之道于忍怒与欲也。“忍”一字比守之。武王曰：“忍之须叟，乃全汝躯。”书（《尚书》）铭曰：“有忍乃有济。”古语里云：“莫大之祸，皆起于须臾之不能忍。”是忍一字，乃养身养德之道也。②

面对奢侈的世风和世人的各种欲望，益轩告诉人们要忍住内心的“欲”和“怒”，这样才能享受长寿带来的快乐。具体的“欲”是指“饮食之欲”、“睡眠之欲”、“房事之欲”、“言语之欲”等耳鼻口体之欲和对财产器物之欲。这些欲望会损身体的“气”，贪图这些暂时的欢乐必然会

---

① 刘克申：《颐享天年训养生——贝原益轩与养身训》，《医古文知识》2000年第1期，第27~28页。

② 石川謙校注：《養生訓·和俗童子訓》，东京：岩波書店1987年版，第50页。

带来不好的后果，益轩在书中指出这是很愚蠢的做法。益轩认为还要控制怒气，怒除了会伤肝气，还会造成人与人的关系紧张，这也是其道德修养的重要内容。

再次是“中”字。其实这也是儒家思想中的“中庸”之道。益轩在《养生训》中说道：

万事满十分，为忧之本。古人曰：“酒引微醉，花见半开。”……养生之道，须守中，所谓守中，云不过不及也。不可随欲过之，是守中也。万物皆应如此。①

益轩自己也很爱好酒，他在《养生训》饮酒篇中说道：“酒为天之美禄，若少饮之，可宽心，消忧，助兴，补元气，活血气，与人共乐；若多饮至酩酊大醉，则妄言，心狂，招灾。”②“中”在益轩养生思想中可以概括成：顺应四时阴阳，起居有常，饮食适量，动静适宜，房事适当。若时时秉持“中”的思想，就能使身体内的“气”畅通，成为一个阴阳平衡的统一体。

六、益轩的养生“术”

正如藤浪刚一在《日本卫生史》中所指出的那样，益轩是“寡欲主义的实践者”③。除了提出养生要诀，益轩还提出了一些具体的规范，用这些具体的规范把民众的欲望限定在一定的范围内，以“慎”作为享受的前提，用具体的方法引导民众，这些具体的方法也就是贝原益轩的“术”，益轩是强调“术”的重要性的儒者。在学问上，益轩把正确地选择“术”作为第一要事。他说：“为学者必欲造道，欲造道者，贵在择术。故学者须以择术为第一之事。”④ 关于他对“术”的更进一步的思考，体现在

---

① 石川謙校注：《養生訓・和俗童子訓》，东京：岩波書店 1987 年版，第 55 页。

② 石川謙校注：《養生訓・和俗童子訓》，东京：岩波書店 1987 年版，第 91 页。

③ 藤波剛一：《日本衛生史》，东京：日新書院 1942 年版，第 58 页。

④ 貝原益軒：《慎思録》（卷之一），《益軒全集》，东京：益軒全集刊行部 1911 年版，第 12 页。

《长生有用论》当中：

天下之事无不有法术亦。君子之学，虽究三才之德，而与术者之所学，其大小不同，然是亦修己治人之法术而已亦，故称之为儒术。若夫农夫之耕稼，妇女之织社，工匠之修造，文人之著述，兵家之战斗，医家之治疗，疱人之割烹之类，大率有所作为者，各无不有法术，其余之曲艺小技亦皆然。凡天下之事有法术者，必学而后能焉，故得其术而学者易成功。①

益轩认为，任何事都有相对应的“术”，所谓的儒学无非就是“修己治人之法术”。农耕、机织、工匠、文人、兵家、医疗、烹饪等都有一定的“术”，掌握了具体的“术”才容易成功，也就是说要掌握具体实施的方法。而这些具体的方法是建立在对具体事物之“性”理解的基础上，也就是朱子学的“格物穷理”思想。益轩说：

程子所谓“一草一木皆有理，须查之者”其说虽似泛滥，然天下之事无不有理，穷之不博，则其应事也不当。苟不穷其理，则不合其宜者多，譬如种植于草木，然培养乖其性则枯矣。然则当种植之时，虽一草一木，微细事亦适为当务之急，是格物之所以贵博也。②

益轩用种植草木来举例，违背作物的“性”来种植的话，将会使植物枯萎，一草一木，都要知道“其理”，因此要先知而后行，他否定陆王学的“知行合一”。他在《初学知要》中写道：

凡为学大端有二，致知、力行而已。天下之道理，非先知之则不能行之。譬如行道路然，苟不知路脉，虽终日行行，亦迷错而已。……故学之序，先知后而后行也。③

① 貝原益軒：《自娯集》（卷之三），京都：永田調兵衛 1714 年版，第 210 ~ 213 页。

② 貝原益軒：《頤生輯要》，《益軒全集》，东京：益軒全集刊行部 1911 年版，第 64 页。

③ 貝原篤信編録：《初学知要》（卷之上），大阪：岡田群玉堂 1884 年版，第 373 页。

益轩用行路的例子说明“先知而后行”这种学问顺序的重要性。益轩的这种学问态度体现在养生思想上亦然，如他在《长生有术论》中所说的“养生之道亦多术也”，“夫能以保天年者，必有术而然焉。不能保之者，因不知其法术而然焉”。[①] 他的养生之术正是建立在对“气之身体”的认识基础上。如前文所述，益轩认为影响“气”的因素为“内欲”和“外邪”，去掉这两种“损气之物”就可“永保天年”，那么在益轩的日常生活中具体的养生术主要有哪些呢？其实就是我们在前文中提到过的“缩短睡眠时间”、“饮食七八分饱”、“慎言”、“控制情欲”、“起居有时，防外邪，寡内欲”等。

七、益轩“乐”的养生思想

作为一名儒者，益轩非常重视人内心的问题，他认为“乐”是人类与生俱来的，是来自天地的恩惠。不失“乐”方为报“天地之恩”，并且不失“乐”为养生之本。[②] 1710 年，81 岁高龄的益轩完成了《乐训》三卷的编写。在《养生训》里，益轩多次提到“长生则乐多”。在《乐训》里，我们可以感受到益轩不仅仅是在追求生命的长度，他也看重如何能快乐地度过眼下的每一天。他否认有来生，告诉世人要珍惜今世。益轩在《养生训》中说道：

> 养生有一要诀。……有养生之志者，须知并守之。其要诀为少字也。……少欲则养生延寿。少欲有十二名目，名之十二少。必守心法。少食，少饮，少五味之偏，少色欲，少言语，少事，少怒，少忧，少悲，少思，少卧。……孙思邈之千金方，亦有十二少，其意同，名目有别。上述之十二少，合今之事宜也。[③]

---

① 貝原益軒：《自娯集》（卷之二），京都：永田調兵衛 1714 年版，第 212 页。

② 石川謙校注：《養生訓・和俗童子訓》，东京：岩波書店 1987 年版，第 55 页。

③ 石川謙校注：《養生訓・和俗童子訓》，东京：岩波書店 1987 年版，第 57 ~ 58 页。

笔者在这里就不一一分析益轩列举的事项，只强调《千金方》的“十二少”分别是少思、少念、少欲、少事、少语、少笑、少愁、少乐、少喜、少怒、少好、少恶，益轩保留了其中的少思、少欲、少事、少欲、少怒五项。但是，益轩自己追加了饮食和睡眠，把愁分为忧和悲，同时还削减了孙思邈的少笑、少乐、少喜、少好和少恶五项。益轩削减表示精神快乐的“笑、乐、喜”，正是其“乐”的养生思想的体现，同时也再次说明益轩的养生思想不拘泥于中国传统的养生思想，有自己创新的方面。

那么，益轩是如何定义“乐”的呢？

首先益轩认为“乐”要“知足安分”。益轩在《乐训》中说道：

知吾身之足，安分之人甚少也。求分外则乐失。知足之理常思不可忘。①

在益轩生活的年代，人类的欲望被无限放纵，他提出的“知足”并非是一味节制、忍耐，而是在肯定现实的基础上积极生活。在上文中我们论述过，益轩不是一位彻底的“禁欲主义者”，他赞成民众追求更好的物质生活，但要将之控制在一定的“度”上，保持内心的快乐。

其次益轩谈到了“从容不迫”。这句话是来自《中庸》第十一章中的“诚者，天之道也；诚之者，人之道也。诚者不勉而中，不思而得，从容中道，圣人也。诚之者，择善而固执之者也”。益轩在《乐训》中说道：

常之气象为从容不迫，须守词四字。从容谓缓而静也，速且而忙时，亦心平气和不可失乐也。②

益轩主张心静养“气”，认为“身劳”的时候也要保持内心的平和，任何时候都要做到心平气和。益轩的养生观不同于其他儒者的一点在于他的“心静身动”观点。道家的“主静”说为众多儒者们所接受，比如老子主张“致虚极，守静笃”；庄子进一步提出“心斋”、“静坐”等静坐方

---

① 貝原益軒：《樂訓》（卷上），《益軒十訓》，东京：有朋堂1911年版，第612页。
② 貝原益軒：《樂訓》（卷上），《益軒十訓》，东京：有朋堂1911年版，第614页。

法；二程将“静坐”之法演为故事，教人于静坐中“看喜怒哀乐未发以前气象”，后来的儒者们以此作为口诀，静坐观心；朱熹将“居敬”作为“圣门之纲领，存养之要法”。益轩在《大疑录》中批判朱子学的道德修养方法是佛教的修养方法，他认为这种方法太偏于静，缺乏动。益轩说道：

（朱子）曾论守心法，曰主静，曰静坐，曰默坐澄心，体贴天理，以静坐为平生守心之工夫，是皆偏于静，而不能时动静，是禅寂习静之术，非儒者所言之处也。①

益轩认为正确的修养方法应当是有动有静，贯穿于动静两种状态之中，自己修养于内，又发动于外。他在文中多次提到，避免“久坐”、“久卧”而导致气的滞留。他引用《吕氏春秋》中的话说：“‘流水不腐，户枢不蝼’，然气亦然。”② 就是说流动的水不腐臭变质，常动的门轴不会被蛀虫啃食，以此告诉人们，静坐不动，必然导致“气”的瘀滞，而引起疾病。他还提出“日日小劳”的主张，鼓励人们按摩、跳舞、重视导引等。导引之法是古代中国道家的一种健康法。这再次体现出益轩对中国古代养生学有很深的研究。

益轩认为“乐”要“乐善”，换言之就是“助人之乐”。他在《初学训》中说道：“积善无限，其乐无穷。”③ 同样在《乐训》中益轩谈到，人世间没有哪一种快乐能超越亲自体会帮助他人带来的快乐。奢侈生活招致“名失”、“气衰”、“病生”，因此他提倡富人把奢侈用的财物用来帮助“千万饥荒者”，认为虽然财物会减少，但是这种“仁心”得到的益处和快乐是很多的。④ 他鼓励这些“大富人”通过“慎欲”、“施同情于贫困者”来体会这种“乐善”之乐。晚年的益轩经济状况不佳，他将积蓄一生的经验以及知识，以简易和文的形式分享给众多读者，这正是益轩自身的“乐善”行为。

---

① 荒木見悟、井上忠校注：《日本思想大系 34 貝原益軒　室鳩巣》，东京：岩波書店 1987 年版，第 13 页。

② 石川謙校注：《養生訓・和俗童子訓》，东京：岩波書店 1987 年版，第 45 页。

③ 貝原益軒：《初学訓之四》，《益軒十訓》，东京：有朋堂 1911 年版，第 454 页。

④ 貝原益軒：《樂訓》（卷上），《益軒十訓》，东京：有朋堂 1911 年版，第 279 页。

除了“乐善”，对益轩而言的“乐”还有“亲近自然之乐”和“读书之乐”。益轩非常喜爱旅游，并留下了很多纪行文。闲暇之际，“观月花之美，望山水游园地”之于益轩是“极乐”。他还认为：“读书，犹如和古圣贤对视听其教。且读书可通天地万物道理，知天下古今之事，其乐之大。”[①] 他认为不能只是单纯地读书，探究事物之理，把“理”付诸实践也很重要，这也是儒者推崇的“修身、齐家、治国、平天下”。重视日用民生问题的益轩完成了众多“教训书”，不仅实现了作为儒者的价值，还将“格物致知”的精神扩及经验科学方面，如《大和本草》一书就是其探究物理的具体体现。贝原益轩主张“气一元论”，重视气活动的一面，他以“格物致知”精神，立于实证主义的观点。益轩认为学问须迫近事物，穷究其理，使之行之于事，实用于民，方为真学。作为一名朱子学家，他赋予了朱子哲学以新的生命力。

八、养生与“义”的关系

益轩在《养生训》中说到，有人问养生和君子的“义”的关系，是不是只顾自己的身体而不重视圣贤所教的“义”呢？益轩的回答用了两个字，一个是“常”，一个是“变”，来阐述自己的看法。他认为“常”即平常的时候，应该重视身体，使之“坚固”，这就是“道”。在“变”的时候，例如在“见危”和“临难”时，就应该奉献自己的身体去勇敢战斗。他强调君子要懂得“时宜”。

那么圣人所言的“义”对益轩而言具体是什么呢？我们可以理解为报“四恩”。益轩在《大和俗训》中进一步阐述了人的“四恩”，分别是天地之恩、父母之恩、主君之恩、圣人之恩。[②] 对于“义”和养生的关系以及“变”，益轩晚年在《自娱集》卷六“义利轻重辨”中进一步写道：

> 天之生人也，利以养其体，义以养其心，故人之生乎斯世也，有义理，有利禄，二者不可缺一也。义理以养其心，而厚人伦者存道也。……

---

① 貝原益軒：《初学訓之二》，《益軒十訓》，东京：有朋堂1911年版，第434页。

② 石川謙校注：《養生訓・和俗童子訓》，东京：岩波書店1987年版，第37～38页。

知身贵于天下也，见君父之危，则见死若归，义重于身也，是人之本心也。夫天下大利也，比之身则小。身所重也，比之义则轻。①

可以看出，益轩认为“义”可以养“心”，如果“义”与身体发生矛盾时，“义”比“身”重。这里的救“君父之危”即儒家的“忠”和“孝”，也就是上述“变”的一种情况。

在《初学训》中，益轩对人类主要的喜爱之事进行了排序。在“好富贵”、“好长生”、“好义理”中，他认为长生比富贵重要，但是比起长生来说，“义”更加重要。他尤其反对因为“私欲”和“富贵”而放弃行“义”。在益轩的价值观中，生命的价值远远高于国土和王位，但为了君主、父母舍弃生命是君子的正确选择。② 需要注意的是，益轩生活的时代盛行“殉情”，这不在益轩的“变”的情况之内，亦不属于报“四恩”，故不是益轩所提倡的。

九、贝原益轩养生思想的现代意义

在当代社会，环境污染、水污染、食品安全问题等影响着我们的健康。比起这些外来污染对健康的损害，更为严重的损害来自精神压力、金钱至上、心态浮躁、盲目攀比、贪婪等。我们内心的问题严重地影响着我们的健康和人际关系的和谐。

关于养生思想的论作，总结起来不外乎身体保养和精神修养两部分，前者是对肢体的煅炼和对饮食选择的调整，后者强调养心宁神。贝原益轩的养生思想不管是从历史角度，还是从现实意义来说，都具有巨大的价值。正因为如此，益轩养生思想的代表作《养生训》在日本不断地被译成现代文出版。其书中的很多养生观点与今天的医学观点颇为一致，尤其是对“心”的重视和现代养生学的思想一致：养生首先应当注意养心宁神，即通过节制贪欲、控制情绪，达到心理平和、气机通畅、血脉畅达，最终达到延年益寿的目标。现代养生学也充分意识到静以养心，动以养形的重

① 貝原益軒：《自娯集》（卷之六），京都：永田調兵衛 1714 年版，第 298 页。
② 貝原益軒：《初学訓之二》，《益軒十訓》，东京：有朋堂 1911 年版，第 422 页。

要性。无论是传统的气功、太极拳，还是现代的瑜伽和健身操，皆是如此。此外，我们还应该遇事不急躁、不妄为，凡事皆心平气和地处理。神安心定、和顺待人，能和谐人际关系。穿梭于都市生活中的我们，还应该学习益轩，多贴近自然，感受读书交友之乐，实践乐善好施之乐，达到修养身心的目的。

人是社会组成里的最小分子，个人的身心健康直接影响到人与人、人与社会的和谐。良好的修养在和谐社会的建设中显得尤为重要。道德上的至诚，可以使我们心安理得、心平气和。人的身体也能得到调理，变得强健。而有悖于社会伦理的行为，会使人内心恐慌、愧疚、寝食不安、精神高度紧张等，这些不良的情绪容易导致神经中枢和内分泌功能的失调，长此以往，会诱发各种身心疾病，导致早衰和减寿。

我们目前所处的时代和益轩生活的年代相似，经济快速发展，物质条件相对充裕，各种各样的诱惑充斥在我们周围。适度的欲望可以推动经济的发展和社会的进步，但是过度的欲望会给我们带来灾难。因此我们要学会控制欲望，实践益轩所言的“寡欲”，保持适度，淡泊宁静，保养身体的“气”，从而享受益轩所言的“上寿”之乐。

（向静静著）

1800 年前后的日本“异安心”事件与民众宗教*

——向净土真宗、如来教寻求救济

引　言

（一）问题意识——近世佛教与近世宗教社会

1800 年被称为近世后期的开端，这一时期，宗教发生了巨大的变动。在以佛教为首的既存宗教社会之中，我们能看到诸如近世戒律运动的宗派性扩大、大乘佛教非佛说、须弥山论争的登场，也能看到异安心（译者注：异安心指与教祖相异的教义、信仰。为净土真宗用语）事件频发、开帐（译者注：开帐指各寺院打开神龛，将平时放置其中的佛像等展示于人的行为）的流行等对旧有宗教秩序的冲击。同时，号称能够应验多种利益的流行神盛极一时，抱持独特世界观的民众宗教也在此时成立。而学者们在对这一时期的宗教社会进行描画时，往往采用这样一种通行学说：革新的、带有近代性质的民众宗教克服了堕落的佛教。①

说起这样的佛教堕落史观，恐怕就必须谈谈“黑暗的近世”社会的宗

---

* 本文根据石原和《名古屋城下における如来教信仰—仏教と如来教、そして「いかに救われるか」という問い—》（《次世代人文社会研究》2012 年第 8 号）修改而成。

① 参见村上重良：《近代民衆宗教史の研究》，京都：法蔵館 1963 年版；村上重良、安丸良夫编：《日本思想大系六七　民衆宗教の思想》，东京：岩波書店 1971 年版；安丸良夫：《日本の近代化と民衆思想》，东京：青木書店 1974 年版；小澤浩：《生き神の思想史　日本の近代化と民衆宗教》，东京：岩波書店 1988 年版；桂島宣弘：《幕末民衆思想の研究》，东京：文理閣 1992 年版；神田秀雄：《〈伝道参考シリーズ・Ⅲ〉如来教の思想と信仰—教祖在世時代から幕末期における—》，天理大学おやさと研究所，1990 年；浅野美和子：《女教祖の誕生「如来教」の祖・媹姾如来喜之》，东京：藤原書店 2001 年版等。

教情况了。佛教堕落史观最初由辻善之助提出。① 在他之后的佛教史研究，以对制度方面的探讨为主，虽有研究试图超越他的佛教史论，结果却仅仅是对其学说进行了补充。② 然而近年来，我们看到了许多新的动向。例如欧里昂·克劳陶就将佛教堕落论作为一种话语（discours）进行了思考，③ 詹姆斯·E. 凯特拉和大谷荣一等人则对近代佛教的形成过程进行了批判，④ 而西村玲则以素来较少被关注的学僧的思想为焦点，对近世佛教进行了重新审视。⑤

但是，不管我们是否承认近世佛教的堕落性，在对史料进行整理和解读之时，我们不难发现，近世寺院的确聚集了众多虔诚的信徒，许多包含佛教要素的文字、歌舞伎和剧目也拥有极高的人气，这些现象无疑证明了近世佛教的凝聚力和活力。大桑齐认为："在日本的近世社会，佛教是定居在人们心中的基本思维，人们借助佛教的语言进行思考，在这样的框架之内，儒教、天道思想、通俗道德、民众宗教等等，乍看上去仿佛是非佛教的各种思想和宗教，其实都不过是佛教的表象而已。"⑥ 如果我们接受这一观点，就是承认对近世佛教的考察是对宗教社会这一整体，甚至是对近世社会全貌的考察。那么，对于生活在那一时代的人们，宗教究竟是什么？为什么人们会倾心于宗教？人与宗教互为何种关系？笔者希望在本文中对这些问题作出思考，并在此基础上，以近世净土真宗⑦最大的异安心事件——"三业惑乱"，以及在其发生地名古屋⑧的影响为题，从信徒与宗教的相互关系的角度出发，对近世社会的宗教和信仰做一些考察。

---

① 辻善之助：《日本仏教史　第十卷　近世篇之四》，东京：岩波書店 1955 年版。

② 澤博勝：《近世宗教社会論》，东京：吉川弘文館 2008 年版。

③ クラウタウ・オリオン：《近世仏教堕落論の近代的形成—記憶と忘却の明治仏教をめぐる一考察—》，《宗教研究》2007 年第 81 号。

④ ジェンムス・E. ケテラー著，岡田正彦訳：《邪教/殉教の明治》，东京：ぺりかん社 2006 年版；大谷栄一：《近代仏教という視座》，东京：ぺりかん社 2012 年版。

⑤ 西村玲：《近世仏教思想の独創—僧侶普寂の思想と実践》，东京：トランスビュー 2008 年版。

⑥ 大桑齐：《仏教土着論》，大桑齐编：《論集仏教土着》，京都：法蔵館 2003 年版，第 2 页。

⑦ 净土真宗是以亲鸾（1173—1262）为教祖的净土信仰，从江户时期到现代，拥有日本人数最多的信徒。

⑧ 名古屋为尾张藩（现爱知县西部）尾张德川治下的城下町。

（二）如来教及其先行研究

1802 年，尾张藩名古屋城下的原武家奉公人（译者注：奉公人指侍奉领主、武士、商人等的家臣家仆、佣人等）喜之（1756—1826）创立了如来教[①]。如来教创立于 19 世纪，此时正是黑住教、天理教、金光教等民众宗教相继出现的时期。这些民众宗教大多以先进的农村为据点，信徒以下层民众居多，主要提倡以现世利益为主的现世救济，进入近代，多被纳入教派神道之中，成为神道系统的一部分。但如来教却表现出独特的性格：如来教以都市为据点，信徒中武士所占的比例较大（约为 30%），教义内容表现为后世中心主义，并主张精灵、鬼神的存在，近代之后，其教团的形成过程（如来教被纳入曹洞宗的管理之下）也与其他民众宗教大不相同。

有关如来教信仰的具体情况，可从教祖喜之的说教记录《御经样》中略窥一斑。[②] 在如来教中，喜之的说教被称为“日待”，根据信徒的意愿，在御本元（译者注：御本元在如来教中指喜之的家，也是如来教的说教场所之一）或信徒的家中召开。开讲之时，受如来之名拯救世人的金毗罗神等各种神明依附在喜之的身体上，通过喜之来讲说后世（译者注：后世在如来教中指死后轮回的世界）的救济。处于如来教信仰世界观的中心地位的是如来和金毗罗神，除此之外，伊势、热田大明神、入海大明神、法然、亲鸾、圣德太子等各种神明也都出现在喜之的说教中。对名古屋城下

---

① 如来教以喜之为教祖，现在分化为两教派，一是以名古屋热田区旗屋的登和青大悲寺为御本元的如来教，二是 1929 年从如来教分离出来，以金泽市弥生的如来庵为本部的一尊教团。根据日本文化厅《宗教年鉴　平成 23 年版》的记载，前者现有信徒 7 514 人，持有寺院 41 间；后者信徒数目不公开，持有寺院 3 间。按照先行研究的惯例，本文所指的如来教是指一尊教团独立之前的 19 世纪前期教祖在世期间的如来教（在如来教内，这一时期被称为“此度”）。但需要注意的是，如来教这一称呼，并非喜之在世时期就有，是在近代之后，这一宗教团体才开始自称如来教的。

② 《御经样》是如来教祖喜之在 1804 年至 1826 年之间的说教记录。石桥智信指出其具有重要的历史价值。他认为，当时有一个称作“御缀连”的由尾张藩士组成的笔录者组织，《御经样》通过“御缀连”，经由五道手续制成，即第一步：一人听取四人速记；第二步：合四部原稿为一稿；第三步：由听取之人填补遗漏；第四步：向喜之诵读原稿；第五步：誊写。《御经样》由如来教分派一尊教团提供（现在的如来教一派对《御经样》采取彻底的保密措施），大约 90% 已得到翻刻。（参见石橋智信：《隠れたる日本のメシア教——尊教の集団生活とその内容—》，《宗教研究》1927 年第 4 卷第 4 ~5 号。）

的人们而言，这些神明都极其亲近。因此，如来教的世界观是对各种神明的重新定位，是民众世界发展到近世后期各种思想的集成。也正是由于这样的理由，学术界对如来教表现出了浓厚的兴趣。

1927 年石桥智信在论文中首次介绍了如来教，[①] 该论文先后被译为英文和德文，使得如来教广泛地为学界所认识。处于国家神道体制下的如来教属于禅宗，其活动处于封闭状态。石桥的论文促成了如来教组织的开放和近代宗教化。战后，幕末至明治时期登场的新兴宗教被学者们称为民众宗教[②]，而如来教作为民众宗教的先驱，受到了广泛关注。历史学或思想史学上的民众宗教这一概念，是指幕末维新时期成立的创唱宗教（译者注：创唱宗教是指由某一特定的人或团体创制并提倡的宗教），包含近代化论、国民国家论、国家神道论等各种问题意识。这一概念由村上重良奠基，[③] 安丸良夫进一步充实、完善。[④] 在两位巨匠的研究基础上，小泽浩对原有的以“现世利益”和人为中心的研究方法提出了疑问，用“生神”（人神）的概念对新兴民众宗教作了描绘。[⑤] 桂岛宣弘则对“一神教式的最高神明”这一说法表示质疑，并试图从民众的信仰、宗教世界观等角度重新认识民众宗教。[⑥] 此外，在最近的研究成果中，我们也可以看到许多以旅行、流通等人与人的交流为媒介，思考民众宗教成立的论述。[⑦]

当然，我们也能看到如来教研究对民众宗教研究问题意识的继承。例

---

① 石橋智信：《隠れたる日本のメシア教——尊教の集団生活とその内容—》，《宗教研究》1927 年第 4 卷第 4 ~ 5 号。

② 对于“民众宗教”这一概念，在下文中会做详细说明。与此类似的概念，还有宗教学者针对这一时代性所使用的“新宗教”一词。两者所反映的问题意识虽有微妙的差异，但所指的几乎是相同的宗教现象。本文在此不贸然区分，统一使用“民众宗教”这一概念。

③ 村上重良：《近代民衆宗教史の研究》，京都：法蔵館 1963 年版。

④ 村上重良、安丸良夫编：《日本思想大系 67　民衆宗教の思想》，东京：岩波書店 1971 年版。

⑤ 小澤浩：《生き神の思想史　日本の近代化と民衆宗教》，东京：岩波書店 1988 年版。

⑥ 桂島宣弘：《幕末民衆思想の研究》，东京：文理閣 1992 年版。

⑦ 幡鎌一弘编：《近世民衆宗教と旅》，京都：法蔵館 2010 年版。

如，神田秀雄就翻印了如来教的基本史料《御经样》,[①] 并对如来教进行了极其细致的考察，试图从金毗罗信仰、平田派国学等多重世界观中探寻这一时代的民众实像。[②] 在最近的论考之中，他带着“作为民众宗教的如来教为什么诞生于都市”这一问题，将目光投向了人口流动中的信仰、宗教交流，以都市和人口移动为关键词，重新探讨了民众宗教成立的条件。[③] 与神田合作翻印《御经样》的浅野美和子，选取神话学、宗教学的观点，从民众的神话传承这一角度，点破如来教中神明代替人类承受苦难的中世神的性格，并将如来教的救济置于女性救济的谱系之中，强调教祖喜之的神秘性和女性救济思想等问题。[④] 浅野的这种对民间神话、传说与如来教思想的共通性的认识，以及将民众世界与如来教思想置于相同地位的视点，都是不容忽视的研究方法。

那么，在近世社会，人们的信仰与民众宗教的关系究竟如何呢？在近世，人们并不仅仅依据地缘关系，成为寺社的檀那[⑤]或氏子（译者注：氏子指神道的信徒），他们也对在都市接连不断出现的流行神和开帐、御荫参[⑥]、金毗罗信仰等全国性的宗教动向有着敏感的反应。因此，生活在近世的人们的信仰形态，往往会根据不同的愿望而随时改变，同一个人往往信仰多个神佛。这也意味着同一宗教共同体中的成员是流动变化的。那么，以此为前提，我们应该如何思考民众宗教的信仰和其获得信徒、扩大

---

① 神田秀雄、浅野美和子：《清文堂史料叢書　第110刊　如来教・一尊教団関係史料集成》(1—4)，大阪：清文堂2003～2009年版。

② 参见神田秀雄：《〈伝道参考シリーズ・Ⅲ〉如来教の思想と信仰—教祖在世時代から幕末期における—》，天理大学おやさと研究所，1990年；神田秀雄：《近世における「救済」の〈場〉》，《江戸の思想》1，东京：ぺりかん社1995年版等。

③ 神田秀雄：《化政期における社会的交通の展開と民衆宗教の成立—如来教の事例に即して—》，幡鎌一弘編：《近世民衆宗教と旅》，京都：法蔵館2010年版。

④ 浅野美和子：《女教祖の誕生「如来教」の祖・媹姾如来喜之》，东京：藤原書店2001年版。

⑤ 檀那在佛教中指施者。在江户的佛教政策中，各家必须从属于某一寺院。对于家族而言，所属寺院即为檀那寺；对于檀那寺而言，属下的家族则称为檀那——译注。

⑥ “御荫参”是江户时代爆发的大规模的伊势神宫参拜运动。一般认为，比较大型的御荫参共有三次，分别发生在1705年（330万至370万人）、1771年（约200万人）、1830年（约427.6万人）。这三年，来自日本各地的民众涌向伊势神宫进行参拜——译注。

势力的过程呢？由于民众宗教研究往往以佛教堕落论为前提，[①] 因此我们对民众宗教和佛教的关系不作深入讨论。但在对如来教的思想进行考察的时候，我们很容易便可推测出其用语和内容深受佛教影响。因此，我们必须关注近世信仰中影响最大的佛教与民众宗教的关联性，有必要从人们流动的信仰世界的连续性中找到1800年前后宗教社会的共通课题，重新审视19世纪初期诞生的如来教的意义。

本文提到的有关净土真宗和如来教的关联，浅野已经做了一些探讨，[②] 但她仅是对江户时代普及的真宗文稿《沙石抄》、《叹异抄》等作比较，而没有分析其他具有同时代性、地域性的具体事例。因此，本文希望通过对1800年前后名古屋城下净土真宗的情况的考察，发现其信仰课题，并从这一课题的普遍性与同时性出发来探讨如来教的意义。

一、19世纪初期的净土真宗与如来教

（一）净土真宗与如来教的同时性

教祖喜之在世时期的如来教，与日莲宗思想有着深刻联系。正如先行研究已经指出的那样，喜之宗教思想的形成过程受到了法华行者觉善的影响。但是，考虑到地域情况，本文将考察对象定为名古屋城下信徒众多的净土真宗，希望能够探讨其与同样诞生于名古屋城下的如来教的同时性。此文首先从《御经样》的内容开始。

1818年11月17日晚，尾张藩士稻垣庄兵卫家中正在举行喜之的说教。这一天，“一向宗（即净土真宗）的信徒们”聚集在喜之周围，就参

---

① 例如村上重良就将民众宗教描写为“幕末维新时期”由“反对停滞、颓废的宗门的”“俗家信徒组成的新宗教”，参见村上重良：《新宗教》，东京：評論社1980年版，第2页。村上的这一表现，认为民众对既存佛教进行克服具有必然性，反映出他将民众宗教作为近代化的动力的马克思主义历史观。同时，这一说法还反映出欧里昂·克劳陶所指的佛教史学史问题，即明治维新之后，佛教为了在近代社会中重新获得地位，必须改善之前的佛教的“堕落”这一自我认识的形成，以及这一自我意识形成时所产生的以镰仓佛教的隆盛为理想的近代佛教学的影响。（欧里昂·克劳陶：《近世仏教堕落論の近代的形成—記憶と忘却の明治仏教をめぐる一考察—》，《宗教研究》2007年第81号。）

② 浅野美和子：《女教祖の誕生「如来教」の祖・媹姾如来喜之》，东京：藤原書店2001年版，第286~311页。

与亲鸾圣人的报恩讲[1]的愿望寻求喜之的意见。[2] 乍看之下，净土真宗的信徒参加如来教的说教似乎有点矛盾。这里究竟讲了些什么呢？金毗罗神降临，附着在喜之的身体内，借喜之之口说道："有信徒说'想办亲鸾圣人的法事'，我就让亲鸾圣人降在喜之的身上如何？"于是，金毗罗对亲鸾说："亲鸾圣人说些什么吧。"但亲鸾却说："啊，真是高兴，真是感激不尽。但这次救济，原是您（金毗罗神）所授意，[3] 我难有所为，还是请您指教众人为宜。"[4] 我们可以看到，金毗罗神通过喜之传达了亲鸾的话语，言及参与报恩讲法事的情况。喜之口中的如来教的世界观，混杂着金毗罗神与亲鸾的对话，这在信徒们看来，不管是新兴的如来教还是固有的净土真宗，都不存在丝毫的对立或矛盾。显然，如来教与净土真宗有着相似的信仰和世界观的共同体，或者说，如来教的信徒中包含了部分净土真宗的信徒。

（二）19世纪名古屋城下的净土真宗

1. 名古屋城下的净土真宗寺院

让我们来看看当时名古屋城下宗教社会中净土真宗的实际情况。安永年间（1772—1780）的名古屋城下共有寺院240余间。其中，净土真宗本派与大谷派、高田派寺院共有54间，远远多于日莲宗（25间），与曹洞宗的寺院数量（46间）基本持平，[5] 在18世纪末的名古屋城下拥有极大的

---

① 报恩讲是在净土真宗祖师亲鸾的忌日（11月28日）举行的意在向祖师报恩的仪式。"讲"是一种从事某种宗教性活动的民众结社形式

② 神田秀雄、浅野美和子：《清文堂史料叢書　第110刊　如来教·一尊教团関係史料集成》4，大阪：清文堂2009年版，第318页。

③ 如来教的教义认为：亲鸾（及各宗派的祖师）为了救济众人从天而降，但最终却没能成功。而喜之则是金毗罗神派来救济众人的最后使者。

④ 神田秀雄、浅野美和子：《清文堂史料叢書　第110刊　如来教·一尊教团関係史料集成》4，大阪：清文堂2009年版，第315页。

⑤ 根据《贞享五年调》的记录，各宗派持有寺院的数目分别为：天台宗6间，真言宗21间，临济宗18间，曹洞宗8间，净土真宗镇西派59间，净土真宗西山派13间，日莲宗31间，净土真宗西本愿寺派18间，净土真宗东本愿寺派23间，净土真宗高田派4间。《尘点录》、《蓬洲旧胜录》的记载与此稍有出入，在此采用240余间的说法。按理，本应选用更接近如来教创立时期的数据，但笔者受手头资料的限制，采用了贞享、元禄年间（1684—1703）的数据。这一时期正是本末制度（本末制度是江户时代由幕府实施的宗教团体管理制度。各宗派中统领全体的寺院称为本山，下可设数间末寺——译注）得到加强的时期，许多村落新设寺院，寺院数量之大处于巅峰。之后因为幕府禁止建立新寺，这一数量有减少的倾向。（名古屋市役所：《名古屋市史　社寺编》，名古屋：名古屋市役所1915年版，第426~427页。）

宗教势力。

如来教从创立到教祖喜之圆寂的时期（1802—1826），几乎正好与净土真宗大谷派名古屋御坊大殿（东挂所）[①]重建的时期（1805—1823）重合。原来的大殿建于元禄时期（1688—1703），历经百年，在文化、文政时期（1804—1817、1818—1829），伴随着名古屋城的繁荣，御坊和分寺也顺利发展，原有的大殿无法容纳众多信徒，急需重建。[②]大量的信徒为重建工程捐献了木材、土石等物，工程作坊的修建导致田地遭到破坏，而搬运木材的车辆因为难以通过东林寺前茶屋町附近的道路，又引发了这一带大面积拆迁扩路。总之，这一重建工程牵连了整个名古屋市区，给名古屋带来了极大的变化，相关描写在许多史料上都能看到。例如《金明录》中就有僧人对1815年重建的事情作了记述，[③]说正月重建伊始，名古屋人就献上了大量金钱财物。每月27、28日又有不少人或捐助或出力帮忙，人数多达一万余。当时名古屋城下的人口约为十万，[④]也就是说每十人中就有一人参与了这一工程，足以看出重建对于名古屋的城下町有多么重大的意义。重建现场仿佛花季赏花一般，各种各样的小买卖一齐出动，橘子、红豆包、板栗馒头等各色小吃茶点应有尽有。就这样，重建工程伴随着城市的改变，影响着劳动力和物资的流动，催生了大规模嘉年华般的娱乐空间，影响了居住在名古屋城下的每个人，也给他们的生活以及这一地区的净土真宗的存在方式带来了巨大影响。

---

① 1690年，京都东本愿寺提出建立名古屋御坊的恳求，尾张藩第二任藩主德川光友接受请求并组织建造了大殿（新修名古屋市史編纂委員会：《新修名古屋市史　第三巻》，名古屋市1999年版，第733页）。大殿在名古屋的净土真宗信仰中发挥了最主要的作用。现为名古屋市内的东别院。此外，大殿还有其他许多称呼，本文选用“御坊”一词。

② 事实上，重建并不仅仅因为大殿老化，“讲”的形态发生变化也是原因之一。我们观察同一时期圆通寺秋叶堂在天明年间（1781—1788）的重建就会发现，其重建理由为“过年祭祀时节，秋叶堂狭窄不便，望能改造扩大”，“可结万人讲”（《羽休秋叶大权现缘起》爱知县里图书馆藏）。可见重建是因为“万人讲”等大规模的“讲”的出现，需要更大的讲堂。

③ 名古屋市蓬左文庫編：《名古屋叢書三編第十四巻金明録—猿猴庵日記—》，名古屋：名古屋市教育委員会1986年版，第311页。

④ 名古屋市編：《名古屋城史》，名古屋：名古屋市役所1959年版，第325~330页。

2. 信仰生活

接下来，笔者从前文提到的如来教与净土真宗讲的交集出发，捕捉两者信仰生活的共通点，特别关注“讲”这一组织的作用，以净土真宗讲为突破口，阐述 1800 年前后的宗教信仰问题。

名古屋城下净土真宗的信徒都是些什么人呢？虽然我们很难了解信徒的具体人数，但可以肯定的是其中武士阶级的信徒以下层武士居多，而町人阶级中，借家人（译者注：借家人指寄住在店主家里的店员）占了压倒性的多数，农民阶层的情况目前则十分不明了。① 总的来说，名古屋城下的净土真宗信徒虽以下层民众居多，但数量较大，在名古屋御坊大殿重建之时，由他们组成的“讲”捐献了工程必要的物资，也提供了大量人力。例如前文介绍过，27、28 日前往工地帮忙的人最多，这就和“廿七讲”、“廿八讲”有关。顾名思义，这是两个每月 27、28 日开“讲”的信仰共同体。因为亲鸾的忌日为 28 日，净土真宗便多以忌日前一天和忌日这两天设“讲”。当然，也有诸如“廿五日讲”、“十四日讲”、“二日讲”（大殿常设）等在其他日子举行的情况，还有“二日扫除讲中”这样的以寺院人员为中心的“讲”，以及“御普请方”（译者注：“御普请方”是江户幕府的职位名称，他们主要听从相关人员指挥，亲临各种工地现场参与施工）、“在御世话方同行中”（译者注：“御世话方”是江户时代的职务名，指各种团体中负责组织、运营，处理事务问题的人。“在御世话方同行中”意思是抱有同样信仰的御世话方的联合组织）、“女人讲”、“肝煎讲”（译者注：“肝煎”指江户时代村落中具有民政职务的人，如村长等）等以各种职务或属性为标准设立的“讲”。

我们再来看看村落社会与“讲”这一信仰共同体的关系。一般而言，有以檀那寺为中心的村内“讲”，也有跨越多个村庄的广域“讲”。后者有的可以联合十个以上的村落。信徒自身按照檀那寺、村落级别寺院、较大地域级别的寺院、本山“讲”的进阶顺序，同时参与多个“讲”。由此可

---

① 笔者虽然参考了新修名古屋市史编纂委员会出版的《新修名古屋市史 第三卷（名古屋市 1999 年版，第 731 ~ 732 页）》中有关信徒构成的记述，但其证据明显不足，故作保留。但可以肯定的是信徒人数众多，本文也沿用该书中下级武士和町人等划分方法。当然，对这些人群的定义仍需进行详细的考察。

见，“讲”这一组织起着连接信徒与信徒、“讲”与“讲”、村与村的作用。“讲”举行各种活动，包括念佛传承、代人参拜、11月（报恩讲）和12月在本山和别院举行的献饼等仪式。[①] 此外，大殿常设的“二日讲”、“御花讲”等则主要讨论大殿相关事务，如回收捐款、接待寺院僧侣等。

二、1800年前后的净土真宗——“三业惑乱”的时代

（一）“三业惑乱”的时代

在喜之首次被金毗罗神附体开创如来教之后不久的1806年，针对“三业惑乱”这一净土真宗的教义论争，德川幕府作出了裁定。

事件的起因是这样的：宝历年间（1751—1763），越前净愿寺的龙养和尚提倡无归命说[②]，该学说虽在当地被广泛接受，却遭到净土真宗本山的否定。1762年，本山派遣学僧功存前往福井御坊，在当地举行法谈并展开训诫。训诫内容被整理成文并于1764年出版，题为“愿生归命辩”。该书依据当时被本愿寺视为正统的莲如的“若欲生后得解救，一心只求阿弥陀”的话，提倡向阿弥陀佛祈祷，并主张“身做礼拜，口求救助，心（意）向往生”的身、口、意三业俱全的三业归命说。虽然三业归命说是对无归命安心[③]的有力否定，但对于以“他力之信心”（译者注：他力为佛教用语。指借助佛、菩萨等的加护得到解救。与此相对，自力则指仅通过自己的修行开悟，并得以成佛）为根本原理的本愿寺教团而言，这一学说未免过于极端。尽管如此，当时的能化[④]还是承认了其正统地位，由此，能化以后的学僧之间便产生了新的教义论争：究竟应该采用原先的正统解释，还是承认三业归命说？执掌宗派学问（宗学）的能化承认三业归命说这一事实，无疑诱发了教义的变化，直接影响了净土真宗每天的宗教活动方法。而信仰净土真宗的人们的生活，也势必会被卷入这样一场巨大的变革之中。至1797年，这一教义论争终于演变成了牵涉一般信徒的骚动。这一时期，本山接任能化，仍然承认三业说，而地方的末寺却多选择反三业

---

① 名古屋别院史编纂委員会：《名古屋別院史　通史編》，名古屋：真宗大谷派名古屋別院1990年版。

② 归命，指专向佛祖祈求救助。无归命说则指认为自己已经得到救助的异说。

③ 安心在此处的意思是获得信心后成佛。

④ 能化指本愿寺派修行所的总讲师，统领一派宗学。

说的立场，美浓大垣藩[①]就是一例。从 1801 年起，大垣藩与本山的攻防战开始扩大。到 1802 年，反三业说派竟然发起了两次上千人的骚动，藩主亲自镇压，导致有势力的公卿也被卷入其中。1803 年事态更加严峻，竟发展到全国信徒直逼京都结党暴乱，幕府不得不直接介入，最终像前文提到的那样，1806 年幕府裁定承认反三业说的主张，事件才算平息。[②]

我们可以对这次论争作一总结：有关如何成佛得救，三业说派遵循莲如所谓的“若欲生后得解救，一心只求阿弥陀”，强调自己的祈祷。而反三业说派则认为“救济”是阿弥陀如来的本愿，因此应相信救济。这一论争就这样围绕着成佛得救的方法展开。对于一般信徒而言，这一教义的动摇直接关系到他们为获得救济应该做些什么的问题，因此这一骚动并没有止步于学僧之间，而是扩大到了信徒层面。

（二）名古屋城下净土真宗信仰的动摇——“新敷宗意”[③] 与“五人男”[④] 事件

1. “新敷宗意”：另立宗意

名古屋城下自然也被卷入了这一事件之中。在学僧们为“三业惑乱”争得不可开交之际，1774 年 7 月，分布于尾张藩各村的 70 多间东本愿寺派寺院的僧侣们敲打木鱼，口中念佛，另立新的宗派教义（即“宗意”），好不热闹。名古屋城下的 13 间东本愿寺派寺院也参与了这一骚动。对此，尾张藩的寺社奉行（译者注：奉行为镰仓至江户时代的职务名称，执掌各种政务并负责执行。寺社奉行指负责寺院、神社等政务的人员）四处张贴告示，封锁寺院，从重处罚，有些相关人物甚至遭到流放。[⑤]

---

① 现岐阜县西部地区。

② 柏原祐泉：《真宗史仏教史の研究Ⅱ》，京都：平楽寺書店 1996 年版；引野亨輔：《三業惑乱・「異安心」にみる近代仏教の一特質》，《史學研究》1998 年第 221 号；澤博勝：《近世宗教社会論》，东京：吉川弘文館 2008 年版。

③ “新敷宗意”是日语词汇，“新敷”就是“新”的意思。在此考虑到作者故意保留了史料用语，因此翻译也直接引用“新敷宗意”的说法——译注。

④ “五人男”是日语词汇，字面意思是指“五名男子”。之后作者会对此用语作详细说明。翻译仍然保留原文的史料用语——译注。

⑤ 名古屋市蓬左文庫編：《名古屋叢書三編第十四卷金明録—猿猴庵日記—》，名古屋：名古屋市教育委員会 1986 年版，第 37 页。

通过这一事件，我们可以确定，在名古屋的净土真宗寺院中也出现了另立“宗意”的动向。参考当时的净土真宗史料，这里所说的另立“宗意”并非另立宗派或宗教，而是指对信仰的教义进行新的解释。在这一事件中，名古屋城下共有13间寺院（即前文提到的净土真宗54寺的大约五分之一）都参与了“新敷宗意”运动，是名古屋城下的一次重大的信仰动摇。因此，这一问题的解决也显得极为漫长。

从尾张藩的寺社奉行颁发的禁令来看，“宗门异体”（身为净土真宗的信徒，却采用其他宗派的形式）和“新敷宗意”的不断出现是这一事件的主要问题。此外，禁令还要求除了净土真宗之外，其他宗派如若出现这些趋势也应报告，可见在当时的宗教社会中，采用其他宗派的形式并不少见。这一“新敷宗意”事件出现于东本愿寺派，[①] 事件发生的时间也早于全国性的在一般信徒中发展的“三业惑乱”，但从学僧间的骚动以及各村的参与等问题中，不难看出其同时代性和共通性。

2. “五人男”事件

“五人男”事件发生在1809年，因“五人男”——了雅、王旦海、灵瑞、任誓、秀山五名僧人而得名。这五名僧人是威广院灵曜和尚（灵曜出生于“三业惑乱”的发源地越前加贺，受教于这一派学问的集大成者香月院）的弟子，因悖于“宗风”且“有私欲”而遭到本山的处罚。在此，我们需要注意的是，“五人男”的“宗风”究竟是什么？究竟什么问题是争论的焦点？御坊针对“五人男”作了调查，其记录被编集成《尾州五人御糺》。下面对这一史料作一些解读。

在讨论“五人男”的“宗风”问题之前，我们先来看看“五人男”与“三业惑乱”的关系。1810年2月3日的调查报告曾谈到“五人男”在法谈、劝化等活动中采用了一些不寻常的说教方法和内容。这些内容在尾

① “三业惑乱”是净土真宗西本愿寺派的教义论争。但是正如下文提到的，东本愿寺派的寺院、信仰都受到这一事件的影响。

张藩被视为“法义惑乱”（与前文的“三业惑乱”相关[①]），御坊方面对此也表现出不安，他们颇为忧虑地说道：“此事关乎往生大事，许多信者若为此等言论所惑可如何是好?”[②] 他们认为“五人男”的说教专注于三业中的意业，“讲三业之意业，理解有误，为异安心”[③]。在对不同宗派的教说进行批判时，采用对三业批判的修辞，无疑反映了“三业惑乱”对他们的影响。可见，在经历了“三业惑乱”的混沌之后，净土真宗名古屋御坊对诸如“五人男”提出的新的教义表现得极为敏感，“五人男”的“宗风”对御坊而言显然是难以接受的。

在调查中，御坊对“五人男”进行了单独询问。总的来说，“五人男”的主张主要在四个方面值得质疑：第一，“五人男”强烈主张仅靠信佛得不到救赎，即使求阿弥陀佛也不得相助；第二，认为如果没有得到一念归命（他力）的信心，纵然念佛也会下地狱；[④] 第三，批判他人的说教空有形式没有内容；第四，认为根据“信”、“求”的程度不同，得救的程度也会不同。[⑤]

作为“正统”的御坊认为，“阿弥陀如来曰：‘唱吾名号者可往净土世界。’所谓阿弥陀如来之本愿，乃是要深信阿弥陀如来之誓而念其名号”，“唱念阿弥陀如来名号者方可得救，信阿弥陀如来之本愿，念佛唱诵乃是

---

① “三业惑乱”属于西本愿寺派的教义论争，而此处所说的名古屋城下的净土真宗的动向则与东本愿寺相关。中岛觉亮认为，东御坊“因害怕之前的三业惑乱骚动再度出现，表现出了极高的警惕意识”。参照中島覚亮：《異安心史》，京都：無我山房 1912 年版。虽然这一说法缺乏史料的佐证，很难证明“三业惑乱”与此次净土真宗的动向互相关联。但是，奈仓哲三以长冈为例，指出“三业惑乱”引发的大骚动牵涉到东西本愿寺派各自的信徒。参见奈倉哲三：《真宗信仰の思想史的研究—越後蒲原門徒の行動と足跡》，东京：校倉书房 1990 年版。结合这一点，我们可以认为，在同一时代名古屋发生的事件多少与此有着相似之处，对于净土真宗的相关人员而言，“三业惑乱”的影响已经超越了宗派。

② 名古屋别院史编纂委員会：《名古屋別院史　史料編》，名古屋：真宗大谷派名古屋別院 1990 年版，第 230 页。

③ 名古屋别院史编纂委員会：《名古屋別院史　史料編》，名古屋：真宗大谷派名古屋別院 1990 年版，第 240 ~ 241 页。

④ 御坊对于“五人男”对他力信仰的解说并没有进行批判。御坊批判的中心在于他们对念佛价值的轻视。

⑤ 名古屋别院史编纂委員会：《名古屋別院史　史料編》，名古屋：真宗大谷派名古屋別院 1990 年版，第 231 页。

我祖开山以来代代相传之教化也”[1]。可见，“五人男”的教义是他们无法容许的异说。那么这样异端的教义究竟是在什么样的情况下产生的呢？面对御坊的调查盘问，“五人男”陈述了三点理由：第一，为了让人相信；第二，批判自力念佛，向信徒推荐他力念佛；第三，向信徒提供快速获得救助的信仰方法。

如果说这样的讲学是以人们对救济的诉求为缘由的话，那么反过来，我们也可以从这些话中探寻当时的人们究竟有何渴望。不难看出，1800 年前后，在一般信徒中，有许多人对当时净土真宗救济中的修行、利益等问题没有信心，倡导他力信仰的净土真宗信徒反而倾心于自力信仰，人们渴求的是一种快速有效的救济。“五人男”的理论正是对这些不安的信徒作出的敏感反应，为了让信徒能够成佛（至少对接受他们的理论的信徒而言），他们对固有的教义进行了新的解释，提供了一种全新的世界观，回应了信徒的诉求。

这一论争直接关系到“如何得救”这一问题，而这个问题对于信徒而言，则直接影响着他们每一天的生活。

三、如来教与“如何得救”——如来教的回答

（一）1800 年前后的信仰课题与如来教

我们已经以名古屋城下净土真宗的论争为素材，描绘了 1800 年前后的宗教社会群像：寻求救助并亲自实践的信徒们要求宗教革新，与此相应，说教僧人们则展开了激烈的辩论。如来教正是在这样一个时代登上了历史的舞台。这是否正意味着，如来教直面了人们的要求，或者说它对这些要求作出了回应？如果这一假设成立，那么如来教的信徒们聚集在喜之的门下又是为何所吸引？下面就让我们从《御经样》中来探寻答案吧。

1817 年 1 月 22 日，金毗罗神依附在喜之的身体里，向人们传教。[2] 说

---

① 名古屋別院史編纂委員会：《名古屋別院史　史料編》，名古屋：真宗大谷派名古屋別院 1990 年版，第 232 页。

② 神田秀雄、浅野美和子：《清文堂史料叢書　第 110 刊　如来教・一尊教団関係史料集成》3，大阪：清文堂 2006 年版，第 83 页。

教中，喜之讲到了创立如来教的理由是想“帮助人们让人们不至于变为畜生”①。

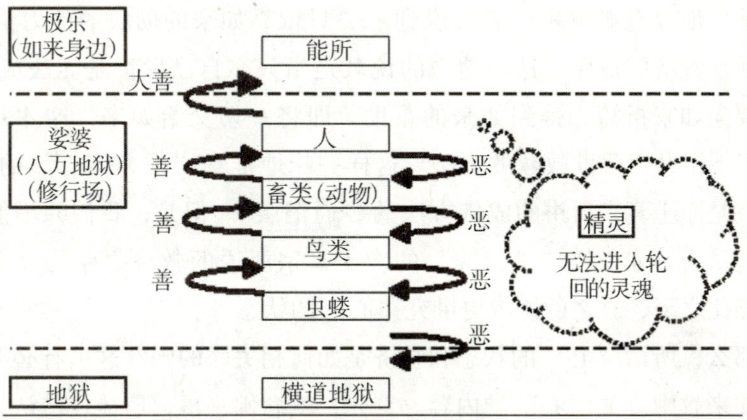

如来教世界观略图

而且“如若你们（指信徒）是得救的境遇，自己也觉可喜，我（指金毗罗神）也知此为安心之道”②。这段话说明，围绕在喜之身旁的人们之所以可喜，是因为他们都处在得救的境遇。对于信徒而言，得救就意味着得到“成佛之道”。正因为喜之提供了成佛之道，信徒才欣然接受之。如此一来，我们也就可以确定，如来教与 1800 年前后名古屋城下的宗教社会有着共同的信仰课题，即回应信徒们如何成佛得救这一问题。

（二）如来教的回答

那么，喜之是如何向人们展示“成佛之道”（即得救）的呢？

1818 年 1 月 19 日到 2 月底的说教，从聚集在喜之身边的自力修行者问题开始。他们当中，有人依靠自身的学问修养寻求救赎，认为“有此学问后世便无险道”③；也有人在心里自认某一得救的方法，“听凭自力”，并

① 如来教讲求轮回转生，认为这个世界是修行场。如来教的世界观如上图所示，向喜之寻求救助的人们处于图中“人”的位置。

② 神田秀雄、浅野美和子：《清文堂史料叢書　第 110 刊　如来教・一尊教団関係史料集成》3，大阪：清文堂 2006 年版，第 83 页。

③ 神田秀雄、浅野美和子：《清文堂史料叢書　第 110 刊　如来教・一尊教団関係史料集成》3，大阪：清文堂 2006 年版，第 230 页。

乐于实践，认为“这样做便可得救，或者那样做也可得救”[①]。不管哪一种，都是试图通过自己的力量获得救赎，是对“自力”的确信。

对此，喜之极其愤怒地对信徒们的自力修行态度进行了批判[②]，在此基础上，他以金毗罗神的名义说到了“只依靠如来的彻底的他力信仰”[③]这一通往救济的道路。这一他力的说教是指只靠自己后世是无法成佛的，所以要向如来祈祷，得到如来的帮助，即将一切交给如来，这才是走向“能所”[④]，得到后世救赎的方法。这样一味地推崇“他力信心”的理论，简直就是净土真宗所讲的成佛方法的“通俗版”。但是，我们并不能就此单纯地认为，如来教与“正统”的净土真宗所说的救济之路是完全相同的，相比之下，喜之的说教更讲究“心”的状态。

那么，所谓“心”的状态和救济是如何相关联的呢？这里有必要介绍一下如来教中有关“心”的内容。首先，就念佛一事，信徒往往认为口中念佛就可以走向极乐世界，但如来教主张念佛并不是动动嘴就可以的，倘若没有一颗“善心”，单凭口中念佛是无法得到后世的救济的。[⑤] 而“心”与救济的关系就表现在：生活在作为修行场的现世中的人们，终将走向“心丈”之“所”[⑥]（即后世）。也就是说，做善事，有善心则能去好的地方；做恶事，持恶心则去往坏的地方。[⑦] 单从字面上讲，这一说教与强调即使念佛也难得救助、后世的去向由信心的程度而定的“五人男”的理论极其相似。但是，“五人男”的说教之所以被视为异端，在于其强调“信”和“求”的程度，而如来教中对阿弥陀如来的救济的坚信这一点则符合

---

① 神田秀雄、浅野美和子：《清文堂史料叢書　第110刊　如来教・一尊教団関係史料集成》3，大阪：清文堂2006年版，第241页。

② 神田秀雄、浅野美和子：《清文堂史料叢書　第110刊　如来教・一尊教団関係史料集成》3，大阪：清文堂2006年版，第432页。

③ 神田秀雄、浅野美和子：《清文堂史料叢書　第110刊　如来教・一尊教団関係史料集成》3，大阪：清文堂2006年版，第65页。

④ 如来教中的“能所”指如来身边，极乐世界。参照“如来教世界观略图”。

⑤ 神田秀雄、浅野美和子：《清文堂史料叢書　第110刊　如来教・一尊教団関係史料集成》2，大阪：清文堂2004年版，第291页。

⑥ 心丈指用心衡量。心丈之所就是指根据心衡量出的应去之地。

⑦ 神田秀雄、浅野美和子：《清文堂史料叢書　第110刊　如来教・一尊教団関係史料集成》2，大阪：清文堂2004年版，第294页。

“正统”净土真宗的信仰态度。可见，喜之虽然也讲求“他力”信仰，但并不承认救济根据程度而改变，而是将救济本身置换为对“心”的状态的解读，这也与净土真宗讲究通过他力信仰获得救济的说法有着根本差异。

如果说只要有善心便能得救，那么具体怎么做才算“善”呢？首先，是对“精灵”（即未成佛的灵，也称“三界万灵”）的救济，即“追善”（译者注：追善指为死者祈祷冥福）。喜之说：“只要有善心，救济精灵，你们（指信徒）后世也会有好的境遇。”①，将善心与对“精灵”的追善紧密地结合了起来。其次，还有对他人的慈悲心。喜之曾在说教中数度说道：“要说善心，举个例子，比如看到有困难的人，便会觉得‘真是可怜的东西。哎呀，真是心疼，心疼。’这样想着，并且好好爱惜（就是善心）。”②

讲究精灵的救济，和通过对可怜人物抱有慈悲之心，从而完成自身修善的教义，其最终的目标是什么呢？在说教中，最终“善心”被置换为“如来之心”。在如来教的世界观中，所谓救济是指后世能够去往“能所”，而所谓“能所”就是如来所在的世界。为了能够到达这个世界，就必须拥有和如来一样的心。因此，所谓一心向善，就等于步步靠近如来之心。所以，喜之谈到如来教救济的终极形态时这样说道：“总说‘后世后世’，如来之心若不能与我心合体，便去不了如来的地方。”“不能让如来与自己的心合体，做什么都不能顺利。”③ 所谓“让如来之心与我心合体”，就是要“与如来同体”——这便是喜之向信徒们展示的如来教的救济。

喜之向造访她的人们所诉说的如来教的救济，以依靠如来这一“他力”为根本，同时讲究“精灵”的“追善”，以及通过对他人的慈悲心完成自己向善的磨炼。而让作为依靠的“如来之心”与自己的心“合体”，则是在“他力”与“自力”之间找到了对“如何得救”这一问题的回答。

---

① 神田秀雄、浅野美和子：《清文堂史料叢書　第 110 刊　如来教・一尊教团関係史料集成》1，大阪：清文堂 2003 年版，第 167 页。

② 神田秀雄、浅野美和子：《清文堂史料叢書　第 110 刊　如来教・一尊教团関係史料集成》1，大阪：清文堂 2003 年版，第 274 页。

③ 神田秀雄、浅野美和子：《清文堂史料叢書　第 110 刊　如来教・一尊教团関係史料集成》3，大阪：清文堂 2006 年版，第 169 页。

结语：应答的宗教社会

1800年前后正是信仰的状态发生巨大变化的时代。其间，净土真宗爆发的“三业惑乱”这一异安心事件波及全国，在名古屋城下掀起了信仰的混乱，诱发了人们对后世的不安。这是人们对既有的“获救方法”产生疑问并感觉迷失的瞬间，也是信仰在近世的普遍性崩溃的瞬间。这一时期，人们因饥荒不得不面临生活的窘困，同时又必须面对商品经济的发展引发的身份关系等变化，而信仰的普遍性崩溃对于同时遭受多重打击的人们而言，无疑更加大了他们的不安。“如此痛苦的我现在应该做些什么才能得救……”这一问题，沉沉地压在人们的肩头，深深地刺进了人们的心里。丢失了素有信仰方法的人们，开始寻求新的成佛与救济之路，因此，19世纪成了旧有神佛被重新解释、新的神明横空出世的时代。不管是“三业惑乱”的异安心事件，还是流行神、如来教的登场，都是这一时代的产物。而各种宗教，只有能够对人们提出的“如何得救”这一问题进行长期有效的回答，才能保持其影响力。而喜之的回答，无疑抓住了许多人的心。喜之通过她充满波澜的人生中所经历的深沉的孤独和不安，[①] 向怀揣各种忧虑的人们展示了这个被苦难包裹的世界，而这正是海纳万物的如来所创造的世界，也是只有相信如来才能得到拯救，只有“让如来之心与我心合体”才能成佛的世界，是对当时各种宗教言说进行重组之后的世界。净土真宗的论争使得一般信徒与僧侣之间存在的对救济的态度的差异变得明晰起来，面对倾向自力救济的普通信徒与讲求他力救济的僧侣的两立，如来教站在信徒的立场进行了世界观的重构。为什么这一世界观能够回答人们的疑问？因为喜之创造了一种新的宇宙论，这一宇宙论包含了19世纪初期

---

① 喜之在成为教祖之前经历了许多苦难，包括年少时失去家人，丈夫出逃，直到四十岁左右仍在侍奉武士，而工作所得却又被归来的丈夫耗尽。在这样严苛的人生中，一种寂寞的情感成了喜之心灵的支柱。我们从她借金毗罗神的名义说过的这段话中便可窥见她一生的孤独：“我对你们有一事相求。这事并不需要钱。喜之常感心里寂寞，如果我有身体，定会从旁支持。可惜我有心无力。你们应好好爱惜。我自会好好照顾你们。”（参照神田秀雄、浅野美和子：《清文堂史料叢書　第110刊　如来教・一尊教団関係史料集成》1，大阪：清文堂2003年版，第175页。）

信仰摆动的振幅两端——自力与他力。这一宇宙论既肯定了“正统”信仰，又肯定了在动荡中产生的新的信仰，契合了人们的诉求，将不安平稳地化解掉了。

（石原和著　殷晓星译）

“六谕”与日本江户时代中后期的民众教化*

一、“六谕”及其相关书籍

所谓“六谕”，指的是“孝顺父母、尊敬长上、和睦乡里、教训子孙、各安生理、毋作非为”六条敕谕。这二十四个字第一次出现在1388年洪武皇帝朱元璋颁布的“教民榜文四十一条”之中。朱元璋在榜文中指示道：“每乡每里，各置木铎一个，于本里内选年老，或残疾不能生理之人，或瞽目者，令小儿牵引，持铎循行本里，俱令直言叫唤，使终闻知，劝其为善，毋犯刑宪。其词曰孝顺父母、尊敬长上、和睦乡里、教训子孙、各安生理、毋作非为，如此每月六次。”（《教民榜文四十一条》，收于《皇明制书》）意思是，为了教化民众，劝其为善、不犯刑法，各乡、里置备木铎一个，推选里内年老或残疾之人，由幼童牵引，手持木铎，在各乡里巡回宣读上面的“六谕”，如此每月反复六次。

1397年，朱元璋将这六条训谕命名为“圣谕六训”颁布天下。至清代，又有在此基础上或扩充或修改而成的“顺治六谕”（1652）、“六谕卧碑文”（1652）、“上谕十六条”（1670）、“圣谕广训”（1724）等。虽然伴随着些许变化和增删，“六谕”、“圣谕”以及对其进行的阐释、宣讲一直持续到民国初期，六百年来鲜有间断。可以说，在明清两朝的民众教化中，“六谕”是使用范围最广、持续时间最长的标语和理念。

明末清初，学者范鋐（生卒年不详）著《六谕衍义》，对“六谕”进行解说。清康熙四十五年（1706），德川日本宝永三年，琉球大儒程顺则（1663—1735）作为进贡使造访福建，回国时自费印刷了《六谕衍义》呈献给萨摩藩主岛津吉贵（1675—1747）。十三年后，日本享保四年（1719），将军德川吉宗（1684—1751）命令岛津吉贵向琉球人探寻清朝的

* 本文由作者提交日本立命馆大学研究生院文学研究科的硕士学位论文修改而成。

风土人情，吉贵便连同报告书一起，将《六谕衍义》献给了将军。

《六谕衍义》因其"用语俚俗浅近，劝善止恶，甚为亲切"（《六谕衍义大意序》）的特点深得吉宗青睐。两年后（享保六年，1721 年），吉宗命荻生徂徕（1666—1728）对该书加以训点，又让室鸠巢（1658—1734）将其译为日文。同年十一月，徂徕训点《六谕衍义》得以付梓，翌年（享保七年，1722 年）四月，鸠巢译本也在吉宗的主导下得以刊行，名为《六谕衍义大意》（以下简称《大意》）。

近世日本以《大意》为代表，对"六谕"进行演绎、说明的相关书籍，以"往来物"[①]、寺子屋[②]教科书等各种形式，广泛运用于民众教化实践活动之中，直至明治时期。石川谦将其评价为"近世教化史上最值得注目之物"。[③]

二、海内外学者对"六谕"的研究

在中国学术界，一般将"六谕"作为乡约思想的一部分，从儒学、社会学、民俗学等各方面对其现象进行考察。例如黄宣民从泰州学派的讲学活动对"六谕"的重视中提炼出了阳明学"平民儒学"的特征。[④] 徐春林也注重"百姓日用"思想与"六谕"的紧密联系，阐述了泰州学派"百姓日用"思想实践中对"六谕"的解释与接受。[⑤] 有关清代的"六谕"研究，以周振鹤、顾美华的《圣谕广训：集解与研究》为代表，学者们对康熙帝的《圣谕十六条》、雍正帝的《圣谕广训》以及民间知识分子所著的各种解说本等文献作了详尽的考察。但国内学术界对"六谕"问题的研究，局限于一国史范围之内，缺乏对东亚这个"场"所存在的连续性的关

---

① "往来物"是指平安末期至明治初期编集、使用的一种初级教科书。最初限于书信套语等范文的例集，近世时期项目逐渐多样化。

② 江户时代针对一般民众、百姓的教育设施。教师多为僧侣、武士、神官、医生等，主要教授读、写、珠算等基础课程。

③ 石川謙：《近世日本社会教育史の研究》，东京：青史社 1976 年版，第 40 页。

④ 黄宣民：《明代泰州学派的平民儒学特征——〈王艮与泰州学派〉序》，《中国社会科学院研究生院学报》1999 年第 1 期。

⑤ 徐春林：《儒学民间化的内在理路——以泰州学派"百姓日用即道"思想的演进为轴线》，《江西社会科学》2007 年第 1 期。

心，有关“六谕”在日本、朝鲜等地的流传、受容的研究至今仍属空白。

在日本，对“六谕”的研究始于中山久四郎。他详细介绍了“六谕”系列书籍中最具代表性的《六谕衍义》在日本的传播、编纂、刊行等实情，特别对其道德伦理的教化属性表现出了强烈的关怀。[①] 东恩纳宽惇继承了中山的研究，对“六谕”类书籍作了细致的考证。虽然东恩纳的研究尚未涉及思想史领域，但他阐明了“六谕”类书籍东渡到今天的日本地区——特别是琉球——并在此地区得以推广的过程，从交流史和书志史的角度为之后的研究提供了大量珍贵的史料。[②]

石川谦以《六谕衍义》为中心，对作为“教谕书”、“谕令”、“寺子屋教科书”的“六谕”相关书籍的各种使用状况，以及其与近世法令的结合作了全面的分析。[③] 然而，他的分析过分强调了书籍“由上至下”的传递图式，未能关注书籍在流通过程中产生的变化。与此相对，近年来以和田充弘为代表的研究者们关注于《六谕衍义》的异本研究，从而挖掘出异本所反映的庶民生活实况及民间知识分子的功用。许婷婷则注重《六谕衍义》及《大意》的比较研究，并充分对应德川日本与明清中国社会的实际情况差异，从而分析了“六谕”这一道德话语在中日发生变化的原因。

另一方面，井上久雄、角田多加雄等从政治思想史的角度对“六谕”相关书籍作了研究。他们以《大意》为例，探讨了明末清初的中国和德川日本背景之下的“六谕”思想，揭示了背后隐藏的阳明学与朱子学的支配意识的差异。但他们将“六谕”置于儒学的基础之上，主张朱子学的支配性地位，简单地将《大意》对原著的改编原因归纳为阳明学在日本的空白，这一点引人深思。

此外，神崎直美、山本英二等人从法制史的角度对《大意》作了论述，酒井忠夫则着眼于“六谕”言说中的三教合一思想，以明清为中心，介绍了东亚格局中“六谕”思想的传播。

本文将要讨论的是“六谕”及其相关书籍在江户时代中后期如何影响

---

① 中山久四郎：《六諭衍義に関する研究》，大塚史学会：《三宅博士古稀祝賀記念論文集》，东京：岡書院 1929 年版。

② 東恩納寛惇：《六諭衍義伝》，《東恩納寛惇全集（八）》，东京：第一書房 1942 年版。

③ 参见石川謙：《近世日本社会教育史の研究》，东京：青史社 1976 年版。

了日本的庶民教化。先行研究为我们描绘了“六谕”在以中日为主的地区传播扩散的概貌，为我们的讨论打下了基础，但同时也留下了以下两点问题：第一，先学对于“六谕”的普及与民间固有思想构造的融合与纠葛，以及在“六谕”传播过程中，部分不属于儒学者的民间知识分子所扮演的角色着墨不多，考虑不足；第二，日本对“六谕”的解释与接受，是一个随着时代的推移逐渐变化的过程，因此我们有必要跟随时代的变化对其加以考察。接下来，我们就以先学的研究为基础，从这些残留的问题出发，尝试对“六谕”在明、清王朝及德川日本的变容与受容作一些考察。

三、《六谕衍义大意》的编纂

（一）明清时期“六谕”及相关敕令、书籍的颁布

首先看看明清时期颁布“六谕”的情况。

朱元璋认为：“天下初定，所急者在衣食，所重者在教化。”（《明太祖实录卷二十六》）明朝成立伊始，便紧密结合“天下初定”的实情，提出衣食教化皆属天下安定的一环，因此对庶民教化的重要性也早早作了强调。那么，在“洪武六谕”颁布的1397年，明朝发生了什么呢？在外交方面，蒙古拘禁明朝使节，明蒙关系剑拔弩张。从国内局势来看，广西、江西各地起事频现，还有陕西白莲教田九成自称汉明皇帝。江、浙、闽、广四地钞价低落，经济形势不容乐观。在如此动荡的一年的七月二十日，朱元璋向礼部颁太学学规，说明了官学的模范作用。九月二日又颁“洪武六谕”，与官学相呼应，倾力开展对一般民众的教化，以里甲制为基础，保障教化的顺利施行。可以说，明朝时期“六谕”的颁布，反映出统治者对社会安定的忧虑，充满了危机意识。

有关清朝颁布“六谕”、“圣谕”的情况，我们以顺治九年（1652）的首次颁布为例。这一年是满族入关后在中原地区开始统治的第八年，疆域、政治等诸多方面都存在着不安的因子。可以推测，这一年颁布“六谕”，与洪武时期一样，是为一种危机感所驱使。此外，顺治帝注重满汉融合，在这一时期将明朝皇帝的“六谕”一字不改地再昭天下，用三百年来汉族人耳熟能详的“六谕”，“辅其统治成功之门径，潜移默化，收其实

效，真是高明之极”[①]。

综上所述，我们可以看到，不管是明朝还是清朝，对处于王权建设初期的统治者而言，最重要的都是要确保政权与社会的安定。但是，随着经济的发展，作为经济基础的里甲制逐渐崩溃。同时，外来民族与本地民族之间的冲突频频发生。这些事实大大偏离了统治者的期待，在这样的状况下颁布“六谕”，正是一种“极其强烈的危机意识”[②] 的反映。

与明清颁布“六谕”的时代背景不同，德川日本的享保时期并没有“天下初定”、王权交替或者外来民族难以融入本地社会等危机问题。相反，作为近世屈指可数的太平盛世，享保时期显得安定而又富足。但同时，正如梅村佳代所指，这一时期，“伴随着农村封建经济的崩塌和货币流通的渗透，农民阶层正逐步瓦解。自给自足的农民逐渐没落，日趋贫困。对于城市而言，针对农民的治安对策显得更为紧迫”。同时，幕府的财政也面临困难，“封建内部的矛盾被激化，以经济和财政困窘的形式表面化、具体化了”。因此，“对民间资本的利用、幕府自身的对商品作物生产的奖励以及农民的读写计算能力等等，都变得前所未有地必要起来”[③]。《六谕衍义》正是在这样的社会背景下，进入了将军德川吉宗的视野，并作为享保改革和庶民教化的一环被翻译和普及。

（二）室鸠巢的《六谕衍义大意》编纂

享保六年七月十三日，吉宗命儒学家室鸠巢对《六谕衍义》进行翻译。七月十九日，鸠巢写信给好友青地藏人（1672—1729），说道：“此书乃为乡曲小民而作，非为君子上位之人，此度御命改为和语，亦以四处町人百姓之教谕为第一。”（《兼山秘策第五册》）他不仅赞成对《六谕衍义》的翻译，而且十分期待本书对町人百姓的教化作用。八月，鸠巢迅速完成了上、中、下三册的翻译稿，并将这部颇为厚重的译本献给了吉宗。

然而，吉宗对这一译本似乎并不满意。鸠巢在九月四日给奥村源左卫门（生卒年不详）的信中这样说道：“虽数度陈词，言必要之事需详述，然主上亦复言：虽文长则文段亦流畅，道理亦可明辨，然此乃见于末民，

---

① 王尔敏：《明清社会文化生态》，桂林：广西师范大学出版社 2009 年版，第 13 页。

② 角田多加雄：《〈六諭衍義大意〉についての教育思想史的考察》，《慶応義塾大学大学院社会学研究科紀要》1989 年通号第 29 号，第 124 页。

③ 梅村佳代：《日本近世民衆教育史研究》，千叶：梓出版社 1991 年版，第 108 页。

故若共著三册，则轻者难求矣。君上思之，若为一册，则一般末民不亦可求乎？”通过这一段话我们不难看出吉宗的逻辑：即使无法详细说明道理，考虑到民众的经济实力及读书意愿等问题，认为应当整理为轻便的一册，力求使“轻者”（即平民）也愿意一读。也就是说，吉宗的初衷是希望这本日文版的《六谕衍义》能够融入社会最底层，而且，比起像一般学者们做学问一样对道理作详细的阐述，吉宗更期待的是一种简单明了、普及至大众的效果。

按照将军的指示，鸠巢不得不对《六谕衍义》作了概述，并以《大意》之名，于翌年四月付梓刊行。《泰平年表》对此作了记载：“（六月二十二日）赐市中习字指南者六谕衍义（此处指《大意》——译者注），令其作童蒙之手本。”就这样，以《大意》为首的“六谕”相关书籍，作为日本近世中后期民众教化中最为重要的教科书登上了历史的舞台。

四、《六谕衍义》与《大意》的异同

鸠巢本《大意》，按照鸠巢所作序、正文、跋文的顺序编纂而成。正文部分忠于原文，按照第一条“孝顺父母”，第二条“尊敬长上”，接下来“和睦乡里”、“教训子孙”、“各安生理”、“毋作非为”的顺序排列，对六条敕谕依次进行说明。各条的最后附有诗歌，全文的最后附有总诗，这些都按照原文做了保留。

虽说鸠巢的《大意》是在《六谕衍义》的基础之上写成，但毕竟只是概述，取舍、删减自然造成了《大意》与《六谕衍义》的差别。我们可以从两书的异同发现鸠巢对“六谕”的理解，更可以对享保时期的民众教化究竟有何种期待这一问题作出一些回答。我们对两书作一些对比与思考。

（一）《大意》对《六谕衍义》所作的删减与改编

1. 对习俗等问题的删减与改编

《六谕衍义》中有许多关于明清社会特有的习俗和生活方式的描写。鸠巢对这些内容做了大刀阔斧的删减，并对应当时人们的习惯，对德川日本的实际情况进行了描写。

这样的改编最为明显的是对“非为”这一范畴的定义。“六谕”第六条是“毋作非为”。在《六谕衍义》中，杀人、放火、谋反、奸淫、欺诈、强占土地、借钱不还等自不必说，攻人之短、迫人婚姻、宠妾凌妻、屠杀耕牛等也被视为“非为”。总之，“一切不公不法不仁不恕无礼无仪”（《六谕衍义》）之举，总共八十余条罪状都属于“非为”的范畴。《大意》中也有与此相对应的一节。“顺于道理为是，背于道理为非。做非之事即云非为。今举其品，恶逆强盗、杀人放火之事自不必言，溺于游女、耽于博弈、醉酒癫狂、独好争斗、利己贪财，此等皆云非为。”（《大意》）可以看出，在这里，鸠巢只选取了在当时一般被认为是不符合百姓身份习俗的内容作了解说。

2. 对“良心”说的删除

由于史料的相对贫乏，《六谕衍义》的作者范鋐这一人物的形象至今仍略显模糊，铃木健一的考察也只能判断他是明末清初“会稽附近的一名儒者”①。角田则谈道：“可以认为，范鋐版《六谕衍义》诞生于阳明学的文脉之中。”②

范鋐在《六谕衍义》的跋文中就其编纂意图说道：“夫讲乡约者，即讲学也。讲学何为乎？不过子与子言孝，臣与臣言忠，与兄弟言爱，与宗族乡党言和，随事尽情、求不失其良心而已矣。”（《六谕衍义》）在这里，他反复提出并强调的是“良心”二字。

“良心”是什么？《传习录》认为“良心”是“知善知恶”的“是非之心”。因为“良心”人人具备，所以人是可以被教化的。对“良心”的普遍性的承认，是“诞生于阳明学的文脉之中”的《六谕衍义》始终一致的方针。例如，在该书第一条“孝顺父母”之处，范鋐谈到了不孝的原因：“而今的人与他说父母他也知有父母，与他说孝顺是好事他也知孝顺是好事。争奈孝顺的少不孝顺的多，是何缘故？这不是他性中没有孝顺的良心，只是亏损日久了，如人在梦中，叫醒他。”（《六谕衍义》）我们可以看到，范鋐在对不孝行为的批判中，采取了一种较为宽容的态度。这正是因为他相信“良心”的普遍性，认为通过教化，一时失了“良心”的人也可以再度找回“良心”。这也正是“六谕”得以发挥作用的根本原因

---

① 铃木健一：《明清社会と江户幕府の民衆教化思想—六諭を一例として》，《歴史教育》1996 年第 10 号，第 148 页。

② 角田多加雄：《〈六諭衍義大意〉についての教育思想史的考察》，《慶応義塾大学大学院社会学研究科紀要》1989 年通号第 29 号，第 122 页。

所在。

“良心”这个词语在《六谕衍义》中总计出现了十次，同时，作为其同义词的“心”总计出现了十一次。然而，令人意外的是，在《大意》中，“良心”这一词汇竟然销声匿迹了，原著中有关“良心”的说明和阐述也消失得一干二净。

3. 对“理”的解说的变化

《六谕衍义》主张以“良心”明“理”。范鋐说道：“余今特刻是编，总提出良心二字，以括从来讲学之旨、尧舜之道、孝弟夫子之道、忠恕学问之道，求其放心不欺乎心不违乎理，即明新止善，亦何难知难能之有。”（《六谕衍义》）在这里，“理”与“心”相呼应，被认为是讲“道”的前提。在《六谕衍义》中，“理”出现了二十次，其同义语“天理”也频频登场。通过“良心”明白“理”或“天理”的这一主旨，与阳明学“心即理”的理念一致。

如上所述，《大意》并未遵从这一理念。在对“良心”说进行了彻底的删除之后，针对原文中有关“理”的叙述的修改、删减也就成为必然。例如，在“和睦乡里”一节，范鋐谈到与四邻不和之人，认为他们“也不是不爱和睦，只是见理不明”（《六谕衍义》），这无疑仍是在承认“良心”的基础上，阐述明理的可能性。而在“毋作非为”一节中，对那些损人利己之人，范鋐明确地说到了“心”和“天理”的因果关系，认为他们“只是一个占便宜的心，所以没了天理”。而这些部分，都未录入《大意》之中。

接下来我们再看下面的两个例子：

例一：“生理二字先要晓的，生是生活之生，理是天理之理。”（《六谕衍义》）

“此（生理——译者注）乃吾等生涯注定之道理，故名生理。”（《大意》）

例二：“天地间的事不过是是非两端。凡顺理的就叫做是，背理的就叫做非。”（《六谕衍义》）

“天下之事，虽言无穷尽，皆不过是非二者。顺道理者为是，背道理者为非。”（《大意》）

例一是《六谕衍义》和《大意》对“各安生理”中的“生理”二字

的解说。范鋐采用了“理”（即“天理”）一词，而鸠巢却采用了“道理”一词。例二中，两书对“是”和“非”进行了定义，可以看到，鸠巢在此将原文中的“理”置换为了“道理”。“道理”一词在《六谕衍义》中也有出现，例如表示作为儿子应尽职责的“为子的道理”、“为弟子者须要尽当然的道理”等，共计十一例。必须注意的是，这些“道理”所指的都是具体的做法、仪礼等，是将“理”具体化后的东西，不过是“理”的某一种特定属性，即具体的德行而已。鸠巢在此采用“道理”，事实上是将“理”的概念简单化了。

4. 因果报应说的缺失

原著在对“六谕”各条进行讲解之后，为保证教化的威信力，又在各节引入律令，然后以一句“假使逃得这王法，也决逃不得天报”（《六谕衍义》），导出民间故事。这些故事大多讲述因果报应，范鋐总是以一句“那个王法十分利害，这个天报又十分迅速”（《六谕衍义》）做结，其以天报和王法同时限制受众的用心一目了然。

这种以报应说解释“六谕”的例子在原著中随处可见。例如，“各安生理”一节，对泰和人盛德的善行，作者赞扬道“安生理者必有善报”（《六谕衍义》），而对永福人薛敷的恶行则斥责道“不安生理的定有恶报”（《六谕衍义》）。事实上，《六谕衍义》正是以这种因果报应的思想和言说，克服了“六谕”非强制性的弱点。

然而，鸠巢在《大意》中，以“其律例与我邦之法存异同，如无取舍恐难施行，其事迹乃古之物语，并无紧要”为由，删除了原著中的所有律令及与因果报应相关的民间故事和说教。

5.“乡评”、公论的缺失

范鋐在《六谕衍义》的序中，讲述了一番自己的经历：“忆余自成童居里时，亦得随宗族长者厕于宣讲之列。今则虽传六谕为首务，究竟讲者少而不讲者多，即有讲者不过虚应故事。”（《六谕衍义》）

这里所说的“乡约”，是指中国南宋时代以来，以“出入相友，守望相助，疾病相扶持”为理想发展出来的乡治理论。“乡约是自治的一种体现。由乡民自动、自发地制订规约，处理众人生活中面临的治安、经济、社会、教育、礼俗等问题。"[1] 从朱元璋时代开始，乡约逐渐与日益完备的里甲制相融合，在明代形成了包含保甲、社仓、义学、乡约四个方面的较为成熟的社会生活体系。"六谕"本身也提炼自乡约。发起"六谕"，正是朱元璋乡约理念实践的一环。随着明朝的灭亡，乡约也曾一度衰退。然而进入清朝，乡约又再次进入了为政者的视野。在民间，对"六谕"等教谕的阐释，以宣讲的方式扩散开来，同时也伴随着繁杂的宣讲仪式以及专门的宣讲职务的确立。从范鋐的序来看，他自己也曾是这种宣讲的听众，甚至曾"厕于宣讲之列"。这一童年的记忆，仍鲜明地留在他的脑海里。

如上所述，乡约注重以乡、村等为单位的生活共同体的自治、自主，通过"乡评"引导约众形成良好的风俗。范鋐在解释"六谕"时，也仰仗于"乡评"这一公论性的评价机制的激励、规制作用。例如，在"毋作非为"一节中，他就将"人人完名全节，个个保守身家，下能取重乡评，上不背违功令"（《六谕衍义》）作为评判"太平风俗"的标准，将"乡评"和"功令"放于同等位置，以此两者确保教化的进行。在跋文中，范鋐更加明确地指出："凡政事得失乡党善恶，是者公是，非者公非，此正天理良心之大可见者也。"（《六谕衍义》）即生活之中事无巨细，一切都以公论判断，如有恶行，例如不孝，便是"乡约疾恶他，王法也不恕他"（《六谕衍义》），用公论与王法一同规制人们的言行。范鋐甚至说道："若离了这和睦二字，腔子里尽是戈矛，世路中遍成荆棘，必至人人嫉忌处处怨尤，坏了声名，身家也难保守。"（《六谕衍义》）在此，已经看不到法规、律令的强制作用，而独见"乡评"、公论的强大威力，比起前者，作者显然更依赖后者的规制功效。

事实上，鸠巢已经注意到了"六谕"与乡约之间的联系。他在《大意》的跋文中甚至说道："周礼有读法之会，后贤有乡间之约。"（《大意》）论述了周礼、乡约、六谕的继承关系。然而，也许是限于篇幅，也许是因为乡约这一制度本身在德川日本的缺失，鸠巢最终无视"乡评"的作用，删除了与此相关的部分。"乡评"的缺失更加重了前面谈到的因果报应说的缺失所带来的"六谕"的非强制性问题，大大减弱了其说教效果，使得"六谕"的传播面临空洞化的危险。这也就为鸠巢之后的学者、

① 牛铭实：《中国历代乡约》，北京：中国社会出版社2005年版，第3页。

读者们留下了一个问题：如何充分发挥这一非强制性的德教书的效力，使之真正起到教化谕民的作用？

（二）《大意》对《六谕衍义》的添加

这里再看一个例子。在“教训子孙”一节中，《六谕衍义》作了这样的解说：“自幼小时就要教他知道生我的是父母，是该孝顺的。年长似我的叫做长上，是该尊敬的。左邻右舍前村后巷叫做乡里，是该和睦的。各人本分内事叫做生理，是该勤谨的。违理犯法的事叫做非为，是不该做的。”（《六谕衍义》）也就是说，“孝顺父母”、“尊敬长上”、“和睦乡里”、“各安生理”、“毋作非为”这五条，都属于“教训子孙”的内容。在《大意》中，我们找到了与此对应的部分：“自幼时起，最应示其侍父兄、尊年长者之道。”可以看到，鸠巢在这里仅仅提到了孝行及“尊敬长上”的内容。

事实上，鸠巢对身份地位、上下关系尤为重视，在《大意》中，他特别加入了自己的见解。《六谕衍义》对“长上”的定义，至少包括六个方面：①祖父母、兄弟等“本族间的长上”；②外祖父母、表亲等“亲戚中的长上”；③乡里中的年长者等“乡党间的长上”；④“教学先生”等“受业的长上”；⑤官吏等“有位的长上”；⑥“缙绅先生”等“先进的长上”。而鸠巢在《大意》中，将“长上”分为“三贤”，即“位高之人”、“贤德之人”和“年老之人”。不难看出，与范鋐在对上下关系的论述中重视血缘、家庭关系的态度（如上述前三项皆与家庭相关）相反，鸠巢的解释表现出侧重社会关系的倾向。他还强调：“另，较我位高之人，即便年若无才，亦已在我之上，此亦为长上，当常存礼仪，不可轻侮。”（《大意》）与《六谕衍义》不同，鸠巢定义“长上”的第一基准不是年龄，也不是才德，而是社会地位，即鸠巢所说的“长上”，主要取决于身份地位的高低。

综上所述，我们可以将《大意》对《六谕衍义》所作的修改归纳为三点：第一，根据德川日本的实际情况，对外来书籍所作的修改。这一点主要体现在对习俗相关问题的改编上。第二，弱化对“理”的解释，强化对具体德行的要求。这也是两书最突出的差异。《大意》删除了原著中作为前提的“良心”说，将“理”、“天理”的概念置换为表示具体的德行的“道理”，同时对身份、上下关系作出了明确的规定并加以强调，由此，致力于“明理”的《六谕衍义》，被解读成了指导百姓生活的具体行动的教科书。第三，删除了因果报应说和“乡评”。这使得《大意》必须面对其非强制性的弱点。接下来，我们要在德川日本的民众教化这一大的背景下探讨两个问题：上述第二个变化是为何产生的？上述问题又是如何解决的？

五、德川时代“六谕”类书籍的出版、传播情况

在回答这两个问题之前，我们先对德川日本“六谕”类书籍的出版、流通情况作一个简单的描述。

首先，从刊行时间来看，根据东恩纳的研究以及笔者的调查，“六谕”类书籍在天保年间共有十种得以发行，居德川时代之首。其次是享保时期（七种），之后为弘化年间（五种），嘉永年间（四种）紧随其后，宽政、文化、文政、安政年间（各两种）及宝历年间（一种）也都有各种版本问世。值得注意的是，在享保十六年（1731），中村三近子（1671—1741）的《六谕衍义小意》出版之后，“六谕”相关书籍的刊行出现了足足六十七年的空白期。[①] 另一方面，“六谕”相关书籍在享保六年到十六年的十年时间里，总共出现了七种，而在文政二年（1819）到嘉永六年（1853）的三十三年里，总计有二十三种付梓印刷，从频度来看，后者远远高出《大意》颁行的享保时期。据此，我们也可以把江户时代“六谕”类书籍的刊行归纳为两次高峰期，第一次为享保时期，第二次为宽政至安政时期。

其次，从流通地区来看，在第一次高峰期中，“六谕”类书籍的出版主要集中在江户和京都两地，宽政以后，除了上述两地之外，大阪、秋田、远州、尾张、成羽、吉田等地也可以看到该书的踪影，这些地区几乎覆盖了日本全境。如果我们具体关注各藩的情况则更能看到，不光是都市、城下町，在农村地区也有相关书籍出版，可见各地都对“六谕”进行了较大力度的提倡。

再次，从出版的形式来看，《六谕衍义》（多为徂徕训点本）及《大意》主要为官刻本或赐版。官刻本是根据幕府的命令刻版印刷的。因此印

---

① 其中虽有宝历九年（1759）丰川正英版《大意》出版发行，但仅限于琉球地区。考虑到琉球地区的特殊性，在此暂不作讨论。

刷官刻本的多为幕府的指定书肆或书肆仲间[①]。当完成了官方指定的印刷数量之后，刻版则以下赐的方式留在书肆，如若以此刻版重印，则冠以“赐版”二字。

从享保期的刊本目录来看，当时的“六谕”相关书籍，除了后期的《六谕衍义小意》之外，仅有官刻本和赐版两种。但在宽政以后，这一情况发生了变化，地方的领主、代官[②]等主持编纂刊行的各种异本如雨后春笋般不断涌现，也有书肆无偿地参与印刷。这其中就有名古屋永乐屋版的《大意》。在天保五年（1834）出版的永乐屋版《六谕衍义大意抄》中，可以看到“板赁无料”的字样，即刻版免费的意思。安政二年（1855）的永乐屋版，则是“实费贩卖”，也就是我们说的按成本价格出售。

这一时期地方书肆积极参与“六谕”书籍的出版发行，反映了当时出版业欣欣向荣的发展状况。这里提到的永乐屋的活动便是最为典型的例子。在此之前，德川日本的出版业由京都、大阪、江户三都书林平分天下，永乐屋的第一代所有者东四郎对这一状况发起了挑战。他印刷了多个版本的《大意》抄本，以及《牧民忠告》等相关教化书籍。[③] 值得注意的是，这些书籍的印刷无一不以尾张藩政的支持为背景，并与永乐屋的发展成长步调一致。也就是说，永乐屋充分利用了“六谕”等教化类书籍的出版，结合藩政支持，完成了自我磨炼，最终得以与三都书林平地而坐。同时，这也说明，教化书籍的出版即使表面上看来只是书肆的个体行为，实际上仍然与各藩的治者意识紧密关联。

除书肆之外，在民间还可以看到以个人名义，以“印施”的方式参与“六谕”类书籍出版的例子。所谓“印施”，是指“自费出版并向世间施与之事”[④]。印施本的投资者多为地方知识分子或豪族等有势之人。此外，文化五年（1808），出现了大阪奉行向町民颁布自己的印施本《大意》的

---

① 近世的“仲间”是指某一行业各商户的从业者之间形成的固定的行会联盟。相当于今天的商会。

② 江户时代，管理幕府和各藩的直辖领地的行政、治安等问题的地方官。

③ 有关永乐屋东四郎的情况，可参考小川和也：《牧民の思想—江户の治者意識》，东京：平凡社 2008 年版，第 280 ~ 294 页。

④ 東恩納寛惇：《六諭衍義伝》，《東恩納寛惇全集（八）》，东京：第一書房 1942 年版，第 69 页。

情况。例如，享保十七年（1732），泉州豪族唐金氏（生卒年不详）就投资印刷了《唐金氏国字六谕》，鸠巢为此作了序，谈到了唐金氏"欲助民教善乡俗"（《唐金氏国字六谕》）的印施意图。在天保十三年（1842）出版的《伊藤印施本六谕衍义大意》中，谈到了印施人伊藤氏"慨叹吾乡风俗淫靡，故求六谕衍义大意抄若干册，赠与亲戚乡党"（《伊藤印施本六谕衍义大意》）的善举。可见与唐金氏相似，伊藤氏印施该书的目的也在于对本地的百姓教化。

最后，从"六谕"类书籍的流通来看，如前文所述，《大意》以向江户的习字先生下赐的方式拉开了其在民间流通的序幕。在之后的很长一段时间内，下赐都是这类书籍在德川日本流通的最为重要的方式。下赐的对象以作为民众教化最直接的实施者——习字先生为主。从享保七年的第一次下赐到明治时代，由幕府直接执行的共有六次，涉及七十四人。其中享保时期两次，天保时期三次，弘化时期一次。比起享保时期，天保时期的下赐频率更高，涉及人数也更多。此外，从宽政时期开始，出现了地方自主的赏赐行为。地方统治者以赏赐的方式，要求各个藩校、寺子屋将《大意》作为教材。同时，也有一些地方将该书作为褒奖善行的赏赐。例如嘉永六年（1853），丹羽郡上奈良村的庄屋①良助、良右卫门父子，就因为热心邻人的教化、维护一方和睦的善行，受到"银三枚并六谕衍义大意钞一册"的奖赏。②

通过以上对"六谕"类书籍的刊行时期、地域、流通形式等方面的整理，我们已经对该书在德川日本的受容有了一定的了解。我们看到"六谕"流通的两次热潮，不禁要问，在这两次热潮中，人们对"六谕"的理解是否出现了不同？为什么"六谕"会在相隔半个世纪之后突然迎来一次"复兴"？接下来，让我们结合前文所提出的问题，通过对书籍的具体分析，更加具体地还原"六谕"在日本传播的真实面貌。

---

① 庄屋为江户时代村落中的民政长官，相当于现在的村长，主要负责缴纳税赋和村落的治安等事务。

② 参见奥村得義：《松濤箠棹》，名古屋市蓬左文庫藏抄本，成书年代不详，约在19世纪60年代以前。

六、《六谕衍义大意》与享保时期的庶民教化

中野三敏曾指出，“对于生活在江户时代的人而言，十八世纪正处于享保和宽政的两大改革的中间。”① 还说道：享保时期“因为有了吉宗这位少有的爱好法律的宰相的出现，社会人心的安定有了法制性秩序的保障，在以江户为中心的都市生活中，我们能够看到人心空前的安定，日本由此迎来了一个跨越百年的盛世”②。这位将“法治主义”贯彻到底的将军吉宗，改变了“向来将民政的根本置于儒教的道德主义之中”，“法令置于儒教道德主义的从属地位的立场”，开创了“法令优先”的新风潮。③

对有关吉宗掀起的轰轰烈烈的享保改革包括颁行《大意》在内的文教政策等问题早已在学界得到了充分讨论，而其对学问的态度也已在先行研究中得以描画。德富苏峰很早就指出，对于吉宗而言，与其说学问是修身之具，不如说是治人之道。在吉宗着手的享保文教改革中，学问以及所有文教事务都不过是一种治世手段。因此，正如乙竹岩造所说的那样，吉宗大兴文教，“并非大兴士大夫之学，圣人之道，而是期望广泛地对百姓加以行之有效的教化”④。因此，享保二年，本来以对幕僚的教育为主要目的而设立的昌平坂圣堂仰高门东舍讲义，每天都允许普通百姓听讲。

此外，正如前面提到的，吉宗对百姓的理解能力和经济能力以及读书意愿等都有比较充分的考虑，他主持的对《六谕衍义》的翻译，以及力求经由习字先生等民间知识分子最大限度地传播《大意》的各种努力，都表现出他对百姓教化的关注。

那么，受命于吉宗的《大意》的作者室鸠巢，又是如何将吉宗的教化理念表现在其编纂过程中的呢？在《大意》的跋文中，鸠巢这样说道：

---

① 中野三敏：《十八世紀の江戸文芸—雅と俗の成熟》，东京：岩波書店 1999 年版，第 39 页。

② 中野三敏：《十八世紀の江戸文芸—雅と俗の成熟》，东京：岩波書店 1999 年版，第 40 页。

③ 中野三敏：《十八世紀の江戸文芸—雅と俗の成熟》，东京：岩波書店 1999 年版，第 40 ~ 46 页。

④ 乙竹岩造：《日本庶民教育史》，千叶：秀英舍 1929 年版，第 649 页。

“世之能学问知义理者，姑舍无论已，其余农圃陶冶、贩鬻之徒，比屋树畜，灶炊于闾左乡曲，何翅亿万，苟无教道以率之，徒知下竞锥刀事，暖饱而已。使之服勤共职，又已难矣。”（《大意》）在这段话中，鸠巢在描述了针对为数众多的“农圃陶冶、贩鬻之徒”的教化难以施行的情况的同时，也表现出他将教化的对象扩大到了“能学问知义理者”之外的更广阔的空间。然而，我们并不能依据这一点就认为他将这些人都列为《大意》的读者。对于如何向百姓传达“六谕”的思想这一问题，鸠巢也在跋文中陈述了自己的意见：“曷若以浅近易入之言诱之，使其驯致而至于善为愈。孔子曰，民可使由之，不可使知之，周礼有读法之会，后贤有乡间之约。所以扶翼黉序维中持风教上，亦不过使民由之尔。”（《大意》）鸠巢在此反复强调的是“使民由之”四个字。编纂《大意》的目的在于以较为浅显的话语训导民众，使其顺从，最后“至于善”，为此，他参照了读法、乡约等前例，认为这些办法都遵从了孔子“民可使由之不可使知之”的理念。在他看来，既然对民众的教化只需要“使由之”，那么在对“六谕”进行解说之时，自然也不该以通过教化达到在民众内部形成自治、互助的习俗为目的，而应从外部对百姓作出顺从、勤勉等各方面的具体要求。不用说，这样的想法与作为“六谕”母体的乡约自治理论截然不同，与以“求其放心不欺乎心不违乎理”为目的，追求“明新止善”的《六谕衍义》的教化方法也存在根本性的差异。

提倡“强制教育论”[①] 的鸠巢，认为强制力对于“教”而言是不可或缺的。针对高仓学舍讲义时出勤率低下的问题，他也主张由将军发布严令，强行要求出席。这样的“强制教育论”放到《大意》的编纂中，便是“使民由之”的方法论。在这种方法论之下，自然没有必要承认“良心”的普遍性，也没有必要知道“理”，相反，通过对包括主从关系在内的上下、尊卑等思想的强调，授以“奉公”等具体的德行，要求百姓的服从等等，更有可能达成《六谕衍义》所描绘的“太平风俗”。正是这种思考逻辑，造成了前文提到的《大意》与《六谕衍义》的不同。

---

① 有关鸠巢“强制教育论”的问题，可参考辻本雅史：《近世教育思想史の研究—日本における「公教育」思想の源流》，京都：思文閣 1992 年版，第 61 页。

七、宽政改革与“六谕”的复兴

享保时期，“不管是高仓学舍儒者们的讲义，还是以《六谕衍义》为首的种种官刻版的开版印刷，以及以关东为中心的对古书古文献的探索、整理”，这一切都被视为是“一种作为政治政策的民众教化，一种启蒙运动”①。吉宗的施政保证了享保改革之后的“大发展”，迎来了18世纪江户的全盛期。大约60年后，“与享保之治极其相似”的宽政改革，则迎来了“十八世纪盛世的终结”。“六谕”在享保时期得到关注，又在宽政时期迎来了复兴。享保时期“六谕”的流行，主要依托于《大意》等书籍的形式，并局限于知识分子，或者至少具备识字能力的人们之间。宽政之后，“六谕”类书籍再次被大量重刻，其中的一个原因是享保年间的刻版已经出现了破损，需要重新制版，但更大的一个原因是宽政改革这一背景。

宽政时期“无论是在量上还是质上，都能看到诸多教育现象急剧地变化和出现。不只是武士，在民众阶层，广泛的社会性的对教育、学习的热情和受容大大提高”②。因此，这一时期被称为“儒学大众化”的时期。宽政异学之禁则与教育史上的各种现象的激变、朱子学思想的复兴以及幕藩政治改革的展开等动向相关联，是一种“政治、思想、教育相交错产生的政策”③。

事实上，宽政时期，对“六谕”重新表现关注的，正是朱子学正学派的学者们。宽政三博士之一的柴野栗山（1736—1807）在他的《栗山上书》中，推荐鸠巢的《大意》及《五伦名义》，对吉宗颁布《大意》一书赞不绝口，评价其“政道正确慈悲深厚，其恩泽行至各处，愚痴无智之土民百姓无不感奉其仁德”（《栗山上书》）。广岛藩在颁布《大意》异本《教训道标》之时，也得到了赖春水（1746—1816）的指点和赞赏。

---

① 中野三敏：《十八世紀の江户文芸—雅と俗の成熟》，东京：岩波書店1999年版，第46页。

② 辻本雅史：《近世教育思想史の研究—日本における「公教育」思想の源流》，京都：思文閣1992年版，第202页。

③ 辻本雅史：《近世教育思想史の研究—日本における「公教育」思想の源流》，京都：思文閣1992年版，第203页。

以栗山、春水等为代表的朱子学正学派，以"治人"代替"修己"作为学问的第一目的，他们认为，"理想的政治，必须通过彻底贯彻正确的'教导'（教化），才能得以实现"①。他们针对宝历时期开始出现的地方乡村等社会秩序的混乱，期待能够找到解决危机的路径。而这一路径最终被认为是"对民众进行知识性启蒙，教以生活之能力，从而恢复濒临崩溃的原有秩序"② 的做法。

这种旨在针对民众内部的教化，首先以对道德的教说为必要。因此他们重新将目光放在了《五伦名义》、《大意》等道德言说之上。毕竟，当时"六谕"在日本的传播已经经历了半个世纪，对于流通过程中出现的种种问题，人们也已经有了深刻的认识。下一节将通过对具体书籍的分析，观察他们对这些问题的解决情况。

八、从异本看"六谕"在日本的传播

以《六谕衍义》、《大意》为蓝本，在其基础上加以修改、增删出版的异本作为理解各阶层人士对"六谕"认知的珍贵史料，有着极其重要的价值。这些异本的作者有幕臣代官，也有民间小儒。他们自身的身份，以及所处时代、社会背景的差异，造成了"六谕"异本的丰富多彩。其中最具代表性的有下面三种。

（一）中村三近子与《六谕衍义小意》

据和田充弘的考察，《六谕衍义小意》（以下简称《小意》）的作者中村三近子是一位"活跃于京都的浪人学者，以及往来物、节用集、通俗教训书的撰稿者"。作为民间教导家的一员，三近子身处民众教化的第一线，对教化的必要性和方法论有着自己独特的见解。与严格划分各学派的官方学者们不同，他有着更为多元和自由的学说。

三近子在《大意》颁发后的第九年，即享保十六年（1731），通过京

① 辻本雅史：《近世教育思想史の研究—日本における「公教育」思想の源流》，京都：思文閣 1992 年版，第 223～224 页。

② 辻本雅史：《近世教育思想史の研究—日本における「公教育」思想の源流》，京都：思文閣 1992 年版，第 253 页。

都书肆刊行了自己的著作《小意》。该书首尾附以作者的序言和跋文，以“天”（含“孝顺父母”、“尊敬长上”两节）、“地”（含“和睦邻里”、“教训子孙”两节）、“人”（含“各安生理”、“毋作非为”两节）三卷编集而成。本书最大的特点，是在每节末尾以“善念孝顺父母”、“善念尊敬长上”这样的“善念××××”六个字作结。其基本构图则提倡：根据人是否兴“善念”，天会降下“祥”或“不祥”的“天报”。

“善念”一词，源于《六谕衍义》中“儒释道三教总是善念一理”（《六谕衍义》）的说法——需要注意的是，这一词语在鸠巢的《大意》中并没有出现，可见三近子直接阅读了《六谕衍义》。而在《小意》中反复出现的“善念之人，天报迅速降祥，恶念之人，恶报也速，降下不祥”（《小意》）的说法，也与《六谕衍义》民间传说部分出现的“这个天报又十分迅速”（《六谕衍义》）一句颇为相似。

“善念”的反义词有“恶念”、“邪念”、“嫉念”、“妒念”等等。“天报”包含了“恶报”、“天罚”、“天禄”、“天之惠”等等。与严格排除阳明学、徂徕学等其他所有学派，对朱子学保持绝对忠诚的鸠巢不同，作为民间教导家的三近子的说教，充分采用了因果报应说，讲述“冥福”、“天禄”等利益，活用“恶报”、“天罚”的威慑力，以极其亲切易懂的形式给“六谕”作了注脚。

（二）胜田知乡的《插画本六谕衍义大意》

胜田知乡（生卒年不详）号相量轩，他的《插画本六谕衍义大意》（以下简称《插画本大意》）成书于天保十三年（1842）二月，翌年得到刊行。全书分为上、中、下三卷，在上卷之中刊载了《大意》，并加入了原著《六谕衍义》中的民间传说部分，而且配有相关插画。例如在“和睦乡里”一节中，讲述了平越人沈富民父子欺侮乡民的故事，插画将这父子二人遭雷劈的场景栩栩如生地表现了出来。

作者为什么认为在《大意》中被删除了的这些民间传说如此重要，甚至需要借助插画使其更具感染力？胜田知乡这样说道：“若能记其善恶报应之迅速，则心明本文之志趣，故传同志之人，以戒儿孙之心。”（《插画本大意》）可见对知乡而言，明白善恶报应是理解“六谕”的关键。

采用民间传说，恢复原著中的因果报应说，与《小意》一样，这些都被当作是针对普通百姓最为有效的说教手段。而加上插画，使得说教更为直观。《插画本大意》因此得到了前大纳言[①]的青睐，受到其资金上的帮助，作为印施本得以刊行。之后，《插画本大意》又被数度翻印，成为流传最广、种类最多的“六谕”类书籍之一。

（三）广岛藩的《教训道标》

宽政三年（1791）十一月二十三日，广岛藩郡役所向领内颁布了《教训道标》一书。直至明治时期，这本《教训道标》一直作为重要的教谕，在广岛藩得到普及。宽政九年（1797），赖春水在《就教导之事答町奉行书》中提到：“可于町师匠之宅内，每月两三度，着习字学徒等人共读《教训道标》之类，或诵或讲，使其闻之。”（《就教导之事答町奉行书》）

作为《大意》的重要异本，《教训道标》的作者并不明确，但根据考证，可以肯定的是该书由名代官早川正纪（1739—1808）在任期内颁发（似乎也可以考虑早川正纪作为本书作者的可能性）。从内容上看，该书与《大意》并无太大差别，但在文体上，该书采用了浅显易懂的口语，这使得该书独具特色。

在《教训道标》第一条“孝顺父母”的开头，便开门见山地点明了教谕主旨：“此条专讲为人之子，要行孝顺，不管何事皆不可有悖双亲。”该书的每一节都这样以简洁明了的语言，对该段落作出高度的概括，然后再加以详细解释。由于其文体言简意赅，相比《大意》一万一千字有余的庞大分量，《教训道标》虽然讲述的是几乎相同的内容，却不足八千字。

该书在遣词造句上也下足了功夫。例如，在“孝顺父母”一节，鸠巢在《大意》中说道：“凡世间之人，不分贵贱，皆为父母所生。是故，我身之所以为我身，父母乃根本也。根本之事不可有忘。”（《大意》）这一略为拗口的句子，在《教训道标》中被修改为：“但凡为人，从上至下，无不是父母所生。所以父母乃是生我身的根本。既是根本便一刻也不能忘记。”显然，后者更为浅显易懂。除此之外，我们还能看到，《大意》中的“贤德之人”被替换成了“身心正直之人”，“天性骨肉之亲”被改为“血缘乃是剪不断的东西”，“贵贱贫富”被换做“上上下下”。这样的例子在《教训道标》中不胜枚举，究其理由无非是以俗易雅，用一些口头常用的辞藻来代替书面语化的句子。特别是考虑到日语本身的语言特色，我们可

---

① 大纳言为日本律令制的官职制度中的官位之一，为太政官的次官，正三位。

以看到，《教训道标》对《大意》中的诸如“贤德”、“天性骨肉”之类的汉字词语，都作了修改，或改为同意的假名词汇，或不惜篇幅加以说明。这显示出作者对受众理解能力的充分考虑。

在《教训道标》的序言中，作者谈道：“世间教训之书多矣。为俚俗穷民，其言质实，其文卑近，其书亲和，普世之处亦不少矣。今本无须更添新册。然其国有方言，其里有习语，若无以亲熟之言谕之，偏户小民恐难解其文意。言道必无安易，故不揣鄙文俗语，集约一齐，名曰教训道标也。”可见，本书以平民为受众，吸收了大量方言俚语，一切都不过是为了使教谕能够更大程度地为受众所理解和接受。鸠巢在对《六谕衍义》进行翻译时，虽然也注意到了用语的简洁，但他身为幕府儒臣，对下层民众的读解能力的把握仍不能说是十分准确。特别是其中频繁出现的汉字词汇和儒学术语，更使得《大意》浮于民众生活之上。早川正纪作为民众教化的直接参与者，正是在切身体会到《大意》的这些问题的情况下，特意编写了《教训道标》这样一本与原文内容相似却更为有效的教谕书。

当然，因为《教训道标》过于强调通俗性，也就难免要对原著更进一步加以简化。在前面我们提到，《大意》将《六谕衍义》的“理”简化为“道理”，而在《教训道标》中，这一道理更被修改成了“职责”、“分内工作”等农村生活中的事务。但同时我们也应看到，正是因为这样的简化，《教训道标》才能够更顺利地直接作用于人们的生产生活之中。

我们比较了《小意》、《插画本大意》和《教训道标》三种《大意》的异本，它们或是恢复采用民间传说，以因果报应说来规制受众，或是针对《大意》作出更多修改，使其更接近人们的日常生活。它们采用了更加丰富多彩的手段和色彩，或是插画，或是方言，让“六谕”更加直观，完全融入底层民众。不管是享保时期的《小意》、宽政时期的《教训道标》，还是天保时期的《插画本大意》，都改变了鸠巢版《大意》单一的说教方法，以带有宗教性质、俚俗色彩的说教，克服了“六谕”非强制性、浮于民众生活之上的局限性。对于生活在江户时代的人们而言，他们的“日常生活由各种各样的神佛的加护和对恶灵的恐惧组成”①，这样的说教，显得更加亲近并具有实效性。“六谕”正是伴随着这些民间知识分子和地方治

① 安丸良夫：《文明化の経験》，东京：岩波書店2007年版，第342页。

者的改编，获得了新的生命，并得以持久地发挥教化的功效。

九、“六谕”相关书籍与日本江户时代中后期的庶民教化

松浦章认为，在清朝中国与江户时代日本的交流中，比起经济上的交流，更为重要的是“承担起日本十九世纪后半叶以来，推动了日本近代化的基础教育、基础文化养成等文化受容的一部分的文化交流”①。作为这样的文化交流的一个例子，“六谕”横跨东亚的各个区域，贯穿前近代、近代，在中、日、韩各国传播。本文仅仅讨论了其在中日间的传播过程，便可以看到一种超越了两国国境的类似性、共通性，这证明了我们将“六谕”这样的文化现象置于东亚这一连续性的“场”之中进行考察是可能、可行的。

在本文中，我们罗列了许多两国之间以《六谕衍义》为蓝本的对“六谕”进行的不同解释。但我们也注意到，这些书籍虽然存在各种各样的差异，可其中投向民众的视线，劝善惩恶的说教，对和谐社会秩序的向往，以及杂糅了儒佛道各派别言说的思想等，仍然具有相同之处。而“六谕”能够在明、清王朝和德川日本这样的不管是时间轴上还是地域轴上都跨度极大的空间内发挥同样的教化机能，也正好证明了在这一空间内所存在的共通性。

在对“六谕”在日本传播这一课题进行研究的过程中，我始终希望能够探寻两个问题的答案。第一，在这些教化活动中，“六谕”究竟扮演了什么样的角色？第二，对百姓进行教化的主角究竟是谁？

我们认为，“六谕”所提起的六条德行属于安丸良夫所讲到的“某种意义上与历史共存的古老的民主生活态度”②。根据安丸的理论，“勤勉、节俭等等作为一个问题由民众提出，明显是一种历史发展的产物”③。这是人们将一种本来就已经存在的生活态度，作为一种规范，对其重新进行认识。而享保时期，又恰恰是这样以某种生活规范为中心的各种民众思想得

---

① 松浦章：《江户時代唐船による日中文化交流》，京都：思文閣 2007 年版，第 443 页。

② 安丸良夫：《日本の近代化と民衆思想》，东京：青木書店 1974 年版，第 12 页。

③ 安丸良夫：《日本の近代化と民衆思想》，东京：青木書店 1974 年版，第 12 页。

以展开的时期之一。

“六谕”在吉宗的推崇下得到了全国性的关注，并最终成为一种共通的道德规范。但显然，在“六谕”传到日本之前，诸如孝行、和睦等德行早已有之。而以“六谕”之名再度提倡这些既存德行，实际上不过是要以汉字术语给这些德行增加一重意义，将其以文字、文化符号的形式固定下来。这一作业既体现了明、清王朝作为中华文明圈的中核的强大影响力，也与这一时期日本所受到的明风文化的浸染有关，此外还应特别注意到鸠巢等儒学思想家们的提倡，是“六谕”融入日本社会的原动力。

同样基于安丸的通俗道德论，我们再来思考教化中谁是主角这一问题。安丸说道：“通俗道德之于广泛人群的强大的约束力，绝不仅仅来源于上层的教育、宣传、强制等手段。”① 通过对“六谕”相关书籍的流通过程的考察，我们看到民间知识分子、庄屋等大量的普通百姓积极参与了书籍的印刷和讲解。许多庄屋阶层，并不像三近子等民间教导家那样直接参与“六谕”类书籍的编写，但积极要求在所在地区宣传“六谕”。例如，成羽藩大原村的庄屋宇四郎就在天保八年（1837）向当地役所申请印刷《大意》，并逐字念给不能阅读的村民听，甚至制定了一年两次的讲读集会，还要求听讲的男子回家后仔细向妻儿传达。庄屋等人的活动保证了“六谕”在社会基层的顺利传播，与明、清时期中国的乡约制度有着相似之处。庄屋这样的一般民众的代表层，在作为德行的倡导者的同时，也是有意识的德行的实践者。这一特殊地位使得他们在民众教化活动中最具发言权，并且表现为一种来自民众内部的精神力。不过，受史料缺乏等局限，对于这一阶层的研究至今仍然较为单薄，这不能不说是一大遗憾。

在对“六谕”这种复杂的、内涵丰富的文化现象进行考察时，我们应该更加关注民众内部的力量，并将视野拓宽到东亚甚至更广阔的地域之中。当然，“六谕”到底只是往来于近世中日两国之间的大量的文化现象的一种。今后，对更多同类现象的考察将会更为重要。

（殷晓星著）

---

① 安丸良夫：《日本の近代化と民衆思想》，东京：青木書店1974年版，第8页。

近世日本只野真葛的儒学观与女性论

——以《独考》为主要分析对象

引 言

17世纪至19世纪60年代的日本近世社会是一个传统封建家长制度处于主导地位的时期，女性一生大多被束缚于在家相夫教子，遑论读书识字、著书立说。然而在这一时代，有一个日本奇女子只野真葛（1763—1825）不仅识字读书，还著书立说，留下了一批有价值的文学作品与思想论著，被后来的历史学研究者誉为“最初的女性斗争宣言者”、“江户的女性思考者”、“江户时代稀有的女性思想家”。研究只野真葛的学者们无一例外地都会提到她的一部作品《独考》[①]，并认为《独考》是只野真葛思想的集大成之作。《独考》为只野真葛于晚年倾其心血写成，作品完成后，只野真葛请当时的文学大家曲亭马琴（1767—1848）对其进行批评指正并希望出版刊行。然而曲亭马琴看过之后，毫不留情地批评其为“妇人之见”，并花了20余日写了《独考论》[②] 予以批驳，还把该文章还给了只野真葛。

真葛生活在近世日本，为什么要写作《独考》去议论当时的学问、思想与政治问题？《独考》有哪些主要内容？为什么曲亭马琴会激烈地反驳《独考》中的观点？为什么后世的学者们如此高度地评价《独考》的思想价值，并把只野真葛称为女性思想家？仔细阅读真葛的《独考》与《过去的故事》[③] 等作品，可知真葛一生坎坷，却坚持钻研学问，获得了丰富的学识。她的这些著作中的论说观点新颖，对时弊予以尖锐的批评。她在

---

① 鈴木代子：《只野真葛集》，东京：国書刊行会1994年版，第259页。
② 鈴木代子：《只野真葛集》，东京：国書刊行会1994年版，第310页。
③ 鈴木代子：《只野真葛集》，东京：国書刊行会1994年版，第6页。

《独考》中，对于自然、社会、女性、教育、日本人、西洋等问题的论述都深入细致，见解独到，今天读来仍可感觉到其中蕴含的深刻思想内涵。本文依据相关史料仔细研读《独考》，力图勾勒出只野真葛思想的轮廓及其与时代的关系。

一、有关只野真葛的主要研究

有关只野真葛的研究过去一直都被归到近世女流文学研究的范畴中，虽有对其思想的研究，但多只限于寥寥的只言片语。只野真葛写了《松岛之道游记》等不少游记以及《女文教服饰》、《女子文章训》等女子教养类书籍。日本近世女性史研究家桑原惠在《日本女性生活史》[①] 的“近世的教养文化和女性”一章中，以真葛思考女性问题的著作为例，提出“可以说当时的女性教养和近世文化是具有基本一致的倾向的”。铃木代子则收集整理了只野真葛大部分的作品，于1994年出版了《只野真葛集》，并在“解题”中指出《独考》的内容“涉猎经世济民、国体论、女性论，其自由的意见和自由的文体引人注目”。

此外，大口勇次郎在《日本的近世》[②] 中的“女大学时代”一章里指出，真葛的以“天地的拍子”为基础展开的儒教批判是“在同时代的思想家中都难见到的、独特的构思”，同时认为只野真葛这样敢于打破“性阴愚昧的女性”论的女子，应该是从近世的“家”观念中解放出来、追求自由生活的女性。据此，大口勇次郎对真葛作出了“江户时代真正罕见之女性”的高度评价。

门铃子对只野真葛研究更为透彻，她于2006年出版了《我是真葛物语》[③] 一书，书中对真葛的生平和作品进行了详细描述，并通过走访遗迹等方式搜集了很多相关资料，用文学研究的方法研读相关文本，作出了只野真葛为“江户的女流思考者”的结论。前田勉在2006年出版的《兵学

① 女性史综合研究会：《日本女性生活史》，东京：東京大学出版会1990年版，第191页。

② 大口勇次郎：《日本の近世》，京都：思文閣1998年版，第179页。

③ 門玲子：《わが真葛物語》，东京：藤原書店2006年版，第396页。

和朱子学、兰学、国学》[①]一书中在描述近世日本的社会现实时，引用了真葛“昔为国土争夺之乱世，今已成争金银之心之乱世，人心目所不能见，心声亦因无形之故，无人为之费心”这一观点，并指出只野真葛是“江户时代罕见的女性思想家”。

综上所述可知，门铃子等日本近世文学研究者在进行对真葛的研究时，把重点放在其作品的文学价值与重构作者人物方面。而前田勉等近世思想史研究者则侧重于考察《独考》等思想著作，认为其中蕴含着继承父兄遗志、再兴家业的志向，以及作为女性以不输于男性的智慧与斗志著书立说，其思想很有见地，可称为“罕见的女性思想家”。不过，这些研究者在他们的著作中大多仅提到只野真葛的“经世论”、“女子教育论”、“学者论”、“国益论”、“日本论”的词语，对其内容还没有展开论述，还未见对只野真葛的系统研究。本文拟对只野真葛的主要著作《独考》作一解读，由此入手重构只野真葛思想的全貌。

二、时代与思想背景

在日本近世中、后期（18 世纪后期到 19 世纪 50 年代）的这一段历史时期内，西洋列强势力逐渐来到东亚，英国、荷兰的船只经常出没于日本近海，与此同时，来自荷兰的近代科学知识“兰学”等西洋思想开始传入日本，东亚原有的国际秩序开始发生变化，日本德川幕府也面临着来自内外的巨大挑战。首先，日本国内因为 18 世纪接连发生天灾饥荒，社会矛盾激化。而在对外关系方面，如何应对来自西洋的挑战也摆在了幕府的面前。为了应对内外危机，德川幕府在这一时期前后实施了一些改革，其中包括对学问思想领域的改革与整理。随着西洋文化的引入与影响日益扩大，原本作为官学的儒学的地位受到了挑战。兰学流行的同时，另一个主张重新认识日本古代的学派——国学也逐渐抬头，贺茂真渊、本居宣长等国学派代表人物借研究日本古典来宣扬日本优越论，也对儒学构成了挑战。

1789 年，作为德川幕府行政首脑“老中”的松平定信实施了宽政改

① 前田勉：《兵学と朱子学・蘭学・国学》，东京：平凡社 2006 年版，第 35 页。

革，其中一项措施就是为了限制各类异端思想而发布“宽政异学之禁”，试图重新确立朱子学的主导地位。然而西方列国渴望获得世界市场的步伐却未停止。1804 年，俄国要求长崎通商被拒后，引发了在北海道与日方守备人员之间的冲突事件，俄国的威胁让幕府认识到海防的重要性。而城市里经济实力日益强大的商人阶级崛起，陷入财政困难的武士阶级不得不向大商人借钱度日，结果又陷入更重的债务危机中。随着武士阶级地位的动摇，在思想领域里也出现了对儒学的质疑、对西洋文化的憧憬以及对日本古代文化的宣扬的思潮。这些思潮激烈碰撞，或分化或融合，构成了日本近世中后期思想史的整体特征。

三、只野真葛的生平

在只野真葛生活的时代，一般只有男性才有资格探讨学问、政治和社会问题，女性通常被排除于学问领域之外。虽然在寺子屋、私塾等民间教育机构里，女子教育得到一定程度的重视，但当时用于女子教育教养的教材主要是强调三从四德，以及女子作为妻子、母亲角色的“女训书”或“女大学”等通俗性读物，真正能够反映女性真实声音与喜怒哀乐的女性文学并未获得应有的重视，近世女性被困在近世的“家”中，相夫教子终老一生。

只野真葛虽生于近世这一闭塞的时代，但她成长于一个开明的家庭，自幼受到了良好的教育，这一家庭环境成为她日后开展写作与思索的必要条件。她在结婚后又得到丈夫的鼓励从事文学写作，因此能从一个女性的视角去观察近世时代，记录下一幅幅通过她的眼睛观察到的近世社会图景。

只野真葛出生于 1763 年，原名工藤绫子，是江户时期仙台藩医师工藤平助（1734—1801）的长女。她 9 岁的时候就立志要成为“女之本”（意为“女中典范”），13 岁时跟随祖母在寺院听方丈讲经。真葛在 16 岁的时候，去仙台藩作伊达藩主重树夫人近卫府侍奉，开始跟着荷田苍生子（生卒年月不详）读《古今和歌集》、《新古今和歌集》、《伊势物语》等日本古典文学作品。同时，因真葛的父亲身为藩医，家中常有大名以及文人、兰医、国学者等知识阶层人物出入，其中较著名的有兵学者林子平

（1738—1793）、和歌诗人村田春海（1746—1811）等，连当时在长崎从事荷兰语翻译的吉雄耕牛（1724—1800）也会时常来访。这样的家庭环境使真葛接触到各类知识，尤其是海外见闻对其产生了很大的影响。21 岁那年，真葛的父亲工藤平助向当时推行重商主义改革的幕府首班田沼意次（1719—1788）进献著作《赤蝦夷风说考》，提出应该对虾夷地（即现在的北海道）进行开发。两年后，田沼意次下台，幕府中止了对北海道的第二次考察，工藤平助也失去了去北海道任官的机会，之后又发生大火，这些对真葛家都是很大的打击。26 岁时，真葛回到乡下，第二年被安排嫁给酒井家年老的家臣，但终因真葛的不情愿而作罢。真葛 30 岁时，母亲去世。真葛 36 岁时嫁给情投意合的仙台藩江户藩头只野伊贺作续弦。只野伊贺爱好学问、汉诗文，在国学、和歌方面也有很好的素养，对真葛的兴趣爱好也十分理解。在丈夫的鼓励之下，真葛在这一时期开始创作一些游记，以及自传性质的《过去的故事》。真葛 37 岁时，其父亲工藤平助突然去世，工藤一生胸怀大志却无用武之地。真葛 44 岁时，一直珍爱的弟弟为幕府鞠躬尽瘁，劳累而亡。真葛 49 岁时，丈夫只野伊贺也突发疾病离世。与亲人的生死离别给了真葛很大的打击，真葛也在父兄去世之后有了虽为女子之身，但仍想继承遗志重振家门的想法。真葛 53 岁时，开始执笔写作《独考》，完成后送给当时的文学大家曲亭马琴请求批评指导，结果遭到马琴的激烈反驳，斥其为“肤浅”、“妇人之见”。之后，真葛意志消沉，于 62 岁时去世。

研究兰学的父亲、专心于儒学的弟弟、幼年时教自己咏唱和歌的国学老师，以及给祖母讲经的佛学方丈等，都是陪伴真葛成长的重要人物，与他们的接触使真葛对这个时期各种学问都有所了解，对真葛的思想形成产生了影响。更难得的是真葛能够从这些学问流派中跳脱出来，用独特的眼光分析社会现实，形成了自己的思想。她的父亲、兄长、丈夫都不同程度地参与了德川幕府或仙台藩的事务，这也帮助了真葛了解时代的动向，使真葛对于当时国内外情况都有比较客观的认识。真葛还酷爱读书，她阅读过当时有影响力的《环海异闻》、《解体新书》等书籍，这些书籍的内容在其后来写作的《独考》中都有所体现。真葛还阅读过海保清陵（1755—1817）的《稽古谈》等政论著作，激发出了她对政治的关心与热情。下面主要分析只野真葛的思想作品《独考》，探寻她的自然观，以及以女性独特眼光对时代和政治作出的判断与批评意见。

四、真葛与《独考》

关于写作动机，真葛在《独考》卷首部分写道：“此书皆因出于无谦逊之心，故言过之处甚多。世间不可思议之事甚多，有经人指点顿悟之事，然经数年掂量又不知其为何故，此为撰写此书之缘起也。”之后，又写道：“此书是为那些不思虑外国之威胁、不考量国家之浪费、只是争夺金钱、胡作非为的人们而写的，即使是蔑视贬低我，即使读完之后也觉得不痛不痒，也来读读吧。”① 可以说，真葛的目的，就是把自己所悟到的“道理”写给那些“胡作非为”的人们看。

《独考》写于1817年，此时真葛53岁，已经见证了日本之前发生的一系列变革，走完了人生的大半，又接连体会了与亲人的生离死别，她在无所顾忌的情况下开始写作。正因为如此，我们今天才能够看到反映在书中的她的真实想法。《独考》全书分上、中、下三卷，其中上卷涉及“天地的拍子”、“男女之优劣”、“圣人之道”等问题，主要是真葛对自然的思索与阐述，可以视为后面论述的理论基础。中卷主要是对日本的见解以及有关西洋见闻的论述，可以视为真葛自己所观察的事实资料。下卷是关于女子教育的看法、对知识阶层的看法以及对领国利益的思考，是基于理论基础和事实资料之上所提出的对当代有用的见解和政论。

平石直昭曾指出日本近世后期的思想课题应该是“针对自然、社会、历史等，基于自己的观察和研究，尝试提出取代儒教的、新的思想图景”②。毋庸置疑，只野真葛的思索与写作就是在做同样的事情。

五、“天地之拍子”与“昼夜之数”

在当时很多学者都针对儒学提出质疑之时，真葛在《独考》的上卷里

① 鈴木代子：《只野真葛集》，东京：国書刊行会1994年版，第260页。

② 平石直昭：《日本政治思想史》，东京：放送大学教育振興会2001年版，第133页。

也对儒学、佛学提出了“佛之教义，抑或圣人之道，不过是人所做之一法，而非自然形成”的看法。同时，真葛还总结出了自己对世界与社会运行规律的思索结果，提出了“天地之拍子”、“昼夜之数”的言说。只野这样写道：

天地间诞生之人，以“天地之拍子”、“昼夜之数”为本，凡事以此为衡量标准，不合（标准）之事便不做，如此便可一生安宁。不变者，穿梭之日月、“昼夜之数”、“天地之拍子”也。①

真葛认为，在穿梭的日月与“昼夜之数”中，“天地之拍子”是绝对不变的真理，因此生活于天地之间人类社会的人，应该遵循“昼夜之数”的“天地之拍子”，凡事都要与之合拍，做到心中有“天地之拍子”，时刻严谨地注意自己的行为，这样才可保一生安宁。这个论点可以说是真葛思想的核心，真葛把这个论点当作自己思想的基本原理，是她用来判断所有事物的基准，贯穿《独考》全书。由上面的分析可知，“天地之拍子”是指天地日月宇宙万物运行的规律，以及符合这个时代的固有的节奏和规律，而“昼夜之数”指现在具体的不断变化前进的时代，其主要旨意就是要求人类社会应当遵循宇宙自然天地、日月运行的基本规律。

六、真葛的儒学观

据只野真葛的自传性著作《过去的故事》记载，真葛是被她父亲禁止学习“唐文”的。尽管如此，真葛并非对唐文的学问儒学一窍不通，她跟着弟弟和丈夫学习了汉诗写作等。从《独考》中的很多描述来看，真葛对孔孟之书也有相当的理解。真葛的儒学批判论围绕“圣人之道”逐步展开，可以分为以下几个要点。

第一，将“圣人之道”相对化。如前面所指出的那样，真葛首先认为儒学不过是人所创立之一法，并非自然而成，因此也绝非绝对不变的，应该以相对的眼光来看待它。她写道，所谓儒学，即“圣人之道，昔被用于

① 鈴木代子：《只野真葛集》，东京：国書刊行会1994年版，第265页。

政道，然其实为人所作、自唐土借来之法制，犹如虚有其表之装饰道具，就如同在海道上拉车"[①]。真葛在论述过程中，常常使用独特的比喻来描述自己所认为的、被奉为"圣人之道"的儒学。她认为，这样的花架子般不中用的工具，"应知其大概后置于门外以备用"，如果强行使用的话，反而会有危及自身的危险。

第二，对奉行"圣人之道"的幕府进行批判。针对当时日本德川幕府仍然以朱子学为官学的现实，真葛认为这是对许多有识之士的重负和束缚，这反映在下面一段话里："圣人之教之大概，是为善，然对于善者则反而束缚人心；对于恶者，因其不通文言，实为无用也。……圣人之教，大都束缚人心，以便支配，对于圣人之教研习愈深，遂于不知觉中愈被其束缚，以致疏于本国之人气，背离天地之拍子，应以为恐。"[②]

真葛通过思考自己父兄与丈夫的人生经历，感悟颇多。真葛认为，自己所珍爱的弟弟源四郎以及丈夫只野伊贺为幕府兢兢业业效力半生，却深受儒学所害，不能施展抱负，在郁愤中离世。她写道："违背圣法之人，政务出人头地者多。而严守圣法之人，却难有作为，实在可恨。"[③] 在只野真葛看来，那些看似严守圣法之人，其实是已经落后于时代的节奏即"天地之拍子"的人，而那些敢于做不合时宜之事的人，实际上却没有脱离时代，反而往往可以成功。由此可见，只野真葛希望人们在思想上不止步，在行动上也要与时俱进，避免陷入墨守成规的窠臼。

那么现在大肆奉行"圣人之道"的人都在忙些什么呢？为什么这个世界已经被他们变成连人际关系都可以买卖的"金银之乱世"了呢？真葛认为，那些显示将军和大名们威武的"参勤交代"等形式上的东西，都是来源于"唐国之法"，是需要花费大量金钱的。还有"御堂殿作"大兴孔庙、造圣人像，真葛不禁发问："真圣人是真的藏在那泥像背后吗？"她认为这些行为纯属浪费金钱。就是因为在金钱的力量作用下，武士们向那些身份低微却拥有巨大财力的商人阶层去借贷，进而导致背负利息、倾家荡产而不得不向商人低头，最终导致整个社会上下等级名存实亡，变成了如今的

① 鈴木代子：《只野真葛集》，东京：国書刊行会 1994 年版，第 268 页。
② 鈴木代子：《只野真葛集》，东京：国書刊行会 1994 年版，第 268 页。
③ 鈴木代子：《只野真葛集》，东京：国書刊行会 1994 年版，第 265 页。

“金银之乱世”。因此，真葛断定，那些“圣人之法”就是乱世的根源，而那些奉行“圣人之法”的官员学者们就是导致这乱世的践行者。在这里，只野真葛既有对朱子学的批判，也有对当时武士社会因追求奢靡生活而陷入财政危机的嘲讽。①

第三，对宣扬“圣人之道”的学者及其作品进行批判。首先，真葛认为学者的作用不容小觑，以前的大学者，宣扬唐国之法，并依其法改造、治理国家，可见学者之重要性。而现在所谓的“学者”无视“天地之拍子”、“昼夜之数”，所以即使是轰动一时的大学者的学说，也只是名噪一时就销声匿迹了，那些鸿篇巨制随之被人遗忘。当时著名的儒学“学者”也没能逃过真葛的批判，熊泽蕃山、新井白石被世人尊为“世间高人”，然而真葛读了他们的著作之后，觉得只是“其学力值得赞赏仰慕”，而没有多少实际业绩可谈，认为实在可惜。学者们如果只是为了写书而写书，而没有出色的业绩，那么就只是苦其身、折其骨而无实际意义。“未熟学者，思虑错漏者居多，聚集而论（学问），论却不得其精髓。何异于井底之蛙？”真葛辛辣地讽刺一味空谈的学者们就像井底之蛙一样只是在虚张声势鼓噪喧嚣，是对实际生活并无补益的无用之徒。②

“书是死物，拍子为活物，死物之书，添之以活物之拍子，岂无益乎？”真葛认为，书本知识一旦脱离了实际生活，就只是学者们无益的空谈而已。那么什么是有益的书本呢？真葛所敬重的父亲工藤平助的《赤蝦夷风说考》是关于如何应对当时俄国南下的对策，以及建议日本与俄国通商的一本著作，其内容反映了当时日本国际环境的变化以及如何应对的具体措施，只野真葛认为这样的书籍才是对国家与社会有实际意义的书籍。③

第四，对“圣人之道”对日本的影响进行反思。真葛分析了日本社会理解与接受儒学文化的过程。她认为儒学是通过唐文唐书对日本进行教化，才导致日本本末倒置，落后于时代。日本原本是气候适宜、资源富足的“神国”，那些本该作为教养发扬光大的“日本五心”——“正直、慈悲、人情、义理、耻”都已经被忽略遗弃，“肤浅”、“急躁”的日本人却

① 鈴木代子：《只野真葛集》，东京：国書刊行会 1994 年版，第 293 页。
② 鈴木代子：《只野真葛集》，东京：国書刊行会 1994 年版，第 295 页。
③ 鈴木代子：《只野真葛集》，东京：国書刊行会 1994 年版，第 296 页。

还不自知。她将日本人这种情态形象地比喻为“住在水中之鱼，不知有水之事，如同居于空气中不觉有空气之物”①。从这些议论中可以看到，只野真葛与一味宣扬日本优越论的国学派学者本居宣长等人的态度之间存在明显不同。真葛不仅跳出了出身其中的领国“藩”的束缚，还跳出了国家的框架，把日本置于整个世界视野中去思考问题，这种思维方式在当时是足具勇气而又难能可贵的，更为可贵的是她敢于犀利地指出日本的鄙陋之处。

在《独考》一书中，“因为学习唐文就变得不自由”，“我国人之所以落后迟钝，是因为学习他国的拍子之故”，“模仿唐国，已难以符合我国的时代了”这样的表述反复出现，同时出现频率很高的还有“国益”这个词。真葛认为，所谓佛法、圣人之道都对“国益”无用，这些思想甚至束缚了日本学者们的思想，阻碍了日本的发展，致使日本落后于世界。真葛认为应该把日本从儒教的束缚中解脱出来，重新认识日本。特别是学者们，应该契合“天地之拍子”，牢记本末倒置的历史教训，扩大视野，与西洋进行比较，认识自身的优劣。② 进入19世纪后，强调日本的优越性与主体性、主张排斥儒教与佛教等外来思想的民族主义思想开始在日本民间抬头，因此也可以把只野真葛的这些主张视为这一时期民族主义思想的一种表现形态。

另一方面，只野真葛既提出应与西洋比较，同时又表现出对西洋的戒备与排斥。真葛认为外来的儒学使得日本长期被束缚以至落后于西洋，因此她一直对外来文化心存芥蒂，态度谨慎。比如在《异国邪法密渡年经诸人及考》③ 中真葛把基督教称为“恶魔”、“邪法”、“盗法”，可见其对基督教是持排斥态度的，这一点与16世纪末、17世纪初的日本人面对外来基督教作出的反应十分相似。处于新旧文明碰撞与交替的19世纪前期，大多数日本人对于尚未知其全貌的西洋文明表现出一种远视之则好奇、近接之则抗拒的态度，只野真葛摇摆与困惑的态度就是典型的例子。

---

① 鈴木代子：《只野真葛集》，东京：国書刊行会1994年版，第297页。
② 鈴木代子：《只野真葛集》，东京：国書刊行会1994年版，第293页。
③ 鈴木代子：《只野真葛集》，东京：国書刊行会1994年版，第390页。

七、真葛的女性论

作为日本近世女子教育的主流教养读物，《女大学》等女训书在幕府的大力推动和儒学者的积极倡导下被广泛抄写推广。所以，日本近世的女子几乎都被教养成严守三从四德、在家相夫教子、不问政事的女子。从女训书的内容来看，除强调妇德、妇道之外，其中还充斥着对女性的贬低和侮辱，比如愚昧、善嫉妒、品行低下等等。那么，作为这个时期的女性，她们是怎样看待这些女训书的？对其中的女性定位又是怎样想的？真葛的女性论有以下几个要点。

第一，真葛对当时女性的处境进行了描述。在那个所谓“女子教育”发展迅速的年代，女人被灌输了“女人本就应该是遵从于人之物，上不违国法，下需严守家法”的思想，所以，女子被迫接受“愚法”（此处应该是指《女大学》之类的女训书）的洗礼，进入“二重三重之箱”，犹如“笼中之鸟一般置身于各种规矩束缚之下”[①]。所以，可以推想当时的女性也就只能抄读一些关于女红德容的教养之书，加强自身修养，安守本分终其一生。从真葛的语言表达中，我们不难看出她的不满和怨愤。

第二，真葛阐明了对男女优劣的看法。女训书的代表作《女大学》[②]中对男女优劣的表述是“凡女性在心性上的毛病是不柔顺、怒怨、长舌、嫉妒和智浅，女子十之八九有此五疾，此乃女子不及男子之处。女人属阴性，阴则暗如黑夜，故较之男子，妇人不明是非、不辨毁誉、不分福祸。愚昧不堪故万事需谦卑顺服、遵从夫君。男子象征天，女子象征地，故万事以夫为先，谦谨恭顺”[③]。

真葛对于这种“男女阴阳说”显然是不认同的。真葛认为：“但凡天地间生物，皆心之所向者，胜劣之争也。鸟兽虫类亦论胜负。”因此，男女的优劣之争是理所当然的，她认为应该承认女性的从属性，但其原因不

---

① 鈴木代子：《只野真葛集》，东京：国書刊行会 1994 年版，第 375 页。

② 荒木見悟、井上忠校注：《日本思想大系 34　貝原益軒　室鳩巣》，东京：岩波書店 1970 年版，第 531 页。

③ 荒木見悟、井上忠校注：《日本思想大系 34　貝原益軒　室鳩巣》，东京：岩波書店 1970 年版，第 531 页。

能归结于才智差异，而应该是“身体之差异”，男性的体力等都较之女性略有余裕，因此，即便是对男性下人，女子也要放低姿态。如果论才智，女性是毫不逊色的。像天照大御神、神功皇后、紫式部等出色的女性都才智超群，这是有目共睹的。而且，男女的优劣也不是绝对的，例如在恋爱的时候，“本来处于优越的男子也会败给柔弱的女子”①。

由此可见，真葛并不是盲从当时大众的“女性愚昧肤浅论”的说法，对于那些被当作教材来教化女性的《女大学》之类的读物用隐晦难懂的“阴阳”自然论来划分男女优劣，真葛是不能接受的。她从自己观察到的事实出发，来思考男女有别的原因及主张自己的观点。在崇尚西洋医学的父亲的影响下，真葛必定是看过《解体新书》的。对于儒学的阴阳论，真葛就是采用实证主义、合理主义的男女身体差异论来进行反击的，从这里其实可以看到兰学对真葛的影响。

第三，真葛对于女子教义的看法。《女大学》中有云：“不应贪食茶酒，不可观歌舞伎、短歌、净琉璃等淫乐。”“衣着服饰不可引人注目，衣服饮食需与身份相符。”② 也就是说，女子教义是反对女子去喜爱和模仿流行风物的，甚至要求衣着等都要严守规矩。因此，在真葛的印象中，日本的年轻女子也都是“一脸阴郁，无欲无求之表情，没有修饰”。当时大众流行文化正在蓬勃兴起，那些富有生命力的平民艺术形式，绚丽喧哗的歌舞伎、文乐（木偶戏），表现相扑、艺伎生活的浮世绘都那么充满活力和吸引力，与近似呆板的武家教养文化形成了鲜明的对比。这些真葛看在眼里，并试图用自己的理论去解释这种现象。所以真葛认为，日本本是气候适宜、食物富足之国，也是喜爱歌舞的国家，年轻女子把自己打扮得漂亮、学习歌舞没什么不好。“不模仿流行新风物的女子，会被认为老气而被年轻的男子讨厌。”③

不过，她认为，即将为人妻的女子还是不要过于沉迷于新风物为好。“如果用心于此，就会疏于家事，家内外之事，所有器具都应不失本分尽心尽力。”“不宠溺子女，悉心教养。养育子女，实为难事，切不可疏忽。”

---

① 鈴木代子：《只野真葛集》，东京：国書刊行会 1994 年版，第 266 页。

② 荒木見悟、井上忠校注：《日本思想大系 34　貝原益軒　室鳩巣》，东京：岩波書店 1970 年版，第 531 页。

③ 鈴木代子：《只野真葛集》，东京：国書刊行会 1994 年版，第 284 页。

可见，真葛仍然有着传统的家庭观念，确切地说是女子对于家人本能的现实责任观。成为妻子、母亲之后，就应该尽职尽责相夫教子，管理家事。[①]

第四，真葛的婚姻观。真葛有过离婚再婚的经历，对于女子的婚姻情况她是怎么认为的呢？在《独考》中真葛虽然没有对其作专门的论述，但在描述海外见闻的中卷里，有对俄国婚姻（经考证应该是指伊斯兰教的婚俗）的大篇幅描述。比如“年至求妻之龄，然至将婚男女聚集之寺，寻男方之意，又闻女子之见，如二人同心则成，结为夫妇。然后如有背叛之心，男女皆为重罪”。同时提到，有一些没法当场就定下对象的人，他们可以和很多女子进行会面挑选心仪之人。除此之外还有对基督教婚礼的描述，神父询问男女双方的意愿，甚至提到了交换戒指的细节。真葛曾被父母许给年老之人为妻，后因为不情愿而整日哭泣才作罢，对于俄国和基督教这种两情相悦的结婚方式，真葛应该是非常羡慕的。[②]

第五，真葛对于“女子小人”论的认识。针对孔子的“女子小人”论，真葛专门以此为标题写了自己的观点，然而遗憾的是这一章已经遗失，无法看到其全貌，只能从马琴的《独考论》中看到一点踪迹，从马琴怒气十足的反驳中可以猜想真葛的言论应该相当犀利。真葛有这样写：“孔子圣人有云：‘女子小人，我不知。’我是女子，那我就说一些圣人所不知道的东西吧。”[③] 如此，对女子所受的偏见和侮辱，发表了“女性战斗宣言”，来维护女性尊严。但作为武家女子，真葛在其女性论中对町人女子还是存有偏见的，她把她们与小人等同而论。[④]

综上所述，真葛对于男尊女卑的论调并没有进行直接反驳，而是承认男性的优越地位，但将其缘由归结为身体的差异。她痛恨以“阴阳说”之类的不能理解的缘故来定义男女优劣，而身体的差异给了真葛很好的安慰，因此男主外女主内、各司其职亦变得合理，女子就应该年轻时极尽妆容，学习新的流行风物，讨男子欢心；为人妻母时，则应该恪守本分，相夫教子。真葛有过离婚的经历，因此对于西洋的一夫一妻、两情相悦的婚姻非常羡慕，但也没能勇敢地去明确地表达自己的观点，从这里也可以看

---

① 鈴木代子：《只野真葛集》，东京：国書刊行会 1994 年版，第 285 页。
② 鈴木代子：《只野真葛集》，东京：国書刊行会 1994 年版，第 276 页。
③ 鈴木代子：《只野真葛集》，东京：国書刊行会 1994 年版，第 357 页。
④ 鈴木代子：《只野真葛集》，东京：国書刊行会 1994 年版，第 298 页。

出她的胆怯及其思想的局限性。

结 语

根据对《独考》的文本解读，笔者认为，真葛从自身的角度出发，分别就作为“日本”应该如何应对时代的变迁、作为“学者”应该如何为国益而著书、作为“女性”应该如何自处这三个问题进行了论述。这是真葛思想中“日本”、“学者”、“女性”这三种自我意识觉醒的表现形态。

真葛首先断定奉行“圣人之道”的儒学已经不符合当时的时代，应该知其大概内容后作为备用即可。而“日本”应该怎么办呢？首先应该从儒学的束缚中解放出来，直面落后于时代的事实，重拾日本的文化学问并将其发扬光大。这是当时日本人自我意识觉醒，或者说民族主义意识觉醒的体现。其次，通过书本传播学问的学者们应该义不容辞，写顺应时代节拍的书；负责治理国家的官员也更应该吸取国外好的做法及措施来治理好国家，集合所有民众的力量来开拓国家的未来。

从《独考》全书来看，真葛用“学者”的标准要求自己，力求契合“天地的拍子”，以不落后于时代的节奏这种标准来著书立说。通过自己的观察和思考，站在国家的高度对时弊予以尖锐批评，同时对比日本和西洋的法制，试图写出于国家有益的书。

特别值得注意的是，女性论是只野真葛作为“女性”学者所独具特色的思想言论。简而言之，她主张学者就应该写对时代有用的书，而年轻女子应该学习新的东西。所谓的男女优劣，其实缘于身体构造，不能强求，但是不能因此说女子智不如男，女子同样要读书写作加强教养，甚至可以写书论政。但应该时刻注意不要得意忘形，妄想胜于男子。因此女子应该在年轻的时候极尽妆容以取悦男子，在为人妻母之时，则应该恪守本分，管理家中事务，以相夫教子为业。

同时，随着真葛的思想越来越清晰，其思想的特征也愈加明显。首先，她表达的欲望非常强烈，却因语言表述过于主观，无法形成理论性的、辩证性强的思想体系。真葛只是表明了自己的态度和一些想法，因此被认为基本是在自说自话、肤浅，并因此被诟病。同时文中因为文学性表达、感性表达比较多，甚至被自己所尊重的曲亭马琴认为是“妇人之见”、

“幼稚”、“无法当作是讨论学问的对象”[1]，所以在当时很难算得上是政论。

此外，真葛在其思想论述中，虽然用自己的语言极力主张一些看似独特的想法和表述，但不可否认其中有不少来源于当时比较主流的国学、兰学的观点。书中对于学者的批判、对于儒教的批判及其国益论，都来源于其所认可和赞同的各派观点。比如“天地的拍子”和太宰春台的“时之变”就很相似，[2]“国益”的说法和《兰学阶梯》中“国家的裨益”的概念基本一样。[3]

平石直昭在《日本政治思想史》中提到：“幕末时期，是日本直接面对大规模的欧美列强的时期，也就是接受西欧冲击的时期，要怎样应对那样的挑战，成为（这个时代）一个重要课题。”[4] 虽然真葛是一个被排除在政论之外的女子，但她仍积极地思考并尝试去解决这个课题。在《独考》中她这样写道：“即使是小虫，很多聚集在一起，也能发出白昼般的光芒。作为人，难道还能沉默吗？”[5] 然而，正如大口勇次郎所说：“那么独特的意见，是和当时的男性社会格格不入的，以至于其作品面世公开的机会也被单方面剥夺，她曲折的一生以及她与以《女大学》为规范的江户时代之间的斗争，其实都体现了当时所处社会的严酷。”[6]

（岳倩著）

① 鈴木代子：《只野真葛集》，东京：国書刊行会1994年版，第366页。

② 頼惟勤校注：《日本思想大系37　徂徠学派》，东京：岩波書店1970年版，第37页。

③ 沼田次郎、松村明、佐藤昌介校注：《日本思想大系64上　大槻玄沢·洋学》，东京：岩波書店1976年版，第340页。

④ 平石直昭：《日本政治思想史》，东京：放送大学教育振興会2001年版，第133页。

⑤ 鈴木代子：《只野真葛集》，东京：国書刊行会1994年版，第294页。

⑥ 大口勇次郎：《日本的近世》，京都：思文閣1998年版，第182页。

论西川如见的自他认识

——17世纪在野知识人眼中的“世界·日本”、“社会·町人”

引　言

日本当代历史学家若尾政希曾说过：“当我们从意识、思想的层面去看时代、社会的变革问题时，‘某个时代、社会中人们所共同拥有的公认，或所谓常识（换句话说，支撑着这个社会秩序的公认常识）是如何形成的，另外，曾经的公认常识是如何从原本的毋庸置疑和不可动摇变得不再通用，或者转变成了其他的东西。’这是可以作为一个课题提出来的。”①受到这个问题意识的启发，本文对以“西方—东方”二分法来构筑历史的看法提出质疑，同时力图摆脱一国史观的桎梏，对17世纪长崎的民间知识人西川如见的思想进行探讨。

一、17世纪的东亚、长崎与西川如见

作为本文的前提，本节对17世纪这个所谓动荡时期、以中日关系为主的亚洲东部地区的时局②、西川如见的生涯以及西川如见生活的长崎的情况做一个梳理。

17世纪亚洲东部世界知识的扩散与近世日本社会的情况可以参照近世中日关系研究学者大庭修的著作。他指出：“江户时代中日关系的推移，理所当然地，与日中两国国内的情况变化有关，而且两国也因对方的变化

---

① 若尾政希：《〈太平記読み〉の時代》，东京：平凡社1999年版，第329页。

② “东亚”一词的定义有必要讨论并明确，但本文由于主题与篇幅的限制不加以深入探讨。本文保留这个疑问，姑且使用“东亚”这个词来统称包括日本、中国、朝鲜半岛在内的地区。

互相做出反应，以这种形式变化。”①

明代出版业的兴盛促进了学问的发展。大木康指出，明中期在江南地区富裕地主的经济支持下，一群不参加科举考试的士人发起新兴的出版业，士人不通过科举也能得到名利。② 出版导致信息传播加速，使知识人的发言影响更大。山井涌把明代的思想类型分为朱子学的“理学”、阳明学的“心学”，以及区别于前两者的“气学”③。他指出，从理气论的整体趋势来看，对于理学的强烈主张自明代中期以后就逐渐减弱，理气一体、气学的主张逐渐有增强的趋势。④ 另外，自16世纪大航海时代开始，欧洲的文化传到了明末的中国。⑤

1644年，明清更迭。石原道博的书中记载了除郑成功以外包括朱舜

---

① 大庭修：《徳川吉宗と康熙帝—鎖国下での日中交流》，东京：大修館書店1999年版，第53页。

② 大木康曾提到，这样的所谓“市隐”或“山人”基本都不从仕途，而以诗文书画等艺术为生。他们活跃于嘉靖中期（1522—1566），在他们生活的地区很受欢迎。其代表人物包括吴中四才（祝允明、唐寅、文徵明、徐祯卿）等人。大木康：《山人陳継儒とその出版活動》，《明代史論叢》（下卷），东京：汲古書院1990年版，第1233～1237页。

③ 山井涌指出，上述各种思想都是基于宇宙万物由阴阳之气形成的宇宙生成论而形成的思想。它们之间的区别是，朱子学主张宇宙（包括人类）的根本不在于气而在于存在原理的“理”，因此被命名为“理学”；阳明学主张，对于人来说最重要的是自己的心和思想，强调人在各种人际关系和周围自然物的关系中生活或相互作用中内心的主体性，因此被称为“心学”。另外“气学”是在朱子的理气哲学完成以后出现的，不认同世界之根本在于理的思想，也就是不认同理决定了气的存在方式这种观点，而主张气才是事物成立、存在的第一原理。（山井涌：《黄宗羲》，东京：講談社1983年版，第14～21页。）

④ 气学的鼻祖代表人物有罗钦顺（1465—1547）、王廷相（1474—1544），其后有吴廷干（1498？—1570？）、刘宗周（1578—1645）、黄宗羲（1610—1695），至清朝有戴震（1723—1777）。（参考山井涌：《黄宗羲》，东京：講談社1983年版，第21～22页。）

⑤ 冈本（Okamoto Sae）通过中西交流史年表（1510—1800）考察了中国和欧洲的文化交流。根据这个年表可知，自1595年M. Ricci（《イエズス会士の中国遠征記》的原作者）在中国徐光启的帮助下开始把《天主实义》、《几何原本》翻译成汉文。此外，冈本还提到中国从1598年开始了“西学”汉译的出版。（参考Okamoto Sae：《中国とヨーロッパ》，《アジアから考える［二］·地域システム》，东京：東京大学出版会1993年版，第140～144页。）

水、周鹤芝、黄宗羲、冯京第等明朝遗臣的乞师活动。① 朱舜水于1659年渡日，后一直留在日本直至卒年1682年。石原道博和李甦平的书中②都提及，师从朱舜水的门人中有安东省庵、前期水户学者林春信、木下顺庵、伊藤仁斋等，朱舜水学问的影响持续到明治维新时期。当然，这些历史是否应该按直线因果关系来把握，还是应该质疑的，但值得借鉴的是，明末知识人的日本乞师活动给日本的学问带来了不可忽视的影响。

西川如见（1648—1724）是生活在长崎的知识人。其祖先在战国时代末期由武士转为商人，后在长崎任町衙役（掌管丝绸贸易的“丝目利”）持续家业，其祖父忠政（1601—1669）是从事海外贸易的商人，其父是天文学者西川忠益（1628—1665）。西川如见满二十岁后立志求学，师从木下顺庵门下的南部草寿学习程朱之学，又向小林谦贞学习南蛮学系的天文学、地理学，进而修习中国的天文历算之学。另外，当时长崎的唐通词彭城素轩是如见的亲家。享保四年（1719），如见被将军德川吉宗招到江户，接受天文学方面的问询。如见的著书有《增补华夷通商考》、《四十三国人物图说》、《町人囊》、《百姓囊》、《长崎夜话草》。其中，《町人囊》的编写是在元禄五年（1692）至宝永四年（1707），于享保四年（1719）出版。③

通观17世纪日本社会的特性，首先是东亚各地区出版业得到发展，原先由贵族阶层垄断的知识开始向社会其他阶层扩散。其次，从整个世界局势宏观地来看，该时期适逢大航海时代与中国的明清交替之时，明清和日本、朝鲜之间有传教者、贸易者、逃亡者等剧烈的人口流动，虽然有禁海

---

① 石原道博：《明末清初日本乞師の研究》，东京：富山房1945年版。

② 石原道博：《朱舜水》，东京：吉川弘文館1961年版；李甦平：《中国思想家评传丛书　朱之瑜评传》，南京：南京大学出版社1998年版。

③ 西川如见的生平参照佐久间正：《西川如見論—町人意識、天学、水土論—》，《長崎大学教養部紀要（人文科学篇）》1985年第26.1-29号；荒野泰典：《近世の対外観》，朝尾直弘、網野善彦、石井進、鹿野政直、早川庄八、安丸良夫编：《岩波講座日本通史》第13卷近世3，东京：岩波書店1994年版；若尾政希：《〈太平記読み〉の時代》，东京：平凡社1999年版；长崎市役所编：《長崎市史風俗編》等书。关于《町人囊》的编写年代有争议。韩国学者李一宰在《西川如見についての一考察》（李一宰：《西川如見についての一考察》，《紀尾井史学》1989年第9号）中提到《町人囊》的编写年份应在享保四年以后。而本文采用佐久间正主张的1693—1707年。

政策的束缚，但贸易船只的活动仍然使信息通过书籍的形式在东亚各国间流通传播。上述特性在日本对外交往的主要地点长崎表现得更为突出，在知识人西川如见的思想中也有所体现。

二、“町人思想”及西川如见的相关研究

日本学术界关于西川如见的先行研究，正如高野信治所概括的，主要从“天学”、“儒学”、“町人思想”的角度展开。[①] 中国关于日本近世思想的研究始于20世纪80年代，近几年对江户时代的研究也逐渐增多。但至今还没有关于西川如见的深入研究，只在日本近世的“实学”及与“町人思想”相关的著书或者日本近世史的概论书及东亚比较文化的部分书籍中，把西川如见定位为“实学者”或“町人学者”。

李甦平把近世日本的实学分为四个时期，认为西川如见是第一时期的实学思想家和朱子学派思想家。[②] 另外，李甦平认为这个时期实学思想的形成和町人思想的发展有密切的联系。[③] 但他并没有对西川如见的思想作具体的论述。

刘金才则从日本近代化的成功这一角度考察了近世町人思想。[④] 他整理了近世初期至幕末的町人伦理思想，从阶级意识的觉醒这一角度，把西川如见等同于西鹤、近松等具有町人意识的先觉者，“反映了町人阶级意识和到底意识的觉醒及其反抗武士阶级身份道德的思想倾向，它对封建武士阶级的权力本位价值观和身份本位道德观形成了巨大挑战和冲击”[⑤]。

王青称西川如见为“长崎町人学者”、“町人伦理思想的重要奠基

---

① 高野信治：《「世界」と「神国」—西川如見の「天学論」をめぐって—》，《境界のアイデンティティ》，东京：岩田書院2008年版。

② 李甦平：《中国日本朝鲜实学比较》，合肥：安徽人民出版社1995年版，第154～155页。

③ 李甦平：《中国日本朝鲜实学比较》，合肥：安徽人民出版社1995年版，第154页。

④ 刘金才：《町人伦理思想研究》，北京：北京大学出版社2001年版。

⑤ 刘金才：《町人伦理思想研究》，北京：北京大学出版社2001年版，第116～117页。

人"[①]。另外，她引用了《町人嚢》中反抗武士阶级道德观和肯定町人阶级价值的部分，认为这"为町人争取与武士同等的人格尊严和确立职分道德平等观念，提供了重要的思想理论"，并把《町人嚢》定位为"日本思想史上第一部专门论述町人伦理观的哲理性著作"。

国内学术界总体上对西川如见尚缺乏较为深入的分析研究，仅从"实学"、"町人思想"方面认为如见在前近代到近代的转换期中有划时代的意义。在刘金才和王青的研究中，都提到了"反抗武士阶级"这一町人的特色。但只关注"阶级对立"这样的研究视角可以说是受到了近代化论的影响。如何历史地、客观地理解和把握西川如见的思想全貌仍然是一个待解决的课题。

在日本，关于西川如见的研究始自20世纪40年代[②]。1941年至1958年，学者们从中日贸易交流、地理学以及水土思想的角度对如见的著作《华夷通商考》和《日本水土考》进行了研究。

20世纪70年代，人们又从朱子学及清代儒学的联系这一角度来研究如见。这个时期对如见的研究成果有源了圆所说的"实学者"形象和柳泽南的研究。自20世纪80年代至90年代初，川口浩和佐久间正等人从商业思想和经济思想的角度研究了如见的著作《町人嚢》。藤原暹把如见和熊泽蕃山进行了比较研究，讨论了两者町人和武士身份导致的思想差异，并把如见的思想定义为"町人思想"。笔者认为，在作为"町人思想"和商业思想而被描绘出来的如见的形象中也能看到近代化论的影响。

1982年，柳泽南对西川如见的"形气"思想与清代儒学的关系进行了研究。[③] 柳泽南认为，针对宋学在"命理"方面的长处和"形气"方面的欠缺，西川正休主张"西洋的天学虽然擅长于'形气'却在'命理'上有所短"。因此柳泽南把如见父子的思想看作"'命理'哲学与'形气'科学"的"综合、统一"，并主张他们的思想与清朝的天文学者方以智和

---

① 王青：《日本近世思想概论》，北京：世界知识出版社2006年版，第83~84页。

② 这个时期的研究有内田秀雄：《西川如見と其の地理学》，《史林》1939年第24-1号；鮎沢信太郎：《鎖国時代の世界地理学》，东京：爱日書院1948年版；小島小五郎：《西川如見の水土思想》，《长大史学》1958年第2号等。

③ 柳沢南：《西川如見と清代儒学》，《哲学·思想論叢》1982年第1号，第3~15页。

游子六的思想有系谱性的承接关系。20 世纪 90 年代，如见的“天”的思想被用来与安藤昌益的进行比较，另外还有把如见和朝鲜实学者李瀷进行比较的研究。2000 年，米地文夫就《怪异变断》考察了如见的地形观和环境观。

1994 年至 2003 年，荒野泰典以华夷认识和对外观的角度，对西川如见的“外国”认识、亚洲概念的形成等从地理学方面进行了考察，他指出各国把华夷观和民族主义相对化，但对于如见既接受了相对化的华夷观，又有“神国”这一独善的自尊意识这一矛盾的现象，感到“无法做出合理的解释”，并把它作为一个疑问遗留下来。

2008 年，高野信治在《“世界”与“神国”——关于西川如见的“天学论”》中以西川如见的天学为对象，考察了以“自我”和“他者”为关键词的近世日本的对外观、宗教观、社会观、人类观等。具体来说，他论述了对外观上的神国和夷狄、宗教观上的正统与异端（把反秩序的宗教作为排除的对象），以及社会观和人类观上应该承担国家任务的人和不能承担（不承担）的人（比如残障者、游民等），从而总体地论述前者（自我）与后者（他者）之间存在的区别和排斥。

如见的世界观过去一直被拿来与其对西洋学问的态度相提并论。先行研究中对如见的西洋学问态度有两种看法：一种主张如见（以及正休）从儒学的角度批判西洋学问。比如细川润次郎推断如见和向井元升在同一个系谱中有继承的关系。[①] 柳泽南认为如见和元升同样师从于木下顺庵门下的南部草寿，因此如见受到朱子学的影响而对西洋的天学持批判态度。另一种看法以荒野为代表，认为正是西洋的地理知识使如见的思想产生了变化，使他“克服”了“中华世界观”并使其相对化。[②] 但荒野泰典提出，

---

① 柳沢南：《西川如見の儒学思想》，《日本思想史学》1982 年第 14 号，第 8 页。向井元升对蛮学进行了如下批判：“蛮学之术就器形工于论辩，故引例取证据，较彼此，若非比彼方此方，则不能工于伦理而示人也。其法凡鄙而工夫于偏见迹之故也。”向井元升（1609—1677）：国書刊行会編：《乾坤弁説》，东京：鳳文書館 1992 年版，第 58 页。

② 荒野泰典：《近世の対外観》，《岩波講座日本通史 13》，东京：岩波書店 1994 年版，第 223 页。

如见的世界认识中存在矛盾[①]，如见运用西洋的天文地理知识把各国、各民族的华夷主义和民族主义相对化，却又是“日本＝神国”论者，针对这一现象荒野找不到合理的解释。

高野信治从上述“自相矛盾的两种思考”的关联性以及对于神国的定义这几个角度，对荒野提出的问题进行了讨论。高野批判了荒野的二项对立的解释，他说，如见的世界观是“站在蛮学（西洋学）的实证观察法的角度重新解释了儒学（亚洲，中国的学问）的世界观，从而描绘了独特的‘世界’像”[②]，他认为如见的世界观是“蛮学（西洋学）的实证观察法”与“儒学（亚洲，中国的学问）的世界观”的结合。高野认为自己脱离了以往“中国之学与西洋之学”这种二项对立的看法，用“把两者相对化”这种崭新的视角来研究如见。然而高野并没有跳出“亚洲”和“西洋”的二项构造，在如见的神国观方面，高野依然主张如见是把日本的“神国的质素”和“西洋人的贪欲”对立来看的。[③]

本文在吸取上述先行研究成果的基础上，探讨西川如见相对化的思考方式是如何形成的。

三、中华思想的根基与欧洲知识的吸收

要了解如见思想的构造，首先应该考察他受到过哪些学问的影响。当

---

① 参见高野信治：《「世界」と「神国」―西川如見の「天学論」をめぐって―》，《境界のアイデンティティ》，东京：岩田書院2008年版。

② 高野信治：《「世界」と「神国」―西川如見の「天学論」をめぐって―》，《境界のアイデンティティ》，东京：岩田書院2008年版，第237页。

③ 原文为“发展航海术的‘蛮人’、‘红毛人’、‘依格力是’人等西洋人‘于日本有贪欲之执心’，而相对于‘贪欲’，日本有形式上‘正直’的‘质素’这个‘神道’的教诲，如见是这样看的”。参见高野信治：《「世界」と「神国」―西川如見の「天学論」をめぐって―》，《境界のアイデンティティ》，东京：岩田書院2008年版，第252页。

不过，高野所引用的“于日本有贪欲之执心”一词的前后文是一个故事，叙述了日本人在海上迷路后被异国人送回日本，而当地人面对前来日本的异国人存有怀疑。笔者认为使用这个句子来证明如见对西洋人的批判态度是不妥的，因此本文选取了别的例文。

时日本社会中扩散开来的兰学、明末哲学在如见的思想里留下了怎样的痕迹？本节通过对《町人囊》、《水土解辩》、《日本水土考》内容的分析来探索这个问题的答案。

17 世纪日本人的世界观由于欧洲世界观的介入而发生了很大变化。荒野在论文《近世的对外观》① 中提出，用欧洲的地理知识来否定佛教的世界观的姿态在当时的知识人中是共通的。正如荒野所说，亚洲知识人对世界的认识从原来以“中华”为中心的亚洲地区扩大到了“地球”、“世界万国”，而他们对“华夷”思想产生怀疑，不能忽视世界地图等地理知识的影响。从西川如见对熊泽蕃山的批判也能看出这一世界认识的变化。

从《水土解》一书中可看出，熊泽蕃山的世界认识是以中华为中心的。《水土解》中多以问答形式展开，其中对于“气运塞昧则人多道理为何”的问题，蕃山按照历史的不同时期来对气运加以区分，认为“三皇、五帝、三王之代如春”，“ 秦之代如夏”②。可以看出，蕃山是把“中华”的时代区分视作全世界的时代来区分的。该书中关于“中华”与日本、朝鲜等地区的施教和气运的论述也反映了蕃山所描绘的“世界”是以“中华”、日本（和朝鲜等）为中心地区，以天竺（及西藏、蒙古等）为周边的“戎蛮”、“戎狄”，由中心和周边组成一个整体的构图。③

西川如见在《水土解辩》④ 中对蕃山《水土解》的“气运塞昧则人多道理”进行了批判，反驳了中华中心的世界认识。如见首先引用了蕃山的论述“或问，天地之始终，今渐过半，其气运衰，乃至草木金石性弱，人亦病无气力者多，因气运昏塞之故，人反增多。正如果物多之年其风味薄，少之年其为佳者，此理至极，不应质疑”⑤。接着，如见质疑道：“此说，世界万国之上而考焉。唐土日本之时运如此，然不应云天地万国皆如

---

① 《岩波講座　日本通史 13》，东京：岩波書店 1994 年版，第 220 页。

② 藤井学、秋山一实校注：《集義外書十六（神道大系・論説編二一熊沢蕃山）》，东京：神道大系編纂会 1992 年版，第 433 页。

③ 藤井学、秋山一实校注：《集義外書十六（神道大系・論説編二一熊沢蕃山）》，东京：神道大系編纂会 1992 年版，第 425 页。

④ 飯島忠雄、西川忠幸校訂：《日本水土考・水土解弁・増補華夷通商考》，东京：岩波書店 1944 年版。

⑤ 飯島忠雄、西川忠幸校訂：《日本水土考・水土解弁・増補華夷通商考》，东京：岩波書店 1944 年版，第 29 页。

此。夫唐土者，不及于天地万国之百分之一。唐土之人，虽云以唐土为天地之中国，然天竺之人，又云以天竺为世界之中国。其外之国亦必以其各国为中尔。”[①] 如见首先强调，对“世界万国之上”应以气运来认识天地。可见他所认识的“世界”的范围是包括了“世界万国”的。其次，如见用“唐土”一词替换了蕃山的“中国”一词，把“中华”相对化了。另外，他提倡多元化，认为唐土、日本的时运不能代表“世界万国”。这里他强调“中国”（“以其各国为中”）意识是世界各地都普遍存在的现象，这一思想耐人寻味，后文将详细论述。

很多研究者从如见对蕃山的批判来展开对西川如见世界观的讨论。由于西川如见曾受到泽野忠庵即基督教会士费雷拉（Christovao Ferrira，1580—1652）翻译、向井玄松注释的天文学著作《乾坤辩说》的影响，[②] 基于这一经历，很多学者都认为在如见的世界观中，欧洲知识的影响大于中国思想的影响。[③] 如荒野泰典主张西川如见基于西洋的天文地理知识，在与世界作对比的同时，描绘出了一个和现代人创造的“东亚”同等的一个“东亚”像。[④]

那么，西川如见真的重新创造了“东亚”像吗？答案似乎是否定的，如见把世界解释为由国这个要素组成的一个整体，而并未提起“东亚”。在《水土解辩》中，如见批判中华歧视观念的同时，提出了“国观念”，阐述了应该如何看待世界各地域这个问题。“传闻世界万国中有各样之国。其中人类甚多之国有，少之国亦有。或有文字之国有，无文字之国有。无

---

① 飯島忠雄、西川忠幸校訂：《日本水土考・水土解弁・増補華夷通商考》，东京：岩波書店 1944 年版，第 29 页。

② 米地文夫：《西川如見〈怪異辨断〉にみる地形観・環境観》，《総合政策》2000 年第 2 卷第 2 号，第 146 页。

③ 比如广濑秀雄把如见看作伪装在中国思想下的基督教接受者。参见広瀬秀雄：《近世前期の天文暦学》，広瀬秀雄、中山茂他校訂：《日本思想大系 63　近世科学思想・下》，东京：岩波書店 1971 年版，第 455 ~ 464 页。

④ 荒野泰典指出，西川如见在《増補華夷通商考》中把世界分为中华、外国、外夷，其中的“外国”加上“中华”和日本，就是我们现在所谓的东亚地区。如见称之为外国的地区的特征，与西嶋定夫说的“东亚世界”的构成要素（册封关系，汉字文化，儒教，律令制，佛教）几乎一样。参见荒野泰典：《日本の時代史 14・江戸幕府と東アジア》，东京：吉川弘文館 2003 年版，第 177 页。

人伦作法之国亦有。其虽古昔有人伦作法，气运衰而人伦之道亡乎，又或迄今人伦作法发生之时节尚未至乎，均无从可知。”[①] 可以看出，如见认为有的国家有人伦之道，有的国家没有，是由于时节已过或未到，而不一定是由国家的优劣所决定。这就否定了“中心之国”制定的以“文字”、“人伦作法”等为基准把世界万国分为“上国—下国”、“中国—外国/戎蛮”的思想。如见认为文字也好，“符契”也好，只要能够实现“人用通达”，就没有优劣之分。[②] 如见进一步提到了“气”一词，说“以此而思，若此天地均已开辟，则盛衰亦当为均，如此万国气群聚群动而运，不应有不为一样之道理。或曰，虽云天地之始终为均，然气运之盛衰由各自水土而有迟速之不同，则其水土之气厚者其衰晚，水土之气薄者其衰也早之道理也”[③]。他认为，应该把世界看作一个由国组成的整体，并论述了当时的两种不同观点，一种观点主张各国气的盛衰变化应该是一样的，另一种观点主张各国的水土厚薄导致气的盛衰变化也有早有迟。这两种思想都在一定程度上否定了以中华为世界绝对中心的华夷观，但都没有像荒野说的那样，把世界作为比较的对象而创造出了汉字圈的“东亚”。

可见，如见的世界观在那个时代处于以下的状态：由于欧洲传来的地理知识，前近代亚洲典型的世界观——世界由中华和周边构成的观念开始动摇，世界的范围扩大到了“天下万国”。另外，对于世界和各国的关系，他认为世界是一个整体，“国”是整体中的部分，各部分的不同就在于气的盛衰变化，按道理这种变化应该是一致的，但由于水土不同而产生了或早或迟的区别。

以“气运”盛衰变化来解释世界的构成，这种思想的根本不存在于西洋思想或日本19世纪的国学思想中。笔者认为，通过探讨中华思想对如见的影响，能够发掘如见思想的根基，或者说能把其论说中潜藏的一个时代的常识凸显出来。

---

① 飯島忠雄、西川忠幸校訂：《日本水土考・水土解弁・增補華夷通商考》，东京：岩波書店1944年版，第29～31页。

② 中村幸彦校注：《日本思想大系59 近世町人思想》，东京：岩波書店1975年版，第169页。

③ 飯島忠雄、西川忠幸校訂：《日本水土考・水土解弁・增補華夷通商考》，东京：岩波書店1944年版，第29～31页。

在考察如见的“气运”思想的形成之前，先回顾一下上文两节介绍过的荒野和高野围绕如见的世界观展开的不同议论。荒野主张在如见的世界观中西洋知识“克服”了“中华世界观”，而高野则认为如见的世界观是西洋知识和中华世界观的结合。但是，无论“克服”论还是“结合”论，都依然围绕着“西”和“东”这种一分为二的结构。实际上，“洋学”中存在各种各样的世界观，“亚洲”或者“儒学”中也存在多种多样的世界观。而二分法，或者说二项对立的视角，忽视了这些多样性。笔者认为，用二分法进行研究是有问题的。为了避免产生这样的问题，本节从如见和明末清初“气一元”思想的变化之间的关系，来解读《町人囊》、《水土解辩》、《日本水土考》中体现出来的关于“气”的论说。

在以往的研究中或多或少都提到如见曾跟随木下顺庵门下的南部草寿学习过儒学，[①] 但很少有人关注这段修学的经验对如见的思想有怎样的影响。李甦平曾经讨论过朱舜水和日本“古学派”、“水户派”、“朱子学派”（主气派）之间的关系，[②] 其中说到了师从朱舜水的木下顺庵之弟子南部南山，这个南部南山的养父南部草寿就是如见学习“儒学”的师父。笔者认为，由于这样的关系，且顺庵受到朱舜水思想的影响，可以推测如见的思想也受到了朱舜水思想的影响。当然，当时留在日本并活跃着的思想家除了朱舜水以外，还有黄宗羲等人。理气学的内容是多元的，黄宗羲提出的“道”、“理”则不谈抽象的侧面而是重视具体事务中实际存在的规律这一侧面。当然，不同思想家，比如朱舜水、黄宗羲、王夫之三人，各自对“道”、“理”的阐述也互不相同，但明末理气学有个共通之处，就是批判“作为根源的理”而重视具体的实用性，这可以说是他们思想的特性。[③] 明末思想家们置“根源”之“理”于度外的思想随着他们在海外的活动而传播到了日本，对日本产生了多种互相衍射的影响。例如，伊藤仁斋受到朱

---

① 参照佐久间正：《西川如見論—町人意識、天学、水土論—》，《長崎大学教養部紀要（人文科学篇）》1985 年第 26. 1 – 29 号，第 2 页；柳沢南：《西川如見と清代儒学》，《哲学 · 思想論叢》1982 年第 1 号，第 7 页。

② 李甦平：《中国思想家评传丛书　朱之瑜评传》，南京：南京大学出版社 1998 年版，第 171 页。

③ 李甦平：《中国思想家评传丛书　朱之瑜评传》，南京：南京大学出版社 1998 年版，第 25 页。

舜水的影响而摒弃形而上学的理学，用“气”的学说阐述了宇宙生成论；子安宣邦指出，从《语孟字义》“盖天地之间，仅存一元气。或为阴或为阳……阴阳固不在于道，一阴一阳，往来不已者，便是道”的说法中，可以看出仁斋拒绝“始原、根源”思维的姿态。仁斋的宇宙生成观和如见的由“气”的运动构成的“一圆浑然”的世界观有共通之处，认为气的“盈虚消长往来”即为“道”，而世界就是由实际物质“气”和物质的运动变化“道”组成的。

如见不仅在《水土解辩》中阐述了世界是由“气”形成的观点，更在《町人囊》中针对“世界万国开基先后之争”[①]进一步运用“气运”思想展开阐述。首先，他否定了“开基先后”的存在，认为“夫天地为一圆浑然之体，动静始终非在一时者不应有。岂有彼方早开辟，此方晏开辟之理焉”[②]。如见同意世界的中心是存在的，但他强调这个中心并不是固定的某一个地方，而是不断移动并变化着的。也就是说，如见脑海中的世界是个“一圆浑然”的系统。他把世界看作一个整体，把万国看作整体中的部分，各个国随着“气”的运动而或昌盛或衰败地变化着。“一切物之气皆有始中终，始及终者不在形气之中正，中气乃为正气。天地万物当以中正之气为尊，不当以国土之开基早者为尊”[③]。他认为应当奉为世界中心（也就是应当为“尊”）的国在不同时期都不同，应该是各个时期气的变化正值“中正”的国。这样，如见用“气”的运动否定了中华中心的观点，阐明了一种世界各国皆可为中正的看法。

如见的著作中除了常常运用理气学的字眼，也援引佛教用语，可见其在一定程度上也受到了佛教的影响。例如上文提到过，在《水土解辩》中，如见主张“中国”（“以其各国为中”）意识在世界各地都是普遍存在的。这种普遍存在的“中国”意识在如见的《町人囊》一书中，被命名为“故乡自慢”。

---

① 中村幸彦校注：《日本思想大系 59 近世町人思想》，东京：岩波書店 1975 年版，第 168～169 页。

② 中村幸彦校注：《日本思想大系 59 近世町人思想》，东京：岩波書店 1975 年版，第 168～169 页。

③ 中村幸彦校注：《日本思想大系 59 近世町人思想》，东京：岩波書店 1975 年版，第 168～169 页。

如见在《百姓囊》和《町人囊》中阐述了庶民应有的道德“谦”，并提出了与之相对的“慢”。在《百姓囊》中，他提出“百姓农人第一以质直为先”，并批判了“我慢邪慢”的心理。“佛教有七慢之戒。虽言儒经无七种之名目，然非无此诫。满招损，谦得益。满者慢也，况佛教之七慢，最当信用。凡心第一之病患者在于慢心，当恐而慎也。七慢者，单慢、过慢、慢过慢、卑劣慢、增上慢、我慢、邪慢已上也。其详委询学文之人则知，范天下之恶业者皆无不由此七慢之中而起。殊于百年前后。近于乱世之世中，邪慢我慢多。”① 如见举了一个事例，是宽永十四年（1637）肥前高来郡岛原领发生的基督教徒起义，也就是史称“岛原之乱”的事件。如见认为岛原之乱的原因是当地百姓的“我慢邪慢之心”被基督教徒所骗，才导致“国破身亡”。可以说，如见为了抵抗基督教而试图树立的“质直”、“谦下”等论说是以佛教思想作为基础的。

在《町人囊》中，也出现类似上文的“慢”的论述。但《町人囊》中出现的词语不是“我慢邪慢”，而是“自慢”。上述引文中的“国破身亡”一词，可以明确地显示出如见对“我慢邪慢”的批判态度，但是如见对“自慢”的态度却很难用批判一词来断言。

如见提出，“人各无不有自慢之物”，提出人类普遍存在着“自慢”这种意识。接着列举了人们的各种自慢，把这些具体的表象归结起来，可见“町人”中常见的自慢大致有五种：①最常见的是以“学问才智艺能”为自慢。②“无艺无能”的人则以“氏系图”、“分别”、“达者”、“财宝”、“亲族”、“男”为自慢。③即使没有上述那些自慢的资本，有的人认为“一文不通者”没什么可值得“自慢”的，这种想法也是一种自慢。④以“不求，不贪，不谄，一心一心”为“一心自慢”。⑤“形至谦而内心傲”的人是“卑下慢”。这些都是“诸品町人”中较常见的自慢。②

接下来，如见进一步论述了自慢的意识不仅限于町人，在各国人中都存在，那就是“故乡自慢”。如见举出了三个例子：天竺的“唯我独尊”说、唐土的“中国”观和日本的“神国”观。

---

① 西川忠亮编：《西川如見遺書·百姓囊·卷二》，东京：东京印刷株式会社1898年版，第5页。

② 中村幸彦校注：《日本思想大系59　近世町人思想》，东京：岩波書店1975年版，第103页。

关于如见提到的“我慢邪慢”以及“自慢”这些词的由来，中村在《町人囊》该段文字的注释中写道，《俱舍论》中有“七慢”之说。[①] 可见如见是援引了佛教的用语。

如见首先提出“盖自慢可见于多样”，并举出自慢的样态，还分析了其起因。这样的论说与佛教中对“七慢”样态的解释相似，但同时也有如见的独特之处。如见在《町人囊》中提出的“学问才智艺能”、“氏系图”、“分别”、“达者”、“财宝”、“亲族”、“男”等诸类“自慢”和佛教思想中的说法相似，唯独“故乡自慢”是如见自创的词，可以认为如见是借用了佛教“慢”的思想来解释当时的现实情况。17 世纪的长崎是日本与外部交流的窗口之一，作为掌管丝绸贸易的“丝目利”，如见有机会接触到汇集在长崎的来自世界各国的人。各国的人对于自己出身的国（故乡）都有自豪的感情，而如见就把这种感情解释为“故乡自慢”。另外，当时的长崎还有已遭灭亡的明朝逃亡者往来，并造成了“中华”观念即华夷观在日本的扩散。而明朝的灭亡这一事实又同时成为动摇“中华”观念的要素。可以说如见提出“故乡自慢”也是对矛盾的“中华”观念进行的一种独特的诠释。

另外，对于“自慢”的存在范围，如见在《町人囊》中认为“慢”并不限于町人，而是世界各国乃至所有人类都共有的，即“自慢”是普遍存在的。

最后讨论一下如见提出的“慢”在现实中的作用。如见认为“故乡自慢”不应被否定，而是“据自慢而立其国之作法正道也”。也就是说，如见认为“自慢”是各地区制定“作法正道”的立足点。这个观点是如见提出“日本 = 神国”的神国论的根基。关于如见的神国论，将在第四节讨论。

到此，笔者讨论了如见思想中理气学的投影和对佛教用语的援引。我们透过如见、仁斋等 17 世纪的知识人“气”的世界观，能够窥探到当时日本与中国之间连动着的思想空间；并解读《町人囊》中对抗中华中心思想而提出的“故乡自慢”，从而得知如见不仅以儒学思想为根基，更受到

---

① 《俱舍论第一九卷》，《大日本佛教全书 · 第 88 册 · 俱舍论明思抄第三》，东京：名著普及会 1982 年版，第 852 ~ 858 页。

了佛教思想的影响。在17世纪提出这种主张的思想家除了如见以外还有很多。从这个现象可以管窥到当时历史的走向，也就是在日本传播开且动摇着的“中华”观导致了日本儒佛思想的重新组合。

四、西川如见思想的全貌

如见关于“普遍和特殊”的思考方法，体现在“故乡自慢”这一对“世界—国”的认识当中。不仅如此，如见的思想还投影在其他方面，比如对身处于日本社会内部的町人、百姓的认识，对日本社会内部构造的认识，以及如见的学问观等。本节将对如见思想的各个方面进行分析，力图描绘如见思想的整体画像，并与明末哲学思想进行比照，以找到当时在野知识人思想上的共通之处。

首先讨论如见对学问的困惑与对“德用”的重视。由于明朝的灭亡，如见对于明末之前的儒学也是用相对性的眼光来看的。由于如见的儒学批判观点受到了明末学者的影响，本节先对明末学者中出现的儒学批判倾向作一下介绍。在明末清初的思想家中，普遍地存在着对儒学的反省，本节取其中的代表人物黄宗羲①和朱舜水的儒学批判为探讨对象。

从《明儒学案》序文②可知黄宗羲批判明儒的立足点在于其学问能否经世、能否解决实际问题。“盈天地皆心也。变化不测，不能不万殊。心无本体，工夫所至，即其本体，故穷理者，穷此心之万殊，非穷万物之万殊也。”他认为“先儒”们所说的穷极于理，指的是穷极“心”这一把握天地变化的思考方法。他又说道：“夫先儒之语录，人人不同，只是印我

---

① 黄宗羲（1610—1695），字太冲，号黎州，又号南雷。浙江省余姚人。黄尊素之子。其父属东林党人，因弹劾魏忠贤而死于狱中。宗羲师从刘宗周修学，参加了复社。数次参加乡试，而未曾及第。明朝灭亡以后，参加绍兴鲁王的军队，抵抗清朝。顺治六年（1649），为了老母亲归乡，但因朝廷下达了逮捕令，辗转逃亡于各地。进入康熙帝年代后，黄宗羲受到了清朝的召请，但坚决拒绝了。他专心于研究、讲学，论说经世的经学、史学，站在阳明学右派的立场展开了实证的思想史研究。因为他主张官僚、法律应为天下万民而设，所以被后世誉为“民主思想的先驱者”、“中国的卢梭”。其著作有《明夷待访录》、《明儒学案》等。

② 黄宗羲著，沈芝盈点校：《明儒学案·上册》，北京：中华书局1985年版，第9～11页。

之心体，变动不居，若执定成局，终是受用不得。”他批判了明儒学者“举一而废百”的态度，即批判了明末以为儒学只有唯一一个正确解释的学问，主张对儒学的解释是“人人不同”的，每个人都可以有不一样的解释。儒学的基本当然在于经书，然而黄宗羲认为，经书是古代圣贤论述经世大道之物，经学原本是经世之学。史书作为经世的借鉴物在实学上是非常重要的。以经学为根底，对照史书来考虑实际问题，这才是他的构想。

明末知识人对“无用之学”的反省和批判把儒学引向了两个方向。一是促成“有用之学”的实学形成，一是基于实学基础上提倡的入学多样化，以及知识、学问由士大夫阶层到民间的“下位化”[①]。可以说，明清更替这个变动也是促成知识下降及扩散的外力之一。这些追求“有用之学”的明末实学者的想法也影响着日本近世的知识人。

如见在《町人囊》中的儒学批判部分承袭了明末对“无用之学”的批判思想，但此批判导致他陷入了学问的困境。在《町人囊底拂》中对于“儒书十三经”及各类注解书籍等经典之作，如见认为虽然“皆修身齐家，治国平天下之用也”，但结果是“见书多者，无明愈多”。他以“唐土”和日本为例，认为“唐土”在汉唐时期儒学“误而未正之处多”，而宋为儒学之“大成”时期，明为儒学之“全备”时期，但国家的治乱却并不与儒学的发展一致，宋被蒙古灭，明则被“北狄”灭。纵观此历史，如见发现“书籍文笔充满国土”却陷于“迷乱愈多”的混乱状态，因此感叹学问的“德用何处焉”。而日本的“上代”学问虽然没有发展，但社会安定，“神道王法明”，到了“末代”，学问已发展到“书籍充满国土”，社会却倒退为“反神道王法衰而国骄，人伪谋多”。对此现象，如见反复感叹“甚讶”、“最为怪异”。[②]

① “下位化”一词是由森纪子提出的，参见森纪子：《転換期における中国儒教運動》，京都：京都大学学術出版会 2005 年版，第 5 页。对于中国明末清初的儒教，森提出“在这个时代我们应该看到的是，儒教的下位化现象，也就是民众化。作为正统文化的士（Mandarin）族的儒学，随着社会中士庶之间界限的模糊而得以通俗化，这里的通俗化即指承担儒教的阶层的一个方面，也指儒教解释方面，也就是作为社会规范的儒教的形态这两个方面”。

② 中村幸彦校注：《日本思想大系 59　近世町人思想》，东京：岩波書店 1975 年版，第 167 ~ 168 页。

可以看出，如见认为汉唐的训诂学并不以“经书的义理”而以经书的字句为对象，这样断章取义的解释是“误而未正之处多”的。他从学问的方法有误这个角度批判了汉唐的儒学。而宋明的新儒学以经书的主旨为对象，并以此为自我提升的理论基础，对于这种治学方法如见是持肯定态度的。这是上文中体现的如见对中国不同时期儒学的态度。然而，论及学问与实际的关系，若以“治国平天下”为学问的目的，宋明儒学却没有发挥“治国平天下”的作用，从这个角度如见又否定了宋明儒学乃至日本“末代”的儒学。

然而对于“经书的义理”本身，如见并没有深入论述，仅仅在《天文议论》中把“天”分为“命理之天”和“形气之天”，把学问分为“命理之天学”和“形气之天学”，对于这两种“天学”的解释，也只有“命理之天非在声色。虽云近在人身，然难穷知此，稍有差时便入邪路。形气之天苍苍在人头上，仰而可观七曜众星之变化运行”、“论此两天之位时，以命理为上而形气为下”[①] 这寥寥几句。

可以看出，如见回避去对抽象的“义理”寻根究底。对如见来说，中华中心的朱子学世界观随着明朝的灭亡和地理知识的传来而动摇了，同时他还接受了《易经》、朱子学、佛教、基督教等种种学问中抽象的哲学理念。要想对各种思想的根基进行彻底的研究(“穷知”)是非常困难的，有“进入邪路”的危险。因此如见回避对于佛教、易经、朱子学、西洋知识等穷根究底地研究，取而代之的是，根据现实的需要把学问像工具一样进行取舍选择，这就是如见的学问观。

《町人囊》序文中，有“学问当如乞食袋，一切物皆取来而置，其后选用”[②]。不问学问的根底，“一切物皆取来”的自由态度在这句话中得以体现。可以看到，“学问”不再是精神上追求的最终目标，而成了如工具一般可以根据现实需要自由取舍的东西。他还在《町人囊》中举长崎町人之子的教育为例，说明町人应该有的学问观。关于近世长崎町人之子所受

---

① 西川忠亮编：《西川如見遺書第二卷　兩儀集説外記・天文議論》，京都：求林堂 1898 年版，第 1 ~ 2 页。

② 中村幸彦校注：《日本思想大系 59　近世町人思想》，东京：岩波書店 1975 年版，第 86 页。

的教育，在《长崎市史》中有介绍。[①] 如见批判的是（町人中）受教育的年轻人，认为他们仅学习了一点皮毛就聚集友人以“讲谈”为名号练习辩舌。所谓“辩舌”之习，指的是音读的训练。如见主张，“学问如音曲之艺者，不在辩舌音声。极道理明事者，虽不习辩舌，其辩圣经之理有何难焉”。如见认为比起钻牛角尖，更重要的是作为町人要明白自己应有的志向，也就是“极道理明事”。“若生为町人之子而以町人之家职为卑贱，出父母之家，一向望仕官俸禄之学问，则其主意既已违道理也。不在学问之本意。”[②] 若以“仕官俸禄”等不符合町人身份的目的来学习学问，则“学问反为身之害”。总而言之，町人的学问观之于如见，是把学问作为保全自身“为渡世之便”的工具。

在上述世界观和学问观的基础上，如见的思想形成了“世界”中的“日本”和日本社会（“世”）中的“町人”这样的自他认识。这样的世界观和学问观反映在如见思想的各个侧面。本节将就如见对西洋知识的态度，和“世界—日本”、“日本社会—町人”的自他认识进行探讨，以凸显出如见思想的整体像。

先行研究在这方面探讨颇多，前文介绍了如见的世界观往往与他对西洋知识的态度同时被提及。的确，如见批判了西洋人的贪欲，要说如见抑贪欲而扬神国日本的“质素”品质也不无道理，但笔者认为，与其说如见是为了树立“神国日本”而去批判西洋人的贪欲，倒不如说这两者之间毫无关系。如见对“贪欲”的批判，也是他的学问观的一个侧面反映。

如见对地理学知识的实证作用给予了肯定。从《日本水土考》中可以

---

① 近世日本时代，教育在长崎町人中得到了普及。经济富裕的町人的子孙从小就必定进入寺子屋学习，毕业后“从当地儒者歌人或茶汤生花之宗匠修各自嗜好而待婚期”，“地役人及富家子弟一般入圣堂修汉籍为例，中有受圣堂助教或土地之学者句读之教者。教科书为孝经、大学、论语、孟子、中庸、诗经、易经、书经、礼记，其他习汉音为素读。二字话、三字话、长短话、医生通话、译家必备、养儿子、小孩儿、三折肱、医学摘要、二才子、瓊浦佳话等初为音读次翻译之。……阿兰陀通词、东京通词、葡语通词等之家庭中亦于各自子弟兴适其职务之教育。地役人又为富家子弟于九州路或其他地方硕学闻名之儒者门下从游学者不少。”参见长崎市役所编纂：《长崎市史风俗编》，东京：藤木博英社 1925 年版，第 543 ~ 545 页。

② 长崎市役所编纂：《长崎市史风俗编》，东京：藤木博英社 1925 年版，第 97 页。

看出，如见肯定了世界地图的知识在实证上的公正性，并把它作为树立日本“国自慢”的根据。如见提出，“盖万国以各自国为上国，且以自国之说断自国之美者，不能脱于有私称之偏事”。以“自国之说”论“自国之美”有偏袒之嫌，不如以异邦地理学的成果“浑地万国之图”来说“自国之美”来得更有说服力。“故今以异邦之图所察此国之美时，则无私称之义，而可知此国实为上国之理。”① 另外，前文也讨论过《町人囊》中运用西洋的地理信息颠覆了以往“天竺＋唐土＋日本＝世界”的旧世界观，并运用佛教思想批判了自国中心主义的世界观。

既然批判了自国中心主义，如见为什么又提出“日本＝神国”的观点呢？如见的神国观主要有两个方面，一方面是主张日本这个国的个性，另一方面是强调日本之所以为尊的地方。这两个侧面都反映了如见重视实用性的学问观。虽然如见被公认为是提倡神国观的人，但他提起这个言说的动机与町人伦理道德有密切的联系。

下面一段出自《町人囊》的引文体现了以“大黑神、大国神”为对象，从当时“神、儒、佛”混杂的状态中析出日本的“神道”，强调日本个性的论调。首先，如见对于大黑神是由佛教传来的这一说法没有进行讨论（“不知其深理”），而用大量篇幅论述了日本平民信仰大黑神的原因。他先细致地分析了大黑神的外表：“大黑者色黑丈短形拙。色黑为勿用美丽之饰之诫，丈短为身谦之形。”把“色黑”、“丈短”的外表解释为形象平民的道德标准的“质朴”、“身谦”。接着又介绍了大黑神的动作：“足踏米谷之俵，手握财宝之袋，同握小槌。”把这些动作解释为“以养人身之事，米谷财宝为第一。用此事不得敷衍，当自勤守之。打出之小槌者，四民皆共，面面各其家业职分之道具，一刻亦不得放手之教也。如是勤行时，富贵至而千万人亦可养”，也就是勤守家业的象征。最后引用“去神

---

① 飯島忠雄、西川忠幸校訂：《日本水土考・水土解弁・增補華夷通商考》，东京：岩波書店 1944 年版，第 13 页。

道者"① 的言论，"为世信仰之大黑像，为日本大国神之像，非佛说曰之大黑天神"，指出大黑神并不是佛教的"大黑天神"或"摩伽迦罗"神。从表面上看，如见通过将佛教与神道加以区别，强调了日本"神"的个性。但实际上，从上文的脉络可以看出，如见强调日本个性的目的在于对庶民们进行伦理上的劝诫。

除了信仰的神形象之外，如见还从社会风俗、仪式、町人的词汇等各方面发掘日本"清净质朴之本"和"神代之风俗"②，批判奢侈的风气。例如对于"日待、月待"这个节日，如见认为是一种适合平民身份的祭祀活动："虽神明为我国之至尊，所谓町人百姓等祭祀之事，由于成非礼之道理，故不云祭祀神明，曰月待、日待。"中村幸彦在《近世思想大系》的注释中把此处的"神明"解释为天照皇太神，但从后文"言天之时自不及言日月星辰，地亦于其中，天地神明皆尽祭祀者天子也"可以看出，如见所说的"神明"并不是天照大神这个太阳神，而是掌管着"日月星辰"、"地"乃至宇宙万物的神。祭拜此神的应当是天子，而庶人则"遵和国之风俗"，把日月作为"神明之御本体，当无惮于拜奉"。然而一些富有的町人却在这个日子"饮酒、唱小曲以及弹奏三味弦游乐至天明"，如见批判这种把祭祀神明的严肃节日当作玩乐的行为，认为这是对神明的极大不敬，"岂以御月、御日天为己之持太鼓焉"③。

这里需要关注的是，如见为什么要把"日待、月待"这个仪式与"尊敬神明"以及"和国之风俗"联系在一起？从引用文的最后可以看出，如

① 根据中村幸彦的注释，真野时纲在《神道名目類聚鈔》中也提到佛教和东京的大黑天神有区别。"佛家有大黑天神。云为主福之神之由。本朝于每家祭来者，非竺神。称大黑者大国玉命，夷则其子为代主命也。"（《神道名目類聚鈔》四至六卷一册）并将东京的神社、祭祀、神官装束等加入了《日本书纪 · 神代卷》和其他古书的解说和图，进行了具体说明。作者真野时纲（1648—1717）是江户前期至中期的神道家。在京都师从于吉田兼鱼，在伊势（三重县）师从度会延佳。于天和二年归省，在尾张（愛知县）津岛神社任历代神职，致力于神道研究。享保二年 70 岁时去世。著作有《古今神学類篇》、《神家常談》等。

② 中村幸彦校注：《日本思想大系 59 近世町人思想》，东京：岩波書店 1975 年版，第 95 页。

③ 中村幸彦校注：《日本思想大系 59 近世町人思想》，东京：岩波書店 1975 年版，第 128 页。

见的目的是在町人中倡导朴素道德而批判奢侈之风俗。

此外，如见还在《町人囊》中劝诫町人应当温和忍让，不要强出头，为此还明确强调了“日本神道”与“唐土儒道”的区别。“唐土之儒道与日本之神道似而有异处。不辨是之学者，不为神民。若云此差别如何，厚仁智与厚义勇也。云厚者非己专之，此国自然之气风也。”如果单看这几句，似乎如见就是一个神道论者了。但在后文中，如见叙述了宋朝宰相韩魏公面对前来暗杀的强盗，“引头而色无少变”，强盗被韩魏公的德量感动，不杀而离去的故事。如见并不赞成町人、百姓模仿韩魏公的行为，认为即使受人嘲笑，也应当保住自身，否则后果严重。“引头者不当为之事也。盗人偶感于公之德矣，若否则如何乎。”如见告诫町人、百姓，模仿书中人物的“德量”是鲁莽危险的。而为了圆满地解释这个明哲保身的温和之道，如见提出“是唐土日本，君子之仁用有不同故。”进而延伸到“唐土”传来的一切。“由唐土传来之术于此国亦皆化为此国自然之气风，若依传言而违此水土之缘之理，虽唐土传来之圣语，于此国亦当慎是学也。况礼度器财文笔之风俗乎。于此国当以此国之姿为贵。须思唯此气风之姿为不能学于他国之质素正直之神风也。”① 如见认为，在学习或接受中国“圣语”或“礼度器财文笔之风俗”的过程中，应当注意它是否符合“本国之气风”这个基准。以“仁智”和“义勇”来区别“唐土之儒道”、“日本之神道”，体现了如见中华思想的变化。但如见提倡神国观，其根本目的并不在于强调日本的特色或尊贵，而是作为树立町人道德的一种手段。也就是说，如见提倡神国观的动机在于树立町人的伦理道德。这也反映了如见重视学问的实用性的学问观。

至此，荒野提出的“如见的神国观的矛盾”的问题得到了解答。以往的很多研究都把如见的神国观解释为“为了树立神国而运用各种知识的思想”。然而在笔者看来，如见是为了找出町人的生存方法这个现实问题，才提出了日本的特殊性和町人的特殊性的。

那么，如见是如何树立町人伦理的呢？如见在论说町人伦理之前，首先对“商”重新进行了定义。“夫商字之心曰商量，积量物之多少好恶，

---

① 中村幸彦校注：《日本思想大系 59　近世町人思想》，东京：岩波書店 1975 年版，第 165 页。

成用而得利德，皆是商之类也。昔无用金银之事，唯以物易物矣。此亦可曰交易。皆量物之多少高下，考损益而无取高利之事，持有所之物易无所之物，持我国之物往人之国易物，通天下之财物而达国家之用，此曰真商人也。”① 如见以“夫商字之心曰商量”来阐述“商”的定义，指出商业的本质在于交换，并进一步提出，通过交换而实现物品的作用才是“真商人”的行为，提出了町人的社会价值。

在对商与商人进行定义的基础上，如见阐述了他的经济观。对于如见的经济观，川口浩评论道：“在思考近世日本经济思想史这个题目的时候，应该这样来设定问题，不仅从近世，更要通过它而看到一定程度上近代的视野。符合市场经济的人格是如何历史地形成的，对这个过程的把握是近世日本经济思想史的一个课题，而且也是考虑经济思想史中近世与近代的连续、非连续的一把钥匙。”② 他基于一国史观的视角，认为近世与近代是直线的连续，从这个角度来把握如见的思想。然而笔者认为，如见是从町人的立场出发，把明末的儒学知识运用于实践中，为町人如何看待自身找出道德上的依据，而并非与“市场经济”相关联。

关于如见的经济观，在《町人囊》中有以下一段文字：

金银钱货者，根本，天下万民之用物也。一人而贮事多时，则达万民之用者薄。此故虽祈一人勿积置过分之金银而不成。虽一旦贮千万财宝，若永积置于库中，则其成金银死宝，无金银之德用，则无成自他之重宝之事。此故不能徒积置于藏中。当动之劳之，方能图富之久持。图其之事，反为小利大损之事亦有，然自不能止之，愈勤富者，自然之势也。财宝增至极时，必减。有减我财宝则人之财宝增，增我财宝增时人之财宝减之理。如天地阴阳二气，常住普流行，久留滞于一所之事无。若有久留滞于阴阳一所之事时，此由气偏之故，必成天地之变灾之物也。天下之金银又然，于天下之万民普流行，不应久留于一所。留时又变而时散去。是自然

---

① 中村幸彦校注：《日本思想大系 59 近世町人思想》，东京：岩波書店 1975 年版，第 88 页。

② 川口浩：《西川如見の経済認識と儒教》，中京大学经济学部：《社會經濟史學》1990 年第 56 卷第 4 号，第 451～479、586 页。

之理也。[1]

川口认为，上文是如见在市场经济的环境下，对“社会结构”中四民的“分工关系”和个人利益与社会利益的综合论述。的确，如见把“天下”看作一个整体的系统，从宏观的视野论说了“天下之金银”。如见认为“天下”是个“一圆浑然”的世界，“金银财宝”如同“气”的“流行”一样时增时减，运动不息，而这就是“自然之理”，表明了他对“金银财宝”规律的看法。然而，川口所说的个人利益与社会利益的结合，是在以私有制这个近代概念为前提的情况下才会出现的理念，以这种近代的视角去把握前近代的思想，笔者认为是不合适的。换言之，如见所说的“天下之金银”中并没有“所有”这个概念。金银既不是属于个人的物品，也不是属于某个“国”或某个“社会”的物品，而仅仅是存在于世间的“用物”，是“气”的一种。而它存在于世间的运动规律，就是在一个地方贮存增加的趋势和“增至极时，必减”的“理”。这里的“理”，并不是抽象的，而是指金银的运动方式这种具象的规律。在把“理”看作具象规律的这种思考方式中，可以看到木下顺庵门或明末清初知识人的影子。可以说，如见是从町人的立场出发，把明末的儒学知识用在了实践中。

如见重视实用性的学问观不仅反映在其对“神国观”的提出，也反映在其对町人伦理道德的提倡中。身为町人的如见，直面现实问题，引用种种经典，宣扬“谦”、“义”等重视现实世界的思想，并倡导町人遵守伦理道德。比如引用《易经》论述“谦”的重要性。“谦者，不仅云尽殷勤于人，畏谨天理者皆谦之道也。圣人之易云，天道亏盈而益谦，地道变盈而流于谦。鬼神害盈而福谦，此诫为恩惠谨敬之事也。不仅町人，贵者贱者皆当知之道也。盈者成傲，傲为万恶之基。当寡欲而去盈之事。”[2] 如见主张所谓“谦”，不仅仅是“尽殷勤于人”，“畏谨天理”才是谦的真正意义，为了证明敬畏天理的必要性，他引用了《易经》（“圣人之易”）来讨论“谦”、“盈”、“傲”三个伦理要素。前文解释过，“谦”是指“畏谨天

① 中村幸彦校注：《日本思想大系 59　近世町人思想》，东京：岩波書店 1975 年版，第 101 页。

② 中村幸彦校注：《日本思想大系 59　近世町人思想》，东京：岩波書店 1975 年版，第 88 页。

理”，为了具体易懂地说明这一点，如见举出违反天理的例子，就是为圣人所批判的“盈”。关于“盈”的内容，如见说“盈者成傲，傲为万恶之基”，也就是把抽象的“盈”解释为“傲”这种生活中常见的具体的心理或行为，并对“傲”加以批判。

但是，在《周易》的原文中，并没有与“谦”相对立的词，甚至一次都没有出现过“傲”字。《周易》[①] 中“谦”的对立语不是“傲”而是“盈”。而且在《易经》的《系辞上传·第八章》中，有“谦也者，致恭以存其位者也”。但是如见没有使用《易经》原文中的这个定义，而是重新以“谦者，不仅云尽殷勤于人，畏谨天理者皆谦之道也”来定义“谦”，“谦之道”不仅是“致恭”，也是“尽殷勤于人”，更包括所有对天理敬畏的行为。这样一来，“谦”所涵盖的范围明显比《易经》的内容扩大了。可以说，如见只是借《易经》的文字来达到自己立说的目的。他以町人为对象，举出几个“傲”的例子：“曰强而费失财宝”、“过町人之分际之装束”和“过美风流之游”[②]。上述三种行为与町人的日常生活有紧密联系，而很多丧命的町人也多有上述不端行为。如见论说道，要想避开这些灾祸，就应当守“天理”。这样，如见把《易经》中对“谦”的运用，从原本的“致恭”这个意思扩展到对“傲、骄”的否定，“谦”联系庶民的日常生活展开了伦理的说教。

除了《易经》外，如见还引用了《庄子》的语句，否定了武士的“高上之死”，提倡珍惜生命的现世思想。“夫命者云生之物，惜之为天理自然也。”“隐弱而立强，为高上之辞世等事，于町人无亦可。庄子曰，生者天之劳吾，死者天之安吾，其言者，为深畏死之人言者也。”[③] 如见虽然没有正面否定“高上之辞世”，但认为对于町人来说不必这么做，从而提

---

① 《周易》的内容参考了以下文献：金井宇三郎：《新积漢文大系　第二三卷　易経》，东京：明治書院 1987 年版；金井宇三郎：《新积漢文大系　第二四卷（中）易経》，东京：明治書院 1993 年版；金井宇三郎、堀池信夫、間島潤一：《新积漢文大系　第六三卷（下）易経》，东京：明治書院 2010 年版。

② 中村幸彦校注：《日本思想大系 59　近世町人思想》，东京：岩波書店 1975 年版，第 90 页。由于日语中与“傲”与“骄”对应的词语读音相同，可以把这两个字等同来看。

③ 中村幸彦校注：《日本思想大系 59　近世町人思想》，东京：岩波書店 1975 年版，第 95 页。

出了可以动摇在当时占主流地位的武士阶层的价值观。他认为珍惜生命就是珍惜天地造化之功的“天理自然”，并把庄子的厌世观说成是为了安慰“深畏死之人”而说的话，这样从现世思想的角度对庄子的词句进行了重新解释。

另外，除了解释经典语句，如见还通过分析汉字的构造，用“蚁”比喻町人，解释了“义”之于町人的道德意义。“町人者当勤业如蚁贮食物以养身。不当有如蜘蛛张网居之而取物之命为食之事。”“町人勤于四方求财，养家内之事，当如蚁不怠，无疏漏而持家也。蜘蛛有智谋而害物之命，此故于虫之扁添知字，又略诛字为朱而付。町人当恶之。”[①] 如见认为比起金银物质，町人更应当追求的是“义”。并由此而批判那些“持谋计赚公仪”、“居而苦万人，成己之富贵身”的行为是“不仁之甚”。通过文字解释而树立伦理道德，这种创造话语的行为也出现在同一时代的伊藤仁斋等在野知识人的言说中。

如见的世界观或自他认识中的矛盾是以往研究者们议论的焦点。具体来说，围绕着为什么提出“神国”这个问题，荒野、高野等人意见虽然看似相反，但同样都得出了“神国论者的神国论”的结论，这样的论证终究会沦为同义的反复。

此外，还应该注意现代人该如何看待如见在《町人囊》中解释儒教经典的动因这个问题。今井淳指出，在近世日本，庶民教训书的道德教化方面的内容主要都是从“作为幕府这一方维护封建制的社会秩序这个政策上的重要问题”[②] 的角度被提起。今井淳还说，近世知识向庶民阶层渗透的现象是知识人把儒教这种意识形态向庶民传播的结果。然而，笔者认为，在上文对如见的经书解释中，他不是为了“维护封建制的社会秩序”向庶民灌输某种意识形态，而是在明末儒学者的学问观的影响下，为了解决庶民（町人）面临压迫这一现实问题，从圣人的经书中寻求问题的根源和解决方法。

本节基于如见重视实用性的学问观，解释了如见的自他认识。首先分

---

① 中村幸彦校注：《日本思想大系 59　近世町人思想》，东京：岩波書店 1975 年版，第 135 页。

② 今井淳：《近世东京庶民社会の倫理思想》，东京：理想社 1966 年版，第 152 ~ 153 页。

析了如见使用欧洲地图知识表明其对西洋知识的态度是部分认同的。另外如见针对西洋技术之所以发达的原因在于“贪欲”这一根基上的不正之处是持否定态度的。此外，如见为了树立町人的伦理道德，对儒学、道教、佛教经典加以取舍选择，从风俗、语言、“气风”等各种侧面论述了町人的独特性和日本的独特性。如见对社会变动期民众在伦理道德上加以劝诫的思想中，反映了17世纪在野知识人主张日本独特性的原因。

结　语

17世纪发生了明清更迭这样的历史大变革，再加上处于大航海时代，整个东亚地区都被卷入了变革期。在这个时期，随着日本学问向下层民众扩散，求学的町人也增多了。曾经不可动摇的、绝对性的公认、常识是如何不再通用，而被别的东西取代的呢？为了解开这些问题，本文对以“西方—东方”二分法来构筑历史的看法提出质疑，同时脱离一国史观的桎梏，对17世纪长崎的民间知识人西川如见的思想作了探讨。

本文通过解读《町人囊》、《水土解辩》、《日本水土考》，探讨了兰学和明末哲学思想在如见的世界观中留下的印记。对于在近世思想史中如见的思想该如何定位这个问题，笔者认为，如见以“气”的盛衰变化来解释世界的构成，这个思想的根基应该是源自理气论的“气”的概念。在17世纪日本知识人的思想中，这种认识世界的形成的思想是一个常识性认识。这一认识与明末清初理气论的转变有着密切的联系。可以说，是明代思想家在日活动和民间贸易带来的书籍与信息导致了这种公认思想的形成。在这种思想变化的潮流中，如见开始相对地看待明末之前的儒学。在明清更迭这个剧变的冲击下，“中华”意识在日本传播的同时也开始受到质疑，从如见的思想中也能看出“中华”意识动摇的趋向。如见运用佛教的相对思考法对“中华”意识进行重新解释，他批判“无用之学”和追求“有用之学”这样的相对看待儒学的思想，应该与明末学者中出现的批判儒学的思潮有关。在包括如见在内的17世纪知识人的世界观中，可以看到日本与中国之间共通、连动的思想空间。

如见在上述世界观和学问观的基础上，形成了对世界中的日本和世间町人的自他认识，即如见的“神国”论和町人伦理。“神国”论有两部分内容：一是强调日本的个性；一是强调日本之所以为尊的地方。如见提出了这样的“神国”论，因此他一直被当作神国论者，但笔者认为这些实质上都只是“神国论者的神国论”的同义反复的结论。

笔者的结论是，如见是为了解决町人阶层的生存问题，而从风俗、语言、“气风”等各方面强调町人的独特性和日本的独特性，从而达到建立町人伦理道德的目的。在日本近世初期向民众强调伦理道德，这个动机在17世纪提出日本独特性的在野知识人中是具有代表性的。不仅是西川如见，在同一时代的伊藤仁斋、石田梅岩等在野知识人的思想中也可以看到同样的动向。

（仇玉卿著）

前期水户学中的“‘实’的战略”*

——关于安积澹泊的诸种言表

引　言

通览以往的水户学[①]研究，尾藤正英的《水户学的特质》[②] 可以看作是水户学先行研究的代表性见解。因此，笔者首先对《水户学的特质》和其中规定的水户学研究问题点提出一些想法，作为本文的开篇。

尾藤在丸山真男的水户学研究基础上[③]批判了以尊王攘夷运动中“保守的一面和进步的一面”[④] 中的前者来概括水户学的观点。他指出，在这

---

* 本文原文为田中俊亮的《前期水户学における「〈实〉の戦略」—安積澹泊の諸言表をめぐって—》（《日本思想史研究会会報》第29号，日本思想史研究会，2012年）。本文中引用的原典参见新井白石：《古史通》，三宅观澜：《论赞驳语》，大井松邻、打越扑齐、小池桃洞：《依田竹云宛书简》［享保十七年（1732）］，藤田幽谷：《进大日本史表》，由笔者田中将原文汉文译为现代日语。

① 铃木暎一曾对水户学作过以下概述：水户学是在《大日本史》编纂过程中在水户藩兴起的学问，一般是指水户藩兴起的学问的总称，17世纪后期至18世纪30年代主要集中在编纂《大日本史》的本纪、列传、论赞上，为前期，而18世纪末至幕末的后期，虽然修史事业在继续，但解决现实社会的问题成了主要课题，这两者在学风上有着不可忽视的区别。（鈴木暎一：《水户学》，子安宣邦監修：《东京思想史辞典》，东京：ぺりかん社2001年版，第514页。）

② 尾藤正英：《水戸学の特質》，今井宇三郎、瀬谷义彦、尾藤正英校注：《日本思想大系53　水戸学》，东京：岩波書店1973年版。

③ 丸山真男曾指出，后期水户学是“结合了攘夷论的尊皇论”，“不但谈不上抵制封建身份阶级制，简直起到了巩固后者基础的作用”。参见丸山真男：《日本政治思想史研究》，东京：東京大学出版会1952年版，第352页。

④ 尾藤正英：《水戸学の特質》，今井宇三郎、瀬谷义彦、尾藤正英校注：《日本思想大系53　水戸学》，东京：岩波書店1973年版，第557页。

个前提下，“尊王攘夷”、“国体”变成了“自明的”。[1] 这样的理解导致水户学被视为“儒教的名分论”、“朱子学的大义名分论”，也关系到水户学“不过是鼓吹‘封建道德’的教学”[2] 的评价。尾藤批判了上述观点：

一说到儒教就是名分论，一说到朱子学特色就是大义名分论，这种想法实际上是由水户学之类而被框定了的日本的儒教观。所谓的名分论或者大义名分论，指的是绝对性地忠诚主君和服从国家秩序，以此为道德基准的观念，它与根本的儒教以“仁”、“孝”为道德中心的思想是不同性质的东西。[3]

在上面的引文中，强调了“名分论”、“大义名分论”（甚至“国体”、“尊王攘夷”等）都不是“原本的儒教”而是“日本的儒教”。尾藤指出，由于朱子学和水户学被视为同等，“名分论”、“大义名分论”就被视为“自明的东西”。毋庸置疑，这个观点对我们有很大的启发。然而我们应当注意到，尾藤的这个分析明确地区分出了“日本的儒教”和“根本的儒教”，而伴随着这个区分又产生了什么？是“日本的儒教”被定义为与“根本的儒教”不同性质的儒教，即“非根本的儒教”。那么，“根本的儒教”指的就是“中国的儒教”了。这个问题在尾藤划分前期水户学和后期水户学时也凸显出来。尾藤把水户学前期和后期作了如下划分：

（前期中的——田中注）在道德信念的基础上试图彻底掌握历史的态度，是中国自《春秋》、《史记》以来构成历史叙述特色的思想，因此，当时作为道德基准而树立起来的是儒教，尤其是朱子学的道德理念。如果把它当作基于普遍性道德理念的历史观，那么相对来说后期水户学的史书编纂，随着其记录的对象转移到制度史机构，相应地其关注的重点也指向了所谓日本社会

---

① 尾藤正英：《水戸学の特質》，今井宇三郎、濑谷义彦、尾藤正英校注：《日本思想大系 53　水戸学》，东京：岩波書店 1973 年版，第 559 页。

② 尾藤正英：《水戸学の特質》，今井宇三郎、濑谷义彦、尾藤正英校注：《日本思想大系 53　水戸学》，东京：岩波書店 1973 年版，第 560 页。

③ 尾藤正英：《水戸学の特質》，今井宇三郎、濑谷义彦、尾藤正英校注：《日本思想大系 53　水戸学》，东京：岩波書店 1973 年版，第 560 ~ 561 页。

固有的构造乃至传统，也就是民族个性或者说特殊性等方面。①

以往的研究常把前文说到的“根本的儒教”、“非根本的儒教”这些对儒教加以区分的结构，和“中国的儒教”、“日本的儒教”这种以国家来区分的结构，与“普遍和特殊”、“ 前期和后期”的结构对号入座，进而衍生出了“合理与非合理”、“正名论与名分论”“（围绕易姓革命的）肯定论与否定论”的结构。笔者用这样的结构对前期水户学的先行研究进行了分析。②

在尾藤之后的先行研究中，关于前期水户学，主要的议论都是围绕朱子学和前期水户学的共同或不同之处展开的，但分析还不够深入。其中最大的问题是，由于上文所提的区分前后期水户学的结构说影响力太大，导致前期水户学在话语上的特性被掩盖了。也就是说，在找寻共同点的观点

---

① 尾藤正英：《水戸学の特質》，今井宇三郎、瀬谷义彦、尾藤正英校注：《日本思想大系 53　水戸学》，东京：岩波書店 1973 年版，第 563 ~ 564 页。

② 栗原茂幸：《徳川光圀の政治思想》，《东京都立法学会雑誌》1978 年第 18 卷 1・2 合并号；鈴木暎一：《〈大日本史〉とその歴史観》，出自鈴木暎一：《水戸藩学問・教育史の研究》，东京：吉川弘文館 1987 年版；鈴木暎一：《〈大日本史〉の続編計画について》，出自鈴木暎一：《水戸藩学問・教育史の研究》，东京：吉川弘文館 1987 年版；玉懸博之：《前期水戸史学の歴史思想の一側面—栗山潜鋒の歴史思想—》，《近世日本の歴史思想》，东京：ぺりかん社 2007 年版；玉懸博之《前期水戸史学の歴史思想続考—安积澹泊〈大日本史〉“论赞”について—》，《近世日本の歴史思想》，东京：ぺりかん社 2007 年版；野口武彦：《徳川光圀》，东京：朝日新闻社 1976 年版；野口武彦：《江戸の歴史家　歴史という名の毒》，东京：筑摩書房 1979 年版；橋川文三：《水戸学の源流と成立》，《橋川文三著作集 10》，东京：筑摩書房 2001 年版；松本三之介：《近世における歴史叙述とその思想》，《近世日本の思想像—歴史的考察—》，东京：研文出版 1984 年版。以上文献均为有关前期水戸学代表性著作，其中诸多论点在本文的写作中有许多值得参考的部分，但也存在着前述的问题点。

另外，关于大日本史的编纂事业的内容，以及前期水户学者们的著作细节方面，除以上举出的文献外，还可参照大月明：《前期水戸学者の一考察—三宅観瀾と栗山潜峰—》，《近世日本的儒学と洋学》，京都：思文閣 1988 年版；小倉芳彦：《解題》，松本三之介、小倉芳彦校注：《日本思想大系 48　近世史論集》，东京：岩波書店 1984 年版；近藤英幸：《三宅观澜・新井白石　叢書・日本の思想家 14》，东京：明德出版社 1984 年版；鈴木暎一：《〈大日本史〉〈論纂〉の成立過程》，前引鈴木暎一：《水戸藩学問・教育史の研究》等。

中，以类似朱熹（及朱子学）用语的“道德”、“正名”、“普遍”、“合理”等能够理解的词在前期水户学中常常出现，但正因为先行研究简单地运用这些词概括前期水户学，才导致前期水户学的定位不明确。这是值得质疑的一点。另一方面，在找寻不同点的观点中，先行研究的一般视角是用“政治”、“名分”、“日本的特殊”、“非合理”等概念框定后期水户学，再由此追溯到前期水户学并加以分析。这又产生了一个问题，就是无法区分前期水户学和后期水户学的不同之处。

考虑到与本文的关联性，在此有必要借鉴近年江户思想史中关于“普遍与特殊”的研究成果。子安宣邦论述道：“如果‘普遍与特殊’的关系框架适用于近代以前的东亚，那么也是由于中国（这里指‘被比作欧洲帝国的中华帝国’——田中注）和东亚各地区的关系是以欧洲和亚洲的文化、地政学关系相类比来确定的。”① 从这里的“普遍 = 中华”、“特殊 = 东亚各地区”关系结构中，可以看出山下范久参照了子安宣邦曾在对崎门派的分析当中所提倡的“近世帝国”所论述的“在理念上的近世帝国中，对中华性的一部分占有”② 的理念。换句话说，中华“世界”作为一个近世帝国，一方面存在着许多以“中华”使各个王朝自我正统化的话语，另一方面，自我正统化的理论所参照的框架在“中华”世界中是普遍的，而由于形成了“在理念上的近世帝国中，对中华性的一部分占有”，其普遍性使得近世帝国成为一个封闭的“世界”。因此，山下认为，即使人们对关于“中华”的所属产生了不同的意见，那也不过是“‘中华’普遍性的同根的紧张关系”③，像贺茂真渊（1697—1769）那样“一旦否定‘理’的普遍性，就不可能再提出别的什么取而代之的普遍性了”④。

然而，在本文探讨的 18 世纪前后，产生了“普遍 = 中华”、“特殊 = 东亚各地区”或者说用理念上的“中华”的（根本上的）普遍性也不能

---

① 子安宣邦：《朱子と朱子主義》，《方法としての江戸　日本思想史と批判的視座》，东京：ぺりかん社 2000 年版。

② 山下範久：《世界システム論で読む日本》，东京：講談社 2003 年版，第 118 页。

③ 山下範久：《世界システム論で読む日本》，东京：講談社 2003 年版，第 193 页。

④ 山下範久：《世界システム論で読む日本》，东京：講談社 2003 年版，第 195 页。

完全覆盖的、可以称之为“余白”的话语。[1]。比如酒井直树比较关注“宋理学把伦理行为的规范的普遍性还原成平铺直叙的一般认识，从而把伦理的东西存在化，对此他（伊藤仁斋——田中注）严格地进行了批判。伊藤呼吁，人们应该注意到伦理行为是有可能无法凭认识论的普遍主义（即作为一般主义的普遍主义）完全得到保证的，人们也应当关注到他称之为‘爱’或对他者的同情这些社会性”[2]。另外，酒井指出仁斋“隐约注意到无论对普遍主义的静谧主义（宋儒学）还是特殊主义的伤逝情结（荻生徂徕及国学者们），都是由认识与实践的置换这个根基生长出来的”[3]。基于酒井的观点，我认为山下所说的“‘中华’普遍性的同根的紧张关系”所

① 朱迪思·巴特勒（Judith Butler）、厄尼斯特·拉克劳（Ernesto Laclau）、斯拉沃热·齐泽克（Slavoj žižek）等人的论述可以帮助我们理解“普遍”一词。参见朱迪思·巴特勒、厄尼斯特·拉克劳、斯拉沃热·齐泽克著，竹村和子、村山敏胜訳：《偶発性・ヘゲモニー・普遍性　新しい対抗政治への対話》，东京：青土社 2002 年版。原著为：Judith Butler, Ernesto Laclau, Slavoj žižek, *Contingency*, *Hegemony*, *Universality*: *Contemporaty Dialogues on the Left*, Verso, 2000。朱迪思·巴特勒在著作中谈到黑格尔理论时提出了四点，在此列举两点：第一，“‘我’是作为主体而思维，我既然同时在我的一切情感、观念、状态等之内，则思想也就无所不在，是一个贯穿在这一切规定之中的范畴”。第二，普遍“永远存在一个客观的（对象）和它们对立。因此，抽象就正好被它试图使自己从中区别的具体所玷污”。本文的立论受此启发。厄尼斯特·拉克劳也说过“除了特殊性之间的等价物，不存在什么普遍性，并且这样一种等价物总是偶然的和语境依赖的。”参见ジュディス・バトラー：《構造・歴史と政治》，《偶発性・ヘゲモニー・普遍性　新しい対抗政治への対話》，东京：青土社 2002 年版，第 260～261 页。

② 酒井直樹著，酒井直樹監訳，川田潤、斉藤一、末広幹、野口良平、浜邦彦訳：《過去の声——八世纪日本の言説における言語の地位》，东京：以文社 2002 年版，第 28 页。（原著为：Naoki Sakai, *Voices of the Past*: *the Status of Language in Eighteenth－century Japanese Discourse*, New York: Cornell University Press, 1991。）

③ 酒井直樹著，酒井直樹監訳，川田潤、斉藤一、末広幹、野口良平、浜邦彦訳：《過去の声——八世纪日本の言説における言語の地位》，东京：以文社 2002 年版，第 158 页。

不能涵盖的“余白”的话语可以通过这一点加以研究。① 而笔者对这个时期的话语“余白”的关注视角，自然与从尾藤以来的水户学先行研究中一直延续的直线性的思想动向分析方法有所不同。

在18世纪前后，《大日本史》在儒学话语的基础上诞生，明清更迭（1644年明朝灭亡）使得东亚各王朝的重新定位成为当务之急，为此又必须将在神佛结合概念基础上形成的德川王权解构、重组，而在此过程中，需要用到后文所说的“‘实’的战略”。本文对此不打算作具体的论证，但从水户藩所实施的寺院整治、批判神佛结合的神道、开始以儒学为基准来举行葬祭仪式，以及围绕三教一致论进行的争辩这些方面，都足以证明笔者的推测。② 此外，在同时代的明清王朝和朝鲜王朝中，也和前期水户学

---

① 子安宣邦与酒井直树两人对米歇尔·福柯的“话语”一词有不同理解。酒井直树认为“务必要强调统治理念的历史性”（酒井直樹著，酒井直樹監訳，川田潤、斉藤一、末広幹、野口良平、浜邦彦訳：《過去の声——八世纪日本の言説における言語の地位》，东京：以文社2002年版，第25页）而使用福柯的用语。不过他也认为，为了抵抗“历史家有义务‘从外部’制定编制话语的规则，有义务按照‘外部’和话语相分离的形式，在理论和对象相互对立统一的基础上作业”的诱惑，应当“把注意集中到话语中包含的事和没包含的事之间的非对称关系上”（ 同上，第25页）。而子安宣邦则认为：“必须关注的是如何用外在的视点看待一个话语。”（参见子安宣邦：《「敬説」と「心法」の言語－日本的〈内部〉形成の言説－》，《江戸思想史講義》，东京：岩波書店2010年版，第361页）比较两人的论述，可看出两人对“话语”的理解有很大差异。

此处笔者并不想简单地论断应该选择子安宣邦的方法论还是酒井直树的方法论。事实上，从酒井直树的论述中可以看出，其对现象学和后现代用语的理解较多，有些乖离了江户思想史。本文在一定程度上借鉴了酒井的解释。

② “德川王权论”问题可参照大桑斉：《徳川将軍権力と宗教－王権神話の創出》，安丸良夫等編：《岩波講座　天皇と王権を考える　第四巻　宗教と権威》，东京：岩波書店2002年版；ヘルマン・オームス著，黒住真等訳：《徳川イデオロギー》，东京：ぺりかん社1990年版。寺院整治与神佛结合以及三教一致问题，可参照吾妻重二：《水戸徳川家と儒教儀礼－祭礼を中心に－》，《アジア文化交流研究》2008年第3号；吾妻重二：《水戸徳川家と儒教儀礼－葬礼をめぐって－》，《東洋の思想と宗教》2008年第25号；菊田龍太郎：《水戸藩と神道书編纂について－「神道集成」・「神祇提要」を中心として－》，《神道古典研究所纪要》2001年第7号。

一样，对"实"、"实学"的关注程度日益提高。[①] 本文的重点之所以放在分析前期水户学，特别是关注18世纪前后这个时期，是因为笔者认为上述"余白"是重新审视"普遍与特殊"等前后期水户学的结构说的重要线索，而以往的水户学研究却忽视了这一点。

一、朱熹、朱子学的"史"与"实"

本文把前期水户学的争论作为前提，考察朱子学和前期水户学中各自对于"史"与"实"的定位。"将'历史'等同于观察治乱兴亡、鉴别得失善恶的参照物的治乱兴亡鉴戒史观"被公认为"近世史学"成立的标志，[②] 本文将比较该史观及其写法"直书"，来进一步凸显上述前期水户学的话语特质。

首先来看由朱熹（1130—1200）语录而成为典故[③]的内容，可以从下文朱熹及其弟子关于《易》、《春秋》进行的问答中看出。

凡一死一生，一出一入，一往一来，一语一默，皆是感应。中人之

---

① 有关这一问题可参照桂島宣弘：《トランスナショナル・ヒストリーという視角》，《新しい歴史学のために》2010年第277号；桂島宣弘：《明清王朝交代と東アジアの思想史》，《東アジアの思想と文化》2012年第4号。

有关明清王朝思想问题可参照伊東貴之：《思想としての中国近世》，东京：東京大学出版会2005年版；徐兴慶：《朱舜水の実学思想と日本の受容》，《近代中日思想交流史の研究》，东京：朋友書店2004年版；檀上寛：《明代中華帝国論》，溝口雄三：《中国前近代思想の挫折と展開》，东京：東京大学出版会1980年版；黄俊杰著，藤井倫明訳：《遺民儒者の二つのジレンマ》，《東アジアの儒学　経典とその解釈》，东京：ぺりかん社2010年版。

有关朝鲜王朝问题可参照河宇鳳著，井上厚史訳：《朝鮮実学者の见た近世日本》，东京：ぺりかん社2001年版；河宇鳳著，金両基監訳，小幡倫裕訳：《朝鲜王朝时代の世界观と日本認識》，东京：明石書店2008年版；姜在彦：《朝鲜儒教の二千年》，东京：朝日新闻社2001年版；李豪潤：《山崎闇斎の<神代>認識に関する一考察—朝鮮の儒者安鼎福の上古認識との比較を通じて—》，《立命館史学》2003年第24号。

② 小沢栄一：《近世史学思想史研究》，东京：吉川弘文館1974年版，第182页。

③ 以朱熹自身的历史认识作为研究对象的论著，以笔者的管见并不多。关于"循环史观"，可以参照三浦国男：《歴史意識》，《朱子と気と身体》，东京：平凡社1997年版。

性，半善半恶，有善则有恶。古今天下，一盛必有一衰。圣人在上，兢兢业业，必曰保治。及到衰废，自是整顿不起。终不成一向如此，必有兴起时节。[①]

《朱子语类》[卷七十二，咸淳七年（1270）]

问春秋。曰，“此是圣人据鲁史以书其事，使人自观之，以为鉴戒尔。其事则齐威，晋文有足称，其义则诛乱臣贼子。若欲推求一字之间，以为圣人褒善贬恶专在于是，窃恐不是圣人之意”。[②]

《朱子语类》（卷八十三）

春秋所书，如某人为其事，本据鲁史旧文笔削而成。今人看春秋，必要谓某字讥某人。如此，则是孔子专任私意，妄为褒贬。孔子但据直书而善恶自著。今若必要如此推说，须是得鲁史旧文，参校笔削异同，然后为可见，而亦岂复可得也。[③]

《朱子语类》（卷八十三）

上文中提到了：①“循环（＝治乱兴亡）史观”，也就是“古今天下”如果出现了“一盛”则必然出现“一衰”（“古今天下，一盛必有一衰”）；②把这些“事”记录下来，作为“鉴戒”的“鉴戒史观”（“据鲁史以书其事，使人自观之，以为鉴戒尔”）；③把“实”“直书”下来的话，善恶自然会分明的写法“直书”（“但据直书而善恶自著”）。那么，朱熹主张的“史”的记录对象“实”指的又是什么呢？从朱熹围绕《中

① 郑明等校点，王维堤、郭子建、郑明宝编：《朱子语类（三）》，刘永翔编：《朱子全书》（第十六册），上海：上海古籍出版社，合肥：安徽教育出版社 2002 年版，第 2421 页。

② 郑明等校点，王维堤、郭子建、郑明宝编：《朱子语类（三）》，刘永翔编：《朱子全书》（第十七册），上海：上海古籍出版社，合肥：安徽教育出版社 2002 年版，第 2833 页。

③ 郑明等校点，王维堤、郭子建、郑明宝编：《朱子语类（三）》，刘永翔编：《朱子全书》（第十七册），上海：上海古籍出版社，合肥：安徽教育出版社 2002 年版，第 2833 ~ 2834 页。

庸》答弟子问的语录中可以找到答案。①

“诚者，自成也。”下文云：“诚者物之终始，不诚无物。”此二句便解上一句。实有是理，故有是人，实有是理，故有是事。②

《朱子语类》（卷六十四）

问：“‘诚者，物之终始，不诚无物。’是实有是理，而后有是物否？”曰：“且看他圣人说底正文语脉，盖‘诚者物之终始’却是事物之实理，始终无有间断。自开辟以来，以至人物消尽，只是如此。在人之心，苟诚实无伪，则彻头彻尾，无非此理。一有间断，则就间断处，即非诚矣。如圣人至诚，便是自始生至没身，首尾是诚。”③

《朱子语类》（卷六十四）

朱熹说，如果“理”中有“实”，那么也有“人”、“事”等。的确如此，与“理”相关联的“实”，正是使“人”、“事”以其各自的形式存在的东西。作为“事物之实理”的“理”是没有“间断”的，如果有了“间断”，那么就没有了“诚”。这样，朱熹所说的“事事物物中皆有理”，正是一种法则性的宇宙观，这种宇宙观主张物或人之所以存在、生成、运

① 对下文朱熹的“实”，以及“物”、“事”、理气论等的理解，可以参照垣内景子：《「心」と「理」をめぐる朱熹思想構造の研究》，东京：汲古書院2005年版；木下鉄矢：《朱熹哲学の視軸—続朱熹再読》，东京：研文出版2009年版；島田虔次：《朱子学と陽明学》，东京：岩波書店1967年版；土田健次郎：《朱熹理気论の再検討》，内藤幹治編：《中国の人生観・世界観》，东京：東方書店1994年版；溝口雄三：《中国近世の思想世界》，溝口雄三、伊東貴之、村田雄二郎：《中国という視角　これからの世界史四》，东京：平凡社1995年版。

② 郑明等校点，王维堤、郭子建、郑明宝编：《朱子语类（三）》，刘永翔编：《朱子全书》（第十七册），上海：上海古籍出版社，合肥：安徽教育出版社2002年版，第2123页。

③ 郑明等校点，王维堤、郭子建、郑明宝编：《朱子语类（三）》，刘永翔编：《朱子全书》（第十七册），上海：上海古籍出版社，合肥：安徽教育出版社2002年版，第2124页。

动，都是因为遵循了物或人的内在性的法则。[①] 沟口雄三认为，这种观点“清理”了“汉唐以来的超越性的住在、无、支配的自然、佛教性的理”[②]，由此可以把它看作一个“事件”。这样一来，以“直书”的方式记录的用来显示“循环”和“鉴戒”的“史”，只要以“诚”和同义的“实”为根据，就能成为“理”的表象，可以把这种观点的形成看作一个“事件”。换言之，“史”成了刻印着“理”的表象“实”的书籍，这种认识的形成就是“事件”。可以说，这就是朱熹对“史”和“实”的定位。

“史”是刻印了“理”的表象“实”的书籍，这个话语的性质在林罗山（1583—1657）代表的林家、安积澹泊[③]和同时代的朱子学者新井白石（1657—1725）的诸种言表中都很明显地体现出来。先看与澹泊生活在同一时代的白石的思想。[④] 白石在其著作《古史通》[享保元年（1716）]中有如下论述：

《旧事记》、《古事记》、《日本书纪》等书，皆由朝廷之勅旨而记载我国上古神世以来历代君臣之事业之物也。然所记载事者各有异同。此事同

---

① 溝口雄三：《中国近世の思想世界》，溝口雄三、伊東貴之、村田雄二郎：《中国という视角　これからの世界史四》，东京：平凡社1995年版，第58页。

② 溝口雄三：《中国近世の思想世界》，溝口雄三、伊東貴之、村田雄二郎：《中国という视角　これからの世界史四》，东京：平凡社1995年版，第58页。

③ 安积澹泊（1656—1737）是水户学者之一，是前期的代表性人物。师从于流亡日本的明末知识人朱舜水（1600—1682）门下，在彰考馆从事《大日本史》的编纂，完成本纪及列传以后，执笔编写论赞（后整理为《大日本史赞薮》）。本稿所引用的澹泊的著书《书重修纪传义例后》[元禄九年（1696）]、《帝大友纪议》[贞享四年（1687）]、《与村篁溪泉竹轩书》[宝永五年（1708）]、《湖亭涉筆序》[享保十二年（1727）]等，都是在此编纂过程中完成的。

④ 关于林家及白石的思想，参见前引小沢栄一：《近世史学思想史研究》，东京：吉川弘文館1974年版；ケイト・W・ナカイ著，平石直昭、小島康敬、黒住真訳：《新井白石の政治戦略　儒学と史論》，东京：東京大学出版会2001年版（原著为Kate Wildman Nakai, *Shogunal Politics*: *Arai Hakuseki and the Premises of Tokugawa Rule*, Harvard University Asia Center, 1988）；前引玉懸博之：《近世日本の歴史思想》；前引野口武彦：《江戸の歴史家　歴史という名の毒》，东京：筑摩書房1979年版；前引尾藤正英：《新井白石の歴史思想》，松村明、尾藤正英、加藤周一校注：《日本思想大系35　新井白石》，东京：岩波書店1975年版；安丸良夫：《近代天皇像の形成》，东京：岩波書店2007年版。

于孔子《春秋》之书所传之说有异同也。如此则不能仅遵《日本书纪》之说而排除《旧事记》、《古事记》等书。然无论何书记载之事，以其与事实无异，且长于理义之说而遵之，则谓为稽古之学。此外，诸家之书中甚多说，而未记于朝廷之正史实录等者，不值参考。[①]

白石说到，《古事记》、《日本书纪》等与孔子的《春秋》一样，虽然论说各有异同，但此时应当遵守“与事实无异，且长于理义之说”。也就是说，白石认为使“事实”成为“事实”的是“理义”。因此，此处说的“理义”和朱熹所说的以“实”表象出来的“理”在本质上没有什么不同。故可以说白石是对朱熹的话语进行重新解释与编排的朱子学者。白石的思想典型地体现出了朱熹对“史”、“实”的认识。

二、安积澹泊思想中的“史”与“实”

对于上文的“近世史学”，前期水户学的“史”和“实”应该如何定位呢？首先来看一下安积澹泊对书中三大主要内容（即把大友皇子记入本纪，把神功皇后记入列传，把南朝作为正统）中对象之一的大友皇子和天武天皇的相关发言。澹泊在《书重修纪传义例后》［元禄九年（1696）］中写道：“实录大率当时所撰，掩匿过甚。天武篡夺也，子为父隐。……苟非阐幽探赜，研究其实，则邪正曲直，不可复辩。其难一也。”[②] 这段引文中举出了《大日本史》编纂作业“三难二要”的第一个“难”的具体例子，也就是六国史并不全都是记“实”的。这一“难”在《帝大友纪议》［贞享四年（1687）］中，体现为“大皇弟”或者“皇太子”这些“名”的“曲笔”。在《帝大友纪议》中，澹泊作了如下论述：

何谓曲笔。曰其称天武，无一定法，曰大皇弟，曰皇太子。……盖大皇弟者，一时权立之名，而皇太子又不得其实。纷纭错谬，故为其说。然

---

① 《新井白石全集》，东京：国書刊行会1977年版，第215~216页。

② 《澹泊斎文集》，国書刊行会编：《続々群書類聚》（13卷），东京：平文社1970年版，第304页。原文为汉文。

旧史所载，难遽删除，今修天智纪。宜书曰元年立大海人皇子为东宫。其义何居？据天武纪。神武以降，无书东宫者。此书东宫变例也。盖作史者，据实直书，其得失纵可见焉。此欧阳子作梁本纪大旨也。若夫改大皇弟为皇太子，则代亲王而册授也。于名虽当，于义甚乖。既失事实，亦无明据。故元年特书立为东宫，前后一以大海人皇子称之。盖书法贵严，有常有变。即其所变，而义自见。此朱紫阳修纲目之微意也。①

即使“大皇弟”、“皇太子”在“名”方面是妥当的，但在“义”方面还是不妥当的。因为丧失了“实”，且在这个情况下“实”作为“实”所展现的不是作为“名”是否恰当，而是作为“义”是否恰当。那么，怎样才能确切地找出伴随“实”一起出现的“义”呢？澹泊指出，要想发现这些，不应该关注“常”而应该关注“变”。也就是，针对“东宫”这件“事”的“变例”，如果“直书”的话，无疑“东宫”就是大海人皇子，也就是天武天皇，这个“义”也就很明确了。由此可见，对于澹泊而言，“史”的编制就是关注“变”而根据“实”来记述，伴随“实”也解明了“义”的作业。“史”也就是刻印了“义”的表象“实”的书籍。

值得关注的是，“实”出现的条件不是“名”而是“义”这个观点。问题在于，这个观点在先行研究的“正名论与名分论”的结构中是无法定位的。② 因为就如何书写“史”这个问题，不仅是通常的“实”和“名”（甚至“理”）被列入书写的框架，“义”也被视作框架中一个重要的要素。因此，在这里我们应该把“史”的问题作为“正名论”、“名分论”的结构所不能说明的议论来看待。而且在此基础上，我们应该思考记载了

---

① 前引《澹泊斎文集》（卷4），第344～345页。原文为汉文。此外还有《史論史伝》，高须芳次郎编：《安積澹泊集　水戸学大系六巻》，东京：水戸学大系刊行会1940年版，第349～352页。

② 关于这一点，大川真和本郷隆盛虽然就“正名”和“名分”的定义的正确性进行了讨论，但二人的立论均以“正名论/名分论”这个框架为前提，这是值得质疑的。参照大川真：《叫ばれる「正名」一統一的国家イデオロギーの成立一》，《歴史》2007年第108号；前引尾藤正英：《正名論と名分論》，家永三郎教授東京教育大学退官記念論集刊行委员会编：《近代日本の国家と思想　家永三郎教授東京教育大学退官記念論集二》，东京：三省堂1979年版；本郷隆盛：《藤田幽谷「正名論」の歴史的位置》，衣笠安喜编：《近世思想史研究の現在》，京都：思文閣1995年版。

“义”的表象“实”的书籍就是“史”这样的话语所具有的意义。

另外，澹泊还论述到“史”中也有纪传体和编年体的差异。下面的引文体现了澹泊和朱熹、白石等人在看待“史”上的差异。

> 本邦上古之事，舍旧事记古事记日本纪，无足为征者。而日本纪又其尤。然神功皇后未尝践位，列之帝纪，帝大友储二承统，黜而不书。编年记事，既不足以考信。崇虚抑实，又不可以为训。今修撰所，综核名实，抑彼扬此，出于上公之明断，遂成千古之定论。不亦伟哉。①
>
> 《帝大友纪议》

> 编年记事，史也。纪传分体，亦史也。编年，实录之祖，而纪传诸史之归也。自舍人亲王撰《日本书纪》以后，历世因循。著为实录，曰纪，曰志，曰表，曰传。综核帝王之征猷，胪列臣庶之行事。治乱兴废，礼乐刑政，类聚群分，劝惩并存，粲然可见者，实我西山公之所创为，而彰考馆之所由建也。夫年代悠久，机务之浩繁，据实直书，即事义见。自非推义以明例，岂能成经世之大典。故夫义例之不可不讲也。②
>
> 《书重修纪传义例后》

此处论述道，相对于编年体重视“虚”的写法，纪传体是重视“实”的写法。澹泊说的“本邦上古之事，舍旧事记古事记日本纪，无足为征者”，或“自舍人亲王撰日本书记以后，历世因循”等语言，如果与前文引用的白石“《旧事记》、《古事记》、《日本书纪》等书，皆由朝廷之勅旨而记载我国上古神世以来历代君臣之事业之物也”相比较的话，澹泊对纪传体和编年体的看法的特殊性就更加鲜明地体现出来了。纪传体优于编年体的根据是，它更能凸显出“实与虚”这个构图中前者的优越性。换句话说，是因为形成了看待“纪传体 = 实”、“编年体 = 虚”的写“史”方法的视角。这种视角在此起到了压抑《古事记》、《日本书纪》等“正史”

---

① 《澹泊斎文集》（卷4），国書刊行会編，《続々群書類聚》（13卷），东京：平文社1970年版，第344页。

② 《澹泊斎文集》（卷1），国書刊行会编：《続々群書類聚》（13卷），东京：平文社1970年版，第304页。

的作用。而且，虽然此处没有明确写出来，但以编年体书写的林家《本朝通鉴》应该也是被视为“正史”的。例如桥川文三曾说过，以“宋学的历史理论”也就是“在事实和意思、现实和理念一致的前提下能进行历史编纂”[①] 这种理论为基础而形成的历史观是较普遍的，这里指的就是林家和前期水户学。但是，笔者认为，前述的前期水户学对“实”的重视也使得“纪传体 = 实”、“编年体 = 虚”这种区别于林家的思想得以形成。在考察林家与前期水户学的异同时，不应该忽视这类事态的出现。

三、由“叙述者”像而产生的“正统解读”

对“实”的关注一方面促成了“纪传体 = 实”、“编年体 = 虚”观点的形成，另一方面产生了“史”的“主体与客体”相关的结构，也就是后文所说的“评价人物与被评价人物”或者“笔者与叙述者”。《书重修纪传义例后》中的“实录大率当时所撰，掩匿过甚。天武篡夺也，子为父隐”正体现了这一点。《日本书纪》作为一种“实录”，其制作中存在着天武天皇的“子”舍人亲王隐蔽“父”“篡夺”的事实，这里有一个明显的前提，即“评价人物 = 笔者 = 舍人亲王与被评价人物 = 叙述者 = 天武天皇”这个构图。特别是前者从属于后者这一点，需要在此确认。也就是，后者被赋予了特权，而前者被视为与其相同。与同时代的“近世史学”相比较，笔者认为这是个极具特色的话语，这在后期澹泊的著作中体现得更加鲜明。

关于这一点，玉懸博之已经分析了澹泊对朱熹《资治通鉴纲目》（以下简称《纲目》）和司马光（1019—1086）《资治通鉴》（以下简称《通鉴》）以及胡三省（1230—1278）所著《资治通鉴音注》（以下简称《音注》）的评价[②]。但是，玉懸指出，在朱熹的论说中全盘体现出来的普遍性（道、理等）在澹泊这里却很稀薄，澹泊关注到了日本史的特殊性，可以看作是新的“公”的成立标志。因此，这就成为了基于“普遍与特殊”的

---

① 橋川文三：《水戸学の源流と成立》，东京：中央公論社 1974 年版，第 308 页。

② 玉懸博之：《前期水戸史学の歴史思想続考》，《近世日本の歴史思想》，东京：ぺりかん社 2007 年版，第 279 ~ 282 页。

理解。而在这一点上就产生了本文开头提到的疑问。因此，我们有必要再次研究玉懸分析澹泊评价朱熹的视角时所用的资料，来重新讨论一下上述问题。首先，应该讨论澹泊是怎样定位《通鉴》和《纲目》的。其中需要注意的是，《音注》被放在了一个很重要的位置。澹泊曾经向彰考馆的史馆员中村篁溪（1647—1712）和酒泉竹轩（1654—1718）寄出了一封《与村篁溪泉竹轩书》［宝永五年（1708）］，里面有如下一段话：

但仆屑々欲言通鉴者，不在正文，而在胡三省《音注》。三省受父遗嘱，研究《通鉴》。当流离抢攘之时，未尝废家学，终能成其先志。其辨释文，正史炤之舛误，删费氏之蹈袭。专为司马光休辩诬。真温公之忠臣也。管见议论，朱子尤未所不满。而仆遽敢谓知音注之可否哉。特爱其于兴废盛衰之机，强弱缓急之势，成败利钝之算，贤愚邪正之辩，或下二三句，或著数十言，议论精当，剀功明爽。盖当宋元革命之际，封疆日蹙，志士扼腕，前朝事迹，适与时事相类者，必三复致意。姑举一二，余可概见（三八）。①

从上文可看出，澹泊对《通鉴》的评价是基于《音注》而非“正文”，所以胡三省被澹泊评为“真温公之忠臣”。澹泊还对《音注》精致而明快地记述“兴废盛衰之机，强弱缓急之势，成败利钝之算，贤愚邪正之辩”给予了好评。这里值得关注的是，比起朱熹的《纲目》，胡三省的《音注》更加受到重视。澹泊在下文中阐述了其原因：

读经不依传注，自古推为上等识见。经且如此，况于史乎？史除三史外无注。唯裴松之注三国志，博采群说，以补陈寿之欠略，徐无党注五代史，不规规于训诂，发挥义例，裨益本史。二子之注史，为不虚作，其可少哉。资治通鉴，文义平易，不假注解而自明。胡三省作音注，正史炤之误，辩司马康之诬，纤悉备矣。至于成败利钝之机，贤愚邪正之分，或下冷语，或著数十言。议论精核，无复余蕴矣。纲目书法发明，虽议论剀

---

① 《澹泊斎文集》（卷2），国書刊行会编，《続々群書類聚》（13卷），东京：平文社1970年版，第328页。原文为汉文。

切，颇有伤于苛酷者。设使其人面闻之，必有辞焉。岂心服哉。胡氏之论则不然，审其事实，度其时势，如与其人相对论告，婉顺便引而归之于正也。①

《湖亭涉筆序》［享保十二年（1727）］

澹泊认为，“经”不应该根据“注”来读，这是自古以来的“上等识见”，那么“史”就更不应该根据“注”来读。此处澹泊指出，史书中加过“注”的只有《三国志》、《新五代史》、《通鉴》这“三史”②。其中《通鉴》的注有上文所述的胡三省《音注》，澹泊认为它比朱熹的《纲目》更适合作为《通鉴》的“注”。

但是，澹泊对《纲目》的批判和对《音注》的肯定态度，缘于当时非常特殊的事态。在德川日本，《纲目》的刊行早于《通鉴》，由鹈饲炼斋［1648—1693，延宝六年（1678）后参与了《大日本史》的编纂］制作并刊行的和刻本（译者注：指当时日本的复制书）《金平通鉴》［宽文十二年（1672）］③。可以说，当时人们是通过《纲目》来读《通鉴》的。而澹泊认为，《纲目》中倾向于对人物进行过度贬低的评价，如果在现实中当面向评价人物说出那样的评价，一般人一定会反驳，因此《纲目》不能使人“心服”。相对于此，胡三省则是像和分析的对象人物进行对话一样讨论“事实”、“时势”等，因此其论断也可以看作是正当的。换句话说，澹泊不重视《纲目》而重视《音注》，其原因是“音注”中的论断比较近似于人物对自身的评价。澹泊与朱熹及与朱子学的定位差异，不是玉懸所说的“普遍与特殊”的差异，而是有别于此的，其正体现在这些地方。

---

① 《澹泊斎文集》（卷8），国書刊行会編：《続々群書類聚》（13卷），东京：平文社1970年版，第419～420页。原文为汉文。

② 此处的“经”应是指《四书》、《五经》等，但可以说前期水户学中很少见到这些“经”被提及。这导致了朱熹和前期水户学的理气论在比较上的困难。因此本文不得不以“史”的观点为基准来定位两者的差异。进一步说，虽然被规定为儒学的话语，但几乎不提及“经”这一点，以及表明了编纂“史”之“难”这一点，都可以说是前期水户学中特异的现象。

③ 参见赖惟勤：《解说》，赖惟勤、石川忠久编：《资治通鉴選　中国古典文学大系　第一四巻》，东京：平凡社1970年版；但野正弘：《鍊斎　鵜飼真昌》；前引名越时正监：《水戸史学先賢伝》，东京：水戸史学会1984年版。

在澹泊的议论中需要关注的问题是，每当评价人物时，该评价妥当与否的基准在于该人物自身的观点。很明显，这里有个前提就是“评价人物与被评价人物”的构图。换言之，如果说评价主体是“记录者”、客体是“叙述者”的话，即“记录者”在评价“叙述者”时，是否遵从“叙述者”的自我评价的问题。那么在这个“史”的“主体与客体”也就是“笔者与叙述者”的结构中，是后者而非前者被赋予了评判的特权。这个现象之所以作为一个问题而被主题化，正是由于有澹泊重新审视朱熹的道德层面的评价，并视其为主观的带感情的评价（“颇有伤于苛酷者”），从而有可能以“实”的评价（“审其事实、度其时势”）来进行批判。

这意味着什么呢？在这样的解读中，“记录者”从属于“叙述者”可能会导致该“记录者”所描绘的“叙述者”形象是由特权构成的。而这样的“叙述者”形象被“归之于正”，意味着这样的解读是“正统的解读”。树立“正统的解读”具有排除由其他记述历史的方法所描绘的“叙述者”形象的功能，故朱熹因“设使其人面闻之，必有辞焉”而受到批评。这样，在“笔者与叙述者”这个框架中，笔者遵从“叙述者”而重新树立“叙述者”形象，就被定位为“正统的解读”，那些没有遵从“叙述者”的例如朱熹及朱子学性质的“近世史学”的解读等，则被定位为非“正统的解读”而遭到批判，这两者是相辅相成的。“正统的解读”问题也体现了前期水户学和朱熹、朱子学的定位差异。前期水户学中由“叙述者”形象引出的“正统的解读”，一方面批判了朱熹与朱子学中基于“理”的普遍性的“史”，但另一方面却没有归结到日本的特殊性上。笔者认为这一点就是玉懸等人的“普遍与特殊”视角所不能涵盖的“余白”。

四、“‘实’的战略”的产生

由以上比较分析可以明确看出朱熹、朱子学派和前期水户学在历史认识上的差异。朱熹、朱子学派“近世史学”观认为“史”记载的“实”是“理”的表象，而前期水户学则认为“史”记录的“实”是“义”的表象。这些差异不只是“理”和“义”的语句差异，其写法“直书”也有变化。由这一点也可以联系到“史”所载的“实”与“义”的定位差异。也就是说，相对于“理”被设定为万物的原理乃至法则，“义”则被设定为“正当解读”的基准。虽然两者在重视“实”这一点上是共同的，但由重视“实”而体现出来的东西（“理”和“义”）被置换了。本文在开头处提到，以往的先行研究中是否存在着这样的情况，即由于过分关注前期水户学和朱熹、朱子学在（相对于“政治”的）“道德”、（相对于“特殊性”的）“普遍性”、（相对于“非合理主义”的）“合理主义”等观点上的共通点，或者因为关注前后期水户学和朱熹、朱子学之间的不同点，而漏看了前期水户学这些话语上的特质呢？

可以明确的是，前期水户学中特殊的“‘实’的战略”的存在形式，也就是通过依附于“叙述者”形象的“正当解读”，“实”作为“义”变成了“史”的表象的体现。[①] 当然，澹泊不是一个特例，前期水户学者都体现了这一点。而且，正因为这是一个“余白”的话语，其影响也波及了其他诸话语。从这个角度可以说，“‘实’的战略”是一个“事件”。下面看一下三宅观澜（1674—1718）的观点，他与澹泊一样是史馆员，他说道：

欲著史论，则虽帝王亦也要加以议论，对其德之美恶、政之得失虽婉言亦当论。正统之间、反不反之境虽不显论之，亦当婉曲之间自然令识者知之。于本纪，见大海人皇子于吉野反。此反之字当斟酌何如。盖日本史，虽事起于千载之前，然当代之史，若同明人之著明纪，则此岂非有意义之事焉。[②]

《论赞驳语》［享保二年（1717）］

---

① 此处的“战略”不是指个人有意识的概念操作。关于“战略”，米歇尔·福柯有如下的论述：“是指话语形成中存在本质上的缺陷，其原因是战略性的选择的形成系统。由此，某个话语形成会在新的布局中被重新定位，占据一个空间，被解释，从而可能导致各种新的可能性的出现。”（ミシエル·フーコー著，慎改康之訳：《知の考古学》，东京：河出書房新社 2012 年版，第 129 页。原著为：Michel Foucault, *L'Archéologie du savoir*, Gallimard, 1969。）此外，还有“此处的问题是，排除以及选择可能性的原理上的一个变化”（ミシエル·フーコー著，慎改康之訳：《知の考古学》，东京：河出書房新社 2012 年版，第 129 页）。以前期水戸学来说，当“叙述者”的“正当解读”与“实”结合在一起时，就排除了朱熹、朱子学以“理”作为人物评价基准的解读。如后文所述，笔者认为这样“‘实’的战略”形成了“诸话语对抗的空间”，因此“神器 = 正统”论就使“革命思想的南朝正统论”解体的话语重新构成了。

② 高须芳次郎编：《栗山潜锋三宅观澜集　水戸学大系第 7 卷》，东京：水戸学大系刊行会 1941 年版，第 193 页。

上文主张“史论”应该用“婉曲”，即间接隐晦的手法来评论。值得注意的是，“婉曲”非但没有被视作与（“史”所体现的）“实”相对立的概念，反而被当作表达“实”的必要条件。当然这不能说是前期水户学尊王思想的体现，因为“史”的对象不仅限于帝王，帝王以外的人也是“史”议论的对象。此处需要指出的是，前文提到的“‘实’的战略”在这里发挥了作用。前面我们主要从澹泊的发言中定位他与朱熹、朱子学的位相差异，但由三宅观澜的言论也可以看出，“‘实’的战略”在前期水户学者中在一定程度上是共有的。

另外，人们认为前期水户学内部被设定了“诸话语对抗的空间”，以填补“‘实’的战略”的“余白”。在这个“诸话语对抗的空间”中，从宝永年间到正德年间（1704—1716），列传被分部，新设了将军传，《大日本史》的续编计划、神器论等各种话语开始产生。前期水户学中比较特殊的是“神器＝正统”论，神器决定正统性，是道德性的概念无法回收的“自若”的东西，也就是栗山潜锋（1671—1706）在《保建大记》（著书年代不详）中写到的“世道虽夷、王风虽降、而三玺之尊自若矣”[①]，“宜以躬拥三器为正”[②]。而这“神器＝正统”论也就在下文中转为了前期水户学者的话。

及至南北混一、器归统正、万々世下、不复容奸臣贼子、朵颐其间。焉神之德昭哉、可不畏哉?[③]

三宅观澜《中兴鉴言》（著书年代不详）

皇统之出于后嵯峨、亦无所轻重、唯视神器所在、为正耳。……神器之轻重、系人心之向背。人心归则神器重、人心离则神器轻。天人惟一、

① 松本三之介、小倉芳彦校注：《日本思想大系 48　近世史論集》，东京：岩波書店 1984 年版，第 373 页。

② 松本三之介、小倉芳彦校注：《日本思想大系 48　近世史論集》，东京：岩波書店 1984 年版，第 373 页。

③ 高须芳次郎編：《栗山潜锋三宅观澜集　水戸学大系 7 卷》，东京：水戸学大系刊行会 1940 年版，第 103 页。

道器不二。①

安积澹泊《大日本史赞薮》［享保五年（1720）］

可以说，这些话语把“神之德”、“天理”等交织在“内部”而重组了“神器=正统”论，这意味着这些话语变成了可以贯彻并解体前期水户学的“南朝正统论的革命思想”② 的话语。也就是说，史馆员说的“神器归北朝时，当今天下北朝为嫡统”［大井松邻、打越扑齐、小池桃洞《依田竹云宛书简》，享保十七年（1732）］③ 的认识，以及藤田幽谷（1774—1826）的《进大日本史表》［文化七年（1810）］中的“皇帝陛下继承天祖之正统，其神明之德，照临八方，守圣人之大宝，宽仁之政治者，教化民众，为学问而尊重礼仪，居于无被臣下夺实权之位，文化之元号广于国内。……东西之争，南北之乱，判断皇统之正闰者，唯有见以神器之有无之也”④，都导出了“神器=正统”论。前期水户学中的“神器=正统”论的重组规定了后期水户学的话语。从这一点来说，笔者认为，导致这个重组的“‘实’的战略”的意义是重大的。

（田中俊亮著　仇玉卿译）

---

① 松本三之介、小倉芳彦校注：《日本思想大系 48　近世史論集》，东京：岩波書店 1984 年版，第 263 页。另外，澹泊在其他地方还说过：“天理之公，存乎人心者，昭然可覩矣”（松本三之介、小倉芳彦校注：《日本思想大系 48　近世史論集》，东京：岩波書店 1984 年版，第 312 页），因此神器的正统性最终还是回归于“天理”了。

② 尾藤正英：《日本の歷史第 19 卷　元禄時代》，东京：小学館 1975 年版，第 209 页。

③ 茨城县立歷史館編：《茨城县史料 = 近世思想編　大日本史編纂记录》，水户：茨城県 1989 年版，第 84 页。

④ 菊池謙二郎編：《幽谷全集》，德岛市：吉田書店 1935 年版，第 221 ~ 222 页。

本多利明思想研究

引　言

近世日本自19世纪前后起，在国内面临着武士阶级的财政困难、商业资本阶级的抬头、天灾与饥荒引起的农民疲惫等问题；在国际方面，则面临着因西洋列强来到日本近海而日益严重的压力。面对这一国内外形势，当时的知识阶层从不同立场出发提出了各自的解决方案，构成了一个前后衔接的近世思想经世家系列。按照时代顺序，可以举出本居宣长、中井竹山、中井履轩、林子平、山片蟠桃、海保青陵、本多利明等一系列人名。这些思想家与经世家各自的立场不同，解决时代课题的路径与对策也不尽相同。本居宣长从国学派的立场出发，主张排斥儒学与佛教，力图恢复古代日本社会的理想。中井竹山身处于大阪怀德堂充满合理主义思想的自由学风中，主张即使是“祖法”，需要改革时也要改革。① 与同时代的其他思想家相比，本多利明可谓颇具个性的一位思想家。②

一、有关本多利明思想的先行研究

迄今为止，有关本多利明思想的研究在日本国内不可谓少，这些研究可分为两大类：一类是对本多利明的数学、地理、天文、航海等方面著作的研究，另一类是对利明的经世思想的研究。与同时代的知识阶层相比，利明的思想带有明显的注重合理、客观的色彩，这一点贯穿于其思想的整

① 本庄栄治郎、横川四郎編：《本多利明集》，东京：誠文堂1935年版，第107页。

② 塚谷晃弘：《江戸後期における経世家の二つの型—本多利明と海保青陵の場合—》，《本多利明・海保青陵　日本思想大系44》，东京：岩波書店1970年版，第421页。

体。利明钻研数学而拥有偏重合理的思维方法是很自然的。不过，一旦开始思考政治社会问题时，利明却体现出充满理想化色彩的思维模式。这是研究利明思想时需要解决的一个重要问题。

“二战”以前日本国内已有一些学者发表了有关本多利明思想的研究论文与著作。最著名的有本庄荣治郎的《本多利明集解题》①、野村兼太郎的《本多利明》②。战后有阿部真琴的《本田利明的传记性研究—1，2，3，4，5》③、塚谷晃弘的《解说　本多利明》④，以及宫田纯的《关于本多利明的经济理念〈自然治道〉的一点考察》⑤ 等一系列研究论文。这些先行研究都接触到利明思想的理想化部分，但缺乏系统的阐述。

本庄荣治郎在《本多利明集解题》中，对利明的经济思想进行了全面的研究，他研究了利明及其时代、利明的经济思想、利明在经济思想史中的地位，指出利明的认识是超凡脱俗的，但没有言及其思想的理想化。

野村兼太郎在《德川时代的经济思想》一书的“本多利明”一节中提到了利明的经济开发论，得出他的意见具有进取性的结论，并提到了利明思想中的理想化。“利明的人才论正如他的属岛论、殖民发展论一样，被认为是痴人做梦，这也是没办法的”⑥，但也仅仅是言及而已，未作深入考察。

随着之后对利明研究的深入，利明思想中的乌托邦部分受到关注。阿部真琴在对利明的实际成就进行实证性调查的《本田利明的传记性研究—1，2，3，4，5》中指出：“利明年少时是否渡轮去虾夷地没人知道，只是

---

① 本庄栄治郎：《本多利明集解題》，《本多利明集》，东京：誠文堂 1935 年版，第 113 页。

② 野村兼太郎：《本多利明》，《徳川時代の経済思想》，东京：日本評論社 1939 年版，第 425 ~464 页。

③ 阿部真琴：《本多利明の伝記的研究－1，2，3，4，5，6 －》，大阪大学大学院文学研究科《ヒストリア（11—13，155—17）》，1955—1957 年。

④ 塚谷晃弘：《解説　本多利明》，塚谷晃弘、蔵並省自校注：《日本思想大系 44　本多利明　海保青陵》，东京：岩波書店 1970 年版，第 443 ~480 页。

⑤ 宮田純：《本多利明の経済理念「自然治道」に関する一考察》，《中央史学 22》，1999 年。

⑥ 野村兼太郎：《本多利明》，《徳川時代の経済思想》，东京：日本評論社 1939 年版，第 456 页。

他的自我吹嘘而已”①，“利明所主张的政治改革的主要观点是人才任用，普遍认为其将欧洲作为理想中的形象”②，“利明在科学技术主义的论说中，将西洋文化赞美为技术史观的理想化状态，对东洋文化的停滞性进行有力的批判。”③ 在以上引用中只是简单地提及而已，未作详细论述。

塚谷晃弘一边根据上述考察，一边对利明的思想进行综合性归纳，认可其前瞻性。在塚谷的论文《解说　本多利明》（《日本思想大系44》，《本多利明·海保青陵》，岩波书店1970年版，第443~444页）中，当然也包含其思想中的理想化特征。利明自身也只是说过：“予生于北越，故晓知往虾夷地劳作者多，曾闻土人之风俗，土产。”④ 这些只是夸张或宣传而已，早有定论。塚谷虽然举出了这些例子，但对其思想根源处于何处却未作分析。

除了以上所述的论述之外，还有其他几位学者的零散见解。佐藤昌介在《洋学史的研究》一书中，对利明的“兰学系经世论”作了“夸张、空想的要素居多，欠缺现实性”的否定评价，但没有详细地展开论述。折原裕在《江户期重商主义论的成立——海保青陵与本多利明》（《敬爱大学研究论集43》，1993年）中写道：“在本多利明的重商主义论中，可以看到追求理想化欧洲的强烈色彩，因此也产生了缺乏具体性的缺点。”对于利明所指的理想化欧洲到底为何物，却没有详细阐述。在欧美研究日本的成果中，可以举出的代表性研究就是《日本人的西洋发现》（*The Japanese Discovery of Europe*，Donald King著，芳贺辙译）。相对于佐藤昌介的否定评价，Donald King对利明思想持肯定态度，认为正是利明对西洋理想化的积极态度，才使得日本在亚洲诸国中能够首先站起来应对西洋的挑战。

进入21世纪以来，研究本多利明的代表性学者宫田纯在先行研究的基

---

① 阿部真琴：《本多利明の伝記的研究—2—》，大阪大学大学院文学研究科《ヒストリア（12）》，1955年，第87页。

② 阿部真琴：《本多利明の伝記的研究—4—》，大阪大学大学院文学研究科《ヒストリア（15）》，1956年，第56页。

③ 阿部真琴：《本多利明の伝記的研究—4—》，大阪大学大学院文学研究科《ヒストリア（15）》，1956年，第57页。

④ 本多利明：《蝦夷開発に関する上書》，本庄栄治郎、横川四郎編：《本多利明集》，东京：誠文堂1935年版，第321页。

础上进一步深入探讨了利明思想的特质，着重对利明思想文本进行细读。不过，对利明思想的理想化特征也未作出全面性的分析。整体而言，除了近年来宫田纯的一系列论文外，以1970年为分界线，1970年后对利明思想的研究走向沉寂，多年来未见进展。在中国，关于本多利明思想的研究尚不多见。笔者调查到的论文仅有五篇，而且几乎都没有注意到利明思想中的理想化问题。本文将补充这一研究空白。

二、时代背景

利明的思想形成与相关实践展开是自宽保三年（1743）起至文政三年（1820）止的时期，就是自田沼时代开始，经历松平定信的宽政之治，至文化·文政的大御所时代为止，是近世国家处于转折的年代。生活在这一内忧外患的时期，利明尝试回答时代面临的课题，展开其经世论的思考与著述。①

（一）国内形势

18世纪中期至19世纪前期，日本封建社会的矛盾激化。田沼时代政治混乱，社会风气显著颓废，连续发生的天变地异引发了人心动摇。受此影响，时任老中的松平定信着手整肃政治与风纪，倡导俭约，并以吉宗时代的享保改革为范实施宽政改革，但是没有取得成果。之后，进入了讴歌太平的文化·文政时代，但是这期间的文化呈现出颓废色彩。

从思想史的角度来看，在儒学阵营内部出现了对朱子学的批判性解读。另一方面，国学的影响日益扩大。同时欧洲思想文化典籍的传入促进了兰学的发展。新时代的思想土壤正在形成。在民间，出现了对幕藩政治体制的批判意见，尊王论开始萌芽。在科学、产业技术方面，和算、本草学和农学得到发展，对西欧的医术的学习研究也渐成风气。

随着社会矛盾加剧，众多有识之士开始关注武士及百姓的贫困和商人蓄积财富的现象。幕府及各个大名领国因为财政困难而直接向农民征收高额租税。18世纪中期以后连续发生的饥荒、洪水等灾害造成的农村荒废已

---

① 本节参照中沢護人、森数男：《日本の開明思想：熊沢蕃山と本多利明》，东京：紀伊国屋書店1970年版。

经达到极致，农民因饥饿而死，良田荒芜，“间引”（即杀婴）的恶习蔓延，娼妓、流浪汉增多。封建社会的根基开始发生动摇。

（二）国际形势

在这一国内形势下，日本的国际形势也逐渐紧张起来。随着俄罗斯的南下，日俄两国频繁接触，北方问题成为知识分子的关心热点，自18世纪后半叶起，虾夷地（即现在的北海道）受到关注，人们开始讨论对虾夷地的开发与经营。俄罗斯人在18世纪初进入千岛列岛之后，就图谋与日本往来。1739年白令的第二次探险支队发现日本航路，以开始通商为目的出现在太平洋沿岸。不久，俄罗斯人占领了千岛列岛一半以上的土地，并向当地的阿依努族人征收毛皮的贡税。1759年，松前藩士湊觉之进在与择捉岛的族长见面时，获取了外国人将在千岛设立关卡的消息。这之后，俄罗斯开始与日本商人进行交易。1778年，得抚岛上的俄罗斯人来到根室，向松前藩官吏申请通商，第二年遭到松前藩拒绝。1792年，俄罗斯使节拉克斯曼进入北海道的根室港并要求通商，北方关系日趋紧张。

综上所述，本多利明生活的18世纪蕴含着众多问题。为了解决这些问题，依靠儒学等传统思想已无济于事，发展产业与技术成为必要。利明在其著作中对这些问题给出了相应的解答。

三、利明的生平与思想形成

本多利明生于宽保三年（1743），殁于文政三年（1820），又名本田利明，自称三郎右卫门，号北夷（据说是因为关心北方问题而取此号）或鲁钝斋。据研究，利明出生于越后蒲原郡的农村，其家庭并不是显赫的大名家臣。① 这一家庭背景也许是利明好吹嘘、喜欢夸大自己的原因之一。面向日本海的越后蒲原郡一带临近新潟外港，水田耕作发达，商品经济繁荣。阿部真琴对此曾有过这样一番描述：“利明的故乡在雪国的北越后，但是江户中期以后，随着新田开发，处处都是盛产大米的粮仓地带。其中，紫云寺潟、福岛潟、铠潟被开发成农田，新潟县特有的大新田地主就

① 阿部真琴：《本多利明の伝記的研究－4－》，大阪大学大学院文学研究科《ヒストリア（15）》，1956年，第67页。

出现在那里。由农民养蚕、手工织机开始，形成了纺织业。此外，北越后还拥有纸业、茶业、漆器制品业、鲑鱼等水产，还有石油、石膏、银、铜等矿产。除了作为各种商品输出港的新潟外，濑波、岩船等地也繁荣起来。与大阪之间的贸易往来频繁，与东北地方的奥羽、北陆、松前之间的交通也发展起来。这样的经济发展是一个自然的趋势。但是，随着小农生产的发展，批发商人、地主等势力也获得成长。"① 由上述描述可以看出这一时期新潟地方的一个特征。

利明在这种环境中成长，自青少年起就厌恶旧式的习字与诵读经典而喜欢数学，关注实用的、合理主义的学问。利明自述十八岁时"已怀济世之志，修实用之学"②。利明远赴江户，向号称"算圣"的关孝和所创立的关流学习和算。在关流和算中，利明的位置非常显赫，这从1794年他首席主持关孝和的百年祭祀中可见一斑。在对关流秘传的学习过程中，利明逐渐转向批判这种封建式的组织与学习方式，最后从学习关流和算转向欧洲近代数学。除了算术，他还向千叶岁胤学习天文、历学。当时的天文、历学汲取中国明代梅文鼎系统的流派，利明受其传统束缚。这之后，他逐渐从传统中脱离出来，开始进入转向欧洲的天文、历学。与剑术之师山县大弍的接触也对利明的思想形成发挥了作用。大弍熟悉算术、天文、兵学等学问，是尊王思想的拥护者。利明思想中的理想化成分和其与上述人物的往来有一定关系。

1766年，24岁的利明在江户开设私塾，向弟子讲授天文、地理、测量、算术等。人们以私塾所在地的"音羽"称其为"音羽先生"。不久，利明即以"经世家"为己任，游历日本各地，详细视察并调查各地的地理、民情、物产、交通等。这个时期的体验成为其经济思想的重要来源。

这一时期，利明还认识到通晓航海术的重要性，这体现在如下引文中：

深感开辟交易之道，改善民俗之必要。既已于内地诸藩间试行，又广

① 阿部真琴：《本多利明の伝記的研究—1—》，大阪大学大学院文学研究科《ヒストリア（11）》，1955年，第68页。

② 本庄荣次郎：《近世の経済思想》，东京：日本評論社1931年版，第135页。

于国际间实现，欲寻求增进吾国财富则必为之，首当其冲乃通晓航海术。①

利明认为，通过学习航海术等产业技术，能够给自己的经济论赋予更进一步的具体内容。

1787年，利明游历日本东北地区。时值东北地区遭遇天明饥馑，江户爆发了以米价暴涨为缘由的捣毁米店事件。利明到访的东北地方因持续低温出现饥荒，造成了众多饥民与饿死者。见到如此悲惨的状况，利明极度震惊。当他向忍饥挨饿者捐钱时，竟得到如下回答：

此处有钱亦无用，无物可购，至去年价高时尚有少许物品，尚足用。然至今年，此处方圆十四五里四方百姓皆已死绝，虽有物而无买者。②

因天灾造成的东北地方的饥荒已经到了惨不忍睹的境地。利明的《经世秘策》(1798)、《西域物语》(1798) 等兰学色彩浓重的经世论代表作都是在东北之行之后写成的。这些经世思考产生于利明对天明饥馑的观察与体验，贯穿在之后利明对社会问题的思考与批判之中。③

与此同时，利明对北方虾夷地的开发也持有绝非寻常的关心。1785年(天明五年)，利明让师弟最上德内参加了田沼意次派遣的虾夷调查队。其后，德内又几次远赴虾夷、桦太 (即库页岛) 考察，著有《虾夷草纸》、《虾夷草纸后编》等，成为虾夷问题专家。利明也基于德内的报告，频繁地向幕府献策，主张开发虾夷地。但是，松平定信政权对开发虾夷地持消极态度，因此利明的献策未被采纳。1801年，利明作为幕府船凌风丸的船老大横渡虾夷，也许是逐渐丧失了热情，他的虾夷地开发论之后未见进展，也可以认为其思想中的理想成分由此走向终结。

文化六年 (1809)，利明67岁，当年赴加贺藩任官，据说受聘为天文

---

① 本庄栄治郎:《近世の経済思想》，东京：日本評論社1931年版，第135页。

② 塚谷晃弘、蔵並省自校注：《日本思想大系44　本多利明 海保青陵》，东京：岩波書店1970年版，第125页。

③ 阿部真琴：《本多利明の伝記的研究—3—》，大阪大学大学院文学研究科《ヒストリア (13)》，第99页。

学者、洋学者，享有下级武士级别的俸禄。在加贺、金泽滞留期间，利明向金泽藩主前田侯讲授了欧洲形势与军舰操作法等。在金泽生活 1 年半后，利明返回江户，依靠加贺藩的俸禄米度日。文政三年（1820），利明以 78 岁辞世。

利明的著作大体可分为科学·技术、北方问题与经世论几类。据阿部真琴制作的著作目录，其在科学·技术方面的著作有 43 篇，北方问题与经世论方面各有 13 篇，科学·技术方面的著作占据压倒性多数，可知利明的学问以科学·技术为主。[①]

利明对北方问题的调查与思考比其经世论思想更早获得成就。最初的论稿是《大日本属岛北虾夷之风土草稿》（1786），之后有《虾夷拾遗》（1789）、《关于虾夷开发之上书》（1791）、《赤夷动静》（1791）、《赤夷道知边》（1801）等。

其经世论方面的著作大多是在 18 世纪末期写成的，除了《经世秘策》（1798）、《西域[②]物语》（1798）、《经济放言》（1801）三大代表作之外，还有《自然治道之辩》（1795）、《西薇事情》（1795）、《河道》（1800）、《交易论》（1801）、《长器论》（1801）等。下文所列的著作均与经世论、北方问题方面有着密切联系。

为了说明利明思想中存在的理想化特征，笔者将其原因大致划分为利明思想中的复古志向、因新旧知识交替而产生的知识体系缺陷等几个方面来加以论述。

四、利明思想中的复古志向

（一）武家再生论

利明在《西域物语》、《长器论》等著作中提出了带有复古主义色彩的武家再生论，其大意是依靠在武家主导下的官营交易来解决社会面临的诸

---

① 阿部真琴：《本多利明の伝記的研究—1，2，3—》，大阪大学大学院文学研究科《ヒストリア（11—13）》（本多利明著作目录）。

② “西域”一般指中国西北地区的广大地域，本多利明所说的“西域”是指西洋各国。

多问题，由此纠正幕府与大名穷困的现状，恢复到原有的身份秩序。在这里可以看到利明描绘的理想化的日本未来形象。

首先，对于当时的武家与商人的关系，利明有如下论述：

金银通货不久或被异国掠夺儿消失殆尽，或残存日本则为商家所掠，永禄长者之武家皆困穷也。①

利明认为，金银通货不久将被外国所掠夺，或有残存于日本的部分也终将被商家夺取，本该世代拥有俸禄的武士阶级都将陷入贫困。他还写道：

故再无比金银通货调节重要之事。此等重要之政务被等闲视之，金银为异国所夺。其残余部分皆为商家取尽，豪富之名仅存于商家。日本国中之产物皆随商家之意，其为产物之主。武家皆陷于贫穷，无法随心所欲，此结局甚是不得法。②

在利明看来，没有比调节金银通货更重要的事情了。而幕府对如此重要的事务等闲视之，所以金银被外国掠夺，剩余的都落入商家手中，日本国内的物产皆由商家掌握，商人阶级成为财富的真正主人，武家皆陷入穷困。利明指出，因为金银政策的失误，从而导致了武家与商人的位置颠倒。利明对当时的士农工商的社会状况进一步发表议论：

将当时日本国产分为十六份，其十五份为商贾收纳，其余一份为武家所得，故武家贫穷。过度征税，农民又陷入贫苦。依时而为，不无道理，然若如此，社会末端的农民将穷困，明知是良田，却废弃为荒地，故年年

---

① 塚谷晃弘、藏並省自校注：《日本思想大系 44　本多利明 海保青陵》，东京：岩波書店，第 153 页。

② 塚谷晃弘、藏並省自校注：《日本思想大系 44　本多利明　海保青陵》，东京：岩波書店，第 154 页。

田地荒芜增加，国产逐渐减少，各类物价高涨，世间不得静谧。①

利明指出，如果把日本国内的物产分成十六等份，那么商人就占据了其中的十五份，武家拥有剩余的一份，因此导致了武家的贫困。为了摆脱贫困，武家就要对农民征收租税，这将加重农民贫困，进而造成荒地扩大。这种情况所带来的影响就是国内生产力低下，物价高涨。

以上是利明对国内经济状况与身份秩序之间关系的理解，可以看作造成“不得静谧”的社会状况的成立要因。利明把处于贫困状态的武家、农民与富裕层的商人看作对立的存在。

利明接着对260多个大名领国向商家借款的现状作了如下分析：

（大名中）无借财者实为罕见，悉数临借财之渊，其子子孙孙更是无立锥之地，实在痛苦。本应终身享有俸禄的武家向无禄的商贾借贷钱财来度日立身，实不足取。

利明认为，当时大部分武家处于财政困难中，只得依靠向商人借贷来维持生活。利明悲观地预测这种状态将延续下去。在这里令人意味深长的是，“终身享有俸禄的武家”和“无禄的商贾”之间既有金钱借贷关系，在身份上又属于对立阶层。在经济关系上，身份体系的上下发生了逆转。另一方面，支撑近世社会的农民阶层因被榨取而处于贫困中，生产力进一步下降。利明从对经济关系的分析入手，认识到武家和农民的生活环境将连锁性地恶化下去。在这里，利明已经发现了近世国家体制的结构性矛盾之所在，也认识到这一现状不可逆转。

对承担着支撑岌岌可危的武家经济的商人阶层，利明又有何见解？利明对商人经济活动的见解如下：

以本金一万，购买仙北米贩卖到江户，卖款高达十六万两。其中减去

---

① 本多利明：《長器論》，本庄栄治郎、横川四郎編：《本多利明集》，东京：誠文堂1935年版，第217页。

本金一万两，余十五万两皆为利润。[①]

利明指出，商人以一万两为本金在东北大米产地购得大米，运至江户以十六倍价格卖给批发商，从中可获取十五万两的利益。由于商人在物资流通过程中承担中介作用，致使财富过度地累积在商人身上，必然会招致如下结果：

商贾之内必然出现大富豪，道理自明。此为商贾收纳之证据。[②]

利明认识到，尽管商人阶层位于身份体系的最末端，但是正因为商人从事商业而积累了巨额财富。这一因果关系颇具讽刺意味，其原因就在于近世社会的身份制。

从以上的分析中可以看出利明所意识到的问题之所在，即将社会成员划分为武家、农民、商人的身份制是产生种种社会矛盾的根源。在《西域物语》和《长器论》中，利明把社会划分为依存于商人的武家、由于武家的榨取而贫困的农民以及富裕商人，由此推导出商人掌握着武家的未来、武家则掌握着农民的命运之间的关联性。当时观念上的“士→农→工→商”身份体系序列已经呈现出崩溃的迹象，而身份体系的崩溃集中表现在武家的贫困化上。

基于这一认识，利明提出如下解决方案，他写道：“治道第一之要务，即君道深秘之密策。”[③] 从以下引文中也可以清楚地看到这一点。利明写道：

开辟海道、河道，在海、河上以官船运送货物，开辟交通要道，是为抚育人民之道。然而，如将交易化为商贾收敛财物之手段，大豪富则仅出

① 本多利明：《長器論》，本庄栄治郎、横川四郎編：《本多利明集》，东京：誠文堂1935年版，第219页。

② 本多利明：《長器論》，本庄栄治郎、横川四郎編：《本多利明集》，东京：誠文堂1935年版，第219页。

③ 本多利明：《長器論》，本庄栄治郎、横川四郎編：《本多利明集》，东京：誠文堂1935年版，第217页。

于商贾，领国主君之武家本应伟大豪富，实则贫穷，是为奇耻大辱。①

利明主张以武家主导交易，以此为商品流通中的重要路径，这就是其所提倡的官营交易推进策略，他相信武家如此将走上富裕之路。更进一步说，利明描绘的日本未来理想图景，就是希望武家通过商业活动而富裕，同时缓和对农民的榨取，抑制商人的商业活动，由此达到武家恢复元气重返与其身份相符经济地位的目的。

通过推进武士主导的官营交易使武士阶层恢复元气，进而重建作为德川幕藩体制根基的身份体系，利明的这一复古志向无视历史发展趋势，带有浓厚的理想化色彩。历史发展至日本近世后期，商品经济蓬勃发展，而封建体制下的传统农村社会已经丧失了活力，② 主要依靠农村土地生存的武士阶级随之走向没落。利明基于复古志向的武家再生论是无法实现的。

（二）难以实现的“回到古代”

利明在谈到未来日本国家时，主张“必须回到古代”。与武家再生论一样，这一复古思想的见解也带有与现实脱节的理想化色彩。利明在《赤夷动静》中集中地论述了这一点。

利明在《赤夷动静》的开头部分写道：“为增益日本之国力。”③ 提出了日本国家今后应当执行的内政方针。利明首先举出荷兰的事例，展开这一问题的论述：

所谓的国家重务就在于增强我国实力。总之，增强我国实力在于采集外国之金银铜，送入我国。④

---

① 本多利明：《長器論》，本庄栄治郎、横川四郎編：《本多利明集》，东京：誠文堂 1935 年版，第 217 ~ 218 页。

② 中沢護人、森数男：《日本の開明思想：熊沢蕃山と本多利明》，东京：紀伊国屋書店 1970 年版，第 171 页。

③ 本多利明：《赤夷動静》，寺沢一、和田敏明、黒田秀俊編集：《北方未公開古文書集成　第三巻》，东京：叢文社 1978 年版，第 126 页。

④ 本多利明：《赤夷動静》，寺沢一、和田敏明、黒田秀俊編集：《北方未公開古文書集成　第三巻》，东京：叢文社 1978 年版，第 126 页。

由上面的引文可知，利明认为日本国家的重要任务是增强国家实力，要达到这一目的，主要手段就是把从外国出产的金银铜送入日本国内，在这里可见其重金主义思想，即把重建经济的重点放在通过对外贸易来获取金银上。

日本国家未来的第二个重要任务就是开发虾夷地（即北方领土）。利明写道：

为了增强日本国力，必须大力挖掘虾夷地之金银铜铁铅山，同时，大量生产输出土产物，除此之外别无他法。为了大量出产土产物，就必须增加土人人口。增加土人之关键就在于派遣犯人与失业武士。① 因增加人口，故自然就能成就开发，此事一目了然。②

利明认为，要增强日本国力，就要大力开发虾夷的矿山，从虾夷地大力开采矿产物资，同时生产当地特产品。作为增加生产的必要条件，就要确保和增加从事生产的劳动力，他主张通过强制犯人和流浪汉等移民虾夷地，促进开发。在将从士、农、工、商的身份体系中被排除出来的犯人以及流浪汉强制送至虾夷地促进开发的构想中，至少可以看出利明认识到身份体系崩溃的现状。利明有关开发虾夷地的论述进一步展开：

悉数赦免本该处以死刑之罪人，遣送其犯罪较轻之人，或渔猎或耕作，保其生计。此类人物本该蒙谢助命之恩，自然能成就开发，与异国立日本之境界，开辟镇卫国家之基，此为拔群之大功。若如此这番救助本该斩首之罪人大施慈悲，必大利国益。重要之人民，纵使一人废黜亦为可惜，除罪行特重者外，应悉数遣为虾夷地之庶民。如建立此制度，日本之恶党必日渐稀少，恶劣风俗日渐改正，夜盗、强盗亦必减少。③

---

① 本多利明：《赤夷動静》，寺沢一、和田敏明、黒田秀俊編集：《北方未公開古文書集成　第三巻》，东京：叢文社 1978 年版，第 126 页。

② 本多利明：《赤夷動静》，寺沢一、和田敏明、黒田秀俊編集：《北方未公開古文書集成　第三巻》，东京：叢文社 1978 年版，第 128 页。

③ 本多利明：《赤夷動静》，寺沢一、和田敏明、黒田秀俊編集：《北方未公開古文書集成　第三巻》，东京：叢文社 1978 年版，第 128 页。

利明认为，将犯人、流浪汉遣送至虾夷地，劝说其从事开发，以此巩固虾夷地，还具有确立疆界的功能。利明主张延长犯人生命以实现国家利益，将犯人移民至虾夷地后，既能减少社会上的夜贼、强盗等恶势力，又能解决外疆界问题。

从以上论述可知，利明以增强国力为目标，把虾夷地作为日本的管辖地，在其范围内推进开发，由此达到增强日本国力的目的，同时解决犯罪等社会问题，这也可以理解为一种复古主义思想。利明于1791年（宽政三年）写下《赤夷动静》，在《赤夷动静》中展开的国力增益论以重金主义政策和开发虾夷地两方面为轴心。特别是后者，其目的在于恢复幕藩体制，意在解决幕府与大名普遍面临的国用不足问题，同时也与解决对俄关系有一定关联，意在确保日本北方疆界。在这些论述中隐含了一个逻辑，就是在批判无法应对持续变化的国际、国内形势的德川幕府政策，但又并非完全否定幕府，而是在拥护幕藩体制的前提下展开思考，这是利明思想的一个本质特征。

五、新旧知识交替期的利明知识体系缺陷

（一）利明的“纬度学”

本多利明处于近世日本新旧知识交替的转折期，他在年轻时期学习的传统学问知识的基础上，又大量吸收了近代西洋的学问知识，其中对西洋地理知识尤为注重。与同时代的大部分知识人相比，利明对西洋地理知识的了解是比较深入的，他在地理著作中所记述的世界地理与现代世界地理知识相差不大，不过，也可随处见到各种谬误。其中谬误最大的就是他所说的“纬度学”。

利明认为，只要知道了一个国家的纬度，就能准确地预测当地的气候风土与国力发展潜力。这一地理认识上的错误反映了利明知识的缺陷与局限性。在谈到英吉利与堪察加半岛的地理位置与国力发展潜力时，他写道：

所言之英吉利国，只不过是位于赤道以北五十余度至六十余度，东西

不过十度，土地幅员与日本国相当，气候远较日本国寒冷。日本以东的奥虾夷处，有一大国称堪察加，赤道以北五十一度至七十余度之大国也。此堪察加与英吉利国气候相等。①

利明认为，英吉利国位于赤道以北五十余度到六十余度，东西也不超过十度，土地面积大致和日本相当，气候却比日本寒冷许多。日本以东的虾夷地内陆处有一个国家叫作堪察加，是位于赤道以北五十一度到七十余度的大国，与英吉利的气候相同。实际上，伦敦一年中最冷时的日平均气温为四摄氏度，而处于同一纬度的堪察加则为零下二十摄氏度。② 现代地理与气象知识告诉我们，世界各地的气温不仅受当地的纬度影响，同时还受到洋流、地形等因素影响。在世界气象知识尚不发达的当时，利明相信同一纬度即为同一温度，看着地图纬度想象世界各地的状况，这也可以说是不得已的事。不过，从这里既可以看出利明知识的局限性，也可以看到其主观臆想的性格特征，他对堪察加与英吉利国的比较引出了近于荒唐的结论。利明由于认定堪察加与英吉利国气候相同，所以断定如果进行开发，堪察加也能够成为像英吉利国一样的昌盛之地。

（二）激进的日本文字改革论

日语是以汉字与假名并用的文字，其汉字又有楷、行、草三体，楷书也有正字、俗字、吉字、讹字、异体等，行书也有异体，不仅如此，日语汉字有四万字以上，甚至常用汉字也有两千字。假名分为平假名和片假名，其复杂性与不规则性当属世界第一。③ 利明认为，应当整理日语，使文字更为简洁、规范，这样对国家有益。利明在《西域物语 中》中谈到日本文字时，主张除去汉字，模仿西洋文字改为全用日语假名文字，他写道：

---

① 塚谷晃弘、蔵並省自校注：《日本思想大系 44　本多利明　海保青陵》，东京：岩波書店 1970 年版，第 132 页。

② 佐藤昌介：《西域物語》，《日本の名著 25》，东京：中央公論社 1978 年版，第 520 页。

③ 近藤武一：《天明、寛政期の進歩的経済学者—本多利明のことども—》，《金城学院大学論集 9》，1957 年，第 169 页。

西洋无类似支那、日本般的文字，仅有二十五字母，如楷行草之变体而成八体，足以记事。日本染支那之癖，每物每事各用其字，故字数不多不足以用。如在日本，“天”就一字，而彼西洋则记作「ヘーメル：hemel」四字，“地”就一字，而彼国要「アールド：arde」四字。一字简四字迂腐。然若记忆支那数万字，耗尽生涯也无法达成。即使有人悉数记住，于国于己皆无意义。鉴于此，彼西洋取简明，文字以记事述情为旨，与其记忆数万支那文字，不如用我日本之假名记事，则大为便利。

虽有博得日本大儒盛名之学者，仍无法通晓一国之事。然彼西洋国号称博学者，精通外国三十余国之文字，甚可言明白国情物产。此皆因文字少，而精力皆集中用于此之故也。①

利明认为，欧洲国家没有像中国和日本那样使用字数众多纷繁复杂的汉字，只需用25个字母拼写成词语即可，而且有像楷、行、草书一样字体不同的八体（罗马体、哥特体、意大利体等），用这些词语记事就足够了。日本由于深受中国影响，所有的事物都使用不同的文字，所以字数不多就不能表达意思。如果要记忆数万字的中国文字，一辈子也绝对无法达成，即使能全部记忆下来，对国家也毫无益处，这实在是浪费。因此，欧洲国家就采用了简单的字母，文字主要用来记录事情，表达情感。因此，日本也应该使用日本假名来书写。

利明之后的福泽渝吉在明治初年也倡导过废除汉字，之后多次出现过限制汉字的主张。但是自汉字传入日本的一千多年来，由汉语演变而成的日本文字已广泛使用，要求日本人完全抛弃汉字而转用假名文字或者罗马字母，只是一部分激进知识分子的不现实主张。

利明在《经世秘策》中谈到文字时还写道：中国的汉字仅仅限于在朝鲜、琉球和日本通用，而且表达其真实的意思也很困难。而西洋文字仅为25个字母，比起汉字与假名更具实用性与合理性。他认为欧洲的科学发展是由于使用了简单的字母文字，而要记忆中国数万汉字，则需耗费一生，

① 塚谷晃弘、蔵並省自校注：《日本思想大系44　本多利明　海保青陵》，东京：岩波書店1970年版，第117页。

这对国家毫无益处。①

自利明提出上述文字改革意见以来，主张取消汉字、改用假名或西洋字母文字的思潮几番流行，前后历经二百余年，但时至今日仍无法实现，其最重要的原因就在于日本文字本身的特点。如果简单地取消汉字而改用假名或者罗马字，最大的障害莫过于日语从汉语中假借过来的数量庞大的同音异义词。比如发音为「けいせい：keisei」一词，就可能有「経世」、「形成」、「形勢」、「警醒」、「傾城」、「形声」、「警世」、「刑政」、「契情」等多个意思，离开了汉字，使用假名或罗马字标音的话，根本无法区别。

由上面的分析可以得出如下结论：利明由于其知识局限，而产生对假名文字化、罗马字母化的激进意见。但是，按照利明的意见完全取消汉字、使用假名文字或者罗马字母来表达日语是无法实现的。

利明思想中的理想化与过于激进的特点还体现在他对人口问题的论述中。

（三）过激的人口论

利明认为，国际贸易是国力向上的关键，而这一认识的背景，是他对人口增加问题的错误理解，这被称为利明的马尔萨斯人口论。

万民有为父母之道。其道即国之本，始于夫妇。夫年为十五，妻年为十三，初生一子。由此隔年生子，经历三十三年，妇血气已衰，无法生子，共有子女十七人。所生男子从别家招入女子自成一家，女子从别家招入男子又成一家，共有十七户。长子之夫妇之夫年为十五岁，妻年为十三岁，隔年又生子共男女九人。次子之家亦如此……至第九子之家夫年为十五，妻年为十三，初生一子时，其父年已四十八岁，母年已四十六岁。所生子女十七人，又招入别家男女各七人，各又生男女孙四十五人。……所生子孙总计七十九人……②

① 塚谷晃弘、蔵並省自校注：《日本思想大系 44　本多利明　海保青陵》，东京：岩波書店 1970 年版，第 29 页。

② ドナルド・キーン著，芳賀徹訳：《日本人の西洋発見》，东京：中央公論社 1982 年版，第 86 页。

这就是利明对人口增长规律的理解与认识。在欧洲，马尔萨斯的《人口论》出版发行于1798年，也就是宽政十年，那也是利明著述《西域物语》的年份，不过这只是巧合。比起马尔萨斯人口论中每25年人口增长2倍的数字，利明提出的人口增长率估算数字要大得多，颇有粗放之嫌，也脱离现实。利明对人口增长的认识反映了近世日本社会长期以来抑制人口增长的普遍风习，但这一违背常识的预测数据，可以说是熟悉数学的利明的败笔之一。

结　语

综合本文所述，关于利明思想的特征，可以得出以下结论：

首先，本多利明思想中所体现的主张回归日本古代的复古志向，可细分为“武家再生论”和“回到古代”两个部分。通过分析，可知利明由复古志向思想出发提出的重建士农工商百姓身份制与巩固幕藩体制秩序的主张并不具备现实意义，是逆时代潮流而行的，1867年爆发的推倒近世国家体制的明治维新政治变革与之后发生的一连串社会变革恰好证明了这一点。

其次，利明处于近世日本的新旧知识交替期，其对近代西洋的知识水平虽然领先于同时代的大多数知识人，但也存在着明显的局限性与偏激倾向。这一点集中体现于本文对利明对纬度学的理解与认识、对“假名文字化”的构想以及对人口增长问题的认识的分析上。利明的不少认识与言论显得颇为不合时宜，未能提出解决时代所面临的重大问题的构想。[①] 作为一名独立于当时的幕藩体制以外的市井学者，利明对当时与后世产生的影响不大。[②]

不过，另一方面，正如一些学者所指出的那样，“在实际生活中被证

---

① 宮田純：《本多利明の経済理念「自然治道」に関する一考察》，《中央史学22》，1999年，第24页。

② 宮田純：《本多利明の経済理念「自然治道」に関する一考察》，《中央史学22》，1999年，第24页。

明是拥有实证性和合理性的学问方面，利明的思想具有意义”①。因此，要深入研究利明的思想，就有必要将其与近世日本的实学思想相关联加以探讨。对利明思想中的人口论、宗教论、货币流通等部分，既要作为个别课题加以研究，也应置于其思想总体中考察各个部分的内在联系。与近世日本的其他思想家相比较，利明思想既有其独创性也有其局限性，利明思想中的这一矛盾也应成为重要的研究课题。

（张春发著）

① 源了圓：《実学思想の系譜》，东京：講談社 1986 年版，第 41 ~ 42 页。

“朱子”与“日用”之间

——浅见絅斋与若林强斋对《朱子家礼》的解读

引 言

战前崎门学派思想被视为“尊王攘夷思想的先驱”、“国体主义”的代表。有关崎门学派的研究不胜枚举。① 虽说战后丸山真男在《日本政治思想史研究》② 中把着眼点从德川儒教思想史研究转移到了以徂徕学为中心的古学派，但是战后还是有很多论述崎门学派的先行研究。虽然崎门学派花费了大量精力积极受容《朱子家礼》，但在数量庞大的先行研究中，却较少受到关注。这可能与思想史研究的一个公认前提相关③，即不只崎门学派，包括整个德川儒教，都只吸收了儒教思想层面的内容，而并未受容礼法层面的内容。

在这一研究背景下，田尻祐一郎很早就着手研究崎门学派对《朱子家礼》的受容。④ 田尻提出的详细且富有实证性的论点具有极大的启示作用。然而，以“家社会”为主的“日本式社会”这一前提是田尻论点的基础。崎门学派对《朱子家礼》的受容，结合了“日本式社会”的背景，因此它与一般朱子学的内容有所不同。换言之，田尻通过探讨崎门学派思想的特质，得出了儒教“日本化”的结论。但这种“日本化”观点从很早开始便

---

① 平泉澄：《闇斎先生と日本精神》，东京：至文堂 1939 年版。

② 丸山真男：《日本政治思想史研究》，东京：東京大学出版会 1952 年版。

③ 尾藤正英：《日本文化の歴史》，东京：岩波書店 2000 年版。

④ 田尻祐一郎：《浅見絅斎、若林強斎と「文公家礼」》，《日本思想史研究》1993 年第 15 号；田尻祐一郎：《儒学の日本化》，赖祺一等编：《日本の近世 13　儒学・国学・洋学》，东京：中央公論社 1993 年版；田尻祐一郎：《儒教・儒家神道と「死」》，《日本思想史学》1997 年第 29 号。

遭到了批判，它被认为是以“近代”视角来重新解读近世思想的做法。①

战后引领崎门学派研究的学者是近藤啓吾。他探讨了崎门学派如何受容《朱子家礼》，以及崎门学派所面临的思想课题。② 但近藤认为日本固有的葬祭是神葬祭，因此，他主要关注的是崎门学派如何追求神葬祭，并以神葬祭为前提展开了一系列论述。如此一来，就有必要再进一步研究神葬祭与《朱子家礼》的关系，以及崎门学派重视神葬礼的程度问题。

近年来，田世民的崎门学派《朱子家礼》受容研究备受瞩目。③ 田世民认为，探讨德川日本儒教的发展不应只停留于著作理论层面，还要重视其在实践层面的受容。他指出，崎门学派以“实践的言论”来对《朱子家礼》加以受容。不可否认，田世民提出的“实践”这一观点，给予了我们重要的启示。但田世民在论述的过程中并未谈及崎门学派是如何重视实践的，也就是说，我们有必要进一步研究受容《朱子家礼》及对其加以实践的崎门学派思想体系。

结合先学成果，本文主要探讨作为崎门学派三杰之一的浅见絅斎(1652—1732)，及其弟子若林强斎（1679—1732）的《朱子家礼》受容问题。④ 本文旨在克服先学中存在的不足之处，明确崎门学派的思想课题和絅斎、强斎的言论特质。通过勾勒在当时产生不小影响的朱子著作之一

---

① 批判“日本化”论的著作主要包括：緒方康：《他者像の変容》，《江戸の思想》四，东京：ぺりかん社1994年版；澤井啓一：《「日本」という閉域》，初出《東洋の思想と宗教》16号，早稲田大学东洋哲学会，1996年版；澤井啓一：《記号としての「儒学」》，东京：光芒社2000年版；黒石衛：《关于儒学的日本化论》，大平祐一、桂島宣弘編：《「日本型社会」論の射程》，京都：文理閣2005年版。

② 近藤啓吾：《儒葬と神葬》，东京：国書刊行会1990年版；近藤啓吾：《四礼の研究》，京都：临川書店2003年版。

③ 田世民：《近世「文公家礼」に関する実践的言説 一》，《日本思想史学》2005年第37号；田世民：《浅見絅斎の「文公家礼」実践とその礼俗観》，《教育史フォーラム創刊号》，2006年；田世民：《近世日本における儒礼受容の研究》，东京：ぺりかん社2012年版。

④ 例如，若林强斎在《家礼训蒙疏》中有关于“记录我师絅斎常所讲述内容”的记载，参照吾妻重二编：《家礼文献集成　日本篇一》，大阪：関西大学東西学術研究所2010年版，第210页。由此可见，本文中如不特意强调，均认为絅斎、强斎的思想具有一致性。的确，通读他们的著作会发现类似之处很多。当然强斎还有许多对神道的评论，简单地将二者的思想等同起来还存在不妥之处。在此暂且将絅斎、强斎的差异作为今后探讨的课题。

《朱子家礼》[①] 的传播过程，以期对被称为“禁闭区域”[②] 的东亚儒学发展的研究有所帮助。

一、崎门学派的思想课题

本章主要在考察崎门学派言论的基础上，探讨他们所面临的思想课题。

（一）崎门学派的思想状况

在德川时代前期，思想界主要经历了以下两次巨大的历史变化。一次是17世纪明清交替的冲击（1616年后金建国，于1636年改国号为清。1644年明灭亡，清入关），崎门学派深受其影响。长期作为“中华”存在的明朝，被视为“夷狄”的清朝所替代，这令絅斋的思想发生了转变。

没有不被天所覆盖的地。有土地风俗存在的地方，都如同被天所覆盖的地一般处于天之下，因而相互之间不应有尊卑贵贱之分。……视中国为中华，其他均视其为夷狄，完全不合道理。……中华、夷狄之名，是中国所提出的概念。因此，用这些来称呼本国，也只不过是停留于模仿。但是，如果将我国称为内，将异国称为外，明确内与外、客与主的关系，无论在什么场合，都符合道理。[③]（浅见絅斋《中国辨》）

絅斋拒绝称呼本国为“夷狄”，而立足于“内外”关系，提出“日本

① 关于《朱子家礼》的成立，有违书说、假托说等，本文暂不讨论这个问题。作为本文考察对象的絅斋、强斋认为《朱子家礼》由朱子撰写，并在当时的东亚一带产生了一定程度的影响。另外，关于《朱子家礼》伪书说、假托说等问题，参照阿部吉雄：《文公家礼について》，《服部先生古希祝賀記念論文集》，东京：冨山房1936年版。

② 泽井启一提出“日本这片封闭区”的概念。另外，思想史关于“禁闭区域”的问题和东亚考察的可能性及界限性等问题，参见松川雅信：《李基原「徂徠学と朝鮮儒学—春台から丁若鏞まで」を読む》，《東アジアの思想と文化》2012年第4号。

③ 近藤啓吾编：《浅見絅斎集》，东京：国書刊行会1995年版，第368～372页。

=内部"的概念。由此可见，以明清交替为契机[①]，絅斎形成了"德川日本并非夷狄"的自他认识。

另一次冲击是佛教势力的发展。以德川幕府建立为契机展开的佛教复兴运动，最终以转变成为适应幕府体制的形态而宣布告终。这种形态尽管旨在与其他诸多宗教相区别，但事实上在思想层面却是以唯心弥陀说为基轴，以期发挥互补作用的诸教一致形态。[②] 众所周知，朱子（1130—1200）创办的朱子学派并未视佛教为异端。然而，德川时代的佛教势力却逐渐被视为异端。这一点在考察始终忠实于朱子学的崎门学派时不容忽视。

由此可见，崎门学派以明清交替为契机，形成了不自视为"夷狄"而主张"日本内部"的自他认识。同时，在这"内部"被崎门学派视为异端的佛教势力正不断抬头。这种时代背景对崎门学派所产生的影响，不容小觑。

（二）朱子主义

基于上述时代背景，可以说崎门学派是在朱子学未被体制教学化的德川社会[③]，力图忠于朱子学、重构朱子学的一个门派。下面山崎闇斎（1618—1682）的言论能有力地说明这点：

我学宗朱子。所以尊孔子也。尊孔子以其与天地准也。中庸云：仲尼祖述尧舜宪章文武。吾与孔子朱子亦窃比焉。而宗朱子，亦非苟尊信之。吾意朱子之学，居敬穷理，即祖述孔子而不差者。故学朱子而谬，与朱子

---

① 关于以明清交替为契机的自他认识变化，受到了桂岛宣弘一系列著作的启发。参见桂島宣弘：《「華夷」思想の解体と国学的目的「自己像」の生成》，《江户の思想》四，东京：ぺりかん社 1996 年版；《思想史の十九世纪》，东京：ぺりかん社 1999 年版；桂島宣弘：《近世（朝鲜王朝後期・德川日本）における日朝自他認識の転回》，大平祐一、桂島宣弘編：《「日本型社会」論の射程》，京都：文理閣 2005 年版；桂島宣弘：《自他認識の思想史》，东京：有志舎 2008 年版；桂島宣弘：《明清王朝交替と東アジアの思想史》，《東アジアの思想と文化》2012 年第 4 号。

② 大桑斉：《日本近世の思想と仏教》，京都：法藏館 1998 年版。

③ "作为体制教学的朱子学"这一说法不成立，这是德川儒教研究学界所公认的看法。下面列举部分论著作为参考。渡辺浩：《近世日本社会と宋学》，东京：東京大学出版会 1985 年版；ヘルマン・オームス著，黒住真、清水正之、豊澤一、頼住光子訳：《德川イデオロギー》，东京：ぺりかん社 1990 年版。

共谬也，何憾之有？是吾所以信朱子，亦述而不作也。汝辈坚守此意而勿失。[①]（山田慥斋《闇斋先生年谱》）

闇斋认为孔子的唯一“祖述”者是朱子，他试图通过忠于朱子学而学习学问的正统——“道统”。因此，他认为很有必要学习存在于“道统”系谱上的学者所著的原典。

若大全蒙引，其意固在发明朱注，而昏塞却甚。大全所收程朱之说，于道虽无害，而间有与经注不合者。学者当先熟读经注。[②]（山田慥斋《闇斋先生年谱》）

这表明，山崎在强调学习原典“程朱”、“经注”必要性的同时，排斥如“大全”等此类朱子后继者撰写的著作。因为他认为后继者们并未能准确地传承“程朱”思想。崎门学派在学派内部重构朱子学的过程中尊崇原典至上的原则，排斥朱子后继之学。因此，崎门学派主张重构作为正统学说并带有唯一性的“教”。例如絅斋曾说：

浅见安正曰：夫道一而已亦，教亦岂有二哉？但以风土气息之有异，教之所施，不得不殊其所向也。古昔神宣风通志，因时立教，将以致夫道之一也，岂有和汉彼是之别耶？[③]（山田慥斋《闇斋先生年谱》）

崎门学派主张基于形而上之“道”的“教”。基于这个原则，“和汉彼是之别”亦不存在。絅斋忠于继承“教”的朱子，便也继承“教”了。

如果崎门学派只是忠实并模仿朱子的学派，那么可定义他们为“过度

① 日本古典学会编：《山崎闇斋全集》（4卷），东京：ぺりかん社1974年版，第410～411页。

② 日本古典学会编：《山崎闇斋全集》（4卷），东京：ぺりかん社1974年版，第417～418页。

③ 日本古典学会编：《山崎闇斋全集》（4卷），东京：ぺりかん社1974年版，第427页。

虔诚的朱子学者"①，同时也能看出他们思想的界限性和变化。但这种分析崎门学派的视角是错误的。值得注意的是，崎门学派的朱子学重构虽然可以看作是他们对带有唯一性的古有学说的再定义，但多种原因导致其内容与朱子思想存在误差。② 换言之，在朱子与力图忠实于朱子思想的后继者们之间，必然会产生思想认识上的偏差。总之，崎门学派在德川社会一边排除逐渐抬头的异己，一边试图在自身内部重构朱子学，倡导学术正统。这是崎门学派的一个重要思想课题。

二、"日用"的主题化

通过前面的叙述，崎门学派的思想课题已经大致明晰。本节主要探讨絅斎、强斎的言论特质。但仅凭借细致的文本分析来论述特定历史人物絅斎、强斎的思想特质，对于研究思想史经验尚浅的我来说非常困难。因此，本节主要关注崎门学派思想产生的脉络，分析包括絅斎、强斎及其周围人——伊藤仁斎（1627—1705）的言论特质。

（一）"日用"中的"敬"

夫圣贤既没，……然圣贤所说之书，不过四书、六经、小学、近思录数十卷，而无古今，无远近，纲常之道，政事之要，学术之精，无不统于此者。③（浅见闇斎《闇斎先生文集》）

如此看来，以絅斎为首的崎门学派将《四书》、《六经》、《小学》和《近思录》视为传承了"圣贤"思想的著作。其中，《近思录》中有"涵

---

① 丸山真男《日本政治思想史研究》，东京：東京大学出版会 1952 年版，第 37 页。

② 关于朱子与朱子后继者之间分歧的问题，子安宣邦以下的研究有详细的记载。参见子安宣邦：《山崎闇斎とその学派　〈敬说〉と〈心法〉的言語》，《思想》八四二号，东京：岩波書店 1994 年版；子安宣邦：《江户思想史講義》，东京：岩波書店 1998 年版。

③ 近藤啓吾编：《浅見絅斎集》，东京：国書刊行会 1995 年版，第 471～472 页。

养须用敬"[1] 的记载。所谓"敬"，是"主一，一即为无适，换言之，集中心智保持专一的状态"[2]，也就是说要在自己内心层面保持"本然之性"。朱子学一般所理解的"敬"，只是停留于自己内心层面的修养。但是絅斋对"敬"的理解却有所不同，他曾如此说道：

所谓敬，是为求得正确之心而付出的努力。因此无论何时何地，为了不丧失心，不让心涣散，应时常反省。反复修炼的话，即能自然而然地养成专注之心。这便是敬最关键之处。[3]（浅见絅斋《劄录》）

絅斋强调心之修养，要与所处环境相结合，这与朱子学一般的看法有所不同。正如其所说："日用中也不可忽略心之所在，关注心之修养，这才是敬。"[4]（浅见絅斋《絅斋先生敬斋箴讲义》）可见他同时也强调"日用"层面修养的重要性，这正是与一般朱子学理解所不同的絅斋自身的朱子学说再构成。那么强斋是如何理解"敬"的呢？

身处不同环境，均要考虑是否对自身有不敬之处。哪怕只有一点不敬，也要立即修正。这便是敬之真实。[5]（若林强斋《贯川记闻》）

可见，强斋也强调"环境"对"敬"之修养的必要性。因此，强斋在"日用"中强调了"敬"的重要性。

何为敬，心法也。何为心法，止也。何为止也。于父母止于孝，于君

---

① 鈴木由次郎等編：《朱子学大系 9 卷　近思録》，东京：明德出版社 1974 年版，第 300 页。

② 島田虔次：《朱子学与阳明学》，东京：岩波書店 1967 年版，第 101 页。

③ 西顺藏等校注：《日本思想大系 31　山崎闇斎学派》，东京：岩波書店 1980 年版，第 337 页。

④ 西顺藏等校注：《日本思想大系 31　山崎闇斎学派》，东京：岩波書店 1980 年版，第 174 页。

⑤ 金本正孝編：《强斎先生語録》，広島：溪水社 2001 年版，第 248 页。

止于忠。今日之人伦日用亦此也。[①]（若林强斋《杂话续录》）

絅斋和强斋都将"敬"与"日用"视为一体，"日用"成为他们探讨的主要课题。那么与一般朱子学的这种差异是如何产生的呢？

（二）对伊藤仁斋的反驳

对絅斋反驳伊藤仁斋言论的先行研究早已存在。[②] 本文在此，简单介绍仁斋的同时，通过讨论絅斋对仁斋的反驳言论，来考察絅斋、强斋"日用"的课题。

仁斋批判经书中片面理解朱子学的言论，并成立了主张复原孔孟古义的仁斋学。[③] 例如，关于一般朱子学所强调的"理"之内在、理应被"复原"的"性"，仁斋如此说道："性生也。人其所生而无加损也。……犹言梅子性酸，柿子性甜，某药性温，某药性寒也。"[④]（伊藤仁斋《语孟字义》）"性"，是人的特性。将"性"具体化后即是"仁义礼智"，"仁义礼智四者，皆道德之名，而非性之名。道德者，以偏祖于天下而言，非一人之所有也。"[⑤]（伊藤仁斋《语孟字义》）。即仁斋批判将"性"视为"内在之性"，而主张将"性"理解为"道德"。

此外，关于"性"和"仁义礼智"的因果关系仁斋还曾如此说道：

自汉唐诸儒，至于宋濂溪先生，皆以仁义礼智为德，而未尝有异议。至于伊川，始以仁义礼智为性之名，而以性为理。自此而学者皆以仁义礼智为理为性，而徒理会其义，不复用力于仁义礼智之德。至于其功夫受

---

① 近藤啓吾校注：《神道大系　論説編一三　垂加神道（下）》，东京：神道大系编集会1978年版，第147页。

② 近年的研究有李芝映：《元禄期における「日用」言説の浮上》，《日本思想史学》四三号，日本思想史学会2011年。本文也受此启发。

③ 子安宣邦：《伊藤仁斎の世界》，东京：ぺりかん社2004年版。

④ 吉川幸次郎等校注：《日本思想大系33　伊藤仁斎·伊藤东涯》，东京：岩波書店1971年版，第134页。

⑤ 吉川幸次郎等校注：《日本思想大系33　伊藤仁斎·伊藤东涯》，东京：岩波書店1971年版，第129页。

用，则别立持敬主静致良知条目，而不复循孔氏之法。[1]（伊藤仁斋《语孟字义》）

仁斋认为，视“仁义礼智”为“理”之内在的“性”，是宋代以后才形成的。这违背了孔子的本意。由此，他成立了主张“道者，人伦日用当行之路”[2]（伊藤仁斋《语孟字义》）的仁斋学。这里的“道”和“路”并非其文字表面的含义，它所指的是与形而上之“道”完全不同层面的“人伦日常”之“道”。换言之，仁斋提出了天人关系相分离的“人伦日常”之学。

仁斋学成立的过程，令忠实于朱子的絅斋产生了某种危机意识。毫无疑问，“装糊涂的心学者，仁斋”[3]（浅见絅斋《劄录》）成为了絅斋批判的对象。絅斋试图通过批判和排斥仁斋学，以达到再构朱子学的目的。这里值得注意的是絅斋所采用的方法，例如，絅斋曾发表了立足于朱子学理解“仁”的言论：

仁，与人的身体融为一体。正如夹到手指会痛，见到惹人怜爱的事物会产生喜爱之情一样。本心在产生喜爱之情以前，早已与身体一起存在，并根植于身体内部。如同萝卜生来具有滋补功效，火本身具有热量一般。[4]（《仁说问答师说》）

“萝卜具有滋补功效”的比喻，乍一看与“犹言梅子性酸”的仁斋学说有相似之处，但絅斋通过强调“根植于内部之本心”，把维持天人关系的“理”与“性”之“仁”巧妙地联系起来了。

---

① 吉川幸次郎等校注：《日本思想大系 33　伊藤仁斎·伊藤东涯》，东京：岩波書店 1971 年版，第 129 页。

② 吉川幸次郎等校注：《日本思想大系 33　伊藤仁斎·伊藤东涯》，东京：岩波書店 1971 年版，第 129 页。

③ 西顺藏等校注：《日本思想大系 31　山崎闇斎学派》，东京：岩波書店 1980 年版，第 356 页。

④ 西顺藏等校注：《日本思想大系 31　山崎闇斎学派》，东京：岩波書店 1980 年版，第 281 页。

絅斎在排斥仁斎学的同时，为避免争论成两条平行线，便试图将争论的焦点回归到"人伦日常"层面上。这样絅斎又主张"以日用为主，明确本然之心，以本然之心说明日用之道理"①（浅见絅斎《劄录》）。如此一来絅斎便把"日用"主题化了。这正是其与一般朱子学所不同的特质。

强斎没有效仿絅斎直接批判仁斎，而且他在将"日用"主题化的同时并未忽视天人关系。

> 仁义礼智是人与生俱来的特质，这一点至关重要。……天御中主赏赐的御魂即在于此。……御魂即是仁义礼智。②（若林强斎《大学序讲义》）

强斎将"天"理解为"天御中主"。虽然强斎用神道的术语进行了替换，但是仍然能看出人内在之"仁义礼智"可以追溯到"理"的层面。另外，絅斎的讲义大部分由强斎执笔记录，因此不难想象"絅斎、强斎师徒，对仁斎强烈的批判感情"③。

由此可见，絅斎、强斎在批判被视为朱子学说异端的仁斎的同时，把"日用"主题化，这是值得首肯的，同时这也正是他们的思想特质所在。

三、对《朱子家礼》的解释与接受

前面探讨了崎门学派排除异端，试图在内部重构朱子学说，并将"日用"主题化这一思想特质。以此为铺垫，下面将进一步探讨絅斎、强斎《朱子家礼》的受容问题。

（一）《朱子家礼》

开篇曾多次提到《朱子家礼》的解释与接受问题，在此首先简单介绍一下《朱子家礼》。众所周知，《朱子家礼》是由朱子撰写的关于通、冠、婚、丧、祭诸礼的礼仪指南，但这并不意味着中国宋代以前不存在这些礼

---

① 西顺藏等校注：《日本思想大系 31　山崎闇斎学派》，东京：岩波書店 1980 年版，第 388 页。

② 近藤啓吾校注：《神道大系　論説編一三　垂加神道（下）》，东京：神道大系编集会 1978 年版，第 306～307 页。

③ 近藤啓吾：《浅見絅斎の研究》，东京：神道史学会 1970 年版，第 174 页。

仪，早在中国古代社会庞大的礼制就已存在。那么，朱子以《朱子家礼》来记述诸礼的意义何在呢？先阐述其结论的话，那便是为了使古代的礼制适应宋代社会发展的需要，朱子用自己的术语来重新定义和解释了古代礼制。换言之，朱子通过《朱子家礼》来赋予古代礼制新的解释，以求调整古代社会制定的礼制与宋朝社会需求间的不协调。那么，朱子赋予其怎样的解释呢？《朱子家礼》序言中有以下记载：

凡礼有本有文，自其施于家者言之。则名分之守，爱敬之实，其本也。冠婚丧祭，仪章度数者，其文也。……三代之际，礼经备亦。然其存于今者，宫庐器服之制，出入起居之节，皆已不宜。……曾独究观古今之籍，因其大体之不可变者，而少加损益于其间以为一家之书，大抵谨名分崇爱敬以为之本。至其施行之际，则又略浮文务本实，以窃自附于孔子从先进之遣意。[①]（浅见絅斎《家礼师说》）

朱子认为，礼有“本”和“文”之分。“名分之守”、“爱敬之实”为“本”，“冠婚丧祭”、“仪章度数”为“文”。朱子主张不改变“本”而在“文”的层面改变古有的礼制。朱子的此番解释有着重要的意义，因为朱子撰写的《朱子家礼》使得当时东亚的礼制能够随着时代的发展而不断改进。此外，也为絅斎、强斎的《朱子家礼》受容奠定了理论基础。

（二）异端的浮现

正如“冠婚葬祭，是让人以人的方式存在之礼节”[②]（浅见絅斎《家礼师说》）所说，对絅斎、强斎而言，《朱子家礼》中的礼是让人成其为人的方法，并占有重要的位置。同时，“固有家日用之不可缺者也”[③]（浅见絅斎《浅见絅斎先生文集》），“总而言之，礼是日用诸伦的礼法”[④]（若林强斎《家礼训蒙疏》）。这些言论也典型地反映出，《朱子家礼》与其强调

---

① 浅見絅斎校訂：《家礼》，京都大学附属图书馆藏刊本，刊行年不明，第 2 ~ 3 分册。

② 浅見絅斎：《家礼師説》，東京大学文学部藏橘唯一抄本，1842 年，第 2 分册。

③ 近藤啓吾編：《浅見絅斎集》，东京：国書刊行会 1995 年版，第 437 页。

④ 吾妻重二編：《家礼文献集成　日本篇一》，大阪：関西大学東西学術研究所 2010 年版，第 163 页。

的"礼"，与前面论述的"日用"主题化之间的关系[①]。因此，如果说他们言论的特质是"日用"的主题化，那么崎门学派受容的《朱子家礼》也会成为重要的思想课题。这样便显现出在"日用"层面关注《朱子家礼》受容的必要性。

风土人情差异大，不能一成不变。礼仪、理、正味，正如天地、古今、日月一般不会变化，没有任何不同。因此可根据本国国情制定相应的礼制。……这次阅读《朱子家礼》有关丧葬礼的记述后，我想亲手指定符合本国需要的礼仪。这正是人道日用的当务之急。[②]（浅见絅斋《家礼师说》）

由此可见，崎门学派认为在"日用"层面受容《朱子家礼》成为"当务之急"[③]。那么为何《朱子家礼》的受容如此重要呢？因为崎门学派产生了如果不受容《朱子家礼》就会沦为异端的危机意识。

为避免沦为异端邪僻，不被世俗的所侮辱，除此受容书之外，还能有其他吗？[④]（若林强斋《家礼训蒙疏》）

人道的始终由礼法来迎送。如果没有礼法，那么人与夷狄禽兽又有何分别？[⑤]（若林强斋《家礼训蒙疏》）

---

① 依托于高远"理"层面形成自有学问观的，崎门学派三杰之一的佐藤直方(1650—1719)，曾指出"即便吟读文公家礼，也毫无用处"（佐藤直方：《韫藏录拾遗》，日本古典学会编：《佐藤直方全集》（卷2），东京：ぺりかん社1979年版，第151页。相反，絅斋、强斋重视在"日用"层面对《朱子家礼》的受容。

② 浅見絅斎：《家礼師説》，東京大学文学部藏橘唯一抄本，1842年，第2～3分册。

③ 田世民：《浅見絅斎の「文公家礼」実践とその礼俗観》，《教育史フォーラム》，2006年。正如田世民所指出的那样，《朱子家礼》受容的背景与絅斎继母之死有关。

④ 吾妻重二编：《家礼文献集成　日本篇一》，大阪：関西大学東西学術研究所2010年版，第164页。

⑤ 吾妻重二编：《家礼文献集成　日本篇一》，大阪：関西大学東西学術研究所2010年版，第165页。

崎门学派反复强调“异端邪僻”、“夷狄禽兽”，是因为这些在德川社会普遍存在着。因此，“日用”层面受容《朱子家礼》成为“当务之急”的原因一目了然。

那么他们所谓的异端具体是什么呢？他们在“日用”层面又是如何定义异端的呢？前面已经探讨过朱子对“本”和“文”的定义。朱子认为“本”是亘古不变的，但“文”可以随着时代的变化而产生相应的变化。如果违背了“本”，则会被视为异端。因此，絅斎、强斎把违背“名分之守”、“爱敬之本”这一“本”的事物理解为“日用”层面的异端。

首先，探讨何为违背“名分之守”。崎门学派所定义的“名分之守”，即“遵守父子、君臣等之间应有的秩序”①。絅斎、强斎认为，德川社会流行的收养异姓子的习惯违背了“名分之守”②。例如，强斎强调：“后继者，不能为异姓之人，而应是同姓养子。子继父业是理所当然。如果没有亲身儿子，也理应由同姓养子继承”③（若林强斎《家礼训蒙疏》）。可见，强斎彻底批判异姓养子继承家业，而同姓养子继承则在允许的范围之内。异姓养子违背了“父子之间应有的秩序”，故而被视为违背“名分之守”的异端。

其次，探讨何为违背“爱敬之实”。同样絅斎、强斎所定义的“爱敬之实”，用现代话语来理解即“对父母的感情”④。他们认为佛教的火葬习俗违背了“爱敬之实”的原则。

---

① “名分，父有父之名分统率儿子，子有子之名分侍奉父亲，君有君之名分统率臣子，臣子有臣子的名分顺从君主，夫妇、父兄、兄弟均为天定之名分，不会改变。上下名分之分，不能凭人力和个人意愿改变。这样人伦社会才得以成立。参见若林强斎：《家礼訓蒙疏》，吾妻重二編：《家礼文献集成　日本篇一》，大阪：関西大学東西学術研究所2010年版，第165页。

② 福尾猛市郎：《日本家族制度史概说》，东京：吉川弘文館1972年版。作者在书中有关于德川社会异性养子的记载，其中指出庶民之间也普遍流行收养异性养子。另外，文化年间问世的《世事見聞録》也有以下叙述：“由于异性养子流行，导致许多家族丧失先祖的血脉。这还如何报答先祖？可惜。可惜。这是丢尽天理的表现”。参照武阳隐士著，本庄荣治郎校訂：《世事見聞録》，东京：岩波書店1994年版，第45~46页。

③ 吾妻重二編：《家礼文献集成　日本篇一》，大阪：関西大学東西学術研究所2010年版，第194页。

④ “爱敬之实，是对父母先祖敬爱的心情，是发自于心底的真实感情”。参见若林強斎：《家礼训蒙疏》，第165页。

暂不论造化之理，孝子理应拥有让父母的身体长久地保留于世上的想法，并让他们的身体随造化逐渐消失于世。……先于造化，让父母的身体过早地消失于世，这是何等不孝不义的做法。佛教火葬风俗的盛行，导致子女即便亲眼目睹他人将父母的身体火化，也不会产生任何感触。[①]（浅见絅斎《家礼师说》）

父母死后，虽然遗体腐烂是不可避免的，但尽量让父母的身体长存于世的愿望，才是“孝子的感情”。然而火葬却是亲自加害于父母的遗体，这样的风俗，毫无疑问，是违背“对父母的感情”、违背“爱敬之实”的异端。

有关火葬的批判，不得不提到一位接纳火葬风俗的儒学者熊泽蕃山（1619—1691）。蕃山指出，“《集义和书》曾有记载，日本土地少，因而不得不举行火葬。这份记载是为迎合世人的心情，并且令世人接纳火葬风俗的辩解”[②]。事实上，这份记载并非出现在《集义和书》中，而是在《集义外书》里。的确，蕃山结合现实状况，对火葬采取了容忍的态度。

神代以桢木制做棺材，行土葬之礼。遗风尚存，今日达官显贵多行土葬，士庶间亦存。然吾国虽贵为上国，亦为小国。今年人口骤增，不行火葬之礼，则无地行土葬。儒式葬礼，民间不熟。故儒式葬礼，不应十中八九。……学戎国行火葬，非本意，乃时势之迫也。[③]（熊泽蕃山《集义外书》）

因此，不仅是佛教徒，连儒学者也容忍火葬风俗，令崎门学派产生了强烈的危机意识。

此外，除直接违背“名分之守”、“爱敬之实”外，被絅斎、强斎视为

---

① 浅見絅斎：《家礼師説》，東京大学文学部藏橘唯一抄本，1842 年，第 44 分册。

② 浅見絅斎：《家礼師説》，東京大学文学部藏橘唯一抄本，1842 年，第 82 分册。

③ 正宗敦夫：《增訂　蕃山全集》第二卷，东京：名著出版 1978 年版，第 179 页。

异端的事物还有其他，即朱子后继者们对《朱子家礼》进行解说的著作。

家礼的解说本不绝于世。……动辄就出现佛教长老所作之画。[①]（浅见絅斋《家礼师说》）

例如，絅斋指出对《朱子家礼》解说的著作中，存在异端佛教者所撰写的解说本，他还对此类解说本展开了批判。

朱子总是尽可能用简洁的话语来说明“礼”，以便百姓也能够理解。《义节》，虽说是思考“礼”的佳作，但特意详细补充《家礼》未记载的细节，反而违背了朱子的主旨。[②]（浅见絅斋《家礼师说》）

神主式之图，原本在《伊川文集》中有所记载。……总的来说《性理大全》之图，是《性理大全》的编者随便做的。不能视其为朱子家所传之物。[③]（浅见絅斋《家礼师说》）

前者对明代的《家礼仪节》描述过于详细，违背了《朱子家礼》主旨的批判；后者则是对明代《性理大全》中出现的神主图的批判，批判的例证是《伊川文集》。前文已经论证过，崎门学派主张忠实于朱子学说，是一个以探讨学术正统为思想课题的学术门派。这个例子也能够很好地说明这点。也就是说，崎门学派视明代朱子后继者为异端并加以排斥，主张追溯原典、忠实地重构朱子学。由此可见，朱子学后继者们所编写的《朱子家礼》解说本，也被絅斋、强斋视为异端。

如此一来，在“日用”层面，异姓养子、佛教火葬、朱子后继者们编写的《朱子家礼》解说本均被视为异端的事实，便浮出水面。絅斋、强斋在排斥异端的同时，强调在“日用”层面受容《朱子家礼》及“礼”才是“当务之急”。

---

① 浅見絅斎:《家礼師説》，東京大学文学部藏橘唯一抄本，1842 年，第 127 分册。
② 浅見絅斎:《家礼師説》，東京大学文学部藏橘唯一抄本，1842 年，第 3 分册。
③ 浅見絅斎:《家礼師説》，東京大学文学部藏橘唯一抄本，1842 年，第 91 分册。

（三）"日用"中"礼"的"实践"

崎门学派在排斥异端的同时，强调受容《朱子家礼》的必要性。但是，随之也产生了在德川社会如何"实践"[①] 礼的问题。因为如果原封不动地将为适应中国宋代社会而存在的《朱子家礼》移植到德川社会，必定会产生诸多不适。正如强斋所言："最近许多人关注《家礼》，也出现了根据《家礼》礼节举行葬礼的人，但却遭到世人的强烈批判。"[②]（若林强斋《家礼训蒙疏》），絅斎、强斋也认识到了其产生的不适，于是，他们再次联想到朱子的解释——礼中只要"本"保持不变，"文"则可以根据国家的具体情况而做出相应的改变[③]。絅斋、强斋对朱子学做出了适应时代需求的相应改变，并赋予了其新的内涵。

> 在行为的阶段，因为人、和汉、风俗各有差异，必须采用不同的方法。因此，需要做出改变的事情也多。[④]（浅见絅斎《家礼师说》）

他们以朱子的解释为基础，主张在德川社会"日用"层面以适当的形式对礼做出相应的改变。由此，可以看出他们一方面主张随时代变化做出适当的改变，另一方面又始终坚持忠实于朱子。

正如他们所说的"需要做出改变的事情很多"，絅斎、强斋对改变"礼"而提出的见解也很多，在此只对他们极其重视的丧葬礼进行论述。强斎曾说："丧祭礼，是关乎死生，人道的大事。……朱子著此书时，先言丧葬礼，然后再提及冠婚。"[⑤]（若林强斎《家礼训蒙疏》）可见他们特别重视丧葬礼，并主张从三个方面做出改进（见表1、表2、表3）。

---

① "实践"这一观点，受到田世民一系列研究的启发。本文在探讨相关内容时，引用了"实践"一词。絅斎、强斎所谓的《朱子家礼》中"礼"的实践，与其说是实践，不如说是将重点放在了对实践的构想上。因此，本文所提到的"实践"，是指其在实践构想层面的含义。

② 吾妻重二编：《家礼文献集成　日本篇一》，大阪：関西大学東西学術研究所 2010 年版，第 195 页。

③ 浅見絅斎：《家礼師説》，東京大学文学部藏橘唯一抄本，1842 年，第 7 分册。

④ 浅見絅斎：《家礼師説》，東京大学文学部藏橘唯一抄本，1842 年，第 37 分册。

⑤ 吾妻重二编：《家礼文献集成　日本篇一》，大阪：関西大学東西学術研究所 2010 年版，第 184 页。

表 1　为适应德川社会风俗而做出的改变

名称	内容	改变
哭	亲人死后太过悲伤而放声大哭	因不符合习俗而被废除
复	死后召唤飘散的灵魂回归	同上
“祔”	“虞祭”之后，设新牌位让祖先的灵魂附着	同上
卧棺	以躺卧的姿势将遗骸放置棺内	可为“坐棺”

表 2　重视“士庶”主体地位而做出的改变

名称	内容	改变
“铭旌”	树立写有死者姓名、官位的旗帜	被废除
“方相”	戴鬼面除邪气	同上
“祠室”	放祖先牌位，举行祭祀	根据贫富状况设定牌位大小
“四时祭”	根据季节变化及时更换供奉之物	一年供奉一次，仅限于秋收时节

表 3　考虑“实用性”而做出的改变

名称	内容	改变
食事	死后三天内禁止饮食	为身体健康可食用简单烹调的食物
饮酒	服丧期间三年内禁止饮酒	为疗养身体必要时可饮酒
饭含	在遗体口内放入米、钱	认为加害于遗骸而被废止
志石	为明确墓主身份在墓碑上刻名字	尽可能简单记载

※表 1、表 2、表 3 内容参考以下著作：

浅见絅斎：《家礼师说》，东京：东京大学文学部藏橘唯一抄本，1824 年；浅见絅斎：《丧祭小记》，京都：京都大学附属图书馆藏抄本，书写年不明；若林强斎：《家礼训蒙疏》；吾妻重二编：《家礼文献集成　日本篇一》，大阪：关西大学东西学术研究所 2010 年版；吾妻重二编：《杂话笔记》；近藤启吾校注：《神道大系　论说编一三垂加神道（下）》，东京：神道大系编集会 1978 年版；近藤启吾校注：《贯川记闻》；金本正孝编《强斎先生语录》，广岛：溪水社 2001 年版。

第一方面，改变不适应德川社会的风俗。他们认为，中国宋代社会的风俗在被“实践”于德川社会“日用”层面的过程中，会产生诸多不适应，因此需要对这些风俗做出改变。

第二方面，改变礼的主体。絅斎、强斎认为：“如果主体是‘士庶’

的话，就不能行太重的礼。”[①] 他们认为如果把“士庶”作为礼的主体，那么《朱子家礼》中关于礼的记述就太过详细了。因此，要对礼做出适合“士庶”阶层的改变。这里需要注意，他们提出的简化礼节的根据。

祭礼，最重要的是拥有无论多久都不会忘记的爱惜之心，以及无论多久都会重视的敬爱之心。这是人子之本心。因此，从天子到庶民，举行祭礼都是为了尽本心。这是祭礼的本质。祭礼的方法，可根据家里的实际情况而有所不同。……洁白清净地尽诚敬、奉事是祭礼的礼法。[②]（浅见絅斎《家礼师说》）

祭礼，并非越烦琐越好，但必须伴有“诚敬”的心情。哪怕稍微简洁也没有关系，最重要的是尽“诚敬”之心。另外，正如浅见所说：“当今世上流行的无论什么事情都举行繁礼的风俗，源于不懂事物本质的人的想法。如果不是通过穷理而判别出来的事物，那都是毫无意义的。”[③]（浅见絅斎《家礼师说》）礼，必须通过“格物穷理”来判别。于是，崎门学派提出了在“日用”层面“格物穷理”的方法。

格物，即是仔细斟酌事物的根本、事物的好坏，以及事物的真假、是非、善恶、邪正。无论何时都不应有疑问，日用中也不应有困惑，因而要彻底地展开调查。[④]（浅见絅斎《劄说》）

可见，崎门学派把“士庶”设定为礼的主体，并且做出简化的改变，其理论根据是“诚敬”、“格物穷理”。

第三方面，是从实用性的观点出发对礼做出改变。在德川社会“日

① 吾妻重二编：《家礼文献集成　日本篇一》，大阪：関西大学東西学術研究所 2010 年版，第 203 页。

② 浅見絅斎：《家礼師説》，東京大学文学部藏橘唯一抄本，1842 年，第120～121 分册。

③ 《家礼師説》，東京大学文学部藏橘唯一抄本，1842 年，第 123～124 分册。

④ 西顺藏等校注：《日本思想大系 31　山崎闇斎学派》，东京：岩波書店 1980 年版，第 374 页。

用”层面“实践”礼时，对不利于“实践”的内容做出相应的改变。

这样絅斋、强斋在德川社会“日用”层面实践《朱子家礼》的诸礼时，一边援用朱子的解释，一边又对很多方面做出了改良。

（四）对牌位的重视

絅斋、强斋着重强调了《朱子家礼》中有关“礼”的部分内容，其典型的例子就是对牌位的重视。牌位，是逝者灵魂离开肉体之后的安魂之所。《朱子家礼》中有关于程伊川（1033—1107）的牌位用木板制作的记载。① 絅斋、强斋把牌位定义为“家礼的大事”②（浅见絅斋《家礼师说》）、“家礼最重要之处”③（若林强斋《家礼训蒙疏》），为什么他们会把牌位看得如此重要呢？

一方面，与他们对鬼神、神灵的认识相关④。例如，表1中提到的排除不合风俗的“复”时，有以下的记述：

> 要尽快设立灵魂附着物，哪怕只是纸牌位也无妨，以便让亡灵不再飘荡。另外，灵魂附着物要放在死者右肩或左肩前方的位置，并须在其面前焚香。这是迫在眉睫的事情。⑤（浅见絅斋《家礼师说》）

这里絅斋强调了尽快设立灵魂附着物“纸牌位”、让亡灵不飘散的必要性。也就是说，强调了灵魂附着物设立的最优先性。但是，如果在“纸牌位”和“牌位也写上名字后，灵魂附着物就出现了两个，因此为了不让灵魂飘散，最好埋掉纸牌位”⑥（浅见絅斋《家礼师说》）。可见作为逝者安魂之处的牌位占据着非常重要的位置。那么，为何他们如此执着地关注灵魂归宿的问题呢？这来源于鬼神来格。

---

① 吾妻重二：《近世儒教の祭祀儀礼と神主・木主》，吾妻重二、黄俊杰編：《国際シンポジュウム東アジア世界と儒教》，东京：東方書店2005年版。

② 浅見絅斎：《家礼師説》，東京大学文学部藏橘唯一抄本，1842年，第91分册。

③ 吾妻重二編：《家礼文献集成　日本篇一》，大阪：関西大学東西学術研究所2010年版，第206页。

④ 子安宣邦：《〈新版〉鬼神論》，东京：白沢社2002年版。书中对儒家鬼神论有详细论述。

⑤ 浅見絅斎：《家礼師説》，東京大学文学部藏橘唯一抄本，1842年，第41分册。

⑥ 浅見絅斎：《家礼師説》，東京大学文学部藏橘唯一抄本，1842年，第102分册。

先祖的气血与我的气血，并非两物。我的气血，哪怕只是一条细丝般的头发，也包含着先祖的气血。毕竟，先祖的灵魂就是我的灵魂。因此，我存在之理中，必有先祖存在之气。如果放置以天地自然之尺寸制作出的牌位，这就会成为与先祖形体相当的物体。血气相通的子孙，对牌位尽诚敬之心祭祀的话，神灵就会显现。[①]（若林张斋《杂话笔记》）

这里与其说是强调"诚敬"之心的必要性，不如说更强调的是设立牌位让灵魂附着的必要性。此外，强斋还提到"先设立牌位，方可自然而然地尽诚敬之心"[②]（若林强斋《杂话笔记》），这也强调了设立牌位的优先性。另外，逝者显灵的条件之一是需要"血气相通的子孙"，而这靠异姓养子是行不通的。在此不再赘述絅斋、强斋视异姓养子为异端的看法。总之，从絅斋、强斋强调逝者显灵的必要条件可以看出他们对牌位的重视。

另一方面，源于对佛教式牌位的批判。佛教式牌位在德川社会"丧祭礼"中极其普遍，但却被絅斋、强斋视为异端。

世间一般的牌位，大部分出自于佛教者之手。事实上这是极其肮脏的东西。只不过凭借涂抹色彩，雕日月云气，刻莲座，镶金箔，来改变外观。实际上是非礼非义的妖物。神灵亦会断定它为非礼之物。既然如此，为何还要神灵附着在"这种牌位"上面呢？绝对不可以。[③]（若林强斋《家礼训蒙疏》）

这里絅斋、强斋把佛教式牌位贬低为"非礼非义的妖物"，指出其装

---

① 近藤啓吾校注：《神道大系　论说编一三　垂加神道（下）》，东京：神道大系编集会1978年版，第11~12页。

② 近藤啓吾校注：《神道大系　论说编一三　垂加神道（下）》，东京：神道大系编集会1978年版，第10页。

③ 吾妻重二编：《家礼文献集成　日本篇一》，大阪：関西大学東西学術研究所2010年版，第208页。

饰过多的缺点，“神灵显现是圣洁之事，理应尊重”[①]（若林强斋《家礼训蒙疏》）。他们认为这是鬼神显灵圣洁性的根据，并对装饰过多的佛教式牌位展开了批判。此外，絅斋曾说“用栗木制作牌位，有助于提升其圣洁性”[②]（浅见絅斋《家礼师说》），以此强调了神主的圣洁性。絅斋、强斋通过批判佛教式牌位，强调了儒教式牌位的重要性和圣洁性。

另外，对絅斋、强斋而言，牌位还带有唯一性。

> 牌位的长短和形状，依据天地阴阳自然的法象而定。而无中国式牌位、日本式牌位之分。如同伊川早已定义伏义之手生八卦一般，天地生神体象数的定义亦不过是借了伊川之手而已。故而没有和汉、彼此之分。[③]（若林强斋《家礼训蒙疏》）

程伊川提出了牌位的定义，但牌位的系谱可追溯到太古时代，故而没有“和汉、彼此”的区别。另外，牌位“长度宽度厚度均靠天地自然的妙数”[④]（若林强斋《家礼训蒙疏》）而定，因此絅斋、强斋开始探究牌位的形状和材质。[⑤]

由此可见，通过强调神灵显现的必要性和批判佛教式牌位，絅斋、强斋重新解释了带有唯一性并占据重要地位的牌位。

结　语

首先，简单整理一下本文的脉络。崎门学派是一个以排除异端、试图

---

① 吾妻重二编：《家礼文献集成　日本篇一》，大阪：関西大学東西学術研究所2010年版，第208页。

② 浅見絅斎：《家礼師説》，東京大学文学部藏橘唯一抄本，1842年，第55分册。

③ 吾妻重二编：《家礼文献集成　日本篇一》，東京大学文学部藏橘唯一抄本，1842年，第208页。

④ 近藤啓吾校注：《神道大系　論説編一三　垂加神道（下）》，东京：神道大系编集会1978年版，第11页。

⑤ 受篇幅限制，不能详尽地列举絅斋、强斋关于神主的详细史料。简要说明的话，他们认为神主长度的标准单位应为“周尺”，材料用栗木最佳。参考《伊川文集》。

在学派内部重构朱子学，并以探讨学术正统为思想课题的学派。絅斋、强斋批判仁斋学，把“日用”层面的《朱子家礼》受容作为“当务之急”，换言之，他们主张在“日用”层面忠实于朱子学。但如果原封不动地把朱子学的礼制移植到德川社会，在实践的过程中就会产生诸多不适应。因此，他们通过不断赋予朱子学以新的解释，来改变和实践“礼”。另外，他们通过强调神灵显现的必要性、批判佛教式牌位，更加严格地再次诠释了《朱子家礼》中提到的牌位。

本文所探讨的排除异端问题、重构朱子学问题，对于考察崎门学派具有重要的意义。可为何崎门学派要如此固执地坚持忠实于朱子呢？当然，这是一个非常难的课题，也超出了本文所探讨的范围。如果非要给出一个解释的话，那便是崎门学派在明清交替、中华礼教不复存在的时代，企图将德川社会提升为类似中华的社会吧。于是，与社会密不可分的“礼”的问题便也成为了关注的焦点，如何理解《朱子家礼》等问题也随之产生了。

（松川雅信著　王梦如译）

附录：作者简介

桂岛宣弘（Katsurajima Nobuhiro）

1953年出生，国籍：日本。日本立命馆大学研究生院文学研究科博士课程文学博士。现任日本立命馆大学文学部教授，专攻德川时代思想史、民众思想史。

主要著作、论文：

1.《思想史的十九世纪——作为他者的德川日本》，东京：ぺりかん社，1999年。

2.《增补改订版幕末民众思想的研究》，东京：文理阁，2005年。

3.《自他认识的思想史》，东京：有志舍，2008年。

张宪生（Zhang Xiansheng）

1954年出生，国籍：中国。日本东京大学研究生院地域文化研究博士课程学术博士。现任广东外语外贸大学东方语言文化学院日本语系教授，广东外语外贸大学外国语言文学研究中心兼职研究员，专攻日本近世思想史。

主要著作、论文：

1.《冈熊臣：生活于幕府末期的乡村知识分子——一个国学者的兵制论与淫祀观》，东京：三元社，2002年。

2.《近世日本兵学思想初探——儒学兵学明代兵书》，《广东外语外贸大学学报》2010年第21卷第1期。

3.《近代中国知识分子的“东方”认识》，《东亚的思想与文化》第4号，日本立命馆大学文学部东亚思想文化研究会编，2012年3月。

李元范（Lee Won-Bum）

1955年出生，国籍：韩国。东京大学研究生院人文社科系研究科博士课程毕业，文学博士。现任韩国东西大学研究生院日本地域研究科主任教授。专攻日本近代民众思想史、日韩比较宗教、日韩大众文化。

主要著作、论文：

1.《韩国内日本系宗教运动的理解》，首尔：J&C 出版，2007 年。

2.《越境的日韩宗教文化》，北海道：北海道大学出版社，2011 年。

3.《韩日宗教文化交流的最前线》，首尔：人文社，2012 年。

滨下昌宏（Hamashita Masahiro）

1946 年出生，国籍：日本。日本神户女学院大学名誉教授。

主要著作、论文：

1.《18 世纪英国美学史研究》，东京：多贺出版，1993 年。

2.《作为主体学的美学：近代日本美学史研究》，京都：晃洋书房，2007 年。

韦立新（Wei Lixin）

1962 年出生，国籍：中国。暨南大学历史系专门史专业博士课程 2003 年毕业。专攻日本思想文化。现任广东外语外贸大学东方语言文化学院日语系教授、博士生导师。

主要著作、论文：

1.《宋元时期中日佛教文化关系》，香港：香港开益出版社，2003 年。

2.《日本佛教源流》，北京：世界图书出版公司，2012 年。

3.《论日本室町文化中的禅文化因素》，《日语学习与研究》2010 年第 2 期。

曾晓霞（Zeng Xiaoxia）

1982 年出生，国籍：中国。中山大学外国语学院日语语言文学专业硕士课程 2010 年毕业，任东莞理工学院日语专业教师。现就读于广东外语外贸大学东方语言文化学院日语语言文学专业博士课程。专攻日本思想文化。

主要论文：

1.《村上春树小说中日本传统文化与现代文化的交融》，《芒种》2012

年第 12 期。

2.《略论〈易经〉在日本的影响与传承》,《人民论坛》2012 年第 14 期。

3.《从町人思想到近代经济伦理》,《湖北函授大学学报》2013 年第 7 期。

赵晓靓(Zhao Xiaoliang)

1974 年出生,国籍:中国。日本国立名古屋大学大学院环境学研究科博士后期课程 2006 年毕业,博士。专攻日本思想史。现任广东外语外贸大学东方语言文化学院日语系教授。

主要著作、论文:

1.《近代日本思想家的中日关系论研究》,北京:九州出版社,2013 年。

2.《论北一辉关于"对华二十一条要求"主张的实质》,《世界历史》2010 年第 1 期。

3.《吉野作造的日本在华权益观》,《南开学报》(哲学社会科学版)2012 年第 1 期。

姚奇志(Yao Qizhi)

1969 年出生,国籍:中国。广东外语外贸大学东方语言文化学院日语语言文学专业硕士 2005 年毕业。专攻日本近世思想史、日本文化。现任广东外语外贸大学日语系副教授。

主要论文:

1.《日本文化外交的理念变革与实践创新:以国际形象的建构为中心》,《日本学刊》2009 年第 5 期。

2.《鸠山"友爱外交"思想与日本"东亚共同体"构想的新发展》,《东南亚研究》2010 年第 4 期。

3.《二宫尊德的"分度"思想再考》,《神户女学院大学论集》2009 年第 55 卷第 2 期。

肖琨（Xiao Kun）

1982 年出生，国籍：中国。暨南大学外国语学院日语专业讲师，2007 年于日本立命馆大学日本史专业取得硕士学位，2011 年同专业取得博士学位；2009 年至 2011 年任日本学术振兴会特别研究员。研究方向：日本近世思想史。

主要论文：

1.《平田篤胤における中国思想の受容—道教思想を中心に—》，《次世代人文社会研究》2008 年第 4 号。

2.《唐船持渡書から見る善書の輸入》，《日本思想史研究会会報》2009 年第 26 号。

3.《近世善書の天・神観念と日本における流通》，《日本経済思想史研究》2009 年第 9 号。

李佳玲（Li Jialing）

1982 年出生，国籍：中国。广东外语外贸大学硕士研究生毕业，主要研究方向：日本近世思想史。现为广州番禺职业技术学院应用外语系商务日语专业讲师。

主要论文：

《懐徳堂における合理主義的学風の形成—媒介としての鬼神論批判を中心に》，《次世代人文社会研究》2009 年第 5 号。

张学焕（Zhang Xuehuan）

1981 年出生，国籍：中国。广东外语外贸大学东方语言文化学院日语语言文学专业硕士课程 2011 年毕业，专攻日本近世思想史。现为河南安阳师范学院外语学院日语专业讲师。

主要论文：

1.《〈牡丹灯记〉在日本江户文坛的两种接受方式》，《名作欣赏》2011 年第 20 期。

2.《浅谈日语专业应用型人才培养》，《安徽文学》（下半月）2010 年第 9 期。

3.《漱石、芥川、利一的社会批判对比分析》，《赤峰学院学报》（汉文哲学社会科学版）2009 年第 7 期。

向静静（Xiang Jingjing）

1987 年出生，国籍：中国。广东外语外贸大学东方语言文化学院日语语言文学专业硕士课程 2011 年毕业，现为成都理工大学外国语学院日语系教师，专攻日本近世思想史。

石原和（Ishihara Yamato）

1988 年出生，国籍：日本。日本立命馆大学大学院文学研究科博士后期课程 2 年级，主修日本近世思想史。

主要论文：

1.《名古屋城下における如来教信仰―仏教と如来教、そして「いかに救われるか」という問い―》，《次世代人文社會研究》2012 年第 8 号。

2.《名古屋城下における如来教信仰——八〇〇年前後の宗教社会の中の民衆宗教―》，《日本思想史研究会会報》2013 年第 29 号。

殷晓星（Yin Xiaoxing）

1985 年出生，国籍：中国。日本立命馆大学大学院文学研究科博士后期课程 2 年级，日本学术振兴会特别研究员，主修日本近世思想史。

主要论文：

1.《「六諭」関係書の一考察——その「宣講」と流伝を中心に》，《東アジアの思想と文化》第 4 号，東アジア思想文化研究会 2012 年。

2.《江户中後期における「六諭」関係書の受容》，《次世代人文社会研究》2013 年第 9 号。

岳倩（Yue Qian）

1984 年出生，国籍：中国。广东外语外贸大学东方语言文化学院日语语言文学专业硕士课程 2008 年毕业，专攻日本近世思想史。现在广东外语外贸大学南国商学院东语系日语专业任教，讲师。

主要论文：

1.《从“女大学”看日本近世女性理想像》，《文学教育》2011 年第 2 期。

2.《关于〈日本概况〉教材和教学设计的研究》，《时代教育》2011年第5期。

3.《设问讨论教学法在〈高级日语〉教学中的应用——以〈假面的思想〉为例》，《佳木斯教育学院学报》2012年第6期。

仇玉卿（Qiu Yuqing）

1986年出生，国籍：中国。广东外语外贸大学东方语言文化学院日语语言文学专业硕士课程2011年毕业，日本立命馆大学文学部研究生院文学研究科博士前期课程2011年毕业。主修日本近世思想史。现在久保田国祯环保工程科技（安徽）有限公司担任技术翻译。

主要论文：

『西川如見から見る明末儒学と日本民衆思想の連動』，韓日次世代学術FORUM『次世代人文社会研究』2012年第8号。

田中俊亮（Tanaka Shunsuke）

1987年出生，国籍：日本。2012年毕业于日本立命馆大学文学部研究生院文学研究科博士前期课程。主修日本近世思想史。日本思想史研究会会员，现任某校小中学部文科教师。

主要论文：

1.《前期水户学における“‘実’の戦略”—安積澹泊の諸言表をめぐって—》，《日本思想史研究会会報》第29号，日本思想史研究会，2012年。

2.《新刊紹介　井上寛司“‘神道’の虚像と実像”》，《東アジアの思想と文化》第4号，東アジア思想文化研究会，2012年。

3.《徳川日本における歴史認識—前期水户学をめぐって—》，日本史研究会近世史部会毕业论文报告，2011年6月8日。

张春发（Zhang Chunfa）

1971年出生，国籍：中国。广东外语外贸大学东方语言文化学院日语语言文学专业硕士课程2011年毕业，厦门兴才职业技术学院商务外语教研室教室。研究方向：日本近世思想史、日语教学。

主要论文：

1.《对日语全面语音教学的探讨》，《科学导报》2013 年第 8 期。

2.《高职商务日语专业的创新教学》，《科海故事博览》，2013 年 8 月。

松川雅信（Matsukawa Masanobu）

1989 年出生，国籍：日本。日本立命馆大学研究生院博士生。研究方向：日本近世思想史。

主要论文：

《读李基原“徂徕学与朝鲜儒学——从春台到丁若镛”》，《东亚思想与文化》第 4 号，东亚思想文化研究会，2012 年。

后记

本书是编者与中日韩多位学者近十年来学术交流与合作的结晶之一。

2002年5月，我在日本三元出版社出版了《冈熊臣：生活于转换期的乡村知识分子》一书。不久，日本立命馆大学文学部教授、日本近世思想史著名研究家桂岛宣弘即为我撰写了书评，登载于日本书评刊物《图书新闻》上，对我的专著给予了较高评价。此时我已结束在日本的生活回国，与桂岛宣弘教授还未曾谋面，只有书信往来。2005年7月，桂岛宣弘教授与韩国东西大学李元范教授率队来到广东外语外贸大学，与我方商讨共同开设中日韩三国远程教育课程一事，我与桂岛宣弘教授始得见面，同时还认识了李元范教授，由此正式开始了中日韩三方在学术和教育方面的交流与合作。

2010年10月我到日本神户女学院大学拜访了滨下昌宏教授，在后来的几年里，我们通过网络视频经常举行学术研讨会，开展学术交流。我自2002年9月开始指导日本近世思想史方向的硕士研究生，至2014年6月止已经培养了20名学生，大部分学生毕业后进入高校任教，当中几名学生于在学期间或毕业后参加了“日韩次世代学术论坛”年度大会并宣读论文。2010年4月至2011年1月，受桂岛宣弘教授邀请，我赴日本立命馆大学文学部任外国人教授，在研究生院教授了几门课程，这期间与桂岛宣弘教授手下的几名博士、硕士生有所交流。

人文科学研究的主要对象是人，研究主体也是人，中日韩三方学者的交流与合作为本书的写作出版准备了重要条件。中日韩三方学者拥有东亚历史与文化的相近背景，与对近世至近代东亚历史与思想文化的共同关心，但各自又有对历史与文化的独特认识与视角。多年来交流中的切磋琢磨与思想碰撞拓宽了我们的视野，加深了相互理解。正如本书内容所呈现的那样，我们从对近世至近代东亚历史与思想文化的共同关心出发，又由于各个学者独特的问题意识与视角，使得思考与研究的结果富于多样性，这是本书的价值所在之处。本书的出版记载下了中日韩三方学者过去近十年交流合作的一段历史，也预示着今后交流与合作的广阔前景。

本书的写作出版自始至终得到了广东外语外贸大学外国语言文学研究中心主任栾栋教授的不断鼓励与大力支持，谨致谢意！

张宪生

2014 年 4 月 8 日于广州岭南新世界家园